DELIUS KLASING

Der amtliche Sportbootführerschein Binnen

Mit Antriebsmaschine + Segeln

Der sichere Weg zur Prüfung

Ministerialdirigent a.D. Kurt Graf

Ministerialrat a.D. Dr. Dietrich Steinicke

Delius Klasing Verlag

Außerdem sind von Kurt Graf und Dietrich Steinickicke im Delius Klasing Verlag erschienen:
Der amtliche Sportbootführerschein – Binnen (Mit Antriebsmaschine)
Der amtliche Sportbootführerschein – See

Bibliografische Information der Deutschen Nationalbibliothek

Die Deutsche Nationalbibliothek verzeichnet diese Publikation in der Deutschen Nationalbibliografie; detaillierte bibliografische Daten sind im Internet über http://dnb.d-nb.de abrufbar.

7. Auflage
ISBN 978-3-7688-1597-0

Grafik: Prof. Christoph Drescher
Gesamtherstellung: Hans Kock Buch- und Offsetdruck GmbH, Bielefeld
Printed in Germany 2007

Delius Klasing Verlag, Siekerwall 21, D-33602 Bielefeld
Tel. 05 21/5 59-0, Fax 05 21/5 59-1 15
E-Mail: info@delius-klasing.de
www.delius-klasing.de

Vorwort

Diese neu bearbeitete Auflage des Werkes „Der amtliche Sportbootführerschein – Binnen" mit den beiden Ausgaben „Mit Antriebsmaschine" und „Mit Antriebsmaschine + Segeln" wurde erforderlich, weil das Bundesministerium für Verkehr, Bau und Stadtentwicklung (BMVBS) auf Vorschlag der mit der Abnahme der Prüfungen und Ausstellung der Sportbootführerscheine beauftragten Sportverbände Deutscher Motoryachtverband und Deutscher Segler-Verband am 2. Januar 2007 einen überarbeiteten und aktualisierten Fragen- und Antwortenkatalog verkündet hat. Dieser neue Katalog, der das Prüfungswissen praxisgerecht neu gliedert, berücksichtigt die nach der letzten Anpassung eingetretenen Rechtsänderungen und enthält teilweise Vereinfachungen der Fragestellungen bzw. der geforderten Antworten.

Auch diese Auflage des Werkes folgt, entsprechend dem Motto „Der sichere Weg zur Prüfung", der bewährten Systematik, Didaktik und Grafik des Standardwerkes „Der amtliche Sportbootführerschein – See" – ebenfalls von den beiden Autoren und bereits in 15 Auflagen erschienen. Statt dem Bewerber ein allgemeines Lehrbuch in die Hand zu geben, stellen die Autoren den Fragen- und Antwortenkatalog in den Mittelpunkt: Die sachlich zusammenhängenden Fragen und Antworten sind nach Blöcken gegliedert, erläutert, vertieft und durch Zeichnungen visualisiert. Gleichzeitig wird auf die Zusammenhänge mit anderen Themenbereichen des komplexen Verkehrssicherheitssystems hingewiesen. Auf diese Weise wird der Prüfungsstoff leichter verständlich, lernbar und merkfähig. Die Prüfungserfolge bestätigen das.

Das bewährte Querformat ist beibehalten worden, um das Werk ins Bücherschapp an Bord stellen zu können. Denn es soll nicht nur der Ausbildung bis hin zur Prüfung dienen, sondern auch als Nachschlagewerk während eines Törns.

Wir danken Kapitän Heiko Lauterbach, Leitender Polizeidirektor a. D., für seine Unterstützung.

Die Autoren

Inhalt

Teil I Das Wichtigste über den Sportbootführerschein – Binnen

Teil II Die Fragen und Antworten

Teil III Die praktische Prüfung

Anhang

Sachregister

Allgemeine Sorgfaltspflicht

Über diese Verordnung hinaus hat jeder Verkehrsteilnehmer auf Binnenschifffahrtsstraßen alle Vorsichtsmaßnahmen zu treffen, welche die allgemeine Sorgfaltspflicht und die Übung der Schifffahrt gebieten, um insbesondere

a) die Gefährdung von Menschenleben,

b) die Beschädigung anderer Fahrzeuge oder Schwimmkörper, der Ufer, der Regelungsbauwerke sowie von Anlagen jeder Art in der Wasserstraße oder an ihren Ufern,

c) die Behinderung der Schifffahrt zu vermeiden und

d) jede vermeidbare Beeinträchtigung der Umwelt zu verhindern.

(BinSchStrO, § 1.04)

Zeichenerklärungen, Abkürzungen, Gesetze, Verordnungen

1. Zeichenerklärungen

1		Licht von allen Seiten sichtbar	7		Ball, Durchmesser mindestens 0,60 m
2	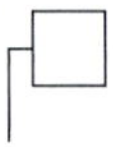	Licht, nur über einen beschränkten Horizontbogen sichtbar	8		Zylinder mindestens 0,80 m Höhe, 0,50 m Durchmesser
3	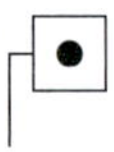	Licht, das dem Blick des Beschauers entzogen ist	9	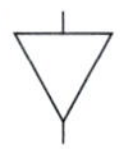	Kegel, Höhe, Grundflächendurchmesser mindestens 0,60 m
4		Funkellicht	10		Doppelkegel, Höhe mindestens 0,80 m, Grundflächendurchmesser mindestens 0,50 m
5		Gleichtaktlicht	11		bei Annäherung anderer Fahrzeuge von segelnden Kleinfahrzeugen gezeigtes Licht
6		Flagge oder Tafel mindestens 1 m Länge und Breite, für Kleinfahrzeuge 0,60 m	12		festes Licht (weiß oder farbig) Brücken, Schleusen usw.

 Kollisionskurs	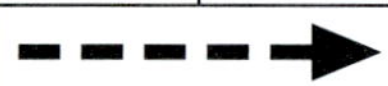 beabsichtigter Kurs	zurückgelegter Weg
bei 7 bis 10 genügt eine den Kleinfahrzeugen angemessene Größe		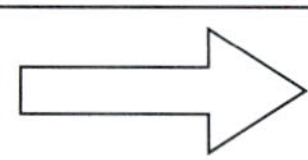 Windrichtung

2. Abkürzungen

ADAC	Allgemeiner Deutscher Automobilclub
betr.	betreffend
BHO	Bundeshaushaltsordnung
BGBl.	Bundesgesetzblatt
BMVBS	Bundesministerium für Verkehr, Bau und Stadtentwicklung
BSH	Bundesamt für Seeschifffahrt und Hydrographie
BZRG	Bundeszentralregister
bzw.	beziehungsweise
cm	Zentimeter
d. h.	das heißt
DMYV	Deutscher Motoryachtverband
DSV	Deutscher Segler-Verband
DVFG	Deutscher Verband Flüssiggas
E	Ost
ECE	Europäische Wirtschaftskommission der UNO
EG	Europäische Gemeinschaft
einschl.	einschließlich
Erl.	Erläuterung(en)
evtl.	eventuell
ff.	folgende
GG	Grundgesetz der Bundesrepublik Deutschland
ggf.	gegebenenfalls
GSG	Gerätesicherheitsgesetz
H	Höhe der Gezeit
hPa	Hektopascal
HSW	höchst schiffbarer Wasserstand
i. d. F.	in der Fassung
KoA-See	Koordinierungsausschuss des Deutschen Motoryachtverbandes und des Deutschen Seglererbandes für die Durchführung der Sportbootführerscheinverordnung – See
km	Kilometer
kW	Kilowatt
KVR	Kollisionsverhütungsregeln
m	Meter
m^2	Quadratmeter
m^3	Kubikmeter
mm	Millimeter

N	Nord
o. Ä.	oder Ähnliches
PA	Prüfungsausschuss
PK	Prüfungskommission
PS	Pferdestärke
S	Süd
S.	Seite
t	Tonne
u. a.	unter anderem
UNO	United Nations Organization (Vereinte Nationen)
usw.	und so weiter
u. U.	unter Umständen
vgl.	vergleiche
VkBl.	Verkehrsblatt
VO	Verordnung
W	West
WSA	Wasser- und Schifffahrtsamt
WSD	Wasser- und Schifffahrtsdirektion
WSV	Wasser- und Schifffahrtsverwaltung
z. T.	zum Teil
z. B.	zum Beispiel

3. Gesetze, Verordnungen

BinSchAufgG
Binnenschifffahrtsaufgabengesetz in der Fassung der Bekanntmachung vom 5. Juli 2001 (BGBl. I S. 2026), zuletzt geändert durch Gesetz vom 21. August 2002 (BGBl. I S. 3322, 3338)

BinSchPatentV
Binnenschifferpatentverordnung vom 15. Dezember 1997 (BGBl. I S. 3066), zuletzt geändert durch Art. 1 der 6. Verordnung zur Änderung schifffahrtspolizeilicher Vorschriften vom 20. Januar 2006 (BGBl. I S. 220)

BinSchStrO
Binnenschifffahrtsstraßen-Ordnung vom 8. Oktober 1998 (BGBl. I S. 3148, 3317, 1999 S. 159), zuletzt geändert durch Art. 4 der 5. Verordnung zur Änderung schifffahrtspolizeilicher Vorschriften vom 18. Dezember 2002 (BGBl. I S. 4580)

BinnenSchUO
Binnenschifffahrts-Untersuchungsordnung vom 17. März 1988 (BGBl. I S. 238), zuletzt geändert durch Artikel 2 der 4. Verordnung zur Änderung schifffahrtspolizeilicher Vorschriften vom 28. Februar 2001 (BGBl. I S. 335)

BodenseeSchO
Verordnung über die Schifffahrt auf dem Bodensee (Bodensee-Schifffahrts-Ordnung) vom 31. März 1976 (Gesetzblatt für Baden-Württemberg S. 257), in der Fassung vom 1. Januar 2002.

Bordlichter
Verordnung über die Farbe und Lichtstärke der Bordlichter sowie die Zulassung von Signalleuchten in der Binnenschifffahrt (BordlichterV-Binnen) vom 28. November 2000 (BGBl. I S. 1680)

DonauSchPatentV
Verordnung über die Befähigungszeugnisse in der Donauschifffahrt vom 27. Mai 1993 (BGBl. I S. 741)

DonauSchPV
Donauschifffahrtspolizeiverordnung vom 27. Mai 1993 (BGBl. I S. 741), zuletzt geändert durch Verordnung vom 8. Oktober 1998 (BGBl. I S. 3148, 3153)

Gerätesicherheit
Gesetz über technische Arbeitsmittel (Gerätesicherheitsgesetz) in der Fassung der Bekanntmachung vom 23. Oktober 1992 (BGBl. I S. 1793)

MoselSchPV
Verordnung zur Einführung der Moselschifffahrtspolizeiverordnung vom 8. März 1995 (BGBl. II S. 1670), zuletzt geändert durch Artikel 4 der 5. Verordnung zur Änderung schifffahrtspolizeilicher Vorschriften vom 18. Dezember 2002 (BGBl. I S. 4580)

OWiG
Gesetz über Ordnungswidrigkeiten in der Fassung der Bekanntmachung vom 19. Februar 1987 (BGBl. I S. 602)

RadarpatentVO
Verordnung über die Erteilung von Radarpatenten vom 26. Juni 2000 (BGBl. II S. 818), zuletzt geändert durch Artikel 6 der 6. Verordnung zur Veränderung schifffahrtspolitischer Vorschrfiften vom 20. Januar 2006 (BGBl. I S. 220)

RheinPatVO
Verordnung zur Einführung der Rheinpatentverordnung vom 20. Januar 2006 (BGBl. II S. 220)

RheinSchPV
Verordnung zur Einführung der Rheinschifffahrtspolizeiverordnung vom 19. Dezember 1994 (BGBl. II S. 3816), zuletzt geändert durch Artikel 3 der 5. Verordnung zur Änderung schifffahrtspolizeilicher Vorschriften vom 18. Dezember 2002 (BGBl. I S. 4580)

RheinSchUO
Rheinschiffsuntersuchungsordnung vom 19. Dezember 1994 (BGBl. II S. 3822), zuletzt geändert durch Artikel 9 der 4. Verordnung zur Änderung schifffahrtspolizeilicher Vorschriften vom 28. Februar 2001 (BGBl. I S. 335)

RiVerb-SpbootFüV – See
Richtlinien vom 15. Dezember 2005 für den Deutschen Motoryachtverband und den Deutschen Segler-Verband nach § 4 Sportbootführerscheinverordnung – See (Verkehrsblatt – Dokument Nr. B 8101)

RiWSVSee
Richtlinien für die Wasser- und Schifffahrtsverwaltung des Bundes über die Durchführung der Aufgaben nach der Sportbootführerscheinverordnung – See vom 28. Juni 1990 (VkBl. S. 447), zuletzt geändert durch Erlass vom 15. September 2005 (VkBl. S. 652)

RiVerbSpbootFüV – Bin
Richtlinien für den Deutschen Motoryachtverband und den Deutschen Segler-Verband über die Durchführung der Aufgaben nach § 11 SportbootFüV–Bin vom 21. Februar 1990 (VkBl. S. 156), geändert durch Erlass vom 7. Dezember 2006 (VkBl. 2006 S. 923)

SchiffsregO
Schiffsregisterordnung vom 20. Dezember 1993 (BGBl. I S. 1134)

SportbootFüV – Bin
Verordnung über das Führen von Sportbooten auf den Binnenschifffahrtsstraßen (Sportbootführerscheinverordnung – Binnen) vom 22. März 1989 (BGBl. I S. 536, S. 1102), zuletzt geändert durch Art. 11 der 6. Verordnung zur Änderung schifffahrtspolizeilicher Vorschriften vom 20. Januar 2006 (BGBl. I S. 220)

SportbootFüV – See
Verordnung über die Eignung und Befähigung zum Führen von Sportbooten auf den Seeschifffahrtsstraßen in der Fassung der Bekanntmachung vom 3. März 1998 (BGBl. I S. 894), zuletzt geändert durch Artikel 4 der 12. Verordnung zur Änderung seeverkehrsrechtlicher Vorschriften vom 6. August 2005 (BGBl. I S. 2288)

StGB
Strafgesetzbuch vom 15. Mai 1871 in der Fassung der Bekanntmachung der Neufassung vom 13. November 1998 (BGBl. I S. 3322)

STVO
Straßenverkehrs-Ordnung vom 16. November 1970 (BGBl. I S. 1565)

VB Kat Bin – See
Allgemeine Verwaltungsvorschrift für die Erteilung von Buß- und Verwarnungsgeldern für Zuwiderhandlungen gegen strom- und schifffahrtspolizeiliche Vorschriften des Bundes auf Binnen- und Seeschifffahrtsstraßen sowie auf der Hohen See (Buß- und Verwarnungsgeldkatalog Binnen- und Seeschifffahrtsstraßen) vom 19. November 2001 (VkBl. S. 614 mit Sonderdruck B 8350)

VwKostG
Verwaltungskostengesetz vom 23. Juni 1970 (BGBl. I S. 821)

Wassermotorräder
Wassermotorräder-Verordnung vom 31. Mai 1995 (VkBl. S. 769), zuletzt geändert durch Artikel 8 der 6. Verordnung zur Änderung schifffahrtspolizeilicher Vorschriften vom 20. Januar 2006 (BGBl. I S. 220)

Wasserski
Verordnung über das Wasserskilaufen auf Binnenschifffahrtsstraßen (Wasserskiverordnung) vom 17. Januar 1990 (BGBl. I S. 107), zuletzt geändert durch Artikel 9 der 6. Verordnung zur Änderung schifffahrtspolizeilicher Vorschriften vom 20. Januar 2006 (BGBl. I S. 220)

WasStrG
Bundeswasserstraßengesetz in der Fassung der Bekanntmachung vom 4. November 1998 (BGBl. I S. 3294), geändert durch Gesetz vom 18. Juni 2002 (BGBl. I S. 1914)

Teil I

Das Wichtigste über den Sportbootführerschein – Binnen

Hinweis
Fundstellen mit §§-Bezeichnung beziehen sich jeweils auf die SportbootFüV–Bin.
Fundstellen ohne §§-Bezeichnung beziehen sich auf die Richtlinien zur SportbootFüV–Bin.

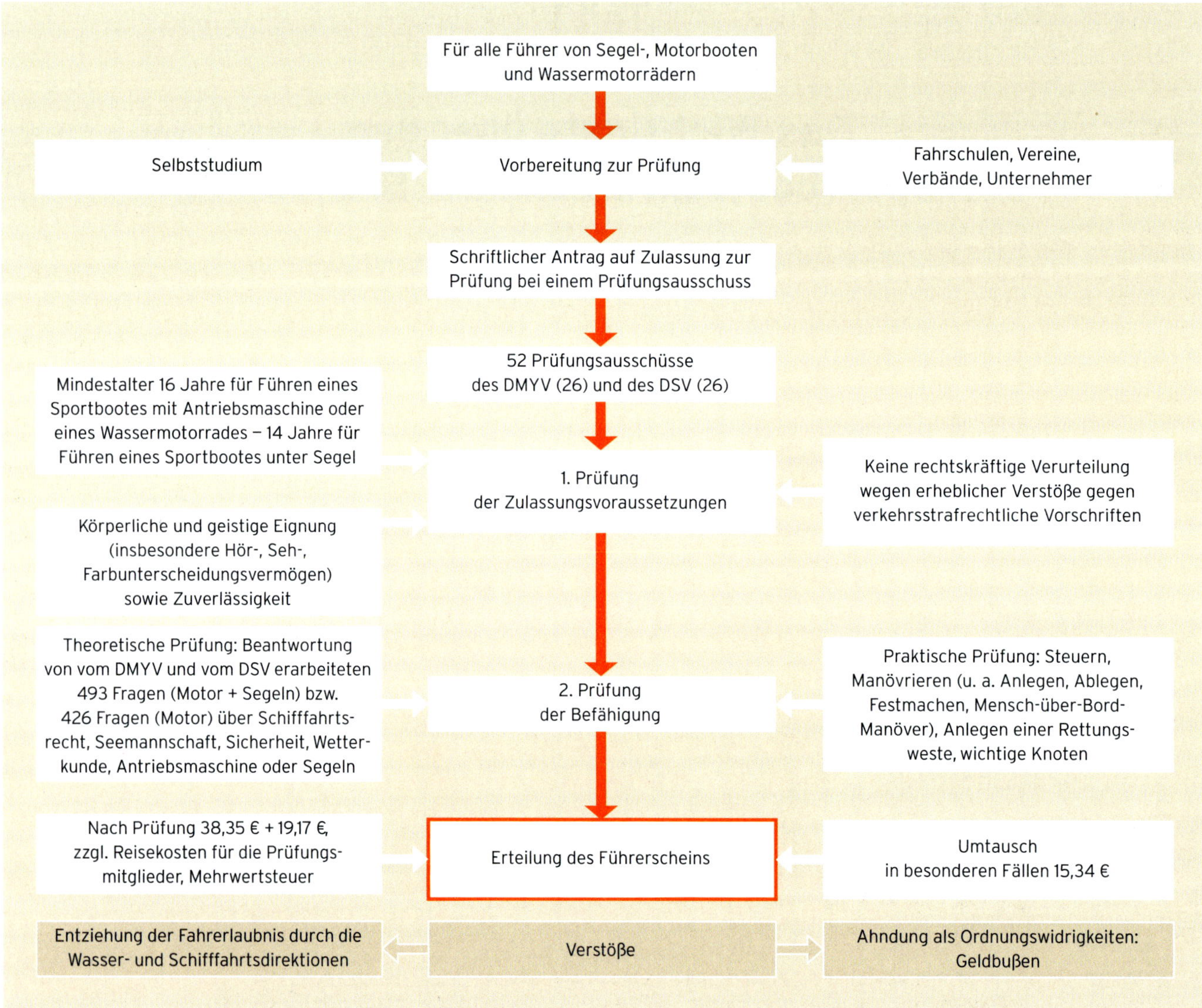
Für alle Führer von Segel-, Motorbooten und Wassermotorrädern
Selbststudium
Vorbereitung zur Prüfung
Fahrschulen, Vereine, Verbände, Unternehmer
Schriftlicher Antrag auf Zulassung zur Prüfung bei einem Prüfungsausschuss
52 Prüfungsausschüsse des DMYV (26) und des DSV (26)
Mindestalter 16 Jahre für Führen eines Sportbootes mit Antriebsmaschine oder eines Wassermotorrades – 14 Jahre für Führen eines Sportbootes unter Segel
1. Prüfung der Zulassungsvoraussetzungen
Keine rechtskräftige Verurteilung wegen erheblicher Verstöße gegen verkehrsstrafrechtliche Vorschriften
Körperliche und geistige Eignung (insbesondere Hör-, Seh-, Farbunterscheidungsvermögen) sowie Zuverlässigkeit
Theoretische Prüfung: Beantwortung von vom DMYV und vom DSV erarbeiteten 493 Fragen (Motor + Segeln) bzw. 426 Fragen (Motor) über Schifffahrtsrecht, Seemannschaft, Sicherheit, Wetterkunde, Antriebsmaschine oder Segeln
2. Prüfung der Befähigung
Praktische Prüfung: Steuern, Manövrieren (u. a. Anlegen, Ablegen, Festmachen, Mensch-über-Bord-Manöver), Anlegen einer Rettungsweste, wichtige Knoten
Nach Prüfung 38,35 € + 19,17 €, zzgl. Reisekosten für die Prüfungsmitglieder, Mehrwertsteuer
Erteilung des Führerscheins
Umtausch in besonderen Fällen 15,34 €
Entziehung der Fahrerlaubnis durch die Wasser- und Schifffahrtsdirektionen
Verstöße
Ahndung als Ordnungswidrigkeiten: Geldbußen

I. Inhalt und Umfang der Verpflichtung zum Besitz eines Sportbootführerscheins – Binnen

1. Warum ist der Sportbootführerschein – Binnen erforderlich?

Wer am Verkehr teilnimmt, gleichgültig ob im Straßen-, im Luft- oder im Schiffsverkehr, muss die Verkehrsregeln und die für das benutzte Fahrzeug geltenden Sicherheitsvorschriften kennen. Das Prinzip, die erforderlichen Kenntnisse durch Ausbildung, durch Erziehung und nicht durch Bestrafung zu erwerben, hat das BMVBS veranlasst, aufgrund des § 3a BinSchAufgG eine Führerscheinpflicht auf den Binnenschifffahrtsstraßen der Bundesrepublik Deutschland einzuführen. Zunächst konnte die Befähigung durch den Motorbootführerschein A für Binnenfahrt des DMYV oder durch den Führerschein für Binnenfahrt des DSV mit Motor nachgewiesen werden. Aus Gründen der Rechtsstaatlichkeit wurde dieses Verfahren aber mit Wirkung vom 1. April 1989 durch die Sportbootführerscheinverordnung – Binnen abgelöst, die den amtlichen Sportbootführerschein – Binnen als Nachweis der Fahrerlaubnis eingeführt hat.

2. Welche rechtliche Bedeutung hat der Sportbootführerschein – Binnen?

Der Sportbootführerschein – Binnen ist eine Fahrerlaubnis, die jeder bedarf, der ein Sportboot mit Antriebsmaschine auf den Binnenschifffahrtsstraßen führen will (§ 2 Abs. 1).
Der Sportbootführerschein – Binnen ist aber kein Befähigungszeugnis im Sinne der Patente der Berufsschifffahrt; er hat nur die Bedeutung eines Nachweises, dass der Inhaber die Fahrerlaubnis besitzt.
Der Sportbootführerschein – Binnen hat nicht nur nationale, sondern auch internationale Bedeutung. Gemäß der Resolution Nr. 40 der Hauptarbeitsgruppe „Binnenschifffahrt" der Wirtschaftskommission der Vereinten Nationen ist der Sportbootführerschein – Binnen auch als internationales Zertifikat eingeführt. Er dient dem Führer von Sportfahrzeugen, genauso wie der Sportbootführerschein – See, als international einheitlicher Nachweis seiner Qualifikation im Ausland. Vom BMVBS wurde bei der Umsetzung dieser Resolution sichergestellt, dass das internationale Zertifikat nicht als besonderes Papier mitgeführt werden muss, sondern dass es in den amtlichen Sportbootführerschein – Binnen integriert wurde.
Mit dem neuen in einem einzigen Zertifikat verbundenen internationalen und nationalen Führerschein wird die Kontrolle im Ausland erheblich erleichtert, da das Formular mehrsprachig ist und Fälschungen ausgeschlossen sind (Abb. S. 285).

3. Wo ist der Sportbootführerschein – Binnen erforderlich?

Der Sportbootführerschein – Binnen ist auf den **Binnenschifffahrtsstraßen** der Bundesrepublik Deutschland erforderlich – mit Ausnahme auf der Elbe im Hamburger Hafen. Binnenschifffahrtsstraßen sind die Wasserstraßen nach § 1 Abs. 1 Nr. 2 des BinSchAufgG. Diese Binnenschifffahrtsstraßen sind in der Übersicht auf den Seiten 20 und 21 schematisch dargestellt.
Hinsichtlich des Befahrens der Binnenschifffahrtsstraßen im Großraum Berlin vgl. Nr. 6, S. 24.

4. Wer muss einen Sportbootführerschein – Binnen haben?

Einen Sportbootführerschein – Binnen muss jeder besitzen, der auf den Binnenschifffahrtsstraßen ein **Sportboot** (Segel-, Motorboot oder Wassermotorrad) **mit Antriebsmaschine** führen will, das mit einer Antriebsmaschine ausgerüstet ist, deren größte Nutzleistung mehr als 3,68 kW beträgt (§ 3.4.2). Wer ein **Sportboot nur unter Segel** führen will, benötigt den Führerschein nur auf bestimmten Binnenschifffahrtsstraßen nach Anlage 2 Sportboot-FüV–Binnen (s. S. 286).

4.1 Wer ist Fahrzeugführer?

Fahrzeugführer im Sinne der Sportboot-FüV–Bin ist, wer für das Befolgen der schifffahrtspolizeilichen Vorschriften verantwortlich ist. Der Eigentümer oder der Führer eines Sportbootes darf weder anordnen noch zulassen, dass jemand sein Boot führt, der nicht Inhaber der Fahrerlaubnis ist (§ 2 Abs. 4 S. 1). Steht der Fahrzeugführer bei Fahrtbeginn noch nicht fest, so ist

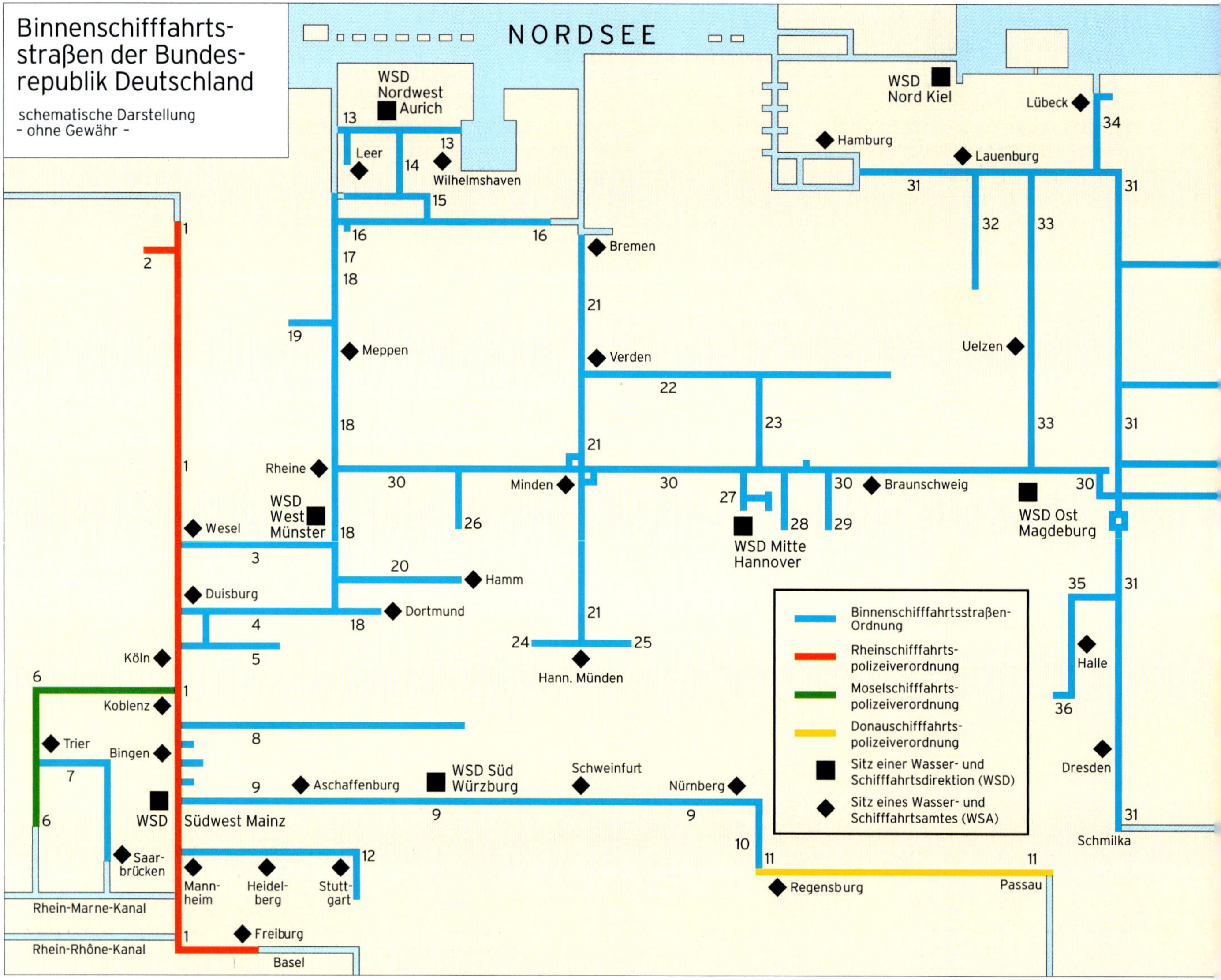
Binnenschifffahrtsstraßen der Bundesrepublik Deutschland
schematische Darstellung
- ohne Gewähr -
NORDSEE
WSD Nordwest Aurich
Leer
Wilhelmshaven
WSD Nord Kiel
Hamburg
Lübeck
Lauenburg
Bremen
Meppen
Verden
Uelzen
Rheine
Minden
Braunschweig
WSD West Münster
WSD Mitte Hannover
WSD Ost Magdeburg
Wesel
Hamm
Duisburg
Dortmund
Köln
Hann. Münden
Halle
Koblenz
Trier
Bingen
Dresden
Aschaffenburg
WSD Süd Würzburg
Schweinfurt
Nürnberg
WSD Südwest Mainz
Saarbrücken
Mannheim
Heidelberg
Stuttgart
Regensburg
Passau
Schmilka
Rhein-Marne-Kanal
Rhein-Rhône-Kanal
Freiburg
Basel
Binnenschifffahrtsstraßen-Ordnung
Rheinschifffahrtspolizeiverordnung
Moselschifffahrtspolizeiverordnung
Donauschifffahrtspolizeiverordnung
Sitz einer Wasser- und Schifffahrtsdirektion (WSD)
Sitz eines Wasser- und Schifffahrtsamtes (WSA)

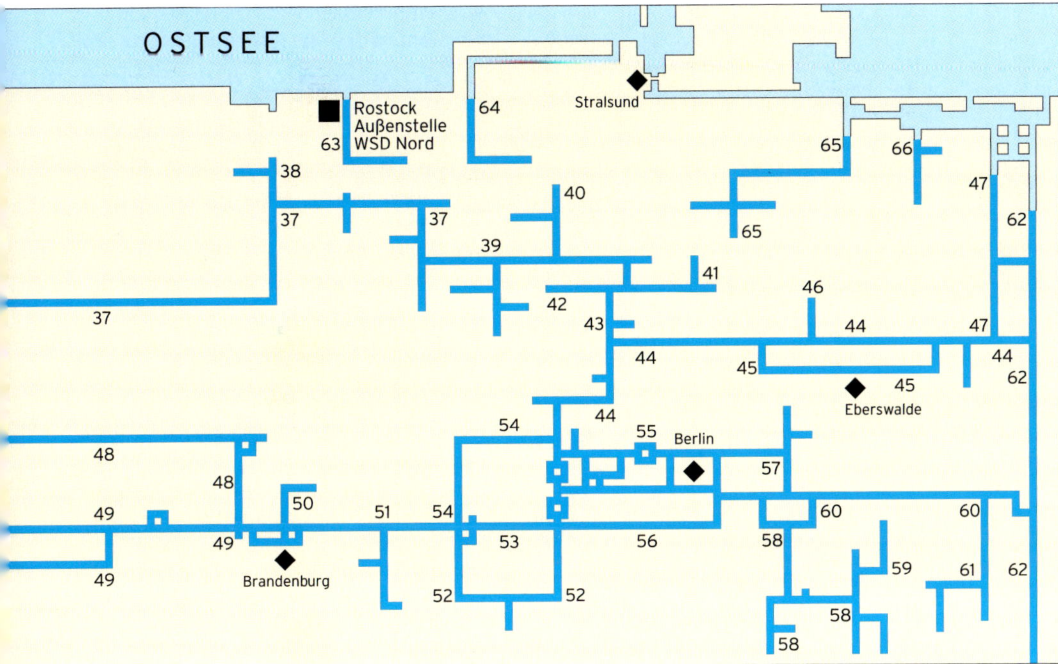

1 Rhein
2 Schifffahrtsweg Rhein-Kleve
3 Wesel-Datteln-Kanal
4 Rhein-Herne-Kanal
5 Ruhr
6 Mosel
7 Saar
8 Lahn
9 Main
10 Main-Donau-Kanal
11 Donau
12 Neckar
13 Ems-Seitenkanal Oldersum-Emden, Ems-Jade-Kanal
14 Nordgeorgsfehn-Kanal
15 Leda-Elisabethfehn-Kanal
16 Küstenkanal
17 Ems
18 Dortmund-Ems-Kanal
19 Haren-Rütenbrock-Kanal
20 Datteln-Hamm-Kanal
21 Weser
22 Aller
23 Leine
24 Fulda
25 Werra
26 Stichkanal Osnabrück
27 Stichkanal Hannover-Linden bis zum Schnellen Graben
28 Stichkanal Hildesheim
29 Stichkanal Salzgitter
30 Mittellandkanal mit Nord- und Südabstieg zur Weser und Abstiegskanal Rothensee
31 Elbe
32 Ilmenau
33 Elbe-Seitenkanal
34 Elbe-Lübeck-Kanal
35 Saale
36 Unstrut
37 Müritz-Elde-Wasserstraße mit Plauer See, Kölpin- und Müritzsee, Ziegelsee
38 Störkanal mit Schweriner See
39 Müritz-Havel-Wasserstraße mit Rheinsberger Gewässern
40 Obere Havel-Wasserstraße mit Kammerkanal
41 Templiner, Feldberger und Lychener Gewässer
42 Wentowkanal und Großer Wentowsee
43 Obere Havel, Voss- und Malzer Kanal
44 Havel-Oder-Wasserstraße und Gewässer, mit Oranienburger Kanal, Veltener Stichkanal und Alter Oder
45 Finowkanal
46 Werbellinkanal und Werbellinsee
47 Hohensaaten-Friedrichsthaler Wasserstraße mit Schwedter Überfahrt und West-Oder
48 Havel, Gneversdorfer Vorfluter, Rathenower Schleusenkanäle
49 Elbe-Havel-Kanal, Niegripper und Pareyer Verbindungskanal
50 Brandenburger Havelgewässer mit Silo-Kanal, Beetz-See
51 Untere Havel-Wasserstraße, Emster Gewässer und Seen
52 Potsdamer Havel und Seen
53 Sacrow-Paretzer-Kanal
54 Havelkanal
55 Berliner Gewässer, Kanäle und Seen
56 Teltowkanal
57 Müggelspree, Müggelsee, Rüdersdorfer Gewässer, Gosener Kanal, Seddinsee
58 Dahme, Notte-Kanal, Krossinsee, Teupitzer Gewässer
59 Storkower Gewässer, Scharmützelsee
60 Spree-Oder-Wasserstraße mit Stichkanälen, Ruhlebener Altarm, Spree-Kanal, Rummelsburger See
61 Spree, Schwielochsee, Neuendorfer See
62 Oder, Westoder und Lausitzer Neiße (Grenzgewässer)
63 Warnow
64 Recknitz
65 Peene mit Kummerower See
66 Uecker

der Fahrzeugführer, der den Sportbootführerschein – Binnen besitzen muss, von den Beteiligten festzulegen, was zweckmäßigerweise im Log- bzw. Schiffstagebuch festzuhalten ist.
Ein Sportboot im Sinne der Sportboot-FüV–Bin führt nicht, wer es unter Aufsicht des Inhabers einer Fahrerlaubnis für die jeweilige Antriebsart fortbewegt. In diesem Fall ist Führer allein der Beaufsichtigende (§ 2 Abs. 4 S. 2 und 3). Der Fahrzeugführer kann sich also beim Steuern des Fahrzeugs oder bei der Bedienung des Motors Hilfspersonen bedienen (**Rudergänger**), die dann keiner Fahrerlaubnis bedürfen, wenn sie nach den Anweisungen und unter Aufsicht des Fahrzeugführers tätig werden und die Möglichkeit besteht, dass dieser sofort Einfluss auf die Schiffsführung nehmen kann. In diesem Fall ist der Fahrzeugführer die allein beaufsichtigende und anweisungsberechtigte Person – vgl. Fragen Nrn. 12 bis 16 und die Erläuterungen hierzu.

4.2 Was ist ein Sportboot?

Sportboote im Sinne der SportbootFüV–Bin sind Fahrzeuge, die von ihren Bootsführern gewöhnlich für Sport- oder Erholungszwecke nicht gewerbsmäßig verwendet werden und weniger als 15 m Länge haben. Ausgenommen sind Fahrzeuge, die durch Muskelkraft oder nur hilfsweise mit einem Treibsegel von höchstens 3 m^2 Fläche fortgewegt werden.
Sportboote sind nicht nur die konventionellen Wasserfahrzeuge, wie Verdränger und Gleiter, sondern auch Fahrzeuge mit halb oder ganz aus dem Wasser herausragenden Fahrzeugkörpern (Tragflächen-, Luftkissen-, Amphibienfahrzeuge).

Motorisierte Wassersportgeräte, die als „Wasserbob", „Wasserscooter", „Jetbike" oder „Jetski" bezeichnet werden, sind unter dem Spezialbegriff „Wassermotorrad" zusammengefasst und dem Sportboot gleichgestellt worden. Dagegen sind aufblasbare Schwimmhilfen und Badematratzen nicht als Sportboote im Sinne der Verordnung anzusehen.

Was den Einsatz für „Sport- oder Erholungszwecke" der Sportboote betrifft, der weit auszulegen ist, so kommt es auf den gewöhnlichen Einsatz im Einzelfall an. Da es auf die Bauart nicht ankommt, können auch umgebaute Fahrzeuge der Berufsschifffahrt Sport- und Erholungszwecken dienen. Hier muss jedoch im Einzelfall genau geprüft werden, ob sie nicht weiterhin für gewerbliche Zwecke oder ähnliche Einsätze verwendet werden.

Der Sportbootcharakter geht auch dann verloren, wenn die Verwendung für Sport- oder Erholungszwecke gewerbsmäßig erfolgt. Das hat zur Folge, dass das Fahrzeug den Sicherheitsvorschriften und den Besetzungsregeln für die gewerbliche Schifffahrt unterliegt. Die Verwendung von Fahrzeugen für Sport- oder Erholungszwecke ist gewerbsmäßig, wenn die Nutzung des Bootes auf Dauer in der Absicht zu Gewinnerzielung erfolgt. Ein Indiz für die Gewerbsmäßigkeit kann die entgeltliche Beschäftigung von Personen als Schiffsbesatzung usw. sein. Die Überlassung des Fahrzeugs beispielsweise an einen Freund zu einer Bootstour ist noch keine gewerbsmäßige Nutzung. Es kommt daher sehr auf die genauen Umstände des Einzelfalles an, ob es sich also um ein Sportboot im Sinne der SportbootFüV–Bin handelt.

4.3 Wann ist ein Sportboot mit einer Antriebsmaschine ausgerüstet?

Ein Sportboot ist nicht nur dann mit einer Antriebsmaschine ausgerüstet, wenn es einen eingebauten Motor oder einen fest angebrachten Außenbordmotor besitzt, sondern auch, wenn z. B. der Außenbordmotor an Bord mitgeführt, aber noch nicht fest angebracht ist.

4.4 Wann hat ein Motor mehr als 3,68 kW Nutzleistung und ist damit fahrerlaubnispflichtig?

Ein Motor hat mehr als 3,68 kW Nutzleistung, wenn dessen größte nicht überschreitbare Nutzleistung an der Propellerwelle mehr als 3,68 kW beträgt. Diese Definition ist mittelbar in § 3 Abs. 1 Nr. 2 enthalten, wonach Sportboote mit Antriebsmaschine von 3,68 kW oder weniger ausgenommen sind. Zu der Frage, welche Motoren 3,68 kW oder weniger haben, hat das BMVBS auf Wunsch der Industrie zur Erleichterung des Handels und der Kontrollen durch die Wasserschutzpolizei eine sogenannte **Freiliste** herausgegeben, die auf dem neuesten Stand gehalten wird und die auch im Geltungsbereich der SportbootFüV–Bin gilt. Die Freiliste wird beim Bundesamt für Seeschifffahrt und Hydrographie geführt (vgl. S. 23).

4.5 Wie wird die Leistung des Motors festgestellt?

Die Leistungsprüfung ist nach den Bestimmungen der DIN 1941 „Abnahmeprüfung von Hubkolben-Verbrennungsmotoren"

durchzuführen. Die blockierte Leistung an der Propellerwelle, die als größte nicht überschreitbare Nutzleistung nach DIN 6271 „Hubkolben-Verbrennungsmotoren, Normbezugsbedingungen und Angaben über Leistung, Kraftstoff- und Schmierölverbrauch" dauernd abgegeben werden kann, ist unter Berücksichtigung der dort unter Nr. 5 genannten Normbezugsbedingungen anzugeben.
Bei Fahrzeugen mit Luftschraubenantrieb sind der blockierten Leistung an der Propellerwelle die blockierte Leistung an der Welle der Luftschraube und bei Fahrzeugen mit Pumpenantrieb die blockierte Leistung an der Rotorwelle der Pumpe gleichzusetzen.
Den Nachweis, dass der Motor 3,68 kW oder weniger leistet, hat der Fahrzeugführer bzw. der Hersteller oder Importeur zu führen und durch ein Gutachten eines anerkannten Sachverständigen zu belegen. Als Sachverständige sind insbesondere zugelassen

- Institute, Technische Hochschulen (Universitäten),
- Fachhochschulen und
- Technische Überwachungsvereine.

4.6 Welche Sportboote sind fahrerlaubnisfrei?

Keiner Fahrerlaubnis nach der Sportboot-FüV–Bin bedürfen außerhalb Berlins Führer von Sportbooten, deren Antriebsmaschine eine Nutzleistung von 3,68 kW oder weniger besitzt (§ 3 Abs. 4 Nr. 2). Aus der Aufzählung der in der Anlage 2 zu der Vorschrift § 3 Abs. 4 Nr. 1 genannten Wasserstraßen folgt, dass die Fahrerlaubnispflicht für Segelboote zur Zeit nur in Berlin gilt –

Liste der führerscheinfreien Sportbootmotoren („Freiliste" im Geltungsbereich der Sportbootführerscheinverordnungen See und Binnen)*

lfd. Nr.	Hersteller	Typ**	Größte Nutzleistung nach DIN 6271	Bemerkungen
1	Aspera Motors	MEP 7	**2,13 kW**	
2	BMW	D 5	**3,57 kW**	
3	Chrysler	6 HP (60; 61; 62; 64; 67)	**3,64 kW**	
4	Evinrude	6 (BG; BGL)	**3,68 kW**	
5	Evinrude	6 (BE; BF; BFL; DR; DRL)	**3,60 kW**	baugleich mit 13
6	Force	3 (MH)	**2,20 kW**	
7	Force	5 (MH)	**3,68 kW**	
8	Honda	50 EH	**3,40 kW**	ab Ser.-Nr. BF 75-1200001 **3,53 kW**
75	Honda	BF 2 (D1; D2; SCHA; LCHA)	**1,48 kW**	
76	Honda	BF 4.5	**3,29 kW**	
77	Honda	BF 5 (A1; A2; SA; LA)	**3,66 kW**	
78	Honda	BF 6	**3,68 kW**	Leistungsred. d. Drosselklappe
79	Honda	BF 6 CH	**3,67 kW**	Leistungsred. d. Blende
80	Honda	BF 8	**3,68 kW**	Leistungsred. d. Blende In.dm 10 mm mit Vergaser-Hauptdüse Größe 98
9	Johnson	3.3	**2,58 kW**	
10	Johnson	CD (22; 23; 24; 25)	**3,38 kW**	
11	Johnson	6R (69; 70; 71; 72); 6BR 73; 6BA (74; 75)	**3,38 kW**	
12	Johnson	6 (BG; BGL)	**3,41 kW**	
13	Johnson	6 (BF; BFL; DR; DRL)	**3,60 kW**	baugleich mit 5
81	Johnson	J6R	**3,64 kW**	Leistungsred. d. Vergaser-Hauptdüse Id.-Nr. 31
14	König	4,206910	**1,82 kW**	
15	Mariner	2 (M)	**1,47 kW**	baugleich mit 58
16	Mariner	2 (M; MH) Lightning	**1,18 kW**	baugleich mit 26
17	Mariner	2.5 (M)	**1,84 kW**	baugleich mit 28
18	Mariner	3.3 (MH)	**2,26 kW**	
19	Mariner	4 (M; ML; MH)	**2,66 kW**	baugleich mit 61
20	Mariner	F4 (4 HP)	**3,19 kW**	baugleich mit 36
21	Mariner	F5 (5 HP)	**3,68 kW**	baugleich mit 37
22	Mariner	5 (M; ML; MH)	**3,27 kW**	baugleich mit 65
23	Mariner	6 (M: ML)	**3,56 kW**	ab Ser.-Nr. 000777/6D (Normalschaft) bzw. 300293/6D (Langschaft) **3,49 kW** ab Modelljahr 87 Leistg. **> 3,68 kW**
24	Mariner	6 (B; BL)	**3,56 kW**	baugleich mit 23 und 68
25	Mariner	6 (M/ML) -3,68 kW	**3,68 kW**	baugleich mit 40
26	Mercury	2 (M; MH) Lightning	**1,18 kW**	baugleich mit 16
27	Mercury	MERC 2.2 (M)	**1,55 kW**	
28	Mercury	MERC 2.5 (M)	**1,84 kW**	baugleich mit 17
29	Mercury	3,3	**2,32 kW**	
30	Mercury	MERC 3,5 (M; ML)	**1,92 kW**	
31	Mercury	MERC 3,6	**1,92 kW**	
32	Mercury	MERC 4	**2,08 kW**	bis einschl. Modelljahr 78: MERC 40
33	Mercury	MERC 4 (M; ML; MLSP)	**2,65 kW**	

Fortsetzung nächste Seite

„Freiliste" (Fortsetzung von Seite 23)

lfd. Nr.	Hersteller	Typ**	Größte Nutzleistung nach DIN 6271	Bemerkungen
34	Mercury	MERC 4 (M; ML)	**2,96 kW**	ab Modelljahr 87
35	Mercury	MERC 4,5	**2,65 kW**	bis einschl. Modelljahr 78; MERC 45
36	Mercury	F4 (4 HP)	**3,19 kW**	baugleich mit 20
37	Mercury	F5 (5 HP)	**3,68 kW**	baugleich mit 21
38	Mercury	MERC 5 (ML; MH)	**3,68 kW**	
39	Mercury	MERC 6	**3,39 kW**	ab Modelljahr 87 Leistung **> 3,68 kW**
40	Mercury	MERC 6-3,68 kW	**3,68 kW**	gedrosselt baugleich mit 25
41	Selva	5 (S125; SI)	**3,50 kW**	
42	Selva	5S (S130)	**3,50 kW**	
43	Suzuki	DT 2,2 (S)	**1,84 kW**	
44	Suzuki	DT 4	**3,45 kW**	
45	Suzuki	DT 5Y (neu)	**3,68 kW**	Leistungsred. d. Blende
46	Suzuki	DT 5Y (alt)	**3,60 kW**	
47	Suzuki	DT 6 (S/L)	**3,50 kW**	
72	Suzuki	DF 4 (S/L)	**2,96 kW**	
73	Suzuki	DF 5 (S/L)	**3,64 kW**	
82	Suzuki	DF 6 (S/L)	**3,68 kW**	Leistungsred. d. Blende In.dm. 17 mm und Vergaser-Hauptdüse Id-Nr. 77,5
48	Tohatsu	M2.5A (A2; S/L)	**1,55 kW**	baugleich mit 27
49	Tohatsu	M3.5A (B2; S/L)	**2,70 kW**	
50	Tohatsu	M3.5B	**2,58 kW**	
51	Tohatsu	MF4A (SS; SL)	**3,19 kW**	baugleich mit 20 und 36
52	Tohatsu	MF5A (2)(SS;SL)	**3,68 kW**	baugleich mit 21 und 37
53	Tohatsu	M5 B (S/L)	**3,68 kW**	baugleich mit 38
54	Tohatsu	M6 B (S/L; UL; EP; EPS; EPL)	**3,68 kW**	in älteren Listen mit M8 bez.
55	Tomos	3; 4; 4-electr.	**1,82 kW**	
56	Tomos	4.8	**2,58 kW**	
57	Volvo Penta	VP R 75	**3,60 kW**	baugleich mit 8
58	Yamaha	2 (A; B)(MH; S)	**1,47 kW**	
74	Yamaha	F 2,5A (MH)	**1,83 kW**	
59	Yamaha	3 A MH (MALTA)(S/L)	**2,20 kW**	
60	Yamaha	3,5 (A;AC)	**2,38 kW**	
61	Yamaha	4 A (CS; CL; S; MH)	**2,66 kW**	S: mit separatem Tank
62	Yamaha	P65	**2,38 kW**	
63	Yamaha	P95; 5B	**2,83 kW**	
64	Yamaha	F4A (MH; S/L)	**2,94 kW**	
65	Yamaha	5 (CS; CL; MH) (S)	**3,27 kW**	S: mit separatem Tank
66	Yamaha	6A	**3,48 kW**	
67	Yamaha	6D (M; MH; S/L)	**3,48 kW**	ab Modelljahr 84 **3,49 kW**
68	Yamaha	6B (S/L)	**3,56 kW**	ab Ser.-Nr. 250746 (Normalschaft) bzw. 550301 (Langschaft) **3,38 kW**
69	Yamaha	F6B	**3,66 kW**	Leistungsred. von **5,88 kW** auf **3,66 kW** mittels Vergaser/69F-14301-20 und CDI/69F-85540-00
70	Yamaha	F6B (MH, Serie 03)	**3,68 kW**	bei Drosselklappenwinkel 26,9 Grad
71	Zündapp	304 - (03; 04)	**3,38 kW**	

* herausgegeben vom Bundesamt für Seeschifffahrt und Hydrographie, Stand September 2004 (aktuelle Liste im Internet: www.bsh.de/Freiliste)

** Die Bezeichnungen in Klammern sind ergänzende, den Umfang der Freistellung kennzeichnende Angaben zu den verschiedenen Ausführungsarten des Motortyps.

vgl. Darstellung der Binnenschifffahrtsstraßen des Bundes, S. 20/21.

5. Welche Kleinfahrzeuge gelten als Wassermotorräder?

Das Bundesministerium für Verkehr, Bau und Stadtentwicklung (BMVBS) hat unter www.elwis.de ein Verzeichnis der Kleinfahrzeuge veröffentlicht, die als Wassermotorräder gelten (vgl. S. 25).

6. Welche Regelung gilt für das Befahren der Gewässer im Land Berlin?

Die früher nach Berliner Landesrecht geltenden Regelungen der Fahrerlaubnispflicht für Segeln, Surfen und Führen von Motorbooten – 3,68 kW oder weniger – auf den Binnenschifffahrtsstraßen im Land Berlin sind in den Geltungsbereich der Sportboot-FüV–Bin einbezogen worden (§ 2 Abs. 1). Am Umfang der Erlaubnispflicht für das Befahren von Binnenschifffahrtsstraßen außerhalb Berlins hat sich aber nichts geändert, das heißt, Segeln, Surfen und Motorbootfahren mit 3,68 kW oder weniger ist außerhalb Berlins auch weiterhin erlaubnisfrei.

Der Bewerber soll bei der Prüfung für die Fahrerlaubnis für ein Sportboot unter Segel das 14. Lebensjahr vollendet haben (§ 5 Abs. 1). Ist das vorgeschriebene Alter am Tag der Prüfung noch nicht erreicht, darf die Fahrerlaubnis erst dann erteilt werden und damit der Führerschein ausgehändigt werden, wenn das 14. Lebensjahr vollendet ist.

Wassermotorräder

Hersteller	Modell
Sea Doo Bombardier	GT/GTS (580-718 ccm) GTi (720 ccm) GTX (580-782 ccm) GSX (782-952 ccm) SP/SPi (580-718 ccm) SPX (580-782 ccm) XP (580-782 ccm) GS (718 ccm) HX (718 ccm)
Kawasaki	Tandem Sport X 2 X 4/X 4i/X 4i R 750 SS 750 SS Xi 750 ST 750 STS 750 XI 750 XIR 750 Zxi 900 Zxi 1000 Zxi 900 STX 1000 STX JS 300/300 SX JS 440 JS 550/550 SX JS 650 SX JS 750 SX JS 750 SXI
Yamaha	Manne Jet 650 S Wave Blaster Wave Blaster II Wave Runner 500 Wave Jammer Wave Runner III Wave Runner III GP Wave Raider 700 Wave Raider Deluxe Wave Raider 760 Wave Raider 1100 Wave Venture 700

Hersteller	Modell
Yamaha	Wave Venture 760 Wave Venture 1100 Wave Runner GP 1200 Wave Runner GP 760 Super Jet (650-700 ccm) FX 1
Polaris	Humcane SL 650/650 STD SL 700 SL 700 Deluxe SLT 700 SL 750 SLT 750 SL 780 SLT 780 SLX 780 SLTX SLX Pro 785 SL 900 SLTX 1050
Tigershark	Barracuda Tigershark Daytona Daytona 700 Daytona 1000 Monte Carlo Monte Carlo 640 Monte Carlo 770 Monte Carlo 1000 Montego (Deluxe)
Wet Jet	Duo 300 Duo 300 ZX Duo 300 Kraze Duo ZX Kraze
Thunderjet	F 14 F 15
Fa. A. Möricke	Water Cat's

Seit dem Beitritt der ehemaligen DDR zur Bundesrepublik Deutschland am 3. Oktober 1990 gelten die vorstehenden Regelungen im Land Berlin einschließlich des Teils, in dem das Grundgesetz davor nicht galt, das heißt in Gesamtberlin (Art. 8, Anlage I, Kapitel XI, Sachgebiet Nr. 6 des Einigungsvertrages vom 31. August 1990).

7. Wer bedarf keiner Fahrerlaubnis?

Keiner Fahrerlaubnis nach der Sportboot-FüV–Bin beim Führen eines Sportbootes mit Antriebsmaschine bedürfen Inhaber folgender höherwertiger Berufsschifferpatente bzw. Befähigungszeugnisse (§ 3 Abs. 2):

- Schifferpatent für den Bodensee der Kategorien B und C oder den Hochrhein (§ 3 Abs. 2 Nr. 1).
- Im Geltungsbereich dieser Verordnung erteilte amtliche Berechtigungsscheine zum Führen eines mit Antriebsmaschine ausgerüsteten Dienstfahrzeugs auf den Binnenschifffahrtsstraßen oder anderen Binnengewässern außerhalb der Seeschifffahrtsstraßen (§ 3 Abs. 2 Nr. 2).
- Amtliche Berechtigungsscheine zum Führen eines mit Antriebsmaschine ausgerüsteten Dienstfahrzeugs auf den Seeschifffahrtsstraßen, die in dem Geltungsbereich dieser Verordnung vor dem 1. April 1978 erteilt worden sind (§ 3 Abs. 2 Nr. 3).
- Befähigungszeugnisse der Gruppen A und B der Schiffsbesetzungs- und Ausbildungsordnung vom 19. Au-

gust 1970 (BGBl. I S. 1253) für die Seeschifffahrt, die vor dem 1. April 1978 erteilt worden sind (§ 3 Abs. 2 Nr. 4).
- Fahrerlaubnisse oder Befähigungszeugnisse, die nach den Bestimmungen der Binnenschifferpatentverordnung vom 15. Dezember 1997 (BGBl. I S. 3066), zuletzt geändert durch Artikel 1 der Verordnung vom 20. Januar 2006 (BGBl. I S. 220), in der jeweils geltenden Fassung zum Führen von Fahrzeugen berechtigen (§ 3 Abs. 2 Nr. 5).

Inhabern dieser Befähigungsnachweise wird auf Antrag ohne Prüfung ein Sportbootführerschein – Binnen für die jeweilige Antriebsart ausgestellt (§ 8). Vgl. die Übersicht im Anhang 7.

8. Welche Befähigungsnachweise ersetzen die vorgeschriebene Fahrerlaubnis (Fortgeltung früherer Befähigungsnachweise)?

Die folgenden Befähigungsnachweise ersetzen die vorgeschriebene Fahrerlaubnis (§ 4):

- Befähigungsnachweis nach der Sportbootführerscheinverordnung – Binnen vom 21. März 1978;
- Sportbootführerschein nach der Sportbootführerscheinverordnung – See vom 20. Dezember 1973, der vor dem 1. 4. 1978 erteilt worden ist;
- Motorbootführerschein nach der Motorbootführerscheinverordnung vom 17. Januar 1967.

Inhabern vorstehender Befähigungsnachweise wird auf Antrag ohne Prüfung ein Sportbootführerschein – Binnen für die jeweilige Antriebsart ausgestellt (§ 8).

9. Mit welchen sonstigen Befähigungsnachweisen und Berechtigungsscheinen kann der für die Fahrerlaubnis erforderliche Befähigungsnachweis auch sonst noch geführt werden?

Bei den folgenden amtlichen Befähigungsnachweisen und Berechtigungsscheinen gilt nur der für die Fahrerlaubnis nach der SportbootFüV–Bin vorgeschriebene Befähigungsnachweis als erbracht (§ 3 Abs. 3). Sie befreien also nicht von dem Erfordernis einer Fahrerlaubnis.
Gegen Vorlage eines dieser Befähigungsnachweise wird dem Inhaber auf Antrag ohne Ablegung einer Prüfung eine Fahrerlaubnis erteilt, sofern er die allgemeinen Anforderungen nach § 5 Abs. 1 Nrn. 1–3 erfüllt (§ 8):

- Im Geltungsbereich der SportbootFüV–Bin nach anderen Vorschriften erteilte amtliche Befähigungsnachweise zum Führen eines Fahrzeugs mit Antriebsmaschine oder unter Segel auf Binnengewässern außerhalb der Seeschifffahrtsstraßen für die jeweilige Antriebsart, soweit das BMVBS diesen als Befähigungsnachweis anerkannt hat (§ 3 Abs. 3 Nr. 1a); (vgl. nachfolgende Übersicht):
- Schifferpatente für den Bodensee der Kategorien A und D für die jeweilige Antriebsart (§ 3 Abs. 3 Nr. 1b);
- von einer als gemeinnützig anerkannten Körperschaft erteilte und vom BMVBS anerkannte Berechtigungsscheine zum Führen von Wasserrettungsfahrzeugen (§ 3 Abs. 2 Nr. 2).

10. Welche Regelung gilt für Personen mit Wohnsitz im Ausland?

Personen mit Wohnsitz im Ausland, die sich nicht länger als ein Jahr in der Bundesrepublik Deutschland aufhalten, bedürfen keiner Fahrerlaubnis (sogenannte Gastregelung). Ist in dem Staat ihres Wohnsitzes für das Führen von Sportbooten auf Binnengewässern ein Befähigungsnachweis amtlich vorgeschrieben oder wendet dieser Staat die Resolution Nr. 40 ECE (TRANS/SC. 3/147, VkBl. 2000 S. 197) an, gilt Satz 1 nur, wenn diese Personen Inhaber des Befähigungsnachweises oder des Internationalen Zertifikats nach der Resolution Nr. 40 ECE für die jeweilige Antriebsart sind, und nur, soweit Gegenseitigkeit gewährleistet ist; das Bundesministerium für Verkehr, Bau und Stadtentwicklung macht im Verkehrsblatt bekannt, welche Staaten die Resolution Nr. 40 ECE anwenden (§ 3 Abs. 1 Nr. 1)
Vgl. die Übersicht über die Führerscheinpflicht auf ausländischen Binnengewässern im Anhang 8.

II. Beauftragung des DMYV und des DSV

Der DMYV und der DSV sind beauftragt (§ 11 Abs. 1) mit der

- Entscheidung über Anträge auf Zulassung zur Prüfung und Erteilung der Fahrerlaubnis (§ 6 Abs. 1),
- Abnahme der Prüfungen, Erteilung der Fahrerlaubnisse (§§ 7, 8),
- Ausstellung von Ersatzausfertigungen (§ 9),
- Erteilung erforderlicher Auflagen (§ 5 Abs. 3),
- Erhebung festgesetzter Kosten (§ 12).

Diese Aufgaben sind Hoheitsaufgaben. Durch § 3a BinAufgG hat der Gesetzgeber jedoch die Möglichkeit geschaffen, Wassersportorganisationen des privaten Rechts mit der Durchführung hoheitlicher Aufgaben zu beauftragen (sogenannte beliehene Unternehmen).

Beide Verbände unterstehen bei der Erfüllung der übertragenen Aufgaben der Aufsicht des BMVBS. DMYV und DSV haben diese Aufgaben nach Maßgabe der Verordnung und der ebenfalls vom BMVBS erlassenen Durchführungsrichtlinien wahrzunehmen, wobei sie sie ganz oder teilweise gemeinsam durchführen können (§ 11 Abs. 2).

III. Die Zulassung zur Prüfung

1. Welche Voraussetzungen müssen erfüllt sein?

Voraussetzungen für die Zulassung zur Prüfung (§ 5 Abs. 1)

- Mindestalter 16 Jahre
- Körperliche und geistige Tauglichkeit*
- Zuverlässigkeit

1.1 Wie alt muss der Bewerber sein?

Der Bewerber soll bei der Prüfung für die Fahrerlaubnis für ein Sportboot mit Antriebsmaschine das 16. Lebensjahr vollendet haben; er darf frühestens 3 Monate vorher zur Prüfung zugelassen werden. Ist das vorgeschriebene Alter am Tag der Prüfung noch nicht erreicht, darf die Fahrerlaubnis erst erteilt und der Führerschein ausgehändigt werden, wenn das 16. Lebensjahr vollendet ist.
Die praktische Prüfung unter Maschinenantrieb kann auch einem Prüfling unter 16 Jahren abgenommen werden, denn er ist nicht Rudergänger im Sinne der Polizeiverordnungen (2.1.2).

* Das Formular „Ärztliches Zeugnis für Sportbootführerscheinbewerber" ist im Internet unter **www.dsv.org** als PDF-Datei herunterzuladen.

1.2 Wann ist ein Bewerber zum Führen eines Sportbootes körperlich und geistig tauglich?

Der Bewerber besitzt die zum Führen eines Sportbootes erforderliche körperliche und geistige Tauglichkeit, wenn er

- ein ausreichendes Seh- und Farbunterscheidungsvermögen sowie
- das erforderliche Hörvermögen besitzt und
- keine sonstigen die Tauglichkeit beeinträchtigenden Befunde vorliegen.

Der Bewerber muss seine körperliche und geistige Tauglichkeit zur Führung eines Sportbootes durch ein **ärztliches Zeugnis*** **nach Maßgabe des Musters der Anlage 4** nachweisen (Übersicht siehe Seiten 29/30).
Augenarzt und Arzt für Hals-Nasen-Ohren-Heilkunde im Sinne der Anlage 4 ist auch ein Facharzt für Arbeitsmedizin oder ein Betriebsarzt, sofern er Untersuchungen nach den Unfallverhütungsvorschriften G 25 durchführen darf. Ausreichende Sehschärfe nach I.1. der Anlage 4, sofern es nicht um die Anforderungen für die Ausnahmeregelung geht, und ausreichendes Farbunterscheidungsvermögen nach I.2. der Anlage 4, jedoch nur nach Stilling/Velhagen, darf auch eine amtlich anerkannte Sehteststelle bescheinigen (2.1.1 Nr. 2 RiVerb).
Das Zeugnis muss vor der Prüfung beim PA vorliegen (§ 5 Abs. 1, 2.1.3 RiVerb – Formular Anlage 4 zu den RiVerb).
Wenn die mit der mangelnden Tauglichkeit verbundenen Gefahren nicht durch Auflagen (Hilfsmittel, technische Spezialvorrichtungen, bestimmtes Verhalten) ausgeglichen werden können, so kann der Bewerber nicht zur Prüfung zugelassen werden. In Zweifelsfällen, z. B. bei Querschnittslähmung, ist der Bewerber unter Vorbehalt zur Prüfung zuzulassen und die körperliche Tauglichkeit anschließend erst im Rahmen der praktischen Prüfung festzustellen (§ 5, 2.1.3 RiVerb).

1.3 Unter welchen Auflagen können Bewerber mit beschränkter Tauglichkeit zugelassen werden?

Bewerbern, die bedingt tauglich sind, kann die Fahrerlaubnis unter Auflagen erteilt werden, die im Sportbootführerschein eingetragen werden (§ 5 Abs. 3).
Wird von einem Bewerber die vorgeschriebene Sehschärfe nur mit Sehhilfe erreicht, so wird ihm die Auflage erteilt, eine gegen Verlust besonders gesicherte Brille oder andere Sehhilfe bei der Führung des Sportbootes ständig zu tragen und eine Ersatzsehhilfe mitzuführen.
Zusätzlich ist der Führerschein des Bewerbers mit einem Stempel folgenden Inhalts zu versehen (§ 5, 4.2.1 RiVerb):

> Brille mit Sicherung oder
> andere Sehhilfe ist zu tragen;
> Ersatz ist mitzuführen

Ausreichendes Seh- und Hörvermögen gemäß Anlage 4 I. Nrn. 1 bis 3 und II. RiVerb

1. Sehschärfe
Die Sehschärfe muss mit oder ohne Sehhilfe mindestens noch 0,7 auf dem einen und 0,5 auf dem anderen Auge betragen. Dabei muss auch das Auge mit der geringeren Sehschärfe ohne Korrektur noch ein ausreichendes Orientierungsvermögen besitzen. Als Sehhilfe sind auch Kontaktlinsen oder Haftschalen zugelassen. Die Untersuchung der Sehschärfe muss nach DIN 58220 und ein- und beidäugig erfolgen. Ist die beidäugige Sehschärfe besser als die jedes Einzelauges, kann die beidäugige Sehschärfe als die des Auges mit der besseren Sehschärfe angesetzt werden.

Ausnahmen:
Erreicht die Sehschärfe diese Werte nicht, sind folgende Mindestanforderungen zu erfüllen, die von einem Arzt für Augenheilkunde bescheinigt werden müssen:
Die Sehschärfe eines Auges muss mit oder ohne Sehhilfe mindestens 1,0 betragen. Die camprimetrische Untersuchung des Auges mit der besseren Sehschärfe muss freie Gesichtsfeldaußengrenzen und darf keine pathologischen Skotome ergeben und das Auge mit der besseren Sehschärfe darf keine fortschreitende Augenerkrankung haben.

2. Farbunterscheidungsvermögen
Das Farbunterscheidungsvermögen ist als ausreichend anzusehen, wenn der Bewerber den Farnsworth Panel D 15 Test oder einen anerkannten Farbtafeltest besteht. In Zweifelsfällen muss die Prüfung mit dem Anomaloskop oder ein anderer anerkannter gleichwertiger Test durchgeführt werden, wobei der Anomal-Quotient bei normaler Trichomasie zwischen 0,7 und 1,4 liegen muss. Anerkannte Farbtafeltests sind:

a) Ishihara nach den Tafeln 12 bis 14
b) Stilling/Velhagen
c) Boström
d) HRR (Ergebnis mindestens „leicht")
e) TMC (Ergebnis mindestens „second degree")
f) Holmer-Wright B (Ergebnis höchstens 8 Fehler bei „small")

3. Hörvermögen
Das erforderliche Hörvermögen ist vorhanden, wenn Sprache mit oder ohne Hörhilfe in gewöhnlicher Lautstärke in 3 m Entfernung mit dem jeweils dem Untersucher zugewandten Ohr und in 5 m Entfernung mit beiden Ohren zugleich verstanden wird.

Ausnahmen:
Werden diese Mindestanforderungen für das Hörvermögen nicht erreicht, muss auf dem besseren Ohr mit oder ohne Hörhilfe mindestens Umgangssprache in gewöhnlicher Lautstärke aus 5 m Entfernung verstanden werden.
Bei Bewerbern mit beschränktem Hörvermögen ist das ausreichende Hörvermögen von einem Arzt für Hals-Nasen-Ohren-Heilkunde zu bescheinigen. Das Hörvermögen ist ausreichend, wenn der Mittelwert der Hörverluste an beiden Ohren bei den Frequenzen 500 Hz, 1000 Hz und 2000 Hz den Wert von 40 db nicht überschreitet.

Fortsetzung nächste Seite

Wenn ein Bewerber die Anforderungen an das Hörvermögen nicht erfüllt, kann die Auflage erteilt werden, eine zweite Person an Bord mitzunehmen. Zusätzlich ist der Führerschein des betreffenden Bewerbers mit einem Stempel folgenden Inhalts zu versehen (§ 5 Abs. 3, 4.2.2 RiVerb):

Zweite Person mit ausreichendem Hörvermögen muss an Bord sein

Eine Hörhilfe kann zugelassen werden, wenn nachgewiesen ist, dass sie die Frequenzbereiche von 500, 1000 und 2000 Hertz/40 Dezibel abdeckt und den Raumklang ausreichend wiedergibt. Der Führerschein des Bewerbers ist mit einem Stempel folgenden Inhalts zu versehen (§ 5 Abs. 3, 4.2.2 RiVerb):

Hörhilfe ist zu tragen

Keine Krankheiten oder körperlichen Mängel gemäß Anlage 4 III. RiVerb

Darüber hinaus dürfen **keine Krankheiten oder körperlichen Mängel** vorliegen, die den Bewerber als Schiffsführer untauglich erscheinen lassen:

4. Sonstige, die Tauglichkeit beeinträchtigende Befunde
Anlage 4 III. RiVerb

Auch das Vorhandensein sonstiger körperlicher Mängel oder Krankheiten kann die Tauglichkeit zum Führen eines Sportbootes enschränken oder ausschließen.

Körperliche und geistige Mängel: Anzeichen für Krankheiten oder körperliche Mängel, die den Bewerber als Schiffsführer ungeeignet erscheinen lassen, können sein:

- Anfallsleiden jeglicher Ursache
- Krankheiten jeglicher Ursache, die mit Bewusstseins- und/oder Gleichgewichtsstörungen einhergehen
- Erkrankungen oder Schäden des zentralen Nervensystems mit wesentlichen Funktionsstörungen, insbesondere organische Krankheiten des Gehirns oder des Rückenmarks und deren Folgezustände, funktionelle Störungen nach Schädel- oder Hirnverletzungen, Hirndurchblutungsstörungen
- Störungen oder erhebliche Beeinträchtigungen der zentralnervösen Belastbarkeit und/oder der Vigilanz
- Gemüts- und/oder Geisteskrankheiten, auch außerhalb eines akuten Schubes
- Diabetes mellitus mit nicht regulierbaren, erheblichen Schwankungen der Blutzuckerwerte
- erhebliche Störung der Drüsen mit innerer Sekretion, insbesondere der Schilddrüse, der Epithelkörperchen oder der Nebennieren.
- schwere Erkrankungen der blutbildenden Systeme
- Bronchialasthma mit Anfällen
- Erkrankungen und/oder Veränderungen des Herzens und/oder des Kreislaufes mit Einschränkungen der Leistungs- bzw. Regulationsfähigkeit, Blutdruckveränderungen stärkeren Grades, Zustand nach Herzinfarkt mit erheblicher Reinfarktgefährdung
- Neigung zu Gallen- oder Nierenkoliken
- Gliedmaßenmissbildungen sowie Teilverlust von Gliedmaßen mit Beeinträchtigung der Greiffähigkeit und/oder der Stand- bzw. Gangsicherheit
- Erkrankungen bzw. Unfallfolgen, die zu erheblicher Einschränkung der Beweglichkeit, Verlust oder Herabsetzung der groben Kraft eines für die Durchführung der Tätigkeit wichtigen Gliedes führen
- chronischer Alkoholmissbrauch bzw. Alkoholkrankheit, Betäubungsmittelsucht und/oder andere Suchtformen

Andere technische Hilfsmittel können zugelassen werden, wenn nachgewiesen ist, dass die mit dem Mangel der Hörfähigkeit verbundene Verkehrsschwäche ausgeglichen wird (§ 5 Abs. 3, 4.2.2 RiVerb).

Betragen bei einem Bewerber die Sehschärfewerte ohne oder mit Sehhilfe auf dem einen Auge noch genau 0,7 und auf dem anderen genau 0,5 oder erfüllt er nur die Anforderungen für eine Ausnahmeregelung nach **Anlage 4** I.1. oder II., so ist ihm die Auflage zu erteilen, durch eine im Abstand von zwei Jahren durchzuführende ärztliche oder gegebenenfalls fachärztliche Wiederholungsuntersuchung nachzuweisen, dass diese Voraussetzungen noch vorliegen. Die Frist kann auf Vorschlag des Augenarztes bis auf vier Jahre verlängert oder bis auf ein Jahr verkürzt werden.

Der Führerschein des Bewerbers ist dann mit einem Stempel folgenden Inhalts zu versehen:

Wiederholungsuntersuchung im
... (Monat/Jahr)

Erfüllt der Bewerber nur die Anforderungen für eine Ausnahmeregelung nach **Anlage 4** III. (Sehvermögen), ist der Führerschein mit einem Stempel folgenden Inhalts zu versehen:

Darf keine Wasserskiläufer ziehen

(§ 5 Abs. 3, 4.2.3 RiVerb)

Leidet ein Bewerber unter Krankheiten oder körperlichen Mängeln nach Anlage 4 III.,

die Bedenken gegen die Tauglichkeit begründen, die Tauglichkeit aber nicht ausschließen, ist ihm die Auflage zu erteilen, durch eine im Abstand von zwei Jahren durchzuführende ärztliche oder gegebenenfalls fachärztliche Wiederholungsuntersuchung nachzuweisen, dass die Voraussetzungen für die Tauglichkeit noch vorliegen. Die Frist kann auf Vorschlag des Arztes verkürzt werden.
Leidet der Bewerber unter körperlichen Mängeln nach Anlage 4 III., bei denen die mit ihnen verbundenen Gefahren durch bestimmte Vorrichtungen oder bestimmtes Verhalten ausgeglichen werden können, ist ihm die Auflage zu erteilen, dass er ein Sportboot nur unter Benutzung der genau bezeichneten Vorrichtung oder unter Beachtung des genau vorgeschriebenen Verhaltens führen darf (2.1.3, 4.2.3 RiVerb).
Die beauftragten Verbände haben nach rechtzeitiger Vorlage eines ärztlichen/fachärztlichen Attests über die Wiederholungsuntersuchung, in der dem Führerscheininhaber ein ausreichendes Sehvermögen oder ein ausreichendes Hörvermögen nach den unter **Anlage 4** I.1. angegebenen Werten bescheinigt wird, in dem Sportbootführerschein den Zeitpunkt der nächsten Wiederholungsuntersuchung unter Angabe von Jahr und Monat zu vermerken (4.2.2 RiVerb).

1.4 Wann besitzt ein Bewerber die erforderliche Zuverlässigkeit zum Führen eines Sportbootes?

Tatsachen, die Zweifel an der Zuverlässigkeit begründen können und bei der Beurteilung eines Führungszeugnisses zu berücksichtigen sind, sind insbesondere:

- rechtskräftige Bestrafung wegen Gefährdung des Schiffsverkehrs,
- wiederholte mit Geldbuße geahndete Zuwiderhandlungen gegen schifffahrtspolizeiliche Vorschriften,
- rechtskräftige Bestrafung wegen Verstoßes gegen andere Verkehrsstraftatbestände,
- im Einzelfall rechtskräftige Bestrafung wegen Verstoßes gegen andere Straftatbestände oder wiederholte mit Geldbuße geahndete erhebliche Zuwiderhandlungen gegen andere verkehrsrechtliche Vorschriften, soweit daraus ein Rückschluss auf das künftige Verhalten des Antragstellers im Schiffsverkehr zu ziehen ist,
- Kenntnis von der Teilnahme am Verkehr unter erheblicher Wirkung alkoholischer Getränke oder anderer berauschender Mittel auch ohne (abgeschlossenes) Straf- oder Bußgeldverfahren, sofern der Antragsteller nicht suchtkrank und deshalb untauglich ist (RiVerb 2.1.4).

1.5 Wie und wo ist der Antrag auf Zulassung zur Prüfung und Erteilung der Fahrerlaubnis zu stellen?

Die Zulassung zur Prüfung erfolgt nur auf Antrag bei einem der Prüfungsausschüsse des DMYV oder DSV (§§ 6 Abs. 1, 11 Abs. 2; vgl. Antragsformular Anlage 3 RiVerb).
Der Antrag ist schriftlich an den vom Bewerber ausgewählten PA – Zusammenstellung der PA vgl. Anhang 2 und 3 – zu richten. Dem Antrag sind beizufügen (§ 6 Abs. 2 und 3, 2.1.1 RiVerb):

- ein neueres Lichtbild (38 x 45 mm), ohne Kopfbedeckung im Halbprofil,
- ein ärztliches Zeugnis über die Tauglichkeit (Formular) – nicht älter als 12 Monate –,
- die Fotokopie eines gültigen Kraftfahrzeug-Führerscheins, wenn spätestens bei der Prüfung das Original des Führerscheins oder eine beglaubigte Kopie (nicht älter als 6 Monate) vorgelegt wird oder,
- auf Verlangen des PA ein Führungszeugnis nach den Vorschriften des BZRG – nicht älter als 6 Monate –; bei Bewerbern unter 18 Jahren soll von der Vorlage eines Führungszeugnisses abgesehen werden;
- wenn der Bewerber keinen Kfz-Führerschein besitzt, ein Führungszeugnis für Behörden nach den §§ 31, 30 Abs. 5 BZRG (nicht älter als 6 Monate),
- die Erklärung auf dem Antrag, ob dem Bewerber der Sportbootführerschein – See oder – Binnen bereits einmal entzogen worden ist,
- der Nachweis über die Bezahlung der Prüfungsgebühren.

2. Wann und durch wen erfolgt die Zulassung zur Prüfung?

Die Vorsitzenden der PAs des DMYV und des DSV entscheiden über Anträge auf Zulassung zur Prüfung, wenn alle Unterlagen vorliegen (§ 6 Abs. 4, 2.1.1 RiVerb).
Der Bewerber kann auch zur Prüfung zugelassen werden, wenn das verlangte Führungszeugnis noch nicht vorliegt, aber die Beantragung nachgewiesen ist. In diesem Fall erhält der Bewerber nach bestandener Prüfung die Fahrerlaubnis durch den Sportbootführerschein – Binnen erst, wenn das

Führungszeugnis eingegangen ist und keinen Anlass zu Zweifeln an der Zuverlässigkeit erkennen lässt.
Der Vorsitzende des PAs hat bei jedem Antrag zu prüfen, ob die Zulassungsvoraussetzungen gegeben und Fristen einzuhalten sind, die eine Zulassung verhindern (§ 7 Abs. 4 S. 2, 2.2 RiVerb). Bei Zweifeln hinsichtlich der körperlichen Tauglichkeit kann der Vorsitzende des PA zusätzlich die Vorlage eines fach- oder hilfsweise amtsärztlichen Zeugnisses anfordern (§ 5 Abs. 2 S. 2). Sind Zweifel an der geistigen Tauglichkeit des Bewerbers oder aufgrund seines bisherigen Verhaltens im Verkehr begründet, kann der Vorsitzende die Vorlage eines Zeugnisses eines medizinischpsychologischen Institutes oder eines sonstigen fach- oder amtsärztlichen Zeugnisses anfordern.
Eine förmliche Zulassung ist nicht erforderlich. Sie kann auch durch die Ladung zur Prüfung erfolgen (2.2 RiVerb).

3. Wie kann man sich gegen die Nichtzulassung rechtlich wehren?

Ist die Zulassung zur Prüfung zu versagen, hat der Vorsitzende dem Bewerber einen schriftlichen Bescheid mit Gründen, Kostenentscheidung und Rechtsbehelfsbelehrung zu erteilen (§§ 37–39, 41 Verwaltungsverfahrensgesetz – Anlage 8 RiVerb). Dieser Bescheid ist ein Verwaltungsakt, der im Widerspruchsverfahren und vor den Verwaltungsgerichten angefochten werden kann (2.2 RiVerb).
Legt der Betroffene Widerspruch gegen eine Entscheidung des PA ein, haben die beauftragten Verbände die Entscheidung zu überprüfen. Halten sie den Widerspruch für begründet, helfen sie ihm ab, das heißt sie ändern die Entscheidung des PA im gewünschten Sinne ab, indem der Ablehnungsbescheid aufgehoben und der Bewerber zur Prüfung zugelassen wird. Halten die Verbände den Widerspruch nicht für begründet, erlassen sie einen Widerspruchsbescheid mit Begründung, Kostenrechnung und Rechtsbehelfsbelehrung.
(2.3 RiVerb – Formular Anlage 5 RiVerb)

IV. Erwerb der erforderlichen Befähigung

1. Wer bildet aus?

Die Ausbildung der Bewerber ist gesetzlich nicht geregelt. Es bleibt dem Bewerber überlassen, wie er sich die erforderlichen Kenntnisse aneignet. Nach den bisherigen Erfahrungen erfolgt die Ausbildung neben der Selbstvorbereitung vor allem durch die Ausbildung in Ausbildungsstätten der beiden Wassersportverbände (DMYV, DSV) und in privaten, gewerblichen Einrichtungen (Schulen).
Dafür steht dem Bewerber mit dem vorliegenden Werk ein übersichtlicher und klarer Ausbildungsleitfaden zur Verfügung, der ihm das für die Prüfung erforderliche Wissen vermittelt und auf den er sich verlassen kann. Dies ist deshalb von Bedeutung, da eine Berufung auf fehlende Grundlagen oder auf unrichtiges Ausbildungsmaterial in der Prüfung nicht möglich ist.

2. Wo gibt es Ausbildungsstätten?

Da die Durchführung von Ausbildungskursen amtlich nicht geregelt ist, kann ein Überblick über die einzelnen Ausbildungsstätten nicht gegeben werden. Es sei deshalb auf die Verzeichnisse der von den Verbänden (DMYV, DSV) anerkannten Ausbildungsstätten verwiesen, die in der Regel jährlich auf den neuesten Stand gebracht werden (vgl. z. B. das Handbuch des DMYV, das alle zwei Jahre erscheint und beim DMYV bezogen werden kann).
Welche Kenntnisse sich der Bewerber über das für die Führerscheinprüfung erforderliche Wissen hinaus freiwillig aneignet, um sich oder sein wertvolles Fahrzeug zu schützen, bleibt ihm überlassen.
Er sollte sich hierbei bewusst sein, dass es sich bei den vorgeschriebenen Kenntnissen nur um ein Mindestwissen handelt, das ihn in die Lage versetzen soll, sich im Verkehr richtig zu verhalten.
Der größte Teil der Bewerber bereitet sich jedoch nicht im Selbststudium vor, sondern lässt sich in den vielen Ausbildungseinrichtungen das erforderliche Wissen vermitteln. Was die Qualität der verschiedenen Ausbildungseinrichtungen betrifft, so muss der Bewerber selbst darauf achten, ob die Ausbilder geeignet und befähigt sind, das vorgeschriebene Wissen zu vermitteln.

V. Die Durchführung der Prüfung

1. Wer prüft?

Die Prüfung wird von den PAs abgenommen, die von den beauftragen Verbänden gebildet werden (§§ 6, 7). Die Prüfungsausschüsse des DMYV und des DSV sind im Anhang 2 und 3 genannt.
Die Prüfung wird von einer Kommission abgenommen, die aus einem Vorsitzenden und zwei Beisitzern der beiden Verbände besteht, die von den beiden Verbänden bestellt werden. Die Kommission darf nicht mehrheitlich mit an der Ausbildung der Bewerber beteiligten Prüfern besetzt werden (§ 7 Abs. 2, 3.2.1 RiVerb).

2. Wo wird geprüft?

Der Ort und der Zeitpunkt der Prüfung werden von dem Vorsitzenden des PA festgelegt, bei dem der Bewerber den Antrag zur Prüfung gestellt hat. Prüfungsorte und -termine sind unter Beachtung des Grundsatzes der Wirtschaftlichkeit zu bestimmen (§ 7 BHO, 3.2.2 RiVerb).

3. Wie wird geprüft?

Der PA beschließt mit Stimmenmehrheit (§ 7 Abs. 2). Der Vorsitzende hat dafür zu sorgen, dass die Prüfung an einem geeigneten Ort durchgeführt wird, der sowohl genügend große und geeignete Räume als auch ein geeignetes Gewässer und einen Bootsanleger für die praktische Prüfung aufweisen muss (3.2.2 RiVerb).

3.1 Vorbereitung zur Prüfung

Die Prüfungsteilnehmer sind schriftlich zu laden – Formular Anlage 6 RiVerb –. Mit der Ladung ist auf die Kostenfolge im Falle eines unentschuldigten Fernbleibens hinzuweisen (7.1.6 RiVerb).
Der Bewerber kann auf die Einhaltung einer Ladungsfrist und auf die Schriftform verzichten. Mit seiner Zustimmung kann die Ladung auch an die Ausbildungsstätte gerichtet werden, was der Bewerber bereits im Antragsformular erklären kann. Die Zahl der Bewerber sollte 40 Personen nicht überschreiten (3.2.2 RiVerb).
Wird die Prüfung aus wichtigem Grund nicht an einem Tag abgeschlossen, muss der fehlende Prüfungsteil spätestens innerhalb eines Jahres nachgeholt werden.

3.2 Welche Kenntnisse müssen in der theoretischen Prüfung nachgewiesen werden?

Die theoretische Prüfung soll zeigen, ob der Bewerber über ausreichende Kenntnisse der für das Führen eines Sportbootes der jeweiligen Antriebskraft maßgebenden schifffahrtspolizeilichen Vorschriften verfügt und ob er die zu seiner sicheren Führung erforderlichen nautischen und technischen Kenntnisse hat (§ 7 Abs. 1, 3.1.1 RiVerb). Zum Inhalt der theoretischen Prüfung siehe Seite 35. Die Antriebsarten der in Frage kommenden Sportboote sind Grundlage für die Prüfungsanforderungen: Der Teil A (Allgemeiner Teil) gilt für beide Arten der fahrerlaubnispflichtigen Sportboote. Die Teile B und C betreffen die speziellen Antriebsarten wie Motor (Antriebsmaschine) und Segeln. Welche Regelung für das Befahren der Gewässer im Land Berlin gilt, ist auf Seite 24 nachzulesen.
Aus diesem Aufbau des Prüfungsstoffes ergeben sich die Prüfungsmöglichkeiten, wie sie auf Seite 35 dargestellt sind.

3.3 Wie wird die theoretische Prüfung durchgeführt?

Die theoretische Prüfung ist grundsätzlich schriftlich durchzuführen; eine mündliche Prüfung kann erfolgen. Jedem Bewerber ist ein Fragebogen zur schriftlichen Beantwortung vorzulegen. Gegenstand einer mündlichen Prüfung ist nur der von den beauftragten Verbänden in dem Fragenkatalog festgelegte Prüfungsstoff. Es sollen keine Fragen gestellt werden, die in der schriftlichen Prüfung nicht richtig beantwortet worden sind.
Die Verbände haben Sorge dafür zu tragen, dass die Prüfungszeiten einheitlich festgelegt werden. Hilfsmittel (Bücher, Ausarbeitungen usw.) dürfen bei der Beantwortung der Fragebogen nicht verwendet werden. Die Benutzung solcher Hilfsmittel oder sonstige Schwindelmanöver stellen einen Täuschungsversuch dar und führen zum Ausschluss des Bewerbers von der Prüfung: Die Prüfung gilt dann als nicht bestanden. Der Vorsitzende hat daher vor Beginn der Prü-

<table>
<tr><th colspan="3">Inhalt der Prüfung (3.1.2 RiVerb)</th></tr>
<tr><th>Allgemeiner Teil</th><th colspan="2">Sonderteil</th></tr>
<tr><th>beide Antriebsarten (Teil A)</th><th>mit Antriebsmaschine (Teil B)</th><th>Segeln (Teil C)</th></tr>
<tr>
<td>
<ul>
<li>Maßgebende schifffahrts-polizeiliche Vorschriften, insbesondere Binnenschifffahrtsstraßen-Ordnung einschließlich Ergänzungs- und Anwendungsverordnung (Berlin), Rhein-, Mosel- und Donauschifffahrtspolizeiverordnung, örtliche Sondervorschriften und Schifffahrtszeichen</li>
<li>Wetterkunde
Kenntnisse über Gebrauch des Barometers, unsichtiges Wetter, Fronten, Gewitter, Wind, Wasserstände</li>
<li>Seemannschaft
Umweltschutz („10 Goldene Regeln für das Verhalten von Wassersportlern in der Natur“), Behandlung von Tauwerk und Beherrschung der wichtigsten Knoten: Achtknoten, zwei halbe Schläge, Kreuzknoten, einfacher Schotstek, doppelter Schotstek, Palstek, Stopperstek, Slipstek, Webeleinenstek, Kopfschlag, Belegen einer Klampe</li>
<li>Sicherheit
Verhalten bei Notfällen und Havarien sowie bei schlechtem Wetter, Notsignale, Sicherheitsmaßnahmen und Sicherheitsausrüstung, Verhüten und Bekämpfen von Bränden, Anlegen einer Rettungsweste</li>
</ul>
</td>
<td>
<ul>
<li>Fahrzeugkunde
Gleiter, Verdränger, Sog und Wellenschlag, Bauart der Antriebsmaschine (Inbord/Außenbord), Z-Antrieb, Wellenantrieb, Wendegetriebe, Propeller (Schraube), Drehrichtung und Ruderwirkung; Grundkenntnisse über: Wirkungsweise von Schmierstoff- und Kühlkreislauf und deren Überwachung; Bedeutung von elektrischen Schaltern; Sicherheitsmaßnahmen beim Tanken; Pflege und Wartung von Batterien; Maßnahmen bei Öl- und Kraftstoff-Leckagen; Brandbekämpfung, Feuerlöscher und deren Pflege und Wartung. Kenntnis von technischen Regelwerken; Flüssiggas, Landstromversorgung mit Niederspannung</li>
<li>Fahrzeugführung
Steuern nach Schifffahrtszeichen und anderen Objekten oder nach Kompass; Manövrieren: Ablegen, Anlegen, Begegnen, Festmachen, Wenden auf engem Raum, „Mensch-über-Bord“-Manöver mithilfe eines treibenden Gegenstandes, Rückwärtsfahrt, Ankermanöver, Verhalten beim Anlaufen von Häfen, Verhalten bei der Fahrt im Strom</li>
<li>Verhalten in besonderen Situationen:
beim Fahren im Schlepp, im Bereich von Sperrwerken und Schleusen</li>
<li>Verhalten gegenüber großen Schiffen</li>
</ul>
</td>
<td>
<ul>
<li>Fahrzeugkunde
Bau und Ausrüstung von Segelbooten, gebräuchlichste Segelbootarten, Bauweise der Segelboote, Takelung und Segelgrundkenntnisse</li>
<li>Segeltheorie, insbesondere Segelstellungen und Wirkungsweisen des Windes</li>
<li>Fahrzeugführung
Segelkommandos, Segelklarmachen, Segelsetzen, Segelbergen, Reffen und Ausreffen; Steuern nach Schifffahrtszeichen und anderen Objekten oder nach Kompass. Manövrieren: An- und Ablegen, Festmachen, an die Boje gehen bzw. von der Boje gehen. Abfallen und Anluven, Wenden und Halsen, Ankermanöver, „Mensch-über-Bord“-Manöver mithilfe eines treibenden Gegenstandes</li>
<li>Verhalten in besonderen Situationen:
beim Fahren im Schlepp, im Bereich von Brücken, Sperrwerken und Schleusen</li>
<li>Verhalten gegenüber großen Schiffen</li>
</ul>
</td>
</tr>
</table>

fung die Bewerber über die Folgen eines solchen Täuschungsversuchs zu belehren. Die Prüfung ist von mindestens einem – an der Ausbildung nicht beteiligten – Mitglied der Prüfungskommission zu beaufsichtigen (3.2.3.1 RiVerb).

Die Fragen sind dem vom DMYV und vom DSV gemeinsam erarbeiteten Katalog entnommen und je nach ihrem Schwierigkeitsgrad mit jeweils • oder •• oder ••• Punkten bewertet. Die ebenfalls in diesem Katalog enthaltenen Antworten sind Empfehlungen an die Prüfer. Sie sind Modellantworten für die Bewertung der von den Bewerbern gegebenen Antworten und sollen einen einheitlichen Prüfungsmaßstab gewährleisten. Die Antwort braucht daher nicht wörtlich mit der gegebenen Antwort übereinzustimmen. Die Bewertung der Beantwortung richtet sich danach, in welchem Umfang die gegebenen Antworten mit dem sachlichen Inhalt der Modellantwort übereinstimmen (3.2.3.1 RiVerb).

3.4 Welche Fähigkeiten müssen in der praktischen Prüfung nachgewiesen werden?

Der PA hat sich in der praktischen Prüfung davon zu überzeugen, ob der Bewerber zur praktischen Anwendung der zur sicheren Führung eines Sportbootes erforderlichen Kenntnisse fähig ist (3.2.3.2 RiVerb).

Es sollten mindestens die folgenden Grundkenntnisse in der Praxis beherrscht werden:

- Steuern nach Schifffahrtszeichen und anderen Objekten oder nach Kompass
- Manövrieren (Ablegen, Anlegen, Festmachen, Wenden auf engem Raum, „Mensch-über-Bord"-Manöver mithilfe eines treibenden Gegenstandes)
- Wichtige Knoten (Achtknoten, halber Schlag, zwei halbe Schläge, Kreuzknoten, einfacher Schotstek, doppelter Schotstek, Palstek, Stopperstek, Slipstek, Webeleinenstek, Belegen von Enden, Kopfschlag)
- Anlegen einer Rettungsweste

3.5 Wie wird die praktische Prüfung durchgeführt?

Die praktische Prüfung kann zunächst von nur einem Prüfer durchgeführt werden, der nicht an der Ausbildung des Bewerbers beteiligt gewesen sein darf. Dieser hat sodann den anderen Prüfern Bericht über den Verlauf des begutachteten Prüfungsteils zu erstatten und einen Bewertungsvorschlag zu unterbreiten. Halten die übrigen Mitglieder die vorgeschlagene Bewertung nach dem Verlauf der bisherigen Prüfung für zutreffend, schließen sie sich dem Vorschlag ohne Fortsetzung der praktischen Prüfung an. Bestehen Zweifel an dem Entscheidungsvorschlag, ist die Prüfung fortzusetzen.
Für die praktische Prüfung soll ein Gewässer gewählt werden, das entweder eine Binnenschifffahrtsstraße ist oder wenigstens in etwa vergleichbare Verhältnisse aufweist. Für die praktische Prüfung unter Maschinenantrieb hat der Bewerber ein Sportboot mit mehr als 3,68 kW Nutzleistung zu stellen (3.2.3.2 RiVerb).
Die Prüfungskommission kann ein Sportboot ablehnen, wenn es nicht verkehrssicher oder aufgrund seiner Bauart, Größe und Tragfähigkeit für die Durchführung der Prüfung ungeeignet ist (§ 7 Abs. 3).
Auf dem Sportboot müssen ein Anker mit ausreichender Leine oder Kette, ein Bootshaken, ein Rettungsring, ein Feuerlöscher und gegebenenfalls zwei Stechpaddel sowie für jede an Bord befindliche Person eine zugelassene Rettungsweste vorhanden sein.
Während der Prüfungsfahrt haben anleitende oder unterstützende Maßnahmen, die dem Zweck der Prüfung zuwiderlaufen, zu unterbleiben. Ergibt die praktische Prüfung, dass der Bewerber die vorgeschriebenen Manöver und Tätigkeiten nicht beherrscht oder die Vorschriften nicht anwenden kann, so gilt die Prüfung als nicht bestanden.
Rudergänger im Sinne des § 1.09 BinSchStrO, Rhein/MoselSchPV, bleibt der Schiffsführer, der ebenso wie der Prüfer die Tätigkeit des Prüflings überwacht und sich in unmittelbarer Nähe des Ruders aufhält, sodass er jederzeit in der Lage ist, das Ruder selbst zu übernehmen und notwendige Anweisungen zu geben. Den Kurs des Bootes bestimmt der Prüfer, der dem Prüfling im Einzelnen die auszuführenden Manöver aufgibt (3.2.3.2 RiVerb).

3.6 Wann kann auf die praktische Prüfung verzichtet oder hiervon befreit werden?

Auf die praktische Prüfung kann verzichtet werden, wenn der Bewerber die erforderlichen Kenntnisse und Fähigkeiten für die sichere Führung eines Sportbootes mit Maschinenantrieb auf den Binnenschifffahrtsstraßen in einer anderen amtlichen Prüfung nachgewiesen hat. Eine Fotokopie dieses Befähigungszeugnisses ist zu den Unterlagen zu nehmen. Solche Zeugnisse, sofern sie nach dem 31. 3. 1978 – im Land Berlin bis zum Inkrafttreten der Sportboot-FüV–Bin – erteilt worden sind, sind:

- Sportbootführerschein – See
- Amtlicher Berechtigungsschein zum Führen eines mit Antriebsmaschine ausgerüsteten Dienstfahrzeugs auf den Seeschifffahrtsstraßen nach der vom Bundesministerium für Verkehr, Bau und Stadtentwicklung herausgegebenen Liste
- Befähigungszeugnis der Gruppen A und B der SBAO vom 19. August 1970
- Befähigungszeugnis nach der Schiffsoffiziersausbildungsverordnung vom 11. Februar 1985
  (§ 7 Abs. 5, 3.2.3.3 RiVerb)

Inhaber eines nach der Resolution Nr. 40 ECE ordnungsgemäß ausgestellten Internationalen Zertifikats sind beim Erwerb einer Fahrerlaubnis vom praktischen Teil der Prüfung für die jeweilige Antriebsart ebenfalls befreit (vgl. I Nr. 2).

3.7 Wie wird das Ergebnis der Prüfung festgestellt?

Die Prüfung ist so lange durchzuführen, bis sich die Prüfer ein ausreichendes Urteil gebildet haben (3.2.1 RiVerb). Der Bewerber hat die Prüfung nur bestanden, wenn er die erforderlichen Kenntnisse und Fähigkeiten durch die theoretische und praktische Prüfung nachgewiesen hat. Der Prüfungsausschuss beschließt mit Stimmenmehrheit. Über den Prüfungsverlauf ist für jeden Bewerber eine Ergebnisniederschrift zu erstellen (§ 7 Abs. 2, 3.2.3.4 RiVerb – Anlage 7).

VI. Ausübung der Fachaufsicht über die beauftragten Sportbootverbände

Die den beiden Sportverbänden übertragenen Hoheitsaufgaben verpflichten den Staat als Auftraggeber, diese Tätigkeiten zu beaufsichtigen (§ 11 Abs. 1). Die Fach- und Rechtsaufsicht hat sich dabei sowohl auf die Gesetzmäßigkeit als auch auf die Zweckmäßigkeit der Ausübung der Hoheitsbefugnisse zu erstrecken.

1. Welche Behörden sind zuständig?

Der DMYV und der DSV unterliegen der Fach- und Rechtsaufsicht durch das Bundesministerium für Verkehr, Bau und Stadtentwicklung. Die Aufsicht erstreckt sich insbesondere auf die einheitliche und gleichmäßige Durchführung des den Verbänden erteilten Auftrags. Dazu gehört auch die stichprobenartige Kontrolle von einzelnen Prüfungen (§ 11 Absatz 1, 8).

2. Welchen Umfang hat die Fachaufsicht?

Grundsätzlich haben die Organe der Fachaufsicht darauf zu achten, dass die Richtlinien eingehalten werden. Sie haben insbesondere darauf zu achten, dass bei der Prüfung niemand, insbesondere wegen der Zugehörigkeit oder Nichtzugehörigkeit zu einem Verein, bevorzugt oder benachteiligt wird (3.2.1 RiVerb).

3. Wer führt die Aufsicht bei Prüfungen außerhalb des Geltungsbereichs des SportbootFüV–Bin?

Sofern die beauftragten Verbände Prüfungen außerhalb des Geltungsbereichs der SportbootFüV–Bin abnehmen, sind die Prüfungstermine so rechtzeitig bekannt zu geben, dass auch dort im Einzelfall die unangemeldete Teilnahme an der Prüfung durch die Aufsichtsbehörden möglich ist.
Die in Betracht kommenden Prüfungsorte, die nur das europäische Ausland und Mittelmeeranliegerstaaten erfassen dürfen, sind mit dem BMVBS abzustimmen. Es muss aber sichergestellt sein, dass die Erteilung der Fahrerlaubnis und die Ausstellung des Sportbootführerscheins – Binnen ausschließlich im Geltungsbereich der Verordnung erfolgen (§ 8 Abs. 2).

VII. Verwaltungsmaßnahmen nach Abschluss der Prüfung

1. Wann und wie wird der Sportbootführerschein ausgestellt?

Nach bestandener Prüfung ist dem Bewerber die vom Vorsitzenden oder seinem Stellvertreter unterschriebene Fahrerlaubnis auszuhändigen oder auf dessen Wunsch mit Einschreiben zuzustellen. Besteht ein Bewerber die Prüfung nicht, so hat ihm der Vorsitzende das Ergebnis mündlich mitzuteilen und zusätzlich eine schriftliche Rechtsbehelfsbelehrung zu erteilen (4.1. RiVerb und Anlage 8 RiVerb).

2. Wann ist der Sportbootführerschein – Binnen unter Auflagen zu erteilen, wie werden die Auflagen überwacht, wann kann er entzogen werden und wann ruht die Fahrerlaubnis?

Bewerbern, die beschränkt tauglich sind, kann die Fahrerlaubnis unter Auflagen erteilt werden, soweit dadurch die mit der mangelnden Eignung verbundenen Gefahren durch den Bewerber ausgeglichen werden können (§ 5 Abs. 3, 4.2.4 RiVerb).
Neben der Eintragung im Führerschein (vgl. Abschnitt III 1.3) werden die Auflagen vom PA dem Führerscheininhaber durch einen schriftlichen Bescheid mit Rechtsmittelbelehrung mitgeteilt. Die Erteilung der Auflagen ist ein selbstständiger Verwaltungsakt, der unabhängig von der Fahrerlaubnis angefochten werden kann. Für die nachträgliche Erteilung der Auflagen oder die Neuerteilung der Auflagen sind der DMYV und der DSV zuständig. Wird aufgrund einer Wiederholungsuntersuchung, einer polizeilichen Kontrolle oder auf andere Weise festgestellt, dass Anlass zu der Annahme besteht, dass nach dem Erwerb der Fahrerlaubnis eine Beschränkung der körperlichen oder geistigen Tauglichkeit eingetreten ist oder dass eine angeordnete Wiederholungsuntersuchung nicht durchgeführt worden ist, ist der Führerscheininhaber von den beauftragten Verbänden aufzufordern, sich innerhalb einer angemessenen Frist zur Überprüfung seiner Tauglichkeit einer fachärztlichen Untersuchung zu unterziehen und ein Zeugnis vorzulegen.
Erweist sich der Inhaber der Fahrerlaubnis zum Führen von Sportbooten als untauglich oder unzuverlässig, ist ihm die Fahrerlaubnis zu entziehen (vgl. § 10).
Die zuständige Behörde kann unter bestimmten Voraussetzungen das Ruhen der Fahrerlaubnis befristet oder unbefristet anordnen, bis bestimmte Anforderungen erfüllt sind (vgl. § 10a). Sind dringende Gründe für die Annahme vorhanden, dass eine Erlaubnis entzogen oder das Ruhen der Fahrerlaubnis angeordnet wird, so kann der Sportbootführerschein – Binnen oder ein anderes Befähigungszeugnis vorläufig sichergestellt werden (vgl. § 10b).

3. Wie kann man sich gegen das Nichtbestehen der Prüfung rechtlich wehren?

Erteilung und Nichterteilung der Fahrerlaubnis sind Verwaltungsakte. Sie können nach Durchführung eines Vorverfahrens (Widerspruchsverfahren) vor den Verwaltungsgerichten angefochten werden (§§ 40, 42 VwGO).
Legt ein Betroffener Widerspruch gegen die Nichterteilung einer Fahrerlaubnis ein, haben die beauftragten Verbände die Entscheidung zu überprüfen. Halten sie den Widerspruch für begründet, helfen sie dem Widerspruch ab mit der Folge, dass der Führerschein erteilt wird. Halten sie den Widerspruch nicht für begründet, erlässt der DMYV oder der DSV einen Widerspruchsbescheid mit Kostenrechnung und Rechtsbehelfsbelehrung (2.3, Anlage 5 RiVerb). Für diese Maßnahmen sind die beauftragten Verbände deshalb selbst zuständig, da die nächsthöhere Behörde, nämlich das BVMBS, oberste Bundesbehörde ist (§ 73, Abs. 1, Nr. 2 VwGO).
Das vorstehende Verfahren gilt auch dann, wenn die Ausstellung eines Sportbootführerscheins ohne Prüfung verweigert wird (vgl. Abschn. VIII).
Der DMYV und der DSV haben durch geeignete Maßnahmen sicherzustellen, dass das bei allen Widerspruchsentscheidungen auszuübende Ermessen oder die Ausfüllung bestehender Beurteilungsspielräume nach einer einheitlichen Verwaltungspraxis erfolgt. Bei Widersprüchen grundsätzli-

cher Bedeutung ist die Entscheidung im gegenseitigen Einvernehmen zu treffen (2.3 Abs. 2 RiVerb).

4. Welche Kosten werden für die einzelnen Amtshandlungen erhoben?

Die Kosten sollen den Aufwand der Verwaltung, einschließlich der beauftragten Verbände, decken (Kostendeckungsprinzip). Zusätzlich zu den Kosten wird die gesetzlich vorgeschriebene Mehrwertsteuer erhoben. Der Bundesanteil, der den Aufwand der Verwaltung abdecken soll, ist nicht mehrwertsteuerpflichtig (7.1 RiVerb).
Reisekosten sind nach den Vorschriften des Bundesreisekostengesetzes in jeweils gültiger Fassung für die Mitglieder des Prüfungsausschusses als Auslagen zu erheben. Dabei ist für Tages- und Übernachtungsgelder die Reisekostenstufe B zugrunde zu legen. Fahrtkosten sind bei Benutzung öffentlicher Verkehrsmittel in tatsächlich entstandener Höhe, bei Benutzung privater Kraftfahrzeuge nur nach Maßgabe des § 6 BRKG erstattungsfähig.
Im Interesse der Bewerber wird darauf zu achten sein, dass die Prüfungen nicht ohne genügenden sachlichen Grund und gegen das Interesse der Bewerber an anderen Orten stattfinden. Reisekosten sind anteilig auch von denjenigen Prüflingen zu zahlen, die unentschuldigt einem solchen Prüfungstermin ferngeblieben sind. Zur Zahlung von Gebühren sind sie jedoch nicht verpflichtet. Erfolgt nach erneuter Ladung wiederum keine Teilnahme, fallen zusätzliche Gebühren an.

5. Wie werden die Kosten erhoben?

Die Kosten werden mit Ausnahme der Kosten für die Entziehung der Fahrerlaubnis von den Prüfungsausschüssen festgesetzt und eingezogen. Kostenschuldner ist,

- wer die Amtshandlung veranlasst oder zu wessen Gunsten sie vorgenommen wird,
- wer die Kosten durch eine vor der zuständigen Behörde abgegebene oder ihr mitgeteilte Erklärung übernommen hat (§ 13 VWKG).

Die Gebührenschuld entsteht, soweit ein Antrag notwendig ist, mit dessen Eingang, im Übrigen mit der Beendigung der gebührenpflichtigen Amtshandlung. Die Verpflichtung zur Erstattung von Auslagen entsteht mit der Aufwendung des zu erstattenden Betrages (§ 11 VWKG).

Kosten (Gebühren und Auslagen)
(§ 12)

	Tatbestand	€
1.	Abnahme der Prüfung	38,35
2.	Abnahme nur theoretische Prüfung	19,17
	Abnahme nur praktische Prüfung	19,17
3.	Erteilung der Fahrerlaubnis und Ausstellung des Sportbootführerscheins	15,34
4.	Erteilung der Fahrerlaubnis ohne Prüfung	10,23
5.	Nachträgliche Auflagen	5,88
6.	Ablehnung eines Antrags	9,71
7.	Entziehung der Fahrerlaubnis	43,46 bis 127,82
8.	Reisekosten der Prüfer	vgl. Abs. 4

VIII. Ahndung von Verstößen gegen die Sportbootführerscheinverordnung – Binnen

Verstöße oder Zuwiderhandlungen gegen Vorschriften können durch Strafen oder Geldbußen geahndet werden. Die Strafbarkeit einer Tat wird im Strafgesetzbuch und in Nebenstrafgesetzen bestimmt. Die Möglichkeit, eine Zuwiderhandlung mit einer Geldbuße zu ahnden, ist im Ordnungswidrigkeitengesetz geregelt. Strafe und Ordnungswidrigkeit unterscheiden sich durch ihren Unrechtsgehalt. Straftat ist das kriminelle Unrecht, Ordnungswidrigkeit das sogenannte Verwaltungsunrecht.

Die Bezeichnung „Ordnungswidrigkeit" bringt zum Ausdruck, dass es sich bei diesem Unrecht um Verstöße gegen Gebots- oder Verbotsvorschriften handelt, die im Wesentlichen ordnungssetzende oder -erhaltende Bedeutung haben. Im Gegensatz dazu wird als Straftat die Verletzung von Rechtsvorschriften gewertet, die den Schutz der Grundlagen der Gesellschaftsordnung und sonstiger für das sittliche Zusammenleben von Menschen wesentlicher Rechtsgüter bezwecken.

Die Ordnungswidrigkeit ist also nicht ein Weniger gegenüber der Straftat, sondern etwas anderes. Sie ist ihrem Charakter nach keine Sühne für ein Verschulden; sie soll ausgesprochen werden, wenn der Betroffene einsichtig ist und der erzieherische Zweck dadurch erreicht wird. Sie hat keine herabsetzende Wirkung – keine Eintragung in das Strafregister – und kann nicht in eine Ersatzfreiheitsstrafe umgewandelt werden.

Demgemäß bestehen auch gegenüber der Straftat erhebliche Unterschiede in den Verfahrensvorschriften. Es werden nur Verwaltungsbehörden tätig, die im Gegensatz zu den Justizbehörden, für die grundsätzlich Strafverfolgungszwang besteht (Legalitätsprinzip), nach pflichtgemäßem Ermessen zu entscheiden haben, ob sie eine Geldbuße festsetzen wollen oder nicht (Opportunitätsprinzip). Die Grenzen des pflichtgemäßen Ermessens sind gesetzlich nicht näher bestimmt (§ 47 OWiG).

Im Hinblick darauf, dass es sich bei der Sportbootführerscheinverordnung – Binnen um polizeiliche Gebots- und Verbotsvorschriften handelt, hat der Gesetzgeber Zuwiderhandlungen dagegen als Ordnungswidrigkeiten eingestuft, die mit einem Bußgeld geahndet werden.

Ordnungswidrigkeiten (§ 13)						
lfd. Nr. des Bußgeldkatalogs	Tatbestand	Zuwiderhandlung gegen §§ der SportbootFüV–Bin	Betroffener	Ordnungswidrigkeit nach § 13 SportbootFüV–Bin	Verwarnungsgeld (in Euro)	Geldbuße (in Euro)
1	2	3	4	5	6	7
24.310000	Führen eines Sportbootes ohne die erforderliche Fahrerlaubnis	2 Abs. 1	Jedermann	Nr. 1	-	125
24.320000	Anordnen oder Zulassen, dass jemand ein Fahrzeug ohne die erforderliche Fahrerlaubnis führt	2 Abs. 4 S. 1	Eigentümer	Nr. 3	-	125
24.330000	Nichtmitführen eines Befähigungsnachweises	2 Abs. 3	Schiffsführer	Nr. 2	10	50
24.340000	Verstoß gegen eine vollziehbare Auflage	5 Abs. 3 S. 1, 2, 4	Schiffsführer	Nr. 4	10	25 bis 150
24.350000	Nicht oder nicht rechtzeitig abliefern des Sportbootführerscheins	10 Abs. 3 S. 2, 3	Schiffsführer	Nr. 5	-	100
24.360000	Führen eines Sportbootes, obwohl das Ruhen der Fahrerlaubnis angeordnet ist	10a Abs. 1, auch i.V.m. Abs. 5 S. 4	Schiffsführer	Nr. 6	-	100

IX. Welche Maßnahmen erfolgen nach Ausstellung eines Sportbootführerscheins – Binnen?

1. Änderungen der Eintragungen im Führerschein, die sich im Laufe der Zeit ergeben, können von dem DMYV oder dem DSV berichtigt werden. Die Tatsache der einzutragenden Änderung hat der Inhaber des Sportbootführerscheins – Binnen durch Vorlage der Urkunde nachzuweisen (Heiratsurkunde, Bescheinigung des Einwohnermeldeamtes usw.). Kosten werden nicht erhoben. Auf Wunsch kann nach § 9 auch ein neuer Führerschein ausgestellt werden. Wenn der Führerscheininhaber die Ausstellung eines neuen Führerscheins beantragt, ist der bisherige Führerschein einzuziehen und hierfür eine Gebühr zu erheben (5.1 RiVerb).

2. Der DMYV und der DSV können auf Antrag **Ersatzausfertigungen** ausstellen, wenn der Antragsteller als Inhaber des Führerscheins anhand der Unterlagen identifiziert wird, aber nur, wenn der Führerschein unbrauchbar geworden ist oder wenn glaubhaft gemacht wird, dass er gestohlen oder verloren gegangen ist. Der Sportbootführerschein ist unbrauchbar geworden, wenn er unleserlich geworden oder teilweise beschädigt ist oder sonst als Urkunde im Rechtsverkehr nur erschwert verwendet werden kann. Ist der Sportbootführerschein gestohlen worden, hat der Antragsteller nachzuweisen, dass er den Diebstahl bei der Polizei angezeigt hat. Ist der Sportbootführerschein verloren gegangen oder sonst abhanden gekommen, hat er diese Tatsache – z. B. durch Angabe von Zeugen – glaubhaft zu machen und durch eine schriftliche Versicherung zu bestätigen (5.2 RiVerb).

3. Vom DMYV und vom DSV wird eine gemeinsame **Zentralkartei** über die ausgestellten Führerscheine geführt (5.3, 4.3 RiVerb). Auskünfte aus der Zentralkartei dürfen nur an das Bundesministerium für Verkehr, Bau und Stadtentwicklung, an die Wasser- und Schifffahrtsdirektionen, an Gerichte, Seeämter, Staatsanwaltschaften und Polizeibehörden erteilt werden, soweit dies im öffentlichen Interesse liegt und gesetzliche Vorschriften dem nicht entgegenstehen. Der DMYV und der DSV sind gegenüber den genannten Stellen nicht nur zur Auskunftserteilung berechtigt, sondern auch verpflichtet. Die Erteilung von Auskünften an nicht genannte Behörden ist ausgeschlossen, auch wenn sie dort amtlichen Zwecken dienen sollten (5.4 RiVerb).

X. Ausstellung eines Sportbootführerscheins – Binnen ohne Prüfung

Gegen Vorlage eines der folgenden Befähigungszeugnisse, Berechtigungsscheine, Prüfungszeugnisse oder Führerscheine wird dem Inhaber auf Antrag ohne Ablegung einer Prüfung eine Fahrerlaubnis erteilt und ein Sportbootführerschein – Binnen ausgestellt, sofern die allgemeinen Anforderungen nach § 5 Abs. 1 Nr. 1–3 vorliegen (§ 8, 6 RiVerb).

Befähigungsnachweise, die aufgrund landesrechtlicher Vorschriften erteilt werden und bei denen der Befähigungsnachweis als erbracht gilt (§ 3 Abs. 3 Nr. 1a)			
Land	**Bereich**	**Umfang**	**Anerkennung als Sportbootführerschein – Binnen**
Baden-Württemberg	1. Bodensee (GBl. 1976, S. 257)	eigenes Patent; Patentpflicht für Boote mit Maschinenleistung > 6 PS (4,4 kW) oder Segelfläche > 12 m^2	ja
	2. Hochrhein (GBl. 1978, S. 594)	eigenes Patent; Patentpflicht für Fahrzeuge > 15 m^3 Wasserverdrängung	ja
	3. Nebengewässer des Rheins	kein eigenes Patent; Übernahme der Bundesregelung	nein
	4. übrige Landesgewässer	–	nein
Bayern	1. Bodensee (GVBl. 1988, S. 382)	wie Baden-Württemberg	nein
	2. übrige Landesgewässer	Patentpflicht für Sportboote wurde aufgehoben (GVBl. 1981, S.35); Regelung ausschließlich durch wasserrechtliche Erlaubnis	
Berlin	Landesgewässer (GVBl. 1986, S. 2022)	eigenes Patent; Patentpflicht für alle Motorboote und Segelboote mit mehr als 3 m^2 Segelfläche	ja; nur Motorboote
Bremen	Landesgewässer	für Sportboote keine Patentpflicht	–
Hamburg	Hafen und übrige Landesgewässer (Gesetz: GVBl. 1986, S. 37; Verordnung: GVBl. 1979, S. 227)	eigenes Patent nach Verordnung über Befähigungszeugnisse in der Hafenschifffahrt; inzwischen Bundesregelung übernommen	ja; nur vor 1. 4. 1978 erteilte Patente oder Fährführerscheine
Hessen	Landesgewässer	keine Patentpflicht	–

Befähigungsnachweise, die aufgrund landesrechtlicher Vorschriften erteilt werden und bei denen der Befähigungsnachweis als erbracht gilt (§ 3 Abs. 3 Nr. 1a)			
Land	**Bereich**	**Umfang**	**Anerkennung als Sportbootführerschein – Binnen**
Niedersachsen	1. Dümmer und Steinhuder Meer (Nds. MBl. 1988, S. 527)	eigenes Patent („Steinhuder-Meer-Schein"), Patentpflicht für Segelsurfbretter, Segelboote > 6 m^2 Segelfläche und Motorboote	ja; nur Motorboote
	2. Maschsee (ABl. RB Hannover 1977, S. 146)	kein eigenes Patent; Patentpflicht für Segelsurfbretter und Segelboote; Motorboote verboten	nein
	3. Binnenschifffahrtsweg Elbe–Weser (ABl. RB Lüneburg 1982, S. 82)	kein eigenes Patent; Patentpflicht für Sportfahrzeuge > 15 m^3 Wasserverdrängung	nein
	4. übrige Landesgewässer	keine Patentpflicht	nein
Nordrhein-Westfalen	1. Ruhr (Ruhrschifffahrt ABl. RB Düsseldorf 1981, S. 54; Sportboote ABl. RB Düsseldorf 1979, S. 172)	eigenes Patent; Patentpflicht für Motorboote	ja (Ruhrschifferpatent); nein, weil kein eigener Sportbootführerschein
	2. Talsperrenverband Eifel–Ruhr (ABl. Aachen 1970, S. 70)	kein eigenes Patent; Patentpflicht für Segelboote mit mehr als 5 m^2 Segelfläche; Motorboote verboten	nein
	3. übrige Landesgewässer	für Sportboote keine Patentpflicht	nein
Rheinland-Pfalz	1. Stausee Bitburg (StAnz. 1972, S. 130)	kein eigenes Patent; Patentpflicht für Segelboote mit mehr als 5 m^2 Segelfläche; Motorboote verboten	nein
	2. übrige Landesgewässer	für Sportboote keine Patentpflicht	nein
Saarland	Landesgewässer	für Sportboote keine Patentpflicht	nein
Schleswig-Holstein	Landesgewässer	für Sportboote keine Patentpflicht; bei Motorbooten teilweise Mindestalter 16 Jahre	nein

Teil II

Die Fragen und Antworten

Hinweise

Die Punkte • bzw. • • bzw. • • • über der amtlichen Antwort bezeichnen den Schwierigkeitsgrad der Frage entsprechend der Punktzahl, die bei einer richtigen oder teilweise richtigen Antwort in der schriftlichen Prüfung gegeben wird.

Wenn in den Erläuterungen unter „Vorschriften" keine der 4 Verkehrsordnungen angegeben ist, sind die Vorschriften gleichlautend, andernfalls wird die spezielle Verkehrsordnung angegeben.

Der Fragen- und Antwortenkatalog wurde dem elektronischen Wasserstraßen-informationssystem (www.elwis.de) entnommen.

A. Allgemeiner Teil

I. Schifffahrtsrecht

1. Geltungsbereich des Sportbootführerscheins – Binnen

1 **Für welche Sportboote ist der Sportbootführerschein – Binnen vorgeschrieben?**	Antwort: ●●● **Für Sportboote von mehr als 3,68 kW (5 PS) Motorleistung und weniger als 15 m Länge. Auf bestimmten Binnenschifffahrtstraßen im Großraum Berlin auch für Segelfahrzeuge und Segelsurfbretter mit mehr als 3 m^2 Segelfläche**
2 **Auf welchen Gewässern gilt der Sportbootführerschein – Binnen?**	Antwort: ● **Auf den Binnenschifffahrtsstraßen.**
3 **Aus welchen Gründen kann der Sportbootführerschein – Binnen entzogen werden?**	Antwort: ●● **Bei fehlender Tauglichkeit oder fehlender Zuverlässigkeit.**
4 **Auf welchen Gewässern ist die Fahrerlaubnis für Sportboote unter Segel erforderlich?**	Antwort: ● **Auf bestimmten Binnenschifffahrtsstraßen im Großraum Berlin.**

Zu Fragen 1 bis 4:
Der Sportbootführerschein – Binnen ist grundsätzlich als Nachweis von drei verschiedenen Fahrerlaubnissen vorgesehen: für Sportboote

- mit Antriebsmaschine,
- unter Segel,
- als Segelsurfbrett.

Für *alle* diese Sportboote ist eine Fahrerlaubnis jedoch nur auf bestimmten Binnenschifffahrtsstraßen im **Land Berlin** erforderlich:

- für Fahrzeuge mit Antriebsmaschine grundsätzlich,
- für Fahrzeuge unter Segel und für Segelsurfbretter mit mehr als 3 m^2 Segelfläche.

Auf den sonstigen Binnenschifffahrtsstraßen dagegen ist eine Erlaubnis nur für Fahrzeuge erforderlich, die mit einer Antriebsmaschine ausgerüstet sind, deren Nutzleistung mehr als 3,68 kW (5 PS) beträgt.
Für die Seeschifffahrtsstraßen ist der Sportbootführerschein – See ebenfalls nur für nur Sportboote mit Antriebsmaschine mit mehr

als 3,68 kW vorgeschrieben. Vor dem 1. 1. 1978 ausgestellte Sportbootführerscheine – See sind dem Sportbootführerschein – Binnen gleichgestellt. Im Land Berlin erstreckte sich die Gültigkeit des Sportbootführerscheins – See bis zum Inkrafttreten der SportbootFüV–Bin am 22. 3. 1989.

Auf dem **Bodensee** sind Bodenseeschifferpatente für Fahrzeuge mit Maschinenantrieb von mehr als 4,4 kW (6 PS) – Kategorie A – und für Segelfahrzeuge mit mehr als 12 m^2 Segelfläche – Kategorie D – vorgeschrieben. Die Sportbootführerscheine – Binnen und – See sowie der Sportküstenschifferschein werden für Urlauber für höchstens einen Monat innerhalb eines Jahres als ausreichend für den Bodensee anerkannt. Das sogenannte *Ferienpatent* ist rechtzeitig bei einem der Landratsämter Bodenseekreis Friedrichshafen, Konstanz und Lindau zu beantragen. Das *Ferienpatent* ist an Bord mitzuführen. Eine Teilung in zweimal zwei Wochen o. Ä. ist nicht möglich. Das Boot muss für den Bodensee zugelassen sein.

Entziehungsgründe für den Sportbotführerschein – Binnen können sein:
- fehlende Tauglichkeit
- Beeinträchtigung der körperlichen und geistigen Tauglichkeit
- fehlende Zuverlässigkeit
- erhebliche Verstöße gegen verkehrsstrafrechtliche Vorschriften mit rechtskräftiger Verurteilung
- wiederholte Nichteinhaltung einer erteilten Auflage

Hinweise:
Mitführungspflicht des Sportbootführerscheins – Binnen siehe § 2 Abs. 3 SportbootFüV–Binnen.
Geltung im Land Berlin siehe Teil I S. 20/21 und Abschitte 4.6 und 6.

Vorschriften:
§§ 2, 3, 5, 10 SportbootFüV–Bin
§ 1 SportbootFüV–See
Artikel 12.01, 12.02, 12.09 BodenseeSchO

2. Grundregeln für das Verhalten im Verkehr

2.1 Allgemeine Sorgfaltspflicht

5
Was beinhaltet die allgemeine Sorgfaltspflicht?

Antwort ●●●
Es ist alles zu tun, was zur Vermeidung der Gefährdung von Menschenleben, von Beschädigungen an Fahrzeugen, Anlagen oder Ufern, Behinderungen der Schifffahrt und der Beeinträchtigung der Umwelt nötig ist.

6
Unter welchen Umständen muss ggf. von den geltenden Bestimmungen über das Verhalten im Verkehr auf den Binnenschifffahrtsstraßen abgewichen werden?

Antwort: ●●●
Bei unmittelbar drohender Gefahr für sich oder andere.

Zu Fragen 5 und 6:
Die **Grundregel für das Verhalten im Verkehr** ist für den Binnenschiffsverkehr in § 1.04 als „Allgemeine Sorgfaltspflicht" bezeichnet (vgl. Wortlaut Seite 13). Sie ist die **wichtigste Verhaltensvorschrift**, denn aus ihr lassen sich nicht nur alle Einzelregelungen der Verkehrsbestimmungen als Konkretisierungen herleiten, sondern auch die Verpflichtung, sonstige Vorsichtsmaßregeln zu beachten, die nicht ausdrücklich vorgeschrieben sind und die die

„Übung der Schifffahrt" oder besondere Umstände erfordern. Verkehrsvorschriften können niemals alle Verkehrssituationen erfassen. Die Grundregel als eine pauschale Erfassung aller möglichen Verhaltenspflichten im Verkehr ist daher unabdingbar.
Zur Beachtung der Grundregel sind alle Verkehrsteilnehmer verpflichtet. Verkehrsteilnehmer ist nicht nur der verantwortliche Schiffsführer, sondern auch der sonst für die Sicherheit Verantwortliche im Sinne des § 1.04; ferner alle Übrigen, die mit eigenen Rechten und Pflichten am Verkehr teilnehmen wie Wasserskiläufer, Surfer, Fischer.
Die Grundregel dient nicht nur der Gewährleistung der Sicherheit des Verkehrs, sondern auch der Leichtigkeit (Flüssigkeit) des Verkehrs. Die Sicherheit ist dann nicht mehr gewährleistet, wenn ein anderer geschädigt oder gefährdet wird, z. B. durch eine Kollision oder einen Beinahe-Unfall.
Die Leichtigkeit des Verkehrs ist dann nicht mehr gewährleistet, wenn ein anderer vermeidbar behindert oder belästigt wird, z. B. durch zu hohe Geschwindigkeit oder Zwang zum Aufstoppen. Da die Grundregel nach den Einführungsverordnungen selbstständig unter Bußgeldandrohung steht, kann eine Ordnungswidrigkeit auch dann vorliegen, wenn gegen keine besonderen Vorschriften verstoßen wurde.
Weiter verpflichtet die Vorschrift § 1.05 jeden Verkehrsteilnehmer, bei unmittelbar drohender Gefahr notfalls auch solche Maßnahmen zu ergreifen, die einen Verstoß gegen einzelne Verkehrsvorschriften darstellen, um die drohende Gefahr abzuwenden oder die Schadensauswirkung möglichst zu vermindern, z. B. Ausweichen entgegen den Ausweichregeln (Manöver des letzten Augenblicks).

Vorschriften:
§§ 1.04, 1.05

2.2 Bestimmung des Schiffsführers

7
Was ist zu unternehmen, wenn vor Antritt der Fahrt nicht feststeht, wer Schiffsführer ist?

Antwort:
Es ist ein Schiffsführer zu bestimmen.

Zu Frage 7:
Der verantwortliche Schiffsführer muss während der Fahrt stets an Bord sein. Befindet sich der Eigentümer an Bord und hat er eine Fahrerlaubnis, wird er in der Regel der verantwortliche Schiffsführer sein. Besitzt er keinen Führerschein oder will er sich vertreten lassen, muss er einem anderen Führerscheininhaber die Verantwortung übertragen. Sind mehrere Personen zur Führung eines Fahrzeugs berechtigt, haben sie vor Antritt der Fahrt festzulegen, wer der verantwortliche Schiffsführer ist. Wird während der Fahrt diese Feststellung geändert, sollte dies zur Beweissicherung mit Datum, Uhrzeit, Namen, Ort/km des Wechsels festgehalten werden.
Der Schiffsführer muss nicht selbstständig das Ruder führen. Er kann sich in der Ruderführung durch eine mindestens 16 Jahre alte und geeignete Person vertreten lassen. An der Verantwortung in der Fahrzeugführung ändert sich jedoch nichts, das heißt, der Schiffsführer muss gegebenenfalls die für die sichere Führung des Fahrzeugs erforderlichen Weisungen geben und sicherstellen, dass ihnen auch Folge geleistet wird.

Hinweise:
Die Festlegung des verantwortlichen Verkehrsteilnehmers, bei einem Schiff des Schiffsführers, entspricht der allgemeinen Sorgfaltspflicht (vgl. Wortlaut Seite 13). Zur Verantwortung des Schiffsführers bei Unfällen siehe Erl. zu Fragen 290 und 291 und zu seinen Pflichten siehe Fragen 13 bis 16.

Vorschriften:
§§ 1.02, 1.03, 1.09

2.3 Fahrverbot bei Beeinträchtigung des Schiffsführers

8 Unter welchen Umständen darf ein Schiffsführer ein Fahrzeug nicht führen?	Antwort: **Bei Übermüdung, Beeinträchtigung durch Alkohol, Medikamente oder Drogen.** ●●

Zu Frage 8:
Ist ein Schiffsführer aufgrund des Genusses von Alkohol, Medikamenten, Drogen oder anderen berauschenden Mitteln nicht mehr in der Lage, das Fahrzeug sicher zu führen, besteht für ihn automatisch ein Fahrverbot. Setzt er sich über dieses Verbot hinweg, kann ein strafrechtliches Verfahren einschließlich der Entziehung der Fahrerlaubnis die Folge sein, wobei der festgestellte Blutalkoholgehalt berücksichtigt wird.
Der durch die Rechtsprechung für den Straßenverkehr festgelegte Grenzwert für die absolute Fahruntüchtigkeit von 1,1 Promille ist in der Regel auch der Grenzwert für den Wasserstraßenverkehr. Darüber hinaus ist durch eine vorübergehende Anordnung zu § 1.02 Nr. 7 und § 1.03 Nr. 4 für alle Binnenschifffahrtsstraßen (Bundeswasserstraßen) festgelegt, dass der Schiffsführer und die Mitglieder der diensttuenden Mindestbesatzung und sonstigen Personen an Bord, die vorübergehend selbstständig den Kurs und die Geschwindigkeit des Fahrzeugs bestimmen, nicht durch Übermüdung, Alkohol, Medikamente, Drogen oder aus einem anderen Grund beeinträchtigt sein dürfen. Bei einer Menge von 0,25 mg/l oder mehr Alkohol in der Atemluft oder bei einer **Blutalkoholkonzentration von 0,5 oder mehr Promille** oder einer Alkoholmenge im Körper, die zu einer solchen Atem- oder Blutalkoholkonzentration führt, ist es dem Schiffsführer verboten, das Fahrzeug zu führen. Den sonstigen, vorgenannten Personen ist es in solchen Fällen verboten, den Kurs und die Geschwindigkeit des Fahrzeugs zu bestimmen.
„Übermüdung" ist in diesem Zusammenhang ein unbestimmter Rechtsbegriff, der noch näher zu bestimmen ist. Endgültige Klarheit werden hierüber nur rechtskräftige Urteile im Einzelfall bringen. Da der Genuss von Alkohol, von Medikamenten oder Drogen automatisch zu einer Übermüdung führt, wird es sich zwar um einen Übermüdungssachverhalt handeln müssen, der aber selbstständig und unabhängig von der Übermüdung durch Alkohol-, Drogen- und Medikamentengenuss zu einem Zustand führt, in dem das Fahrzeug nicht geführt werden darf.

Hinweise:
Zur Verantwortlichkeit des Schiffsführers bei allen Unfällen siehe Fragen 295 bis 298 sowie zu seinen Pflichten Fragen 14 bis 17. Zum absoluten Fahrverbot siehe Frage 17.

Vorschriften:
§§ 315a, 316 StGB sowie die §§ 1.02 Nr. 7, 1.03 Nr. 4

3. Pflichten des Fahrzeugführers/Rudergängers

3.1 Anforderungen an die Eignung des Fahrzeugführers

9
Welche Anforderungen muss der Führer eines Segelboots (ohne Antriebsmaschine) auf den Binnenschifffahrtsstraßen (Ausnahme Großraum Berlin) erfüllen?

Antwort:
Er muss körperlich, geistig und fachlich geeignet sein.

● ●

Zu Frage 9:
Hinweis:
Voraussetzungen für die Zulassung zur Prüfung siehe Teil I, Abschnitt III Nrn. 1.1 bis 1.4.

Vorschrift:
§ 5 Abs. 1, 2 und 4 SpoFüV–Binnen

10
Welche Voraussetzungen muss der Führer eines Sportbootes mit einer Antriebsleistung von mehr als 3,68 kW (5 PS) und weniger als 15 m Länge auf Binnenschifffahrtsstraßen erfüllen?

Antwort:
Er muss im Besitz des Sportbootführerscheines – Binnen oder eines gleichgestellten Befähigungszeugnisses sein.

● ●

11
Welche Anforderungen neben der körperlichen und geistigen und fachlichen Eignung muss der Führer eines Sportbootes unter 15 m Länge erfüllen,
1. **wenn ein Motor von 3,68 kW oder weniger vorhanden ist?**
2. **wenn ein Motor von mehr als 3,68 kW vorhanden ist?**

Antwort:
1. **Mindestalter 16 Jahre**
2. **Besitz eines Sportbootführerscheins – Binnen oder eines gleichgestellten Befähigungszeugnisses.**

● ●

Zu Fragen 10 und 11:
Hinweis:
Voraussetzungen für die Zulassung zur Prüfung siehe Teil I, Abschnitt III, Nrn. 1.1 bis 1.4.

Vorschrift:
§ 5 Abs. 1, 2 und 4 SpoFoV–Binnen

3.2 Anforderungen an die Eignung des Rudergängers

12

Welche Anforderungen muss der Rudergänger eines Sportbootes mit Antriebsmaschine erfüllen?

Antwort: ● ●

Er muss mindestens 16 Jahre alt und körperlich, geistig und fachlich geeignet sein.

Zu Frage 12:

Mit der **Überlassung des Ruders** an eine dritte Person wird die Verantwortlichkeit des Schiffsführers auf diese Person nicht delegiert. Das bedeutet, dass der Schiffsführer sicherstellen muss, dass der Rudergänger nach seinen Anweisungen und unter seiner Aufsicht das Ruder bedient. Aber auch die Bedienung des Ruders erfordert, dass der Rudergänger körperlich und geistig tauglich ist und insbesondere über das erforderliche Hör-, Seh- und Farbunterscheidungsvermögen verfügt (siehe Frage 18).

Handelt es sich um ein Sportboot mit Antriebsmaschine, ist es aufgrund der Schifffahrtspolizeiverordnungen erforderlich, dass der Rudergänger mindestens 16 Jahre alt ist. Wichtig ist, dass der Rudergänger selbst nicht die erforderliche Erlaubnis zu besitzen braucht, wenn dies auch im Interesse einer sicheren Schiffsführung wünschenswert ist. Er muss in der Lage sein, alle Informationen und Weisungen zu empfangen und zu geben. Insbesondere muss er die Schallzeichen wahrnehmen können und nach allen Seiten genügend freie Sicht haben (siehe Frage 19).

Hinweise:

Anforderungen an den Rudergänger siehe Fragen 18 bis 20.
Inhalt und Umfang der Verpflichtung zum Besitz eines Sportbootführerscheins – Binnen siehe Teil I, Abschn. I Nrn. 1 bis 5.
Verantwortung des Fahrzeugführers siehe Fragen 13 bis 16.
Verpflichtung, einen Sportbootführerschein – Binnen zu besitzen, siehe Frage 10.

Vorschriften:

§ 1.09, §§ 2, 3, 5 10 Sportboot-FüV–Bin

3.3 Informationspflichten des Fahrzeugführers und seine Verantwortung für die Sicherheit an Bord

13

Welche Verpflichtungen bestehen, wenn ein unbekanntes Revier befahren wird?

Antwort: ● ●

Informationen über die dort geltenden Vorschriften, Fahrwasserbezeichnungen, Sonderregelungen einholen und erforderliches Kartenmaterial beschaffen.

14

Weshalb muss sich der Schiffsführer vor dem Befahren fremder Gewässer über die dort geltenden Vorschriften informieren?

Antwort: ●

Weil abweichende Regelungen möglich sind.

15

Wo oder bei wem kann man Auskünfte über Verkehrsbeschränkungen und aktuelle Informationen über Binnenschifffahrtsstraßen erhalten?

Antwort:
Wasser- und Schifffahrtsverwaltung (z. B. Internet www.elwis.de) und Wasserschutzpolizei.

16

Welche besonderen Pflichten hat der Schiffsführer zu beachten?

Antwort:
Der Schiffsführer ist für die Befolgung schifffahrtspolizeilicher Vorschriften verantwortlich und muss die Sicherheit der an Bord befindlichen Personen gewährleisten.

Zu Fragen 13 bis 16:

Informationen

Vor Antritt jeder Fahrt gehören zu den wichtigsten Voraussetzungen für einen ordentlichen und möglichst störungsfreien Ablauf jeder Schiffsreise die Einholung von Informationen und Beschaffung von Unterlagen, vor allem Kartenmaterial, über das zu befahrende Gebiet und deren genaues Studium. Es reicht jedoch nicht aus, sich jeweils vor Beginn der Bootssaison zu informieren. Man muss stets auf dem Laufenden bleiben, da sich die unterschiedlichen örtlichen Verhältnisse sehr schnell ändern können.
Informationsmaterial, Streckenerläuterungen usw. können vom DMYV (Tel. 02 03/80 95 80) und vom DSV (Tel. 0 40/6 32 00 90) sowie vom ADAC bezogen werden. Die amtlichen Stellen (WSP und WSV) geben ebenfalls Info-Broschüren heraus.

Schleusenbetriebszeiten

Die Berücksichtigung der Schleusenbetriebszeiten auf den zu befahrenden Strecken gehört ebenfalls zur Planung jeder Fahrt, da die Zeiten zwischen den einzelnen Binnenschifffahrtsstraßen abweichend sind. An Samstagen wird häufig nur begrenzt und an Sonn- und Feiertagen überhaupt nicht geschleust. Schleusengebühren fallen in der Regel nicht an; sie werden für Sportboote pauschal vom DMYV und DSV entrichtet.

Verkehrsvorschriften

Die Einholung von Informationen über eventuelle von den Vorschriften abweichende Anordnungen oder örtliche Sonderregelungen ist unerlässlich.

Dringend zu empfehlen ist auch die Planung der täglichen Fahrtstrecken, um zu gewährleisten, dass noch bei Tag ein sicherer Hafen erreicht wird.
Dabei müssen auch die auf vielen Wasserstraßen bestehenden Geschwindigkeitsbeschränkungen berücksichtigt werden.

Kartenmaterial

Das Kartenmaterial ist auf dem neuesten Stand zu halten. Autokarten oder gar Atlanten reichen nicht aus – es müssen die jeweils neuesten Spezialkarten verwendet werden.

Anforderungen an den Schiffsführer

Jedes Fahrzeug muss unter der Führung einer geeigneten, zuverlässigen Person stehen. Hierfür ist eine Fahrerlaubnis erforderlich, die für Sportboote durch den gültigen Führerschein oder einen gleichgestellten anerkannten Befähigungsnachweis nachzuweisen ist.

Verantwortung und Anordnungsbefugnis des Schiffsführers

Die Verantwortung des Schiffsführers bezieht sich nicht nur auf die Beachtung der Verkehrsvorschriften, sondern umfasst auch die Gewährleistung der Sicherheit und Ordnung an Bord. Diese Verpflichtung ergibt sich aus der *allgemeinen Sorgfaltspflicht* (§ 1.04 – siehe Fragen 5 und 6). Zur Erfüllung dieser Verpflichtung steht dem Schiffsführer eine entsprechende Anordnungsbefugnis gegenüber den an Bord befindlichen Personen zu, die seine Anweisungen zu befolgen haben.

Hinweise:
Verkehrsordnungen siehe Fragen 24 bis 26.
Dienststellen der Wasser- und Schifffahrtsverwaltung und der Wasserschutzpolizei siehe Anhang 4 und 5.
Anforderungen an den Schiffsführer siehe Fragen 9 bis 11.
Verantwortung des Schiffsführers bei Unfällen siehe Fragen 295 bis 298.

Vorschriften:
§§ 1.02, 1.03

3.4 Absolutes Fahrverbot für Schiffsführer

17
Ab welcher Blutalkoholkonzentration besteht absolutes Fahrverbot?

Antwort: ●●
Ab 0,5 oder mehr Promille, bei einem geringeren Alkoholgehalt auch bei Ausfallerscheinungen.

Zu Frage 17:
Zur Blutalkoholkonzentration siehe im Einzelnen Erl. zu Frage 8. Bei Ausfallerscheinungen, wie z. B. Zickzackkurs, Fahren im Kreis, gefährliches Kreuzen des Kurses anderer Fahrzeuge, führt auch ein geringerer Blutalkoholgehalt zum Fahrverbot.

Vorschrift:
§ 1.02 Nr. 7

3.5 Anforderungen an den Rudergänger

18
Wem darf der Schiffsführer das Ruder eines motorisierten Sportbootes überlassen?

Antwort: ●●
Einer Person, die mindestens 16 Jahre alt und die körperlich sowie geistig geeignet ist.

19
Welche besondere Verpflichtung hat der Rudergänger eines Sportbootes?

Antwort: ●●●
Er muss in der Lage sein, alle Informationen und Weisungen zu empfangen und zu geben. Insbesondere muss er die Schallzeichen wahrnehmen können und nach allen Seiten genügend freie Sicht haben.

Zu Fragen 18 und 19:
Zu den Voraussetzungen, die der Rudergänger eines Sportbootes mit Antriebsmaschine erfüllen muss, siehe im Einzelnen die Erl. zu Frage 12.

Vorschrift:
§ 1.09 Nr. 3

3.6 Pflichten der weiteren Personen an Bord

20 **Welche besonderen Pflichten haben weitere an Bord eines Sportbootes befindliche Personen?**	Antwort: ● **Alle haben den Anweisungen des Schiffsführers Folge zu leisten.**

Zu Frage 20:
Die Anordnungsbefugnis des Schiffsführers ergibt sich nicht nur ausdrücklich aus der Verkehrsordnung, sondern auch aus der allgemeinen Sorgfaltspflicht (siehe Seite 13). Im Einzelnen: Erl. zu Frage 16. Diese Anweisungen sind zu befolgen, soweit sie im Interesse der Sicherheit der Schifffahrt sowie der Ordnung und Sicherheit an Bord erteilt werden.

Vorschrift:
§ 1.03 Nr. 2

3.7 Befähigungsnachweise

21 **Bis zu welcher Schiffslänge berechtigt der Sportbootführerschein – Binnen zum Führen eines Sportbootes auf Binnenschifffahrtsstraßen?**	Antwort: ● **Bis zu einer Länge von weniger als 15 m (ohne Ruder und Bugspriet).**

22 **Welcher Befähigungsnachweis berechtigt zum Führen eines Sportbootes mit einer Länge von 15 bis 25 m (ohne Ruder und Bugspriet) auf dem Rhein?**	Antwort: ● **Das Sportpatent.**

23 **Welcher Befähigungsnachweis berechtigt zum Führen eines Sportbootes mit einer Länge von 15 bis 25 m (ohne Ruder und Bugspriet) auf den Binnenschifffahrtsstraßen?**	Antwort: ● ● **Das Sportschifferzeugnis, das Sportpatent oder ein anderes vom BMVBS anerkanntes Befähigungszeugnis.**

4. Schifffahrtspolizeivorschriften und sonstige Vorschriften/Kennzeichnung

4.1 Verkehrsvorschriften auf den verschiedenen Binnenschifffahrtsstraßen

24
Welche gesetzlichen Bestimmungen regeln den Verkehr allgemein auf den Binnenschifffahrtsstraßen und dem Rhein?

Antwort:
Binnenschifffahrtsstraßen-Ordnung, Reinschifffahrtspolizeiverordnung.

25
Welche gesetzlichen Bestimmungen regeln der Verkehr auf der Mosel und der Donau?

Antwort:
Moselschifffahrtspolizeiverordnung, Donauschifffahrtspolizeiverordnung.

26
Welche gesetzlichen Bestimmungen regeln der Verkehr von Wassermotorrädern und für das Wasserskilaufen?

Antwort:
Wassermotorräderverordnung, Wasserskiverordnung.

Zu Fragen 24 bis 26:
Binnenschifffahrtsstraßen und Seeschifffahrtsstraßen sind Bundeswasserstraßen. Für den Erlass der Verkehrsvorschriften (Rechtsverordnungen) ist das Bundesministerium für Verkehr, Bau und Stadtentwicklung zuständig (§ 3 BinSchAufG). Für Binnenschifffahrtsstraßen, die auch fremdes Hoheitsgebiet berühren, wurden jeweils internationale Kommissionen gebildet, die sicherstellen, dass in allen Anliegerstaaten einheitliche Vorschriften gelten: die Rheinzentralkommission, die Moselkommission und die Donaukommission. In diesen Kommissionen ist jeder Anliegerstaat vertreten. Hieraus ergibt sich die Notwendigkeit des Erlasses von vier Rechtsverordnungen:

- **Binnenschifffahrtsstraßen-Ordnung**
- **Rheinschifffahrtspolizeiverordnung**
- **Moselschifffahrtspolizeiverordnung**
- **Donauschifffahrtspolizeiverordnung**

Die BinSchStrO gilt mit Ausnahme des Rheins, der Mosel und der Donau auf allen übrigen deutschen Binnenschifffahrtsstraßen. Örtliche Sonderregelungen sind in den Kapiteln 10 bis 27 BinSchStrO enthalten.

Wird auf die Sonderbestimmungen der Kapitel 10 bis 27 hingewiesen, dann durch Angabe der jeweiligen § ... 01.

Darüber hinaus gibt es für spezielle Wassersportarten folgende Verordnungen:

- **Wassermotorräderverordnung**
- **Wasserskiverordnung**

Damit der Fahrzeugführer sich stets über das zu befahrende Flussrevier informieren kann, **muss die dort geltende Verkehrsvorschrift an Bord sein**.

Hinweise:
Darstellung der Binnenschifffahrtsstraßen mit farblicher Hervorhebung der jeweils geltenden Verkehrsordnungen siehe Teil I, Abschnitt I.3.
Grenzen siehe Frage 27.

Beachte: Erläuterungen in Teil I, Abschnitt I.3.

Vorschrift: § 1.11

27

Wo sind umfangreiche Hinweise auf die Binnenschifffahrtsstraßen und deren Grenzen zu finden?

Antwort:
Im Teil II zur Binnenschifffahrtsstraßen-Ordnung.

Zu Frage 27:
Im Teil II der BinSchStrO sind nicht nur die Grenzen der einzelnen Binnenschifffahrtsstraßen enthalten, sondern auch besondere Fahrregeln, die von den generellen Verkehrsregeln des Teils I abweichen. Zu den Verkehrsregeln des Teils II wiederum gibt es vorübergehende Abweichungen (sogenannte Drei-Jahres-Verordnungen).

Vorschrift:
§ 1.22

4.2 Ausübung des Wassersports außerhalb der Bundeswasserstraßen

28

Was ist bei der Ausübung des Wassersports auf Gewässern außerhalb der Bundeswasserstraßen (Landeswasserstraßen, kommunale und private Gewässer) zu beachten?

Antwort:
Es ist ggf. die Genehmigung des Eigentümers des Gewässers einzuholen sowie die jeweilige Befahrensordnung zu beachten.

Zu Frage 28:
Soweit Gewässer und Häfen im privaten Eigentum stehen, sind zum Befahren die Genehmigung des Eigentümers einzuholen und die jeweiligen Befahrensordnungen zu beachten:
Die Verkehrsbestimmungen der jeweiligen Wasserstraße gelten überwiegend auch in den angrenzenden Häfen. Abweichende oder zusätzliche Bestimmungen ergeben sich aus den einzelnen **Hafenordnungen**:

- Fahren nur mit Genehmigung der Hafenbehörde,
- bei Notfällen Einholung der Genehmigung umgehend nach dem Einlaufen.
- Schädlicher Sog- und Wellenschlag ist grundsätzlich zu vermeiden; dies gilt auch bei festgelegten Höchstgeschwindigkeiten.

Fahrzeuge dürfen in einen Hafen oder eine Nebenwasserstraße nur ein- oder ausfahren, wenn dies ohne Gefahr möglich ist und andere Fahrzeuge Kurs oder Geschwindigkeit nicht ändern müssen.
Das Ein- und Auslaufen aus Häfen und Nebenwasserstraßen kann durch Schifffahrtszeichen geregelt sein. Falls nicht vorhanden oder nicht in Betrieb und ist für das gleichzeitige Ein- und Ausfahren nicht genügend Raum vorhanden, darf erst eingefahren werden, wenn kein Fahrzeug ausfährt. Dies gilt seitens der gewerblichen Schifffahrt nicht gegenüber Kleinfahrzeugen. Schallzeichen für das Ein- und Ausfahren sind zu beachten.
Die erforderlichen Ein- und Auslaufmanöver können durch Schallzeichen angekündigt werden. Bei Absprachen bzw. Verständigung über Funk werden oft keine Schallzeichen gegeben.
Neben dem Einfahrtsverbotszeichen gemäß Frage 234 kann an einer Hafenmündung oder der Mündung einer Nebenwasserstraße ein gelbes Funkellicht mit der Bedeutung gezeigt werden, dass Fahrzeuge ausfahren und deshalb mit besonderer Vorsicht eingefahren werden muss. Fahrzeuge in der Hauptwassserstraße müssen daraufhin, soweit notwendig, Kurs und Geschwindigkeit ändern. (Siehe das Beispiel in der Übersicht auf Seite 69.)
Da Kleinfahrzeuge gegenüber der gewerblichen Schifffahrt ausweichpflichtig sind, werden ihnen gegenüber Schallzeichen kaum gegeben. Sie sollten deshalb vor Hafenausfahrten aus Sicherheitsgründen einen entsprechenden Passierabstand einhalten.

4.3 Unterrichtung über besondere Vorkommnisse und Hindernisse

29
Welche Maßnahmen sind zu treffen, wenn das Fahrzeug innerhalb des Fahrwassers Grundberührung hat?

Antwort: ●
Die Wasserschutzpolizei oder die Wasser- und Schifffahrtsverwaltung ist mit genauer Angabe der Hindernisstelle zu benachrichtigen.

30
Warum muss ein im Fahrwasser festgestelltes Unterwasserhindernis gemeldet werden?

Antwort: ●
Damit das Hindernis gekennzeichnet oder beseitigt wird.

Zu Fragen 29 und 30:
Der Schiffsführer eines festgefahrenen Fahrzeugs muss sobald wie möglich für die Benachrichtigung der nächsten Dienststelle der WSV oder WSP und dafür sorgen, dass sich nähernde Fahrzeuge an geeigneter Stelle gewarnt werden. Trifft der Schiffsführer im Fahrwasser ein störendes Hindernis an, muss er dies ebenfalls unverzüglich der nächsten Dienststelle melden.

Hinweis:
Adressen der Dienststellen siehe Anhang 4 und 5.

Vorschrift:
§ 1.17

4.4 Überwachung der Schifffahrtspolizeivorschriften

31
Wer überwacht die Befolgung der schifffahrtspolizeilichen Vorschriften?

Antwort: ●●
Die Wasserschutzpolizei und die Wasser- und Schifffahrtsverwaltung.

Zu Frage 31:
Schifffahrtspolizeibehörden sind die Behörden der Wasser- und Schifffahrtsverwaltung des Bundes. Nach einer vom Bundesministerium für Verkehr, Bau und Stadtentwicklung mit den einzelnen Ländern geschlossenen Vereinbarung werden die schifffahrtspolizeilichen Vollzugsaufgaben von den Wasserschutzpolizeien der betreffenden Länder wahrgenommen. In dringenden Fällen oder in den Bereichen, in denen keine Wasserschutzpolizei zur Verfügung steht, können diese Aufgaben auch von der Wasser- und Schifffahrtsverwaltung des Bundes durchgeführt werden, die im Übrigen für die Verwaltung und Unterhaltung einschließlich Baumaßnahmen der Bundeswasserstraßen zuständig ist.

Der Schiffsführer hat den Überwachungsbehörden die erforderliche Unterstützung zu geben und insbesondere ihr sofortiges Anbordkommen zu erleichtern, damit sie die Einhaltung der Bestimmungen überwachen können.

Hinweise:
Anerkannte Befähigungsnachweise siehe Teil I, Abschnitt I.8, Dienststellen der Wasser- und Schifffahrtsverwaltung und der Wasserschutzpolizei siehe Anhang 4 und 5.

4.5 Kennzeichnung der Sportboote

32 **Welche Kennzeichnungsarten für Sportboote gibt es?**	Antwort: **Amtliche Kennzeichen und amtlich anerkannte Kennzeichen.**	●●
33 **Welche Stelle ist für die Zuteilung eines amtlichen Kennzeichens für Sportboote zuständig?**	Antwort: **Jedes Wasser- und Schifffahrtsamt.**	●
34 **Woraus bestehen die amtlich anerkannten Kennzeichen?**	Antwort: **Nummer des Internationalen Bootsscheins, gefolgt vom Kennbuchstaben für die ausstellende Organisation.**	●●
35 **Wie muss das Kennzeichen an einem Sportboot angebracht werden?**	Antwort: **Beidseits des Bugs oder am Heck, 10 cm hohe Schrift (lateinische Buchstaben, arabische Ziffern) in dunkler Farbe auf hellem Grund oder in heller Farbe auf dunklem Grund.**	●●

Zu Fragen 32 bis 35:
Nach der Kennzeichnungsverordnung wird zwischen

- **amtlichen Kennzeichen** und
- **amtlich anerkannten Kennzeichen**

unterschieden.
Amtliche Kennzeichen werden von jedem Wasser- und Schifffahrtsamt auf Antrag zugeteilt. Das Kennzeichen ist entsprechend der Antwort zu Frage 35 beidseits des Bugs oder am Heck anzubringen. Es besteht ähnlich wie das Kfz-Kennzeichen aus Buchstaben, die den Sitz des WSA erkennen lassen, und aus Buchstaben und Ziffern, die nach einem Bindestrich folgen, z. B. „K – A 250" (Köln).

Amtliches Kennzeichen

Als amtliche Kennzeichen gelten auch Unterscheidungskennzeichen nach anderen Rechtsvorschriften, z. B.

- Binnenschiffsregisternummer, gefolgt von dem Kennbuchstaben B, zusätzlich mit Name, Heimat- oder Registerort bei Eintrag des Bootes im Binnenschiffsregister;
- IMO-Nummer oder Rufzeichen bei Eintrag im Seeschiffsregister;
- Nummer des vom Bundesamt für Seeschifffahrt und Hydrographie (BSH) ausgestellten Flaggenzertifikats nach dem Flaggenrechtsgesetz, gefolgt von dem Kennbuchstaben F, bei Verkehr auf den Seeschifffahrtsstraßen;
- nach Landesrecht zugeteilte, vom BMVBS anerkannte Kennzeichen, die im Verkehrsrecht veröffentlicht sind.

Das amtlich anerkannte Kennzeichen besteht aus der Nummer des Internationalen Bootsscheins, gefolgt von dem Kennbuchstaben der ausstellenden Organisation:

M Deutscher Motoryachtverband
S Deutscher Segler-Verband
A Allgemeiner Deutscher Automobilclub

Als Nationalitätskennzeichen darf nur der Buchstabe **D** verwendet werden.

Wassermotorräder dürfen auf den Binnenschifffahrtsstraßen nur gefahren werden, wenn sie mit einem amtlichen Kennzeichen versehen sind. Der Nachweis über das jeweils zugeteilte Kennzeichen ist stets an Bord mitzuführen.

Hinweis:
Eintragung ins Binnenschiffsregister siehe Frage 36.

Vorschrift:
§ 2.02

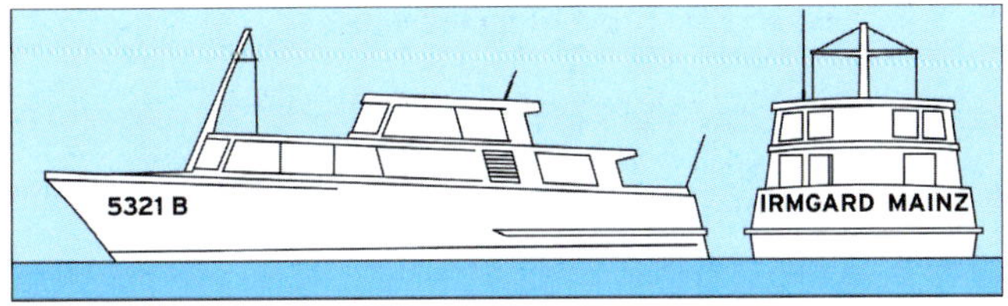

Kennzeichen von im Binnenschiffsregister eingetragenen Fahrzeugen

Amtlich anerkanntes Kennzeichen. Die Verbandsflagge wird im Inland unter der Stb-Saling gefahren, im Ausland unter der Bb-Saling.

4.6 Eintragung ins Binnenschiffsregister

36
Wann muss ein Wassersportfahrzeug in das Binnenschiffsregister eingetragen werden?

Antwort:
Ab 10 m³ Wasserverdrängung.

Zu Frage 36:
Der Eigentümer kann entscheiden, ob sein Boot im Binnen- oder im Seeschiffsregister eingetragen werden soll. Wird ein Sportfahrzeug ausschließlich zur Seefahrt eingesetzt oder hat es seinen Liegeplatz für längere Zeit im Ausland, ist das Seeschiffsregister anzuraten.
Die Pflicht der Eintragung im Seeschiffsregister besteht für seegehende Sportfahrzeuge ab 15 m Länge, im Binnenschiffsregister für Fahrzeuge ab 10 m³ Wasserverdrängung; sie können auf Antrag ab 5 m³ eingetragen werden.

Detaillierte Informationen sind beim DMYV oder DSV und beim Bundesamt für Seeschifffahrt und Hydrographie (BSH) erhältlich.

Hinweise:
Kennzeichnungspflicht siehe Fragen 32 bis 35.
Anschriften DMYV und DSV siehe Anhang 1.

Vorschriften:
§§ 3 und 10 Schiffsregisterordnung

5. Fahrwasser, Fahrrinne und Hochwasser

5.1 Definition des Fahrwassers und der Fahrrinne

37
Was versteht man unter „Fahrwasser"?

Antwort:
Es ist der Teil der Wasserstraße, der den örtlichen Umständen nach vom durchgehenden Schiffsverkehr benutzt wird.

38
Was versteht man unter „Fahrrinne"?

Antwort:
Es ist der Teil des Fahrwasser, in dem für den durchgehenden Schiffsverkehr bestimmte Breiten und Tiefen vorgehalten bzw. angestrebt werden.

Zu Fragen 37 und 38:
Da zum durchgehenden Schiffsverkehr *alle* Arten von Fahrzeugen zu rechnen sind, reicht das **Fahrwasser** im Allgemeinen von Ufer zu Ufer. Dort, wo der durchgehende Schiffsverkehr durch seitliche Buhnen, Sandbänke und andere Schifffahrtshindernisse sowie durch Anlegebrücken räumlich eingeschränkt wird, liegt die Fahrwassergrenze stromwärts dieser Hindernisse.
Die **Fahrrinne** liegt noch weiter stromwärts im Fahrwasser und umfasst den Teil der Wasserstraße, in dem für die gewerbliche Schifffahrt eine bestimmte Breite und Wassertiefe durch Bagger vorgehalten wird. Damit diese die Wasserstraße sicher befahren kann, werden die Fahrrinne und darin befindliche Hindernisse durch Schifffahrtszeichen bezeichnet.
Die Wasser- und Schifffahrtsverwaltung des Bundes betreibt und unterhält die Schifffahrtszeichen auf den Bundeswasserstraßen/Binnenschifffahrtsstraßen. Die Schifffahrtszeichen geben dem Fahrzeugführer die erforderlichen Informationen über den Verlauf der Fahrrinne und über Schifffahrtshindernisse. Die Bedeutung der Schifffahrtszeichen ist in Anlage 8 zu den Verkehrsvorschriften erläutert.
Die Schifffahrtszeichen werden nicht durchgehend gesetzt (ausgelegt). Es kann vorkommen, dass Tonnen versenkt oder abgetrieben werden, Feuer durch äußere Einwirkungen zum Erlöschen kommen. Bei Hochwasser oder Eisgang kann die Betonnung vorübergehend eingezogen werden. Dies gilt es zu berücksichtigen.
Schwimmende Schifffahrtszeichen werden in der Regel etwas außerhalb (ca. 5 m) der durch sie bezeichneten Begrenzungen verankert. Sie können durch Wasserstandsschwankungen, Strömungs- oder Windeinwirkungen seitlich versetzt werden, weshalb ein ausreichender Sicherheitsabstand gehalten werden muss.

Hinweis:
Zu den Seitenbezeichnungen siehe Erläuterungen zu den Fragen 47 bis 52.

Vorschrift:
§ 1.01 Nrn. 32 und 33, Anlage 8

5.2 Verhalten bei Hochwasser

39 **Wie hat sich ein Schiffsführer bei Hochwasser zu verhalten?**	Antwort: ●●● **Er muss die Geschwindigkeit anpassen und so weit wie möglich in Fahrwassermitte bleiben, ggf. besondere Geschwindigkeitsbegrenzungen und Fahrtbeschränkungen beachten.**
40 **Durch wen und in welcher Form wird die Schifffahrt vom Erreichen bestimmter Wasserstände und Hochwassermarken informiert?**	Antwort: ● **Durch die Wasser- und Schifffahrtsverwaltung (durch Nachrichten im Rundfunk und im Fernsehen, Internet, Nautischen Informationsfunk).**
41 **Wo kann der Sportbootfahrer vor Ort das Erreichen bestimmter Wasserstände und Hochwassermarken feststellen?**	Antwort: ●● **An den Pegeln und ausgewiesenen Hochwassermarken.**
42 **Welche Hochwassermarken gibt es und welche generellen Auswirkungen hat das Erreichen der Hochwassermarken auf die Schifffahrt?**	Antwort: ●● **Hochwassermarke I: Fahrtbeschränkungen.** **Hochwassermarke II: Einstellung der Schifffahrt.**
43 **Wie hat sich ein Schiffsführer bei Erreichen der Hochwassermarke II zu verhalten?**	Antwort: ● **Die Fahrt ist unverzüglich einzustellen.**

Zu Fragen 39 bis 43:
Verhalten bei Hochwasser:

- Geschwindigkeitsbegrenzungen beachten
- auf eventuelle Begrenzung der Fahrwasserbreite achten, daher so weit wie möglich in der Fahrwassermitte halten
- Sprechfunk auf Empfang schalten
- eventuelles Fahrverbot beachten, insbesondere bei Überschreiten der Hochwassermarke I ohne Sprechfunk (Rhein, Oder)

Bei starkem, anhaltendem Ansteigen des Wassers und damit der Pegelstände sollten Sportboote rechtzeitig einen sicheren Liegeplatz aufsuchen. Die stärkere Strömung und das Treibgut in fließenden Gewässern bergen bereits erhebliche Gefahren. Treibgut, das vielfach aus Teilen von Bäumen besteht, ist in seinen Ausmaßen nicht erkennbar und kann zu Schäden am Boot, unter Umständen sogar zu dessen Verlust führen. Je nach Motorstärke ist gegen die Strömung eine Fahrt über Grund nicht mehr möglich.
Umgekehrt kann die Höchstgeschwindigkeit je nach Strömungsgeschwindigkeit schon mit geringer Maschinenkraft überschritten werden. Auf dem Rhein besteht deshalb Fahrverbot für Fahrzeuge,

die nicht mit einem UKW-Sprechfunkgerät ausgerüstet sind.
Da bei stark ansteigenden Wasserständen über UKW-Sprechfunk im Verkehrskreis Nautische Information bereits frühzeitig Warnmeldungen ausgestrahlt werden, müssen die Geräte stets auf Empfang geschaltet sein.
In der BinSchStrO gibt es Hochwasserregelungen nur in den Sondervorschriften der Kapitel 10 bis 27. Auf kanalisierten Flüssen wird bei Erreichen des höchsten schiffbaren Wasserstandes der Schleusenbetrieb eingestellt und damit auch der Schiffsverkehr.

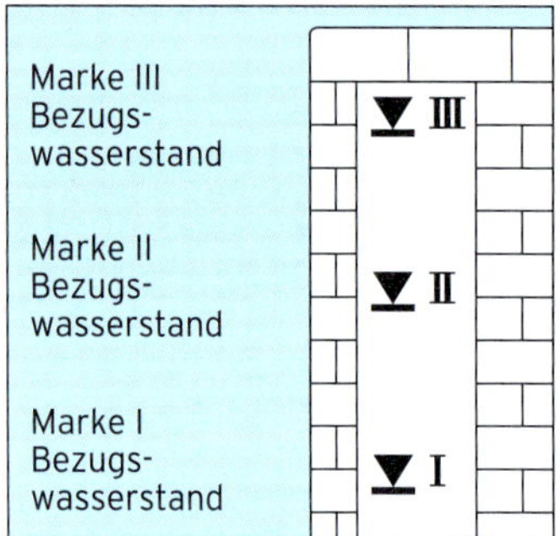

Hochwassermarken

Auf den einzelnen Bundeswasserstraßen sind die Hochwassermarken unterschiedlich festgelegt, z. B. auf dem Rhein die Hochwassermarken I und II und auf der Mosel die Hochwassermarken I, II und III.
Die Hochwassermarken sind zum Teil an Ufern und Kaimauern angebracht (aufgemalt) und die Wasserstände dieser Hochwassermarken in den Vorschriften angegeben. Für die gewerbliche Schifffahrt gibt es bereits bei Erreichen der Hochwassermarke I Einschränkungen, z. B. Höchstgeschwindigkeit in der Talfahrt von 20 km/h. Diese Einschränkungen gelten auch für die Sportschifffahrt. Bei Überschreiten der Hochwassermarke I auf dem Rhein ist das Fahren nur mit Sprechfunk erlaubt.
Bei Erreichen der Hochwassermarke II auf dem Rhein und III auf der Mosel muss die Schifffahrt eingestellt werden. Auf der Donau ist für jeden Pegel der höchste schiffbare Wasserstand festgelegt, bei dessen Erreichen jegliche Schifffahrt einzustellen ist.

Empfehlung:
Die einzelnen Vorschriften sollten rechtzeitig nachgelesen und bei Hochwasser sollte der Sprechfunk auf Empfang geschaltet werden. Nur dadurch wird vermieden, dass die Fahrt auf der Strecke oder vor einer Schleuse wegen eines eventuellen Fahrverbots unterbrochen werden muss.

Vorschriften:
§ 10.01 Rhein-, Mosel- und DonauSchPV
§ ... Nrn. 11 in den Kapiteln 10 bis 27 BinSchStrO

5.3 Definition der Uferseiten und der Bergfahrt

44
In welche Richtung werden bei Flüssen die Uferseiten als rechtes bzw. linkes Ufer bezeichnet?
Antwort:
Von der Quelle zur Mündung (Talfahrt).

45
Was bedeutet „zu Berg" oder „Bergfahrt" auf Flüssen?
Antwort:
Die Fahrt in Richtung Quelle.

46
Was bedeutet „zu Berg" oder „Bergfahrt" auf Kanälen?
Antwort:
Die Fahrt in die Richtung, die in Teil II der Binnenschifffahrtsstraßen-Ordnung bezeichnet ist.

Zu Fragen 44 bis 46:
Nach der BinSchStrO wird als „rechte Seite/linke Seite", das heißt als rechtes/linkes Ufer, die „rechte Seite" bzw. die „linke Seite" des Fahrwassers/der Fahrrinne bezogen auf die Talfahrt bezeichnet, in Richtung auf die Mündung also.

Umgekehrt bedeutet daher „zu Berg" oder „Bergfahrt" auf Flüssen die Fahrt in Richtung Quelle. Auf Kanälen wird die Richtung „Bergfahrt" für die einzelnen Binnenschifffahrtsstraßen speziell festgelegt.

Vorschriften:
§ 1.01 Nrn. 34 und 35

5.4 Seitenbezeichnungen der Fahrrinne in Bezug auf Berg- und Talfahrer

47
Welche Zeichen begrenzen die Fahrrinne zum rechten Ufer?

Antwort: ●●
Rote Stumpftonnen oder Schwimmstangen (evtl. mit rotem Zylinder als Toppzeichen).

48
Welche Zeichen begrenzen die Fahrrinne zum linken Ufer?

Antwort: ●●
Grüne Spitztonnen oder Schwimmstangen (evtl. mit grünem Kegel als Toppzeichen, Spitze nach oben).

49
Welche Fahrrinnenseite eines strömenden Gewässers hat ein Bergfahrer an seiner Steuerbordseite und wie ist diese gekennzeichnet?

Antwort: ●●
Die linke Fahrrinnenseite, gekennzeichnet durch grüne Spitztonnen oder Schwimmstangen (evtl. mit grünem Kegel als Toppzeichen, Spitze nach oben).

50
Ein Fahrzeug fährt zu Tal. Voraus liegt eine rote, stumpfe Tonne.
1. **Auf welcher Fahrrinnenseite befindet sich diese Tonne?**
2. **An welcher Schiffsseite muss diese Tonne passiert werden?**

Antwort: ●●
1. **Auf der rechten Fahrrinnenseite.**
2. **An der Steuerbordseite.**

51
Ein Fahrzeug fährt zu Berg. Voraus liegt eine rote, stumpfe Tonne.
1. **Auf welcher Fahrrinnenseite befindet sich diese Tonne?**
2. **An welcher Schiffsseite muss diese Tonne passiert werden?**

Antwort: ●●
1. **Auf der rechten Fahrrinnenseite.**
2. **An der Backbordseite.**

52

Ein Fahrzeug fährt in der Fahrrinne gegen den Strom. Voraus liegt eine grüne Spitztonne.

1. **Auf welcher Fahrrinnenseite befindet sich diese Tonne?**
2. **An welcher Schiffsseite muss diese Tonne passiert werden?**

Antwort:

1. **Auf der linken Fahrrinnenseite.**
2. **An der Steuerbordseite.**

Zu Fragen 47 bis 52:
Die Grundfarben der Schifffahrtszeichen für die Seitenbezeichnung sind Grün und Rot.
Die Seitenbezeichnung von See kommend: Grün an Steuerbord, Rot an Backbord, wird auf den Binnenschifffahrtsstraßen von der Mündung bis zur Quelle fortgesetzt, sodass sich für den Bergfahrer – Fahrt gegen die Strömung – keine Änderung ergibt. Bei Kanälen ist in den betreffenden Vorschriften die Richtung Bergfahrt festgelegt; z. B. § … 05 der Kapitel 12, 15 und 19 BinSchStrO. In Häfen gilt die Fahrt von der Hafeneinfahrt in den Hafen als Bergfahrt.

Schwimmende Schifffahrtszeichen
Die Fahrrinne ist der Teil einer Wasserstraße, in dem für den durchgehenden Schiffsverkehr bestimmte Breiten und Tiefen vorgehalten werden bzw. deren Erhaltung angestrebt wird. Die Fahrrinne kann wie folgt bezeichnet sein:

Linke Fahrrinnenseite
grüne Spitztonne (auch Leuchttonne) oder Schwimmstange, eventuell als Toppzeichen ein grüner Kegel – Spitze oben –

Rechte Fahrrinnenseite
rote Stumpftonne (auch Leuchttonne) oder Schwimmstange, eventuell als Toppzeichen ein roter Zylinder

Feste Schifffahrtszeichen
Zur Bezeichnung der **Lage der Fahrrinne zum Ufer sowie des Übergangs der Fahrrinne von einem zum anderen Ufer** können auch feste Schifffahrtszeichen am Ufer aufgestellt sein:

Linke Fahrrinnenseite
Stange mit einer auf der Spitze stehenden quadratischen Tafel, obere Hälfte grün, untere Hälfte weiß

Rechte Fahrrinnenseite
Stange mit einer roten quadratischen Tafel mit weißem waagerechten Streifen am oberen und unteren Rand

Wir merken uns:

- Da die Fahrrinnenseite eines strömenden Gewässers in Richtung **von der Quelle zur Mündung** bezeichnet wird (siehe Frage 44), hat ein Bergfahrer an seiner Steuerbordseite die linke Fahrrinnenseite und ein Talfahrer die rechte Fahrrinnenseite.
- Demgegenüber ist die Fahrrinne **von See aus beginnend in Richtung Quelle** so bezeichnet, dass auf der linken Fahrrinnenseite grüne Tonnen oder Schwimmstangen (linkes Ufer) und auf der rechten Fahrrinnenseite rote Tonnen oder Schwimmstangen (rechtes Ufer) ausgelegt sind.

Zu wissen, welches die rechte und welches die linke Fahrrinnen-/Uferseite in Fließrichtung ist, und das auch zu verinnerlichen, ist für die Praxis eine zwingende Voraussetzung.

Hinweis:
Siehe Darstellung der Bezeichnung der Wasserstraße durch Schifffahrtszeichen auf den Seiten 68 und 69.

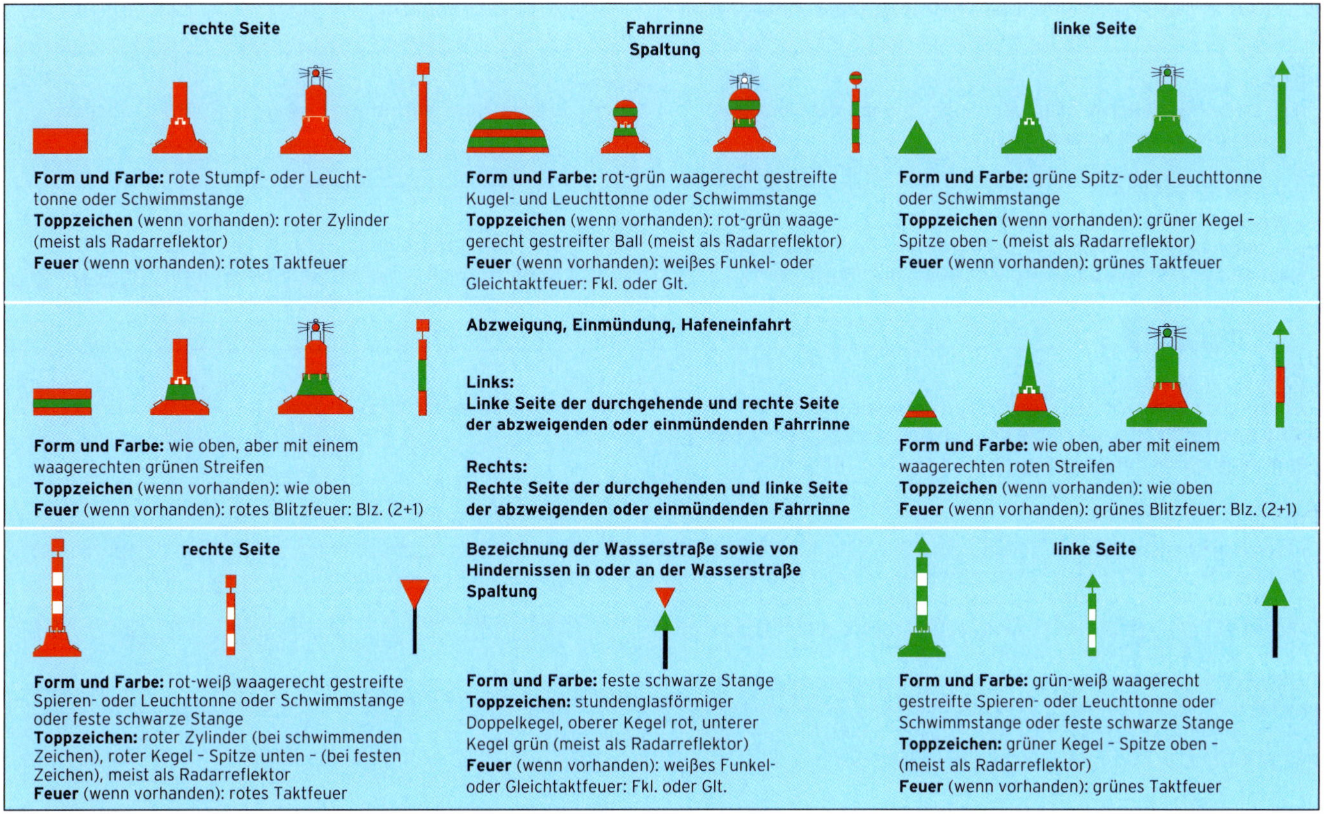

Die Übersicht auf den Seiten 68 und 69 zeigt das Zusammenspiel dieser Zeichen.

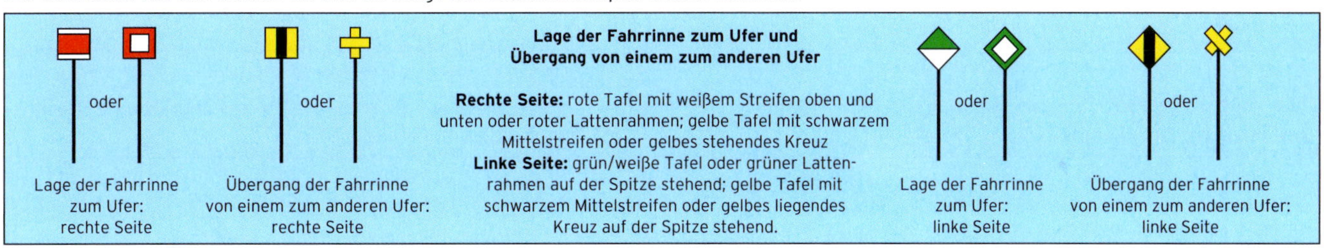

Bezeichnung der Fahrrinne und der Wasserstraße durch Schifffahrtszeichen

5.5 Bezeichnung von Fahrrinnenspaltungen und Hindernissen

53

Was bedeutet eine rot-grün gestreifte Tonne oder Schwimmstange und was ist zu beachten?

Antwort: ● ●

Fahrrinnenspaltung. Vorbeifahrt an beiden Seiten möglich.

54

Mit welchen Zeichen werden Hindernisse (Buhnen/Kribben etc.) an der rechten Seite der Wasserstraße bezeichnet?

Antwort: ● ● ●

Feste Stange mit Toppzeichen: roter Kegel, Spitze nach unten, oder rot-weiß gestreifte Schwimmstangen mit rotem Zylinder, oder rot-weiß gestreifte Tonnen mit rotem Zylinder.

55

An welcher Seite der Wasserstraßen befindet sich eine grün-weiß gestreifte Stange mit grünem Kegel, Spitze nach oben, oder eine grüne Tonne mit grün-weiß gestreiftem Aufsatz?

Antwort: ●

An der linken Seite der Wasserstraße.

Zu Fragen 53 bis 55:
Eine **Fahrrinnenspaltung** – Teilung der Fahrrinne für Berg- und Talfahrer oder in zwei gleichberechtigte Fahrrinnen oder in eine weiterführende und eine abzweigende Fahrrinne – kann wegen Untiefen, Einmündung von Nebenwasserstraßen oder Ähnlichem notwendig sein.
Die Spaltung kann wie folgt bezeichnet sein: rot-grün waagerecht gestreifte Kugeltonne (auch Leuchttonne) oder Schwimmstange, eventuell als Toppzeichen ein rot-grün waagerecht gestreifter Ball, eventuell weißes Funkel- oder Gleichtaktfeuer.

Hindernisse an der rechten Seite der Wasserstraße werden so bezeichnet: Zeichen 4 und 6 in der Darstellung des Betonnungssystems auf den Seiten 68 und 69.

Hindernisse an der linken Seite: Zeichen 5 und 7 in der Darstellung des Betonnungssystems auf den Seiten 68 und 69.
Man muss von diesen Zeichen aus Sicherheitsgründen einen entsprechenden Abstand halten.

Vorschrift:
Anlage 8

5.6 Maßnahmen zum Schutz von Brückenpfeilern und Tonnen

56

Welche Funktion haben gelbe Tonnen mit einem Radarreflektor vor Brückenpfeilern?

Antwort: ●

Kenntlichmachung der Brückenpfeiler auf dem Radarschirm (zur Vermeidung von Fehlechos).

Zu Frage 56:
Auf dem Radarbild erscheint eine Brücke wie eine feste Wand – Brückenpfeiler sind nicht erkennbar. Deshalb werden sie mit gelben Tonnen mit Radarreflektor bezeichnet. Die Tonnen sind oberhalb und unterhalb der Brückenpfeiler ausgelegt. Stellenweise ist an Brücken über den Brückenpfeilern eine entsprechend weit he-

rausragende Stange mit einem Radarreflektor als Ersatz für die Radartonne angebracht.
Die Radartonnen können auch unter Freileitungen ausgelegt sein, und zwar je zwei nebeneinander auf jeder Uferseite, die im Radarbild je zwei nebeneinander liegende Punkte ergeben, was die Verwechslung mit einer Brücke ausschließt. Radarreflektoren können auch unmittelbar an den Leitungen angebracht sein (Abstand ca. 50 m), sodass sich im Radarbild eine Punktereihe ergibt (siehe Zeichen 9 auf Seite 68).

57
Warum muss von den ausgelegten Tonnen ein ausreichender Sicherheitsabstand eingehalten werden?

Antwort: ●
Weil die Tonnen durch Wasserstandsschwankungen, Wind- oder Strömungseinwirkung ihre Lage ändern können.

Zu Frage 57:
Hinweise:
Sicherheitsabstand von Tonnen allgemein siehe Erläuterungen zu Fragen 37 und 38.
Informationspflicht siehe Fragen 13 bis 16.
Grundregeln für das Verhalten im Verkehr siehe Fragen 5 und 6.

Vorschriften:
§ 1.04, 5.02 und Anlage 8

6. Stillliegen, Ankern und Festmachen

6.1 Definitionen

58
Was bedeutet „stillliegend"?

Antwort: ●●●
Ein Fahrzeug, ein Schwimmkörper oder eine schwimmende Anlage, die unmittelbar oder mittelbar vor Anker liegen oder am Ufer festgemacht sind.

Zu Frage 58:
Ein Fahrzeug, das lediglich seinen Motor abgestellt hat und im Fahrwasser treibt, ist „in Fahrt befindlich" (siehe Frage 107). Auch ein sogenannter Grundsitzer ist nicht stillliegend.

Vorschrift:
§ 1.01 Nr. 19

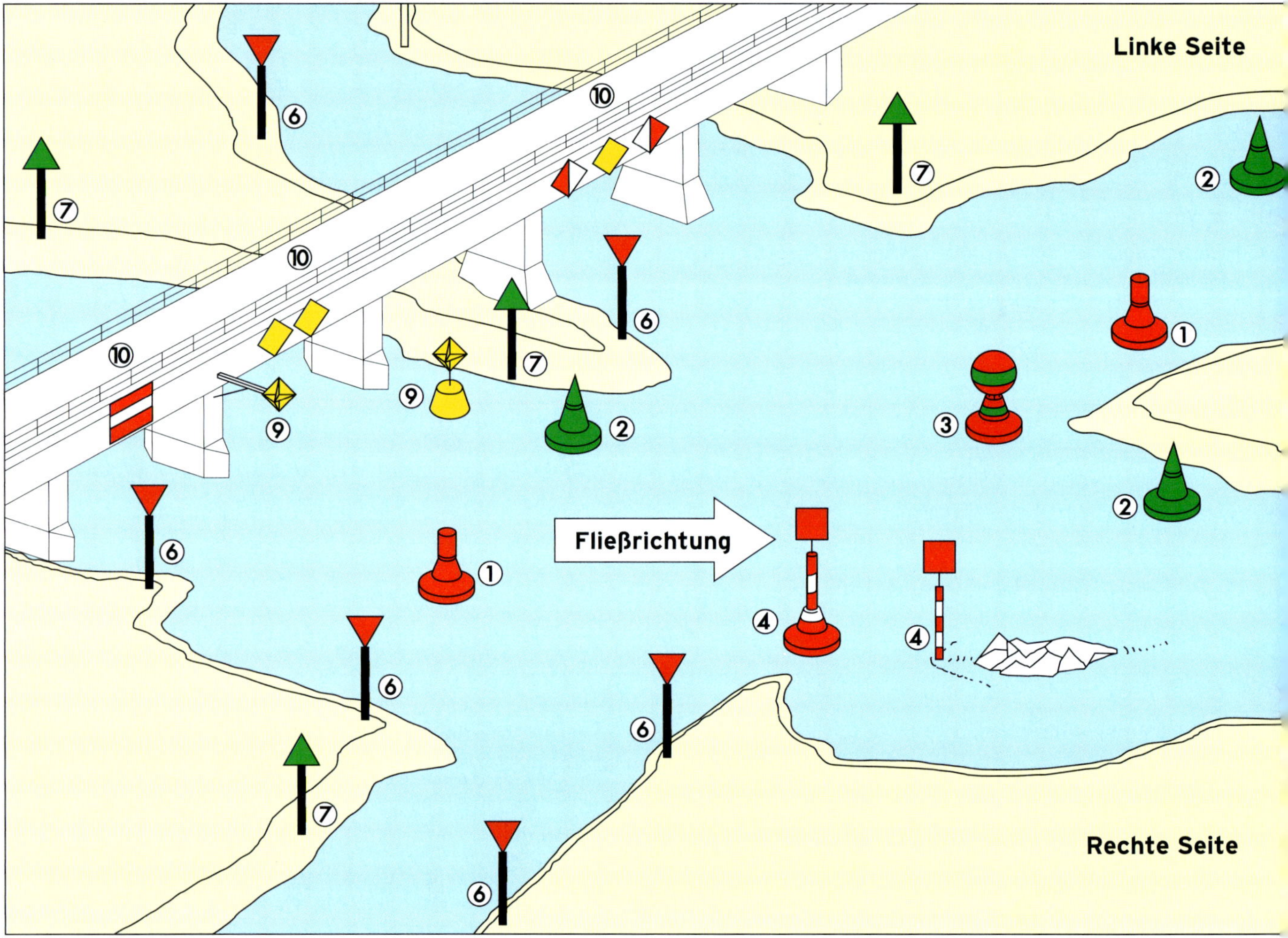

Bezeichnung der Wasserstraße durch Schifffahrtszeichen

① *Bezeichnung der Fahrrinne – rechte Seite (schwimmend)*

② *Bezeichnung der Fahrrinne – linke Seite (schwimmend)*

③ *Fahrrinnenspaltung (schwimmend)*

④ *Bezeichnung von Hindernissen – rechte Seite (schwimmend)*

⑤ *Bezeichnung von Hindernissen – linke Seite (schwimmend)*

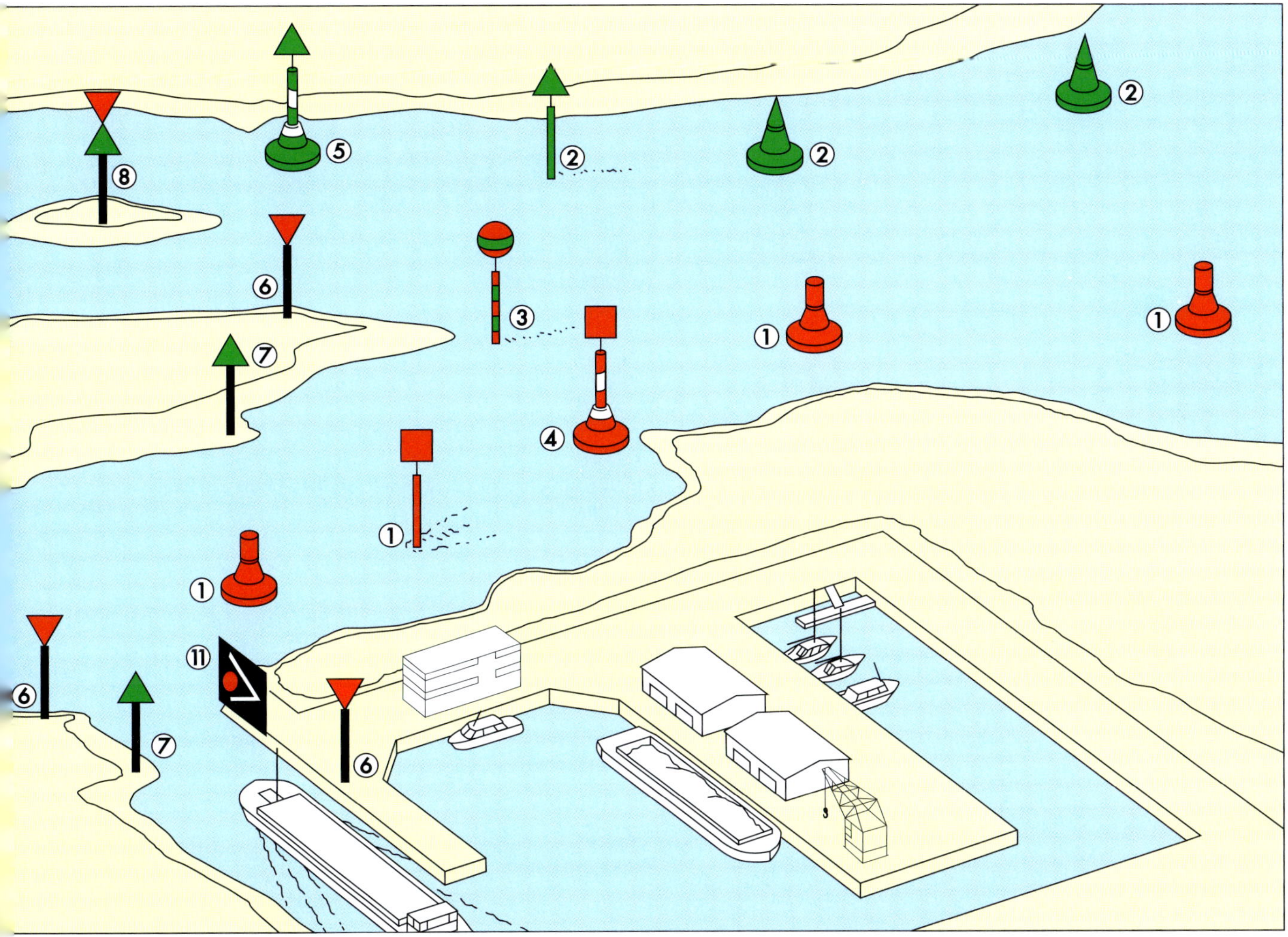

⑥ Bezeichnung der Wasserstraße sowie von Hindernissen in und an der Wasserstraße – rechte Seite (feste Zeichen)

⑦ Bezeichnung der Wasserstraße sowie von Hindernissen in und an der Wasserstraße – linke Seite (feste Zeichen)

⑧ Bezeichnung der Wasserstraße sowie von Hindernissen in und an der Wasserstraße – Spaltung (feste Zeichen)

⑨ Stange/Tonne mit Radarreflektor zur Bezeichnung von Brückenpfeilern

⑩ Mögliche Bezeichnungen von Durchfahrtsöffnungen

⑪ Verbot der Einfahrt in den Hafen (wenn das rote Licht brennt)

6.2 Ankerverbot in Kanälen

59
Warum ist in den Kanälen das Ankern verboten?

Antwort:
Um eine Beschädigung des Kanalbettes zu vermeiden.

Zu Frage 59:
Unter den Begriff „Kanäle" fallen Schifffahrtskanäle und Schleusenkanäle mit Schleusen. Hierbei handelt es sich um Wasserstraßen bzw. Teile von ihnen mit künstlicher Flusssohle (Beton usw.). Das Ankern ist dort deshalb verboten, weil der Anker den Grund beschädigen kann. Die sich dadurch ergebenden undichten Stellen würden zum Sinken des Wasserstandes führen.

Da auf den genannten Strecken ein allgemeines Ankerverbot besteht, sind in der Regel keine Ankerverbotszeichen aufgestellt.

Hinweis:
Ankerverbotszeichen siehe Frage 64.

Vorschriften:
§§ 6.28 Nr. 5, 7.03

6.3 Lichterführung beim Ankern und Stillliegen

60
Welches Licht setzt ein vor Anker liegendes Fahrzeug?

Antwort:
Ein von allen Seiten sichtbares weißes Licht auf der Fahrwasserseite.

61
Welche Bedeutung haben auf einem stillliegenden Fahrzeug zwei weiße Lichter übereinander?

Antwort:
Ein Ankerlieger, dessen Anker die Schifffahrt gefährden kann.

62
Welches Licht setzt ein stillliegendes Fahrzeug?

Antwort:
Ein von allen Seiten sichtbares weißes Licht auf der Fahrwasserseite.

63
Wie sind Anker am Tage bezeichnet, die die Schifffahrt behindern können?

Antwort:
Mit einem gelben Döpper.

Zu Fragen 60 bis 63:
Stillliegende Fahrzeuge, auch Kleinfahrzeuge, müssen bei Nacht auf der Fahrwasserseite das weiße Licht führen (Abb. 1, nächste Seite). Dieses Licht kann entfallen, wenn

- Fahrzeugzusammenstellungen nicht vor dem Ende der Nacht aufgelöst werden; in diesem Falle muss nur das äußerste Fahrzeug das Licht führen;

Abb. 1

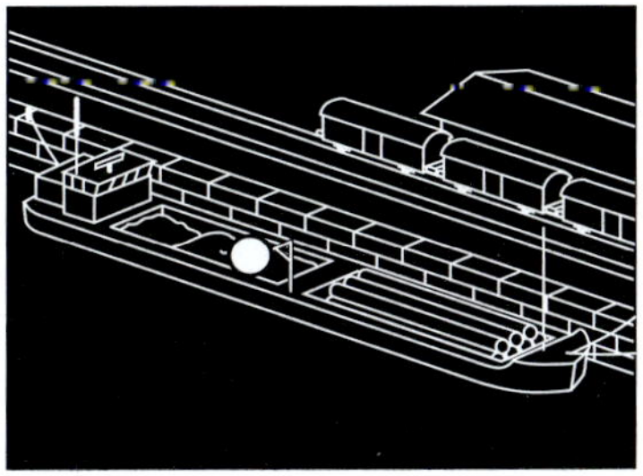

Abb. 2

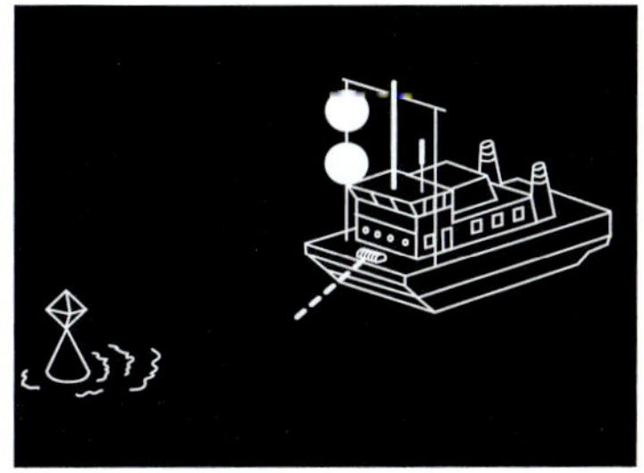

Abb. 3

Abb. 4

- das Fahrzeug zwischen nicht überfluteten Buhnen oder hinter einem aus dem Wasser ragenden Parallelwerk oder Leitdamm stillliegt;
- das Fahrzeug am Ufer stillliegt und von der Uferbeleuchtung hinreichend beleuchtet ist.

Sind **Anker so ausgeworfen,** dass sie die Schifffahrt gefährden können, muss **bei Nacht** auf Fahrzeugen ein zweites Rundumlicht unter dem ersten geführt werden sowie **bei Tag und Nacht** jeder Anker mit einem gelben Döpper mit Radarreflektor bezeichnet sein (Abb. 2 und 3).
Schwimmkörper und schwimmende Anlagen müssen beim Stillliegen bei Nacht weiße Rundumlichter in genügender Anzahl führen, um die Umrisse zur Fahrwasserseite hin deutlich zu machen. Wenn die Anker so ausgelegt sind, dass sie die Schifffahrt gefährden können, muss über den diesen Ankern nächstgelegenen Lichtern ein zweites Rundumlicht geführt werden und bei Tag und Nacht der betreffende Anker mit einem gelben Döpper mit Radarreflektor bezeichnet sein (Abb. 3).

Bei Ankern schwimmender Geräte bei Nacht muss auf dem Döpper oder der Tonne mit Radarreflektor ferner ein weißes Rundumlicht angebracht sein (Abb. 4).
Fahrzeuge, die die Bezeichnung für gefährliche Güter führen, müssen diese Zeichen beim Stillliegen bei Tag und Nacht beibehalten.

Hinweise:
Lichterführung von Maschinenfahrzeugen
siehe Fragen 109 und 110.
Lichterführung von Kleinfahrzeugen mit Maschinenantrieb
siehe Fragen 150 bis 153.
Zeichen und Lichter schwimmender Geräte usw.
siehe Fragen 163 bis 172.
Zeichen und Lichter von Gefahrgutschiffen siehe Fragen 126 bis 131.

Vorschriften:
§§ 3.20, 3.26

6.4 Schifffahrtszeichen Liege- und Ankerverbote

64
Welche Bedeutung hat nebenstehende Tafel?

Antwort:
Ankerverbot auf der Seite der Wasserstraße, auf der diese Tafel steht, und zwar von 50 m oberhalb bis 50 m unterhalb der Tafel.

65
Welche Bedeutung hat nebenstehende Tafel?

Antwort:
Festmacheverbot auf der Seite der Wasserstraße, auf der die Tafel steht.

66
Welche Bedeutung hat nebenstehende Tafel?

Antwort:
Liegeverbot auf der Seite der Wasserstraße, auf der die Tafel steht.

67
Welche Bedeutung haben nebenstehende Tafeln?

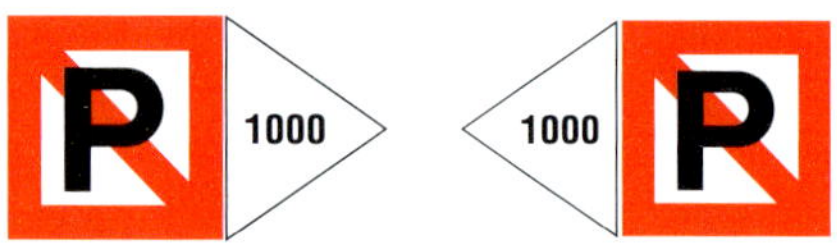

Antwort:
Liegeverbot zwischen den Tafeln auf 1000 m auf der Seite der Wasserstraße, auf der die Zeichen stehen.

Zu Fragen 64 bis 67:
Die Tafelzeichen entsprechend **Fragen 64–67** gelten nur auf der Seite der Wasserstraße, auf der die Tafel steht. Soll die Tafel auf beiden Seiten gelten, ist sie an beiden Seiten der Wasserstraße aufgestellt. Dies gilt auch für die entsprechenden Hinweistafeln.
Ist die Tafel mit einem weißen Dreieck versehen, weist die Spitze in die Richtung des Geltungsbereiches. In dem Dreieck kann der Geltungsbereich in Metern angegeben sein.
Die Ankerverbotstafel in **Frage 64** umfasst den Bereich von 50 m oberhalb bis 50 m unterhalb der Tafel, sofern keine anderen Angaben gemacht sind. In den Ankerverbotsstrecken ist das Ankern, nicht aber das Stillliegen verboten.

Besteht Festmacheverbot gemäß **Frage 65**, darf geankert, nicht aber am Ufer festgemacht werden.
Im Liegeverbotsbereich ist das Stillliegen und somit das Ankern und Festmachen verboten **(Frage 66)**.

Weitere Liegeverbote:

Verbot des Stillliegens nebeneinander innerhalb der angegebenen Entfernung in Meter

Stillliegeverbotsbreite in Meter ab der Tafel

Hinweise:
Allgemeine Liegeverbotsbereiche siehe Frage 72.
Bezeichnung der Ankerlieger siehe Frage 60.
Anlegen und Stillliegen siehe Frage 71 und Teil III. Abschnitt 2.
Ankern und Festmachen siehe Fragen 74 bis 79.

Vorschriften:
§§ 6.18, 7.02, 7.03, 7.04, 7.05, Anlage 7

68

An einer verbreiterten Stelle einer sonst engen Schifffahrtsstraße steht ein blaues Hinweisschild „Empfohlener Wendeplatz". Was ist hier zugleich verboten?

Antwort:
Stillliegen (Ankern und Festmachen).

Zu Frage 68:
Im Bereich eines empfohlenen Wendeplatzes ist das Stillliegen verboten, um den Wendebereich nicht zu beeinträchtigen.

Vorschrift:
§ 7.02

69

Welche Bedeutung hat nebenstehende Tafel?

Antwort:
Liegestelle für Fahrzeuge mit explosiven Stoffen (für Kleinfahrzeuge verboten).

70

Welche Bedeutung haben nebenstehende Tafeln?

Antwort:
Liegestelle für Fahrzeuge ohne gefährliche Güter (auch für Kleinfahrzeuge)

Zu Fragen 69 und 70:
Wenn keine bezeichneten Liegestellen vorhanden sind, kein allgemeines Liegeverbot besteht und auch keine Liegeverbotstafeln aufgestellt sind, kann der Verkehrsteilnehmer seinen Liegeplatz frei wählen. Der Liegeplatz ist unter Berücksichtigung des Tiefgangs und der örtlichen Verhältnisse so nah wie möglich am Ufer zu wählen. Durch das Stilllegen darf die Schifffahrt nicht behindert werden. Die für bestimmte Strecken festgelegten Liegebreiten müssen beachtet werden, z. B. Teil II BinSchStrO § ... 10.
Gegenüber stillliegenden Fahrzeugen, die die Bezeichnung für gefährliche Güter führen, müssen folgende Abstände eingehalten werden:

- 10 m gegenüber einem blauen Licht/Kegel
- 50 m gegenüber zwei blauen Lichtern/Kegeln
- 100 m gegenüber drei blauen Lichtern/ Kegeln

Die Anker-, Festmache- und Liegestellen können wir folgt bezeichnet sein:

Ankern erlaubt

Festmachen erlaubt

Stillliegen erlaubt

Weitere Tafeln für Liegestellen:

Liegestelle für die Schubschifffahrt
ohne Ladungsbezeichnung …

… mit entzündbaren Stoffen (1 blauer Kegel),
gesundheitsschädlichen (2 blaue Kegel) bzw.
explosiven Stoffen (3 blaue Kegel)

Liegestelle für andere Fahrzeuge als für die
Schubschifffahrt ohne Ladungsbezeichnung …

… mit entzündbaren Stoffen (1 blauer Kegel),
gesundheitsschädlichen (2 blaue Kegel) bzw.
explosiven Stoffen (3 blaue Kegel)

Liegestelle für alle Fahrzeuge
ohne Ladungsbezeichnung …

… mit entzündbaren Stoffen (1 blauer Kegel),
gesundheitsschädlichen (2 blaue Kegel) bzw.
explosiven Stoffen (3 blaue Kegel)

Erlaubnis zum Stillliegen,
Breite der Wasserfläche in Meter

Erlaubnis zum Stillliegen zwischen
den beiden Entfernungen in Meter;
Liegeverbot bis 30 Meter

Höchstzahl der Fahrzeuge,
die nebeneinander stillliegen dürfen

Hinweise:
Zeichen der Fahrzeuge mit gefährlichen Gütern
siehe Fragen 126 bis 131.
Liegeverbot siehe Fragen 66 und 67.

Vorschriften:
§§ 7.02, 7.05, 7.06, 7.07 Anlage 7

6.5 Anlegen und allgemeine Liegeverbote

71
Warum soll möglichst gegen Strom und Wind angelegt werden?

●

Antwort:
Weil das Fahrzeug sicherer zu manövrieren ist.

Zu Frage 71:
Bei einer Fahrt gegen Stom und Wind wirken beide zum einen als eine Art Bremse. Je nach Stärke von Strom und Wind macht das Boot bei geringeren Schraubenumdrehungen unter Umständen keine Fahrt mehr über Grund und kommt zum Stillstand, was das Anlegen erleichtert. Zum anderen ist das Boot besser manövrierbar.
Bei seitlicher Einwirkung von Strom oder Wind wird das Boot zur Seite versetzt, was beim Manövrieren zu berücksichtigen und auszugleichen ist.

72
Wo besteht ohne besondere Bezeichnung der Stellen bzw. Strecken ein allgemeines Liegeverbot (sechs Beispiele)?

● ● ●

Antwort:
- **In der Fahrrinne.**
- **Auf Schifffahrtskanälen und Schleusenkanälen.**
- **Unter Brücken und Hochspannungsleitungen.**
- **In Fahrwasserengen und Hafeneinfahrten.**
- **An Abzweigungen oder Einmündungen von Nebenwasserstraßen.**
- **In der Fahrlinie von Fähren.**
- **Im Kurs, den Fahrzeuge beim An- oder Ablegen an Landebrücken benutzen.**
- **Auf Wendestellen.**
- **In Wasserski- oder Wassermotorrad- oder Kitesurfstrecken.**

Zu Frage 72:
Liegeverbotsbereiche können durch die Verkehrsvorschriften oder durch schifffahrtspolizeiliche Anordnungen festgelegt sein, die in der Regel für die gesamte Breite der Wasserstraße gelten. Liegeverbotszeichen gelten nur auf der Seite der Wasserstraße, auf der das Zeichen steht.
Allgemeine Liegeverbote zeigen die Abbildungen auf Seite 76.

Hinweis:
Liegeverbotszeichen siehe Fragen 66 und 67.

Vorschriften:
§§ 7.01, 7.02

Allgemeine Liegeverbote:

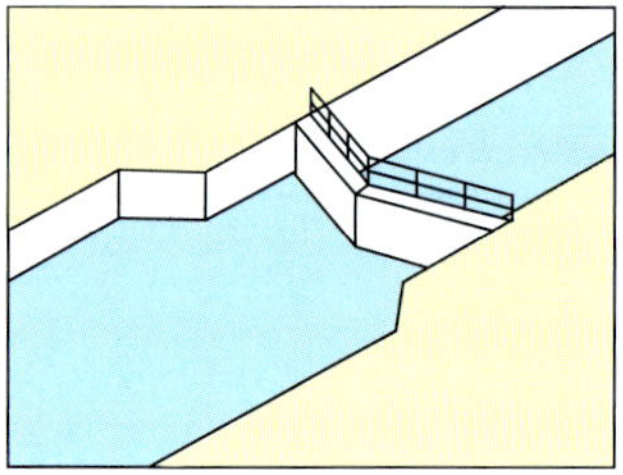

auf Schifffahrts- und Schleusenkanälen

unter Brücken

unter Hochspannungsleitungen

in Hafeneinfahrten

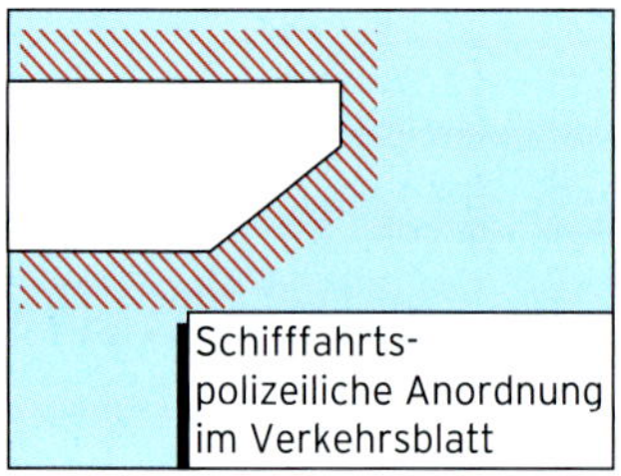

an bekannt gemachten Stellen

an Abzweigungen oder Einmündungen

in der Fährlinie von Fähren

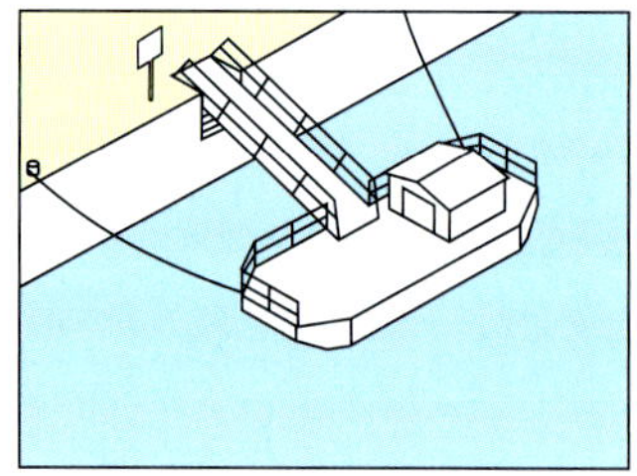

in der Kurslinie bem An- und Ablegen an Anlagestellen

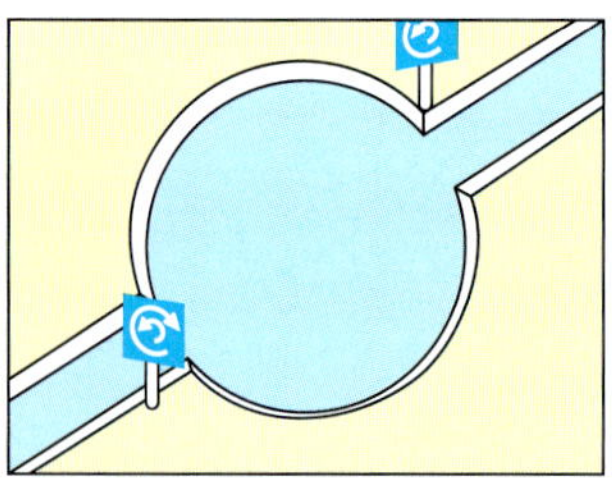

in Wendestellen

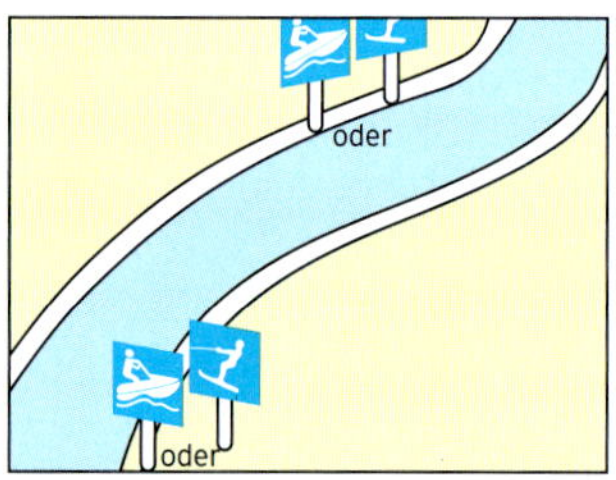

in Wasserski- oder Wassermotorradstrecken

6.6 Querung eines Flusses

73
Was ist bei der Querung eines Flusses ggf. zu berücksichtigen?

Antwort:
Die Strömung und die durchgehende Schifffahrt.

Zu Frage 73:

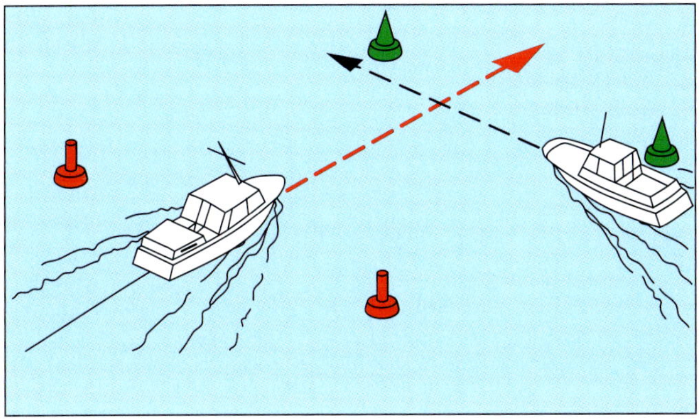

Wenn ich einen Fluss queren will, in dem ein anderes Fahrzeug fährt, das meinen Kurs kreuzt …

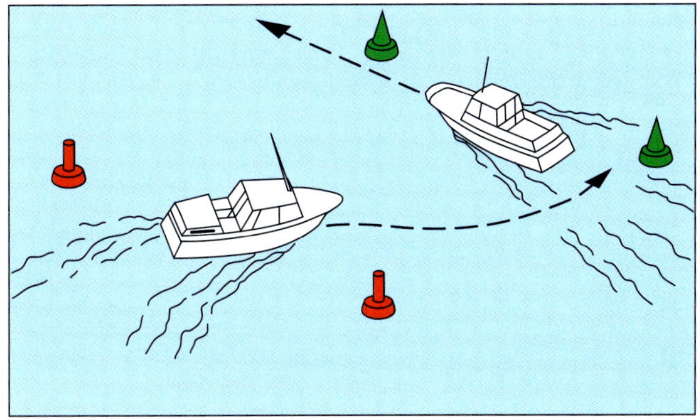

… muss ich die Vorfahrt beachten, das heißt warten oder so ausweichen, dass das Fahrzeug nicht gefährdet wird.

Als Ankündigung für das Queren eines Fahrwassers/Flusses kann das Schallsignal 3 lange Töne (– – –) gegeben werden.
Fahrzeuge dürfen aus einem Hafen oder einer Nebenwasserstraße nur dann ausfahren und in die Hauptwasserstraße einbiegen oder sie queren, nachdem sie sich vergewissert haben, dass keine Gefahr besteht und andere Fahrzeuge nicht unvermittelt ihren Kurs oder ihre Geschwindigkeit ändern müssen.

Vorschrift:
§ 6.16

6.7 Festmachen an der Pier

74

Wozu dient der Fender?

Antwort:

Zum Schutz des Bootkörpers.

75

Es sind die Leinen einzuzeichnen, mit denen ein Sportboot an der Pier festgemacht wird. Diese Leinen sind fortlaufend vom Bug bis zum Heck zu bezeichnen.

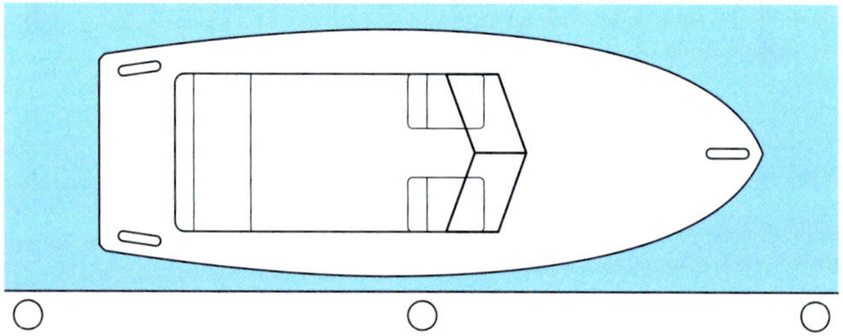

Antwort:

1. **Vorleine,**
2. **Vorspring,**
3. **Achterspring,**
4. **Achterleine.**

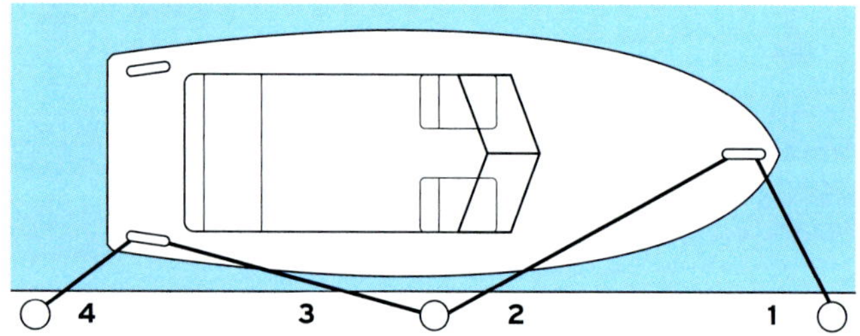

Zu Fragen 74 und 75:

Fender müssen in ausreichender Anzahl an Bord sein und je nach Bootsgröße in entsprechender Stärke (Länge, Durchmesser). Sie dienen dem Schutz des eigenen und auch eines fremden Bootes beim

- Anlegen und Stillliegen,
- Schleusen,
- Längsseitsgehen und
- Längsseitsschleppen.

Fender sollen schwimmfähig sein, damit sie, wenn sie über Bord gehen, wieder geborgen werden können. In Schleusen dürfen ohnehin nur schwimmfähige Fender verwendet werden.

Nach dem Ablegen sind Fender sofort einzuholen. Denn mit außenbords hängenden Fendern macht das Boot während der Fahrt einen unordentlichen bzw. unseemännischen Eindruck.

Wenn nach dem Festmachen die Gefahr besteht, dass die Festmacheleinen scheuern, sollten sie an den Scheuerstellen mit einem Plastikschlauch gesichert werden, damit sie nicht brechen.

Hinweise:

Zum Festmachen siehe Teil III, „Die praktische Prüfung", Nr. 2.3.

Festmacheverbote/Stillliegeverbote siehe Fragen 65 bis 67.

6.8 Ankermanöver

76 ●●
Womit kann die Wassertiefe bestimmt werden?
Antwort:
Mit Handlot, Echolot oder Peilstange.

77 ●
Wie viel Ankerleine muss zum sicheren Liegen ausgesteckt werden?
Antwort:
Mindestens das Fünffache der Wassertiefe.

78 ●
Wie viel Ankerkette muss zum sicheren Liegen ausgesteckt sein?
Antwort:
Mindestens das Dreifache der Wassertiefe.

79 ●●●
Wie wird festgestell, ob der Anker hält?
Antwort:
Durch Peilen von Landmarken oder festen Schifffahrtszeichen, ggf. durch Anfassen der Ankerkette oder -leine.

Zu Fragen 76 bis 79:
Ein erfolgreiches Ankermanöver setzt die erforderliche Länge der Ankerkette oder Ankerleine voraus (Abb. Seite 80). Die Wassertiefe wird mit entsprechenden Geräten ermittelt. In der Sportschifffahrt werden überwiegend Ankerleinen verwendet.

- Der Anker gräbt sich je nach Bauart durch den Zug der Kette mit einem oder zwei Flunken in den Grund ein.
- Durch das Gewicht der Ankerkette liegt der Schaft des Ankers am Grund, sodass der Zug der Kette parallel zum Boden wirkt und sich die Flunken eingraben können.
- Ankerleinen sollten daher einen Kettenvorläufer haben.

Das Ankergewicht sollte der Bootsgröße angepasst sein. Einzelheiten sind den „Sicherheitsrichtlinien" des DSV zu entnehmen. Um festzustellen, ob der Anker hält, ist eine Kreuzpeilung empfehlenswert. Man sollte sich daher verschiedene Festpunkte an Land merken und sie jeweils mit dem Ankerort vergleichen. Auch durch Handauflegen auf die Ankerkette kann man spüren, ob der Anker hält.

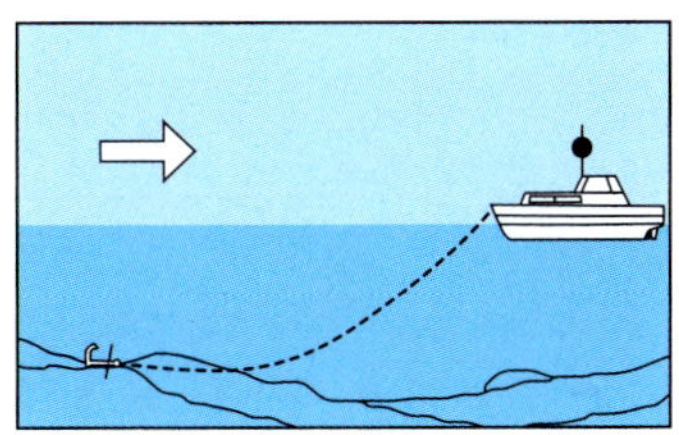

Durch den Zug der Kette parallel zum Grund gräbt sich der Anker ein.

Es entspricht der seemännischen Sorgfaltspflicht, einen sicheren und vorschriftsmäßigen Ankerplatz auszuwählen und ein sicheres Ankermanöver auszuführen (§ 1.04.).

Hinweise:
Ankerausrüstung
siehe Frage 249.
Anker-, Festmache- und Liegeverbote
siehe Fragen 64 bis 67.
Allgemeine Sorgfaltspflicht
siehe Fragen 5 und 6.

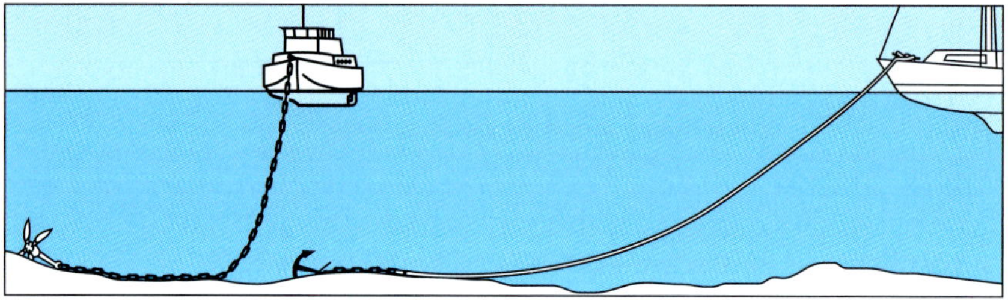

Ankern mit Kette oder Leine
Kettenlänge mindestens dreifache Wassertiefe, Leinenlänge mindestens fünffache Wassertiefe

6.9 Anlegen an der Boje

80
Wie wird im Strom an einer Boje angelegt?

Antwort:
Gegen den Strom anfahren, Bugleine festmachen und achteraus treiben lassen.

Zu Frage 80:
Mit einem **Motorboot** ist zum Anlegen an einer Boje ein Kurs und eine Geschwindigkeit zu wählen, dass man mit dem Bug unmittelbar an der Boje so zum Stehen kommt, dass man die Bugleine an ihr festmachen kann. Bei Strömung ist gegen den Strom so anzufahren, dass je nach Stärke von Strom und Wind das Boot bei geringeren Schraubenumdrehungen unter Umständen keine Fahrt mehr über Grund macht und an der Boje zum Stillstand kommt. Gegen den Strom ist das Boot deshalb besser manövrierbar, weil sich bei seitlicher Einwirkung von Strömung oder Wind ein seitliches Versetzen (Abdrift) ergibt, sodass die Boje verfehlt wird.

Bei **Segelbooten** ist die Boje durch einen Aufschießer gegen Wind und Strom aus einem raumen Kurs heraus anzusteuern. Dabei kommt es darauf an, dass das Boot genügend Fahrt behält, um die Boje zu fassen zu bekommen. Erforderlichenfalls ist die Boje in einem zweiten Versuch mit einem Nahezu-Aufschießer am Wind anzusteuern und wenn nötig die Großschot kurzfristig dichtzuholen, um erneut Fahrt aufzunehmen, wenn das Boot vor der Boje zu „verhungern" droht.
Ist die Bugleine an der Boje festgemacht, kann die Maschine abgestellt bzw. können die Segel geborgen werden und das Boot kann achteraus treiben.

7. Brückendurchfahrten/Schleusen

7.1 Brückendurchfahrten

81
Welche Bedeutung hat nebenstehende Tafel?

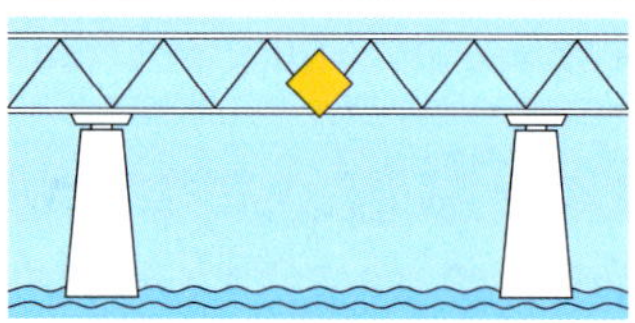

Antwort:
Empfohlene Durchfahrt in beiden Richtungen.

82

Welche Bedeutung haben nebenstehende Tafeln?

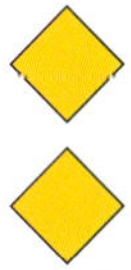

oder

Antwort: ● ●

Empfohlene Durchfahrt. In der Gegenrichtung gesperrt.

83

Welche Bedeutung hat an einer Brücke nebenstehende Tafel?

Antwort: ● ●

Durchfahrt durch diese Brückenöffnung ist für alle Fahrzeuge gesperrt.

84

Welche Bedeutung haben an einer Brücke nebenstehende Tafeln?

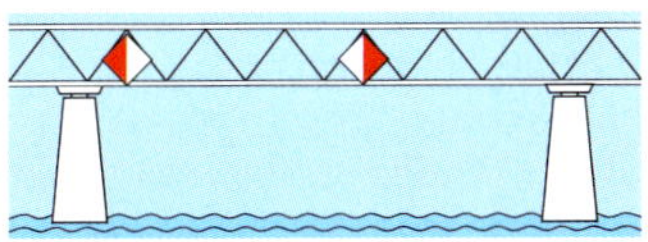

Antwort: ●

Die Brückenöffnung darf nur zwischen diesen Tafeln durchfahren werden.

85

Welche Bedeutung haben diese Tafeln an der nebenstehend gekennzeichneten Brücke?

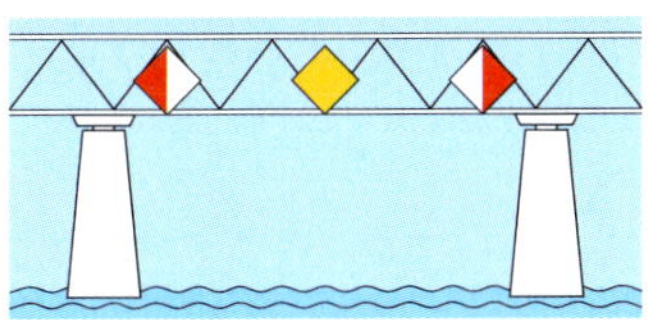

Antwort: ● ●

Gelb: Empfohlene Durchfahrt mit Gegenverkehr.
Rot/weiß: Seitliche Begrenzung der erlaubten Brückendurchfahrt.

86

Was bedeuten diese Tafeln an der nebenstehend gekennzeichnete Brücke und wo ist die Durchfahrt erlaubt?

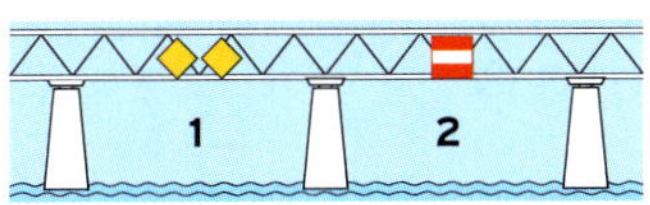

Antwort: ● ●

1. **Durchfahrt ohne Gegenverkehr.**
   Durchfahrt erlaubt bei Zeichen 1.
2. **Verbot der Durchfahrt.**

Zu Fragen 81 bis 86:

Feste Brücken

Die Durchfahrtsbreite unter festen Brücken wird von den Brückenpfeilern bestimmt. Vielfach ist die Durchfahrt nur in einer Breite möglich. Die Durchfahrtsbreite kann zusätzlich durch Bauwerke oder Aufschüttungen auf dem Pfeilersockel verringert sein. Die Wölbung eines Brückenbogens kann ebenfalls zur Verringerung der Durchfahrtsbreite führen, weil die veröffentlichte Durchfahrtshöhe nur in einem Teilbereich vorhanden ist. Die Einschränkungen bzw. Begrenzungen sind aus Zeichen an den Brückendurchfahrten ersichtlich (wie in Fragen 84 und 85), die bei Nacht beleuchtet sind.

Mit quadratischen, auf der Spitze stehenden **gelben** Tafeln werden die empfohlenen Durchfahrten wie folgt bezeichnet:
1 Tafel (wie in Fragen 81 und 85): „Empfohlene Durchfahrt in beiden Richtungen“, Gegenverkehr ist möglich.

2 Tafeln (wie in Fragen 82 und 86): „Verkehr ist nur in Fahrtrichtung erlaubt“, die Gegenrichtung wird durch eine rot-weiß-rote Tafel gesperrt.

Die **rot-weiß-rote Tafel** (wie in Frage 83) findet auch Verwendung für die Durchfahrtssperre von einzelnen Brückenöffnungen; ersatzweise können ein rotes Licht oder zwei rote Lichter gesetzt sein.

Die Einschränkung der Durchfahrtsbreite in einer Öffnung wird durch **rot-weiße quadratische Tafeln** (wie in Fragen 84 und 85) angezeigt. Hier ist die Durchfahrt nur zwischen den weißen Schnittlinien erlaubt.

Sind anstelle der rot-weißen **weiß-grüne quadratische Tafeln** (wie in der Abbildung unten) angebracht, wird empfohlen, nur zwischen den grünen Schnittlinien durchzufahren.

Sind an Brückenöffnungen keine Zeichen angebracht, kann der Verkehrsteilnehmer die Durchfahrt unter Berücksichtigung der Fahrwasserverhältnisse wählen.
Das Stillliegen unter Brücken ist grundsätzlich verboten. Beim Passieren von Brückenöffnungen sollte, unabhängig eventueller Zeichen, nicht zu nahe an Brückenteile herangefahren werden, weil die stärkere Strömung ein seitliches Versetzen bewirken und die Ruderwirkung beeinträchtigen kann. Aus diesen Gründen sollte in Brückenbereichen auch nicht überholt werden.

Bewegliche Brücken

Sind an einer Brückenöffnung die rot-weißen oder weiß-grünen Zeichen angebracht, gelten für die Durchfahrtsbreite die jeweiligen Schnittlinien (siehe Fragen 84 und 85). Ist die Durchfahrt ohne Öffnung (Drehung oder Hebung) möglich, kann die Brücke passiert werden. Vielfach kann man das Verkehrsgeschehen auf der gegenüberliegenden Seite jedoch nicht ausreichend einsehen, sodass man kurzfristig mit Gegenverkehr rechnen muss und besondere Vorsicht geboten ist. Dies trifft bei Brücken mit Signalanlagen zu, die ein weißes über den roten Lichtern (Verkehr in bei-

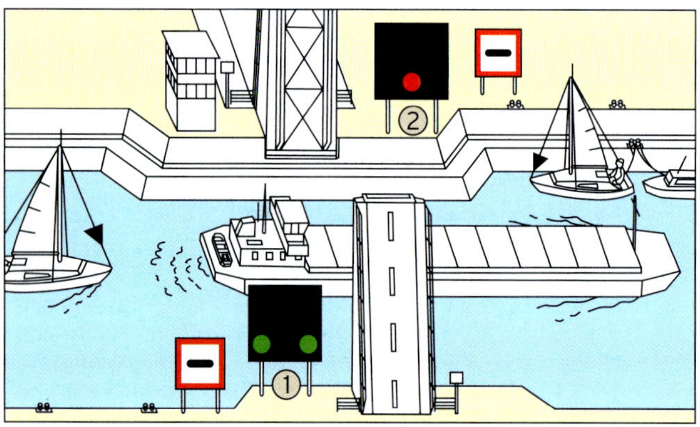

1 *Durchfahrt frei, Brücke geöffnet*

2 *Wird nur ein rotes Licht gezeigt: keine Durchfahrt; Brücke in Bewegung*

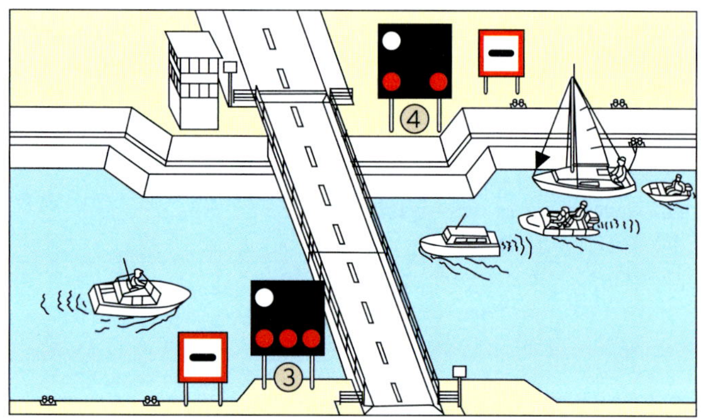

3 *Durchfahrt frei, jedoch unter Beachtung der Vorfahrtsregeln für Engstellen (Gegenverkehr)*

4 *Durchfahrt frei für Fahrzeuge, für die die Durchfahrtshöhe mit Sicherheit ausreicht*

den Richtungen) zeigen. Die Durchfahrt kann zur Engstelle werden, was ganz besonderer Aufmerksamkeit bedarf.
Bei Annäherung an bewegliche Brücken und bei der Durchfahrt ist das Überholen verboten.

Keine Durchfahrt
(Brücke gesperrt)

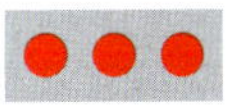
Keine Durchfahrt
(Brücke geschlossen, sie kann vorübergehend nicht geöffnet werden)

Keine Durchfahrt
(Brücke geschlossen oder Gegenverkehr)

Keine Durchfahrt
(Brücke in Bewegung)

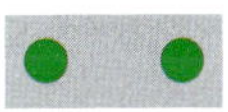
Durchfahrt frei
(Brücke geöffnet)

Wird in Verbindung mit roten Lichtern ein weißes Licht gezeigt, kann die Brückendurchfahrt passiert werden, wenn die Durchfahrtshöhe dies zulässt.

Ferner können rote Lichter durch rot-weiß-rot waagerecht gestreifte Tafeln (Frage 83) und grüne Lichter durch grün-weiß-grün senkrecht gestreifte Tafeln ersetzt werden.

Zusätzliche Regelung der BinSchStrO:
Nach der BinSchStrO müssen Fahrzeuge, wenn sie das Öffnen der Brücke verlangen, erfoderlichenfalls 2 lange Töne geben. Bis zur Freigabe der Durchfahrt müssen sie sich mindestens 50 m von der Brücke entfernt halten. Ist das Anhaltegebotszeichen (siehe Frage 96) angebracht, müssen sie vor diesem Zeichen anhalten. Die Durchfahrt kann bei Tag und bei Nacht auch durch Lichter geregelt sein.

Hinweise:
Anhaltegebot siehe Frage 96.
Überholverbote siehe Fragen 238 und 239.
Stillliegen siehe Frage 58.
Geschwindigkeitsverminderung siehe Frage 232.

Vorschriften:
§§ 6.24, 6.25, 6.26, 7.02 ohne MoselSchPV

7.2 Schleusendurchfahrten

87
Welche Bedeutung haben nebenstehende Zeichen und/oder Tonnen im Bereich eines Wehres?

Antwort:
Verbot der Durch- oder Einfahrt für alle Fahrzeuge.

88
Wie erfolgt die Anmeldung zur Einfahrt in eine Schleuse?

Antwort:
Durch Funk, Telefon oder Schallsignal bei der Schleusenaufsicht.

89
Wie erfolgt die Freigabe der Einfahrt in eine Schleuse?

Antwort:
Durch Sichtzeichen oder über Lautsprecher.

90
Was bedeutet ein blaues Schild mit der Aufschrift UKW 78 vor einer Schleuse?

Antwort:
Die Schleusenaufsicht kann über Sprechfunk auf UKW-Kanal 78 erreicht werden.

91
Warum ist es bei der Schleusendurchfahrt verboten, Autoreifen als Fender zu benutzen?

Antwort:
Autoreifen sind nicht schwimmfähig und können in den Schleusen zu erheblichen Störungen (bis hin zum Betriebsausfall) führen.

92
Welche Bedeutung haben vor einer Schleuse nebenstehende Lichter?

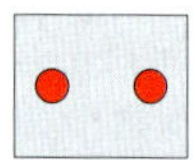

Antwort:
Schleuse in Betrieb, keine Einfahrt, Schleuse vorübergehend geschlossen.

93
Welche Bedeutung haben vor einer Schleuse nebenstehende Lichter?

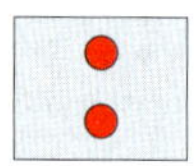

Antwort:
Keine Einfahrt, Schleuse außer Betrieb.

94
Welche Bedeutung haben vor einer Schleuse ein oder zwei grüne Lichter?

Antwort:
Einfahrt frei, auf Gegenverkehr achten.

95
Welche Bedeutung haben vor einer Schleuse ein rotes oder ein rotes und ein grünes Licht?

Antwort:
Keine Einfahrt, Öffnung der Schleuse wird vorbereitet.

96
Welche Bedeutung hat vor einer Schleuse nebenstehende Tafel?

Antwort:
Vor dieser Tafel anhalten, bis Weiterfahrt freigegeben wird.

Zu Fragen 87 bis 96:
Der Schleusenbereich umfasst die Schleusenkammern und die Wasserflächen oberhalb und unterhalb der Schleusen, die dem Festmachen, Einordnen und Warten von Fahrzeugen dienen und als Schleusenvorhafen bezeichnet werden. Der jeweilige Beginn des Schleusenbereichs kann durch weiße Tafeln mit schwarzer Umrandung und der schwarzen Aufschrift „Schleusenbereich" gekennzeichnet sein.
Bei der Annäherung an den Schleusenbereich und im Schleusenbereich darf nur mit mäßiger Geschwindigkeit gefahren werden. Vor der Anhaltegebotstafel (siehe Frage 96) muss angehalten oder festgemacht werden.
Für das Einfahren und Ausfahren sind die Lichter zu beachten. Fahrt zum Ausfahren darf erst nach dem Löschen des roten und dem Zeigen des grünen Lichtes aufgenommen werden. Anstelle des roten Lichtes oder der roten Lichter kann auch die rot-weiß-rote Tafel (siehe Frage 83) und anstelle des grünen Lichtes oder der grünen Lichter auch die grün-weiß-grüne Tafel gesetzt werden. Werden weder Lichter noch Tafeln gezeigt, sind Ein- und Ausfahren nur auf Weisung des Schleusenpersonals zulässig.
Sind mehrere Schleusen vorhanden, wird nach der BinSchStrO die Zuweisung auch durch Richtungsweiser gegeben, und zwar mit folgender Bedeutung:

rechte Schleuse benutzen

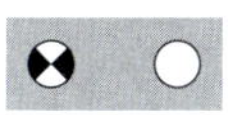
linke Schleuse benutzen

bis zur Einweisung warten

beide Schleusen benutzbar

Kleinfahrzeuge müssen die Bootsschleusen benutzen. Dabei ist zu beachten, dass auf beiden Seiten des Bootes ein angemessener Freiraum/Sicherheitsabstand für die Fender vorhanden ist, damit sie beim Schleusen nicht festklemmen. Sofern Bootsschleusen nicht benutzt werden können oder nicht vorhanden sind, werden Kleinfahrzeuge in der jeweiligen Großschifffahrtsschleuse zusammen mit anderen Fahrzeugen oder in Gruppen geschleust. Einzelschleusungen sind nach bestimmten Wartezeiten möglich.
Dass man schleusen will, teilt man dem Schleusenpersonal über Funk oder in anderer Weise mit.

Im Schleusenbereich

- ist das Überholen verboten;
- darf an wartenden Fahrzeugen nur bei Vorschleusung vorbeigefahren werden, um sich in vorhandene Lücken zu legen;
- darf der Maschinenantrieb nur benutzt werden, wenn es unbedingt erforderlich ist;
- müssen Anker vollständig hochgenommen sein;
- darf auch bei mehreren Schleusen nur die zugewiesene Schleusenkammer angesteuert werden;
- muss zu Fahrzeugen mit einem, zwei oder drei blauen Kegeln ein seitlicher Abstand von mindestens 10 m eingehalten werden;
- dürfen nur Fahrzeuge stillliegen, die schleusen wollen.

Hinweise:
Binnenschifffahrtsfunk siehe Fragen 245 und 246.
Vorrangfahrzeuge siehe Fragen 132 und 133.
Durchfahren von Schleusen einschl. der Bootsschleuse siehe Fragen 97–104.

Vorschriften:
§§ 6.28, 6.28a, 7.02

97 ●

Welche Vorbereitungen sind vor dem Einlaufen in eine Schleuse zu treffen?

Antwort:
Leinen, Fender und Bootshaken bereithalten.

98 ●●

In welcher Reihenfolge laufen Fahrzeuge, die nicht Kleinfahrzeuge sind, und Sportboote in die Schleuse ein?

Antwort:
Wenn es vom Schleusenpersonal nicht anders bestimmt wird, fahren Sportboote hinter den Fahrzeugen, die nicht Kleinfahrzeuge sind, in die Schleuse ein.

99 ●●

Ein Sportfahrzeug muss zusammen mit Fahrzeugen, die nicht Kleinfahrzeuge sind, schleusen.
1. **Bei welchem Lichtsignal darf das Sportfahrzeug in die Schleuse einfahren?**
2. **In welcher Reihenfolge fahren die Fahrzeuge in die Schleuse ein?**

Antwort:
1. **Zwei grüne Lichter nebeneinander oder ein grünes Licht.**
2. **Die Sportfahrzeuge grundsätzlich nach den Fahrzeugen, die nicht Kleinfahrzeuge sind, es sei denn, der Schleusenwärter gibt eine andere Anweisung.**

100 ●●

Worauf ist beim Abschleusen besonders zu achten?

Antwort:
Auf den Drempel (die entsprechende Begrenzungslinie) und auf sicheres Fieren der Leinen.

101 ●

Wie ist der Drempel einer Schleuse gekennzeichnet?

Antwort:
Durch Farbmarkierungen an der Schleusenmauer.

102 ●●

Warum dürfen in einer Schleuse die Leinen nicht fest belegt werden?

Antwort:
Damit die Leinen gefiert bzw. durchgeholt werden können und im Notfall das Boot sofort losgeholt werden kann.

103 ●●

Worauf ist bei der Schleuseneinfahrt unbedingt zu achten, wenn zusammen mit Fahrzeugen, die nicht Kleinfahrzeuge sind, geschleust wird?

Antwort:
Hinter den Fahrzeugen, die nicht Kleinfahrzeuge sind, einfahren. Wegen Schraubenwassers der vorausfahrenden Fahrzeuge Sicherheitsabstand einhalten.

104

Worauf ist besonders zu achten, wenn zusammen mit Fahrzeugen, die nicht Kleinfahrzeuge sind, geschleust wird?

1. **Während der Schleusung?**
2. **Bei der Ausfahrt?**

Antwort:

1. **Leinen laufend durchholen bzw. auffieren, aber nicht belegen.**
2. **Sicherheitsabstand einhalten wegen des Schraubwassers der vorausfahrenden Fahrzeuge; Leinen nicht zu früh loswerfen!**

Zu Fragen 97 bis 104:

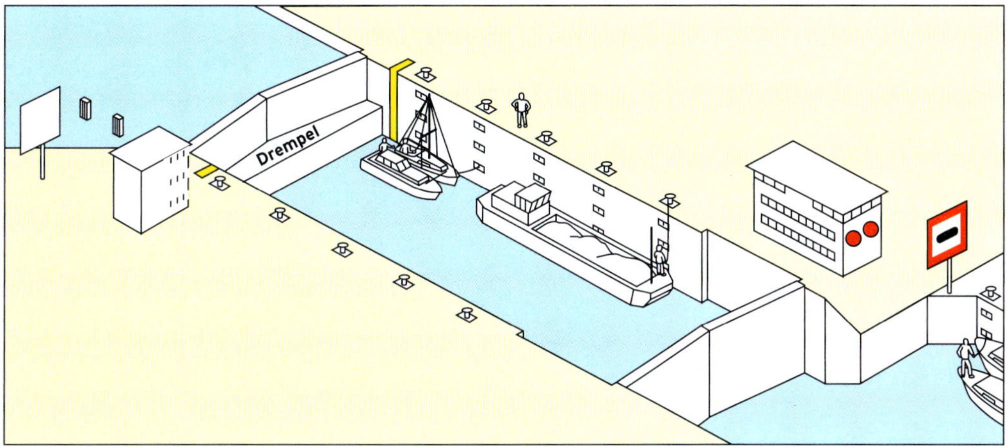

Blick in eine Schleuse

Beim Schleusen ist hinsichtlich der Verhaltensregeln zu unterscheiden zwischen

- Maßnahmen vor dem Einlaufen in eine Schleuse,
- Verhalten in der Schleusenkammer und
- Maßnahmen beim Ausschleusen.

Vorbereitungen vor dem Einlaufen in eine Schleuse

Bei der Annäherung an den Schleusenbereich muss die Fahrt verlangsamt werden. Wer nicht gleich in die Schleuse einfahren kann oder will, hat vor dem Anhaltegebotszeichen (Frage 96) anzuhalten. Zum vorübergehenden Festmachen dienen die Schleusenvorhafen-Poller, zu denen eine Leinenverbindung hergestellt werden kann.

Für das Festmachen an den Pollern, aber auch in der Schleusenkammer selbst, sind Leinen, Fender und Bootshaken bereitzuhalten. Außerdem ist darauf zu achten, ob vom Schleusenpersonal über Lautsprecher eine besondere Reihenfolge festgelegt wird. Wenn das nicht der Fall ist, fahren Sportboote **hinter** den Fahrzeugen der gewerblichen Schifffahrt in die Schleuse ein. Das Einlaufen ist erst dann gestattet, wenn dies durch zwei grüne Lichter nebeneinander oder ein grünes Licht angezeigt wird.

Verhalten in der Schleusenkammer

Beim Einfahren in die Schleusenkammer hinter den Fahrzeugen der gewerblichen Schifffahrt ist im Hinblick auf deren Schraubenwasser vor allem ein ausreichender Sicherheitsabstand zu halten. Beim Abschleusen muss die gelbe Farbmarkierung an der Schleusenmauer, die den Drempel am Obertor bezeichnet, in voller Länge passiert werden, um das Aufsetzen auf den Drempel zu vermeiden (siehe Abbildung Seite 87). In der Schleusenkammer müssen die bereitgehaltenen Fender angebracht sein und die Leinen zum Festhalten an den Pollern oder Pollertreppen eingehängt werden. Auf keinen Fall darf man die Leinen fest belegen, damit sie beim Abschleusen jederzeit gefiert bzw. beim Aufschleusen durchgeholt werden können, da im Notfall das Boot sofort loszuwerfen ist.

Maßnahmen beim Ausschleusen
Die Leinen dürfen erst zum Fahrtaufnehmen losgeworfen werden. Auf das Schraubenwasser der auslaufenden gewerblichen Schifffahrt ist besonders zu achten und ein ausreichender Sicherheitsabstand zu halten.

Achten Sie auf die Anweisungen des Schleusenpersonals!

Hinweise:
Schleusensignale zur Regelung der Einfahrt in die Schleusen und Verkehrsregelung siehe Fragen 92 bis 96 und 99.

Vorschrift:
§ 6.28

8. Fahrzeuge/Kleinfahrzeuge

8.1 Definitionen der Fahrzeuge

105 ●●●
Was ist ein „Fahrzeug"?

Antwort:
Ein Binnenschiff, einschließlich Kleinfahrzeug und Fähre, sowie schwimmendes Gerät und ein Seeschiff.

106 ●
Was ist ein „Fahrzeug mit Maschinenantrieb"?

Antwort:
Ein Fahrzeug mit laufender Antriebsmaschine.

Zu Fragen 105 und 106:
Der verkehrsrechtliche Begriff „Fahrzeug" umfasst im Allgemeinen schwimmende Hohlkörper, die zur Fortbewegung bestimmt sind. Aufgrund der Definition in § 1.01 Nr. 1 BinSchStrO gehören auch *schwimmende Geräte* dazu, die zwar fortbewegt werden können, gemäß der Definition in § 1.01 Nr. 10 aber eine schwimmende Konstruktion mit mechanischen Einrichtungen sind, dazu bestimmt, auf Wasserstraßen oder in Häfen zur Arbeit eingesetzt zu werden, wie z. B. Bagger, Elevator, Hebebock, Kran.
Schwimmende Anlagen dagegen sind gemäß der Definition in § 1.01 Nr. 11 schwimmende Einrichtungen, die in der Regel nicht zur Fortbewegung bestimmt sind, wie z. B. Badeanstalt, Dock, Landebrücke, Bootshaus, und deshalb auch nicht unter den Begriff „Fahrzeug" fallen.
Ein Fahrzeug wird erst dann zu einem Fahrzeug mit Maschinenantrieb, wenn die Maschine in Betrieb ist.

Vorschriften:
§ 1.01 Nrn. 1 und 10

107
Wann ist ein Fahrzeug „in Fahrt"?

Antwort: ●●●
Wenn es weder vor Anker liegt noch am Ufer festgemacht ist oder festgefahren ist.

Zu Frage 107:
Ein Boot, dessen Antriebskraft nicht genutzt wird, gilt fälschlicherweise oft als stillliegendes Fahrzeug. Nach den Verkehrsvorschriften wird ein Fahrzeug dann als stillliegend bezeichnet, wenn es unmittelbar oder mittelbar vor Anker liegt, am Ufer festgemacht oder festgefahren ist (siehe Frage 58).
Daraus folgt, dass beispielsweise ein treibendes Fahrzeug als in Fahrt befindlich gilt und die Verkehrsvorschriften deshalb beachten muss, insbesondere die Ausweichregeln, und erforderlichenfalls Lichter zu setzen hat. Ob das Fahrzeug dabei Fahrt durchs Wasser oder Fahrt über Grund macht oder beides nicht, spielt keine Rolle.

Vorschrift:
§ 1.01 Nr. 20

108
Wann gilt ein Segelfahrzeug als Maschinenfahrzeug?

Antwort: ●●
Wenn es unter Segel und mit Motor oder nur mit Motor fährt.

Zu Frage 108:

Sobald ein Segelfahrzeug mit gesetztem Segel zusätzlich die Antriebsmaschine benutzt oder ohne Segel sich nur mit Maschinenkraft fortbewegt, gilt es als Maschinenfahrzeug. Es muss somit die Lichter wie ein Motorboot führen (Abb. links) und die Ausweichregeln eines Motorbootes beachten. Außerdem muss es bei Tag einen schwarzen Kegel mit der Spitze nach unten fahren (Abb. rechts).

Hinweis:
Segelfahrzeug unter Segel und Motor siehe Fragen 137 und 154.

Vorschrift:
§ 1.01 Nr. 15

8.2 Sichtzeichen der Maschinenfahrzeuge

109

Welches Fahrzeug bezeichnen nebenstehende Lichter?

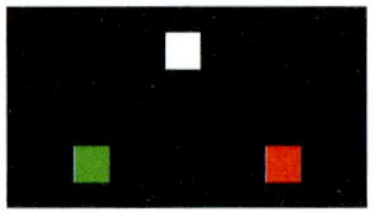

Antwort:
Einzeln fahrendes Fahrzeug mit Maschinenantrieb in Fahrt von vorn.

110

Welches Fahrzeug bezeichnen nebenstehende Lichter?

Antwort:
Einzeln fahrendes Fahrzeug mit Maschinenantrieb in Fahrt von Steuerbordseite.

Zu Fragen 109 und 110:
Einzeln fahrende Fahrzeuge mit Maschinenantrieb bis 110 m Länge müssen bei Nacht ein weißes Topplicht, Seitenlichter (Rot an Bb, Grün an Stb) und ein weißes Hecklicht führen. Je nach Fahrtrichtung (z. B. Querlage) sind nur das Topplicht und ein Seitenlicht zu sehen.
Bei einer Länge von mehr als 110 m ist zusätzlich ein zweites Topplicht auf dem Hinterschiff und in größerer Höhe als das vordere Licht zu führen (Abb. unten rechts).
Schubverbände in Fahrt, deren Länge 110 m nicht überschreitet, gelten als einzeln fahrende Fahrzeuge mit Maschinenantrieb (siehe oben).

Hinweise:
Lichterführung siehe Fragen 143 und 144.
Farben und Sichtwinkel siehe Fragen 150 und 151.

Vorschriften:
§§ 3.01, 3.08
Anlage 3, I.2

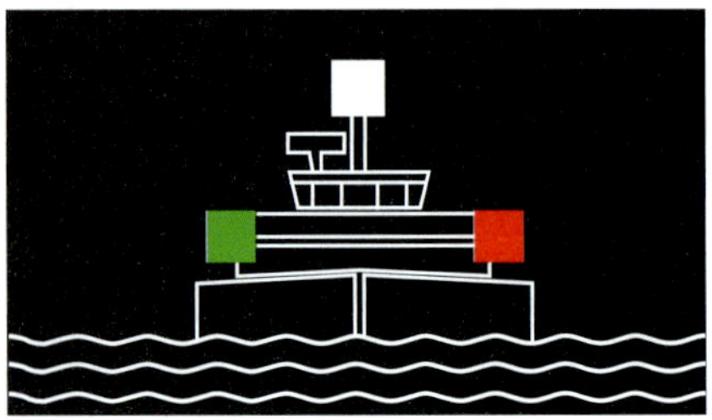

Zu Frage 109

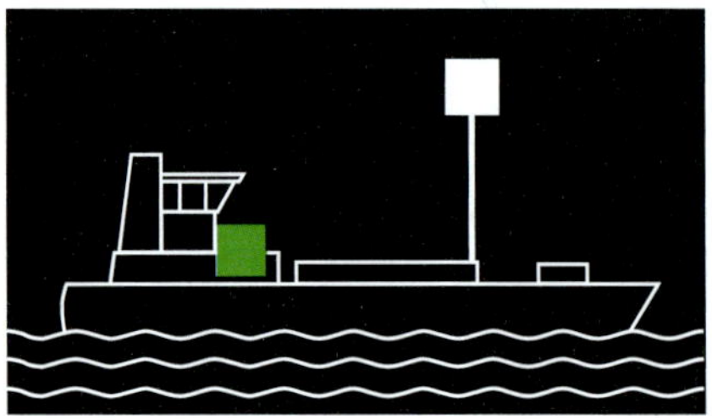

Zu Frage 110

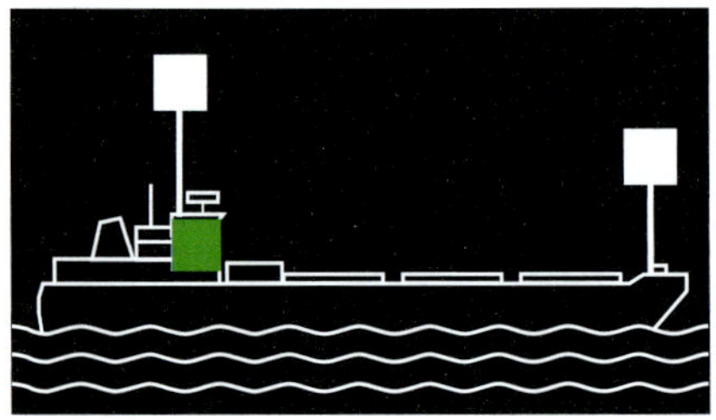

Fahrzeug mit Maschinenantrieb über 110 m Länge

8.3 Sichtzeichen der Schleppverbände

111
Was bezeichnet man mit „Verband“?

Antwort: ●●
Einen Schleppverband, einen Schubverband oder gekuppelte Fahrzeuge.

112
Welches Fahrzeug bezeichnen nebenstehende Lichter?

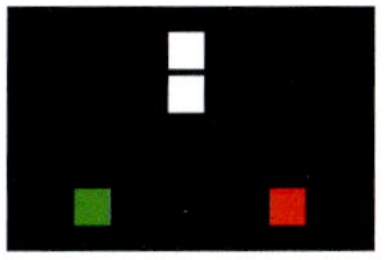

Antwort: ●●
1. **Einzeln fahrendes Fahrzeug mit Maschinenantrieb über 110 m Länge.**
2. **Erstes Fahrzeug eines Schleppverbandes von vorn.**

113
Welche Lichter führt das erste Fahrzeug eines Schleppverbandes bei Nacht?

Antwort: ●●
Zwei weiße Topplichter übereinander, Seitenlichter und gelbes Hecklicht.

114
Welche Lichter führt das letzte Fahrzeug eines Schleppverbandes bei Nacht?

Antwort: ●●
Ein weißes Rundumlicht und ein weißes Hecklicht.

115
Was bedeuten nebenstehende Sichtzeichen?

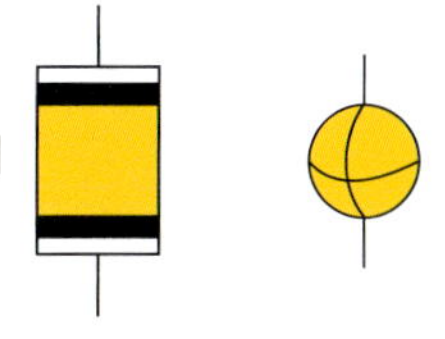

Antwort: ●●
1. **Erstes Fahrzeug (Schlepper).**
2. **Fahrzeuge, die geschleppt werden.**

116
Was ist beim Überholen und Begegnen eines Schleppverbandes zu beachten?

Antwort: ●●
- **Ausreichenden Abstand halten.**
- **Eingeschränkte Manövrierfähigkeit beachten.**
- **Ausmaße des Verbandes berücksichtigen.**
- **Nicht in die Räume zwischen den Fahrzeugen des Schleppverbandes fahren.**

Zu Fragen 111 bis 116:
Bei Schleppverbänden der gewerblichen Schifffahrt ist zu beachten, dass sie zwischen den einzelnen Fahrzeugen, die mit Schleppdrähten miteinander verbunden sind, verschiedene Abstände aufweisen können. Auf dem Rhein darf dieser Abstand bis zu 200 m betragen.
Deshalb ist es besonders wichtig, Anfang und Ende eines Schleppverbandes im Auge zu behalten, damit der Zwischenraum bei einem Seitenwechsel nicht durchfahren wird. Ein solches grob fahrlässiges Verhalten kann zur Kollision, zumindest aber zu beachtlichen Schäden führen.

Faustregel:
- Am Tage beginnt ein Schleppverband am gelben Zylinder und endet am gelben Ball (Abb. unten rechts).
- Bei Nacht beginnt der Schleppverband an den 2 Topplichtern übereinander und endet am weißen Hecklicht (Abb. Mitte).

Beim Überholen eines Schleppverbandes gilt die umgekehrte Reihenfolge. Zu beachten ist auch, dass die Fahrzeuge im Schleppverband nicht in gerader Linie hintereinander fahren, da jedes Fahrzeug des Verbandes einen Fluss- oder Fahrrinnenbogen (Krümmung) ausfahren muss.

In einem Schleppverband in Fahrt bei Nacht führt das erste Fahrzeug (Schlepper) zwei weiße Topplichter senkrecht übereinander, die Seitenlichter und ein gelbes Hecklicht. Die geschleppten Fahrzeuge führen als Toplicht ein weißes Rundumlicht und das letzte Fahrzeug zusätzlich ein weißes Hecklicht (Abb. Mitte).
Bei Tag führt das erste Fahrzeug einen gelben Zylinder und das letzte einen gelben Ball (Abb. rechts).
Fahren mehrere Fahrzeuge (Schlepper) an der Spitze des Verbandes, haben sie ein drittes weißes Topplicht zu führen. Damit wird angezeigt, dass zwischen diesen Fahrzeugen eine Durchfahrt nicht möglich ist. Am Tage haben alle Schlepper dieser Formation den Zylinder zu führen.

Schleppt ein Kleinfahrzeug andere Kleinfahrzeuge, so muss es bei Nacht die für Kleinfahrzeuge vorgeschriebenen Lichter und die geschleppten Kleinfahrzeuge müssen, auch wenn längsseits geschleppt wird, ein weißes Rundumlicht führen. Eine besondere Tagbezeichnung ist nicht vorgeschrieben.

Hinweise:
Lichter eines Schubverbandes siehe Fragen 117 bis 121.
Lichter von Kleinfahrzeugen siehe Fragen 150 bis 153.

Vorschriften:
§§ 1.01 Nrn. 3 und 4, 3.09

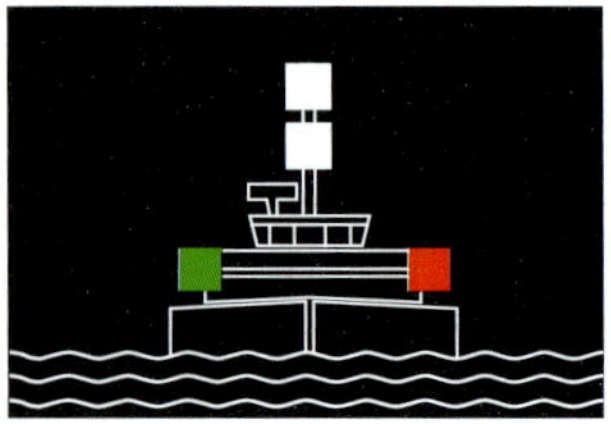

Zu Frage 112

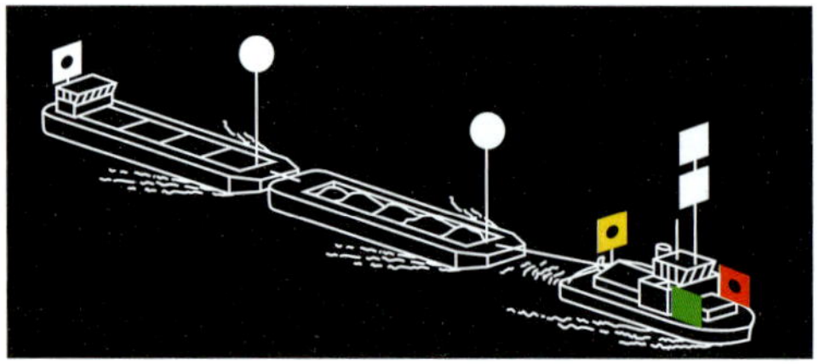

Zu Fragen 113/114

Zu Frage 115

8.4 Sichtzeichen der Schubverbände

117
Welche Lichter führt ein Schubverband?

Antwort:
Drei weiße Topplichter in einem Dreieck angebracht, die Seitenlichter (Backbord rot/Steuerbord grün), drei weiße Hecklichter waagerecht nebeneinander.

118
Welches Fahrzeug bezeichnen nebenstehende Lichter?

Antwort:
Schubverband in Fahrt von vorn.

119
Welches Fahrzeug bezeichnen nebenstehende Lichter?

Antwort:
Vorausfahrender Schubverband.

120
Welches Fahrzeug bezeichnen nebenstehende Lichter?

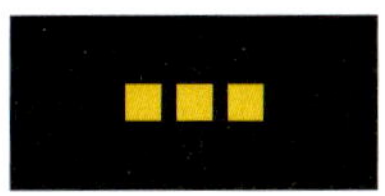

Antwort:
Vorausfahrender Schubverband, der geschleppt wird.

121
Was ist beim Überholen und Begegnen eines Schubverbandes zu beachten?

Antwort:
- **Ausreichenden Abstand halten.**
- **Eingeschränkte Manövrierfähigkeit beachten.**
- **Toten Winkel vor dem Verband meiden.**
- **Abmessungen des Schubverbandes berücksichtigen.**

Zu Fragen 117 bis 121:
Ein Schubverband ist eine starre Verbindung von mehreren Fahrzeugen. Bedingt durch den in der Länge versetzten Drehpunkt eines Wasserfahrzeuges ist bei Kursänderungen der Manövrierraum des Verbandes am Heck größer als am Bug. Bei einem Überholvorgang mit möglichem Gegenverkehr muss dies in den Überholzeitraum mit einbezogen werden. Das gilt auch für die Breite beim Begegnen. Vor allem ist angesichts der eingeschränkten Manövrierfähigkeit und des toten Winkels vor dem Verband ein ausreichender Sicherheitsabstand zu halten.

Bei Tag sind Schubverbände als eine große Einheit erkennbar. Deshalb wurde auf eine besondere Tagbezeichnung verzichtet. Schubverbände bis 110 m Länge gelten als einzeln fahrende Fahrzeuge mit Maschinenantrieb, sodass sie bei Nacht die Lichter eines Einzelfahrers führen.

Lichterführung der Schubverbände
Bei den in den Fragen 118 und 119 dargestellten Lichtern handelt es sich um einen Schubverband mit **einer** Fahrzeug-Schubleichterbreite. Schubverbände in Fahrt müssen bei Nacht führen:

Abb. 1: zu Frage 118

Abb. 2: zu Frage 119

Abb. 3: zu Frage 120

Abb. 4

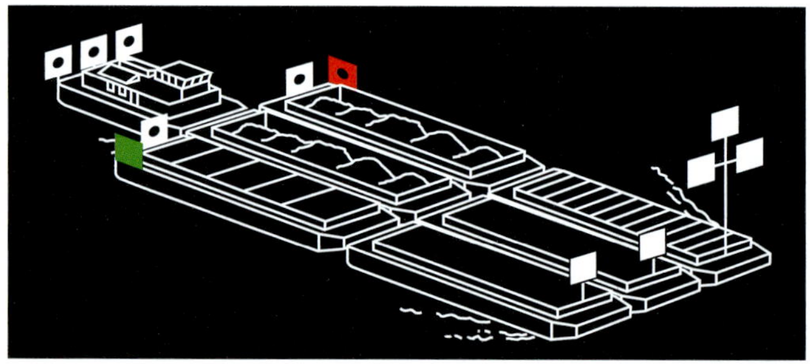

Abb. 5

a) als Topplichter
   I. drei Topplichter auf dem Vorschiff des Fahrzeugs (Abb. 4) oder, bei mehreren Fahrzeugen, auf dem Vorschiff des linken der Fahrzeuge an der Spitze des Verbandes (Abb. 5). Diese Topplichter müssen in der Form eines gleichseitigen Dreiecks mit waagerechter Grundlinie in einer Ebene senkrecht zur Längsebene des Verbandes angeordnet sein.
   Die beiden unteren Topplichter müssen in einem Abstand von etwa 1,25 m voneinander und ungefähr 1,10 m unter dem obersten Topplicht gesetzt werden. Sie müssen darüber hinaus auf Flüssen mindestens 2 m über der Ebene der Einsenkungsmarken und mindestens 1 m über den Seitenlichtern, auf Schifffahrtskanälen und in Schleusenkanälen so hoch wie möglich, jedoch mindestens in Höhe der Seitenlichter gesetzt werden;
   II. ein Topplicht auf dem Vorschiff jedes anderen Fahrzeugs, dessen ganze Breite von vorn sichtbar ist. Dieses Topplicht ist nach Möglichkeit 3 m tiefer als das oberste Topplicht nach Ziffer I hiervor zu setzen.
   Die Masten dieser Topplichter müssen in der Längsebene des Fahrzeugs stehen, auf dem sie geführt werden;
b) die Seitenlichter auf dem breitesten Teil des Verbandes, höchstens 1 m von dessen Außenseiten entfernt, möglichst nahe beim schiebenden Fahrzeug und mindestens 2 m über dem Wasserspiegel (Abb. 4 und 5);
c) als Hecklichter
   I. drei Hecklichter auf dem Hinterschiff des schiebenden Fahrzeugs in einer waagerechten Linie senkrecht zur Längsebene mit einem seitlichen Abstand von etwa 1,25 m und in ausreichender Höhe, sodass sie nicht durch eines

der anderen Fahrzeuge des Verbandes verdeckt werden können (Abb. 4 und 5);

II. ein Hecklicht auf dem Hinterschiff eines jeden anderen Fahrzeugs, dessen ganze Breite von hinten sichtbar ist. Befinden sich in dem Verband außer dem schiebenden Fahrzeug mehr als zwei von hinten sichtbare Fahrzeuge, ist dieses Hecklicht nur von den beiden äußeren Fahrzeugen zu führen.

Wird ein Schubverband bei Nacht geschleppt, sind anstelle der drei weißen drei gelbe Hecklichter zu führen; weitere Hecklichter werden hiervon nicht berührt. Wird ein Schubverband bei Tag geschleppt, muss das schiebende Fahrzeug einen gelben Ball führen.

Neben Schlepp- und Schubverbänden gibt es auch noch gekuppelte Fahrzeuge. Hierbei handelt es sich um mindestens zwei längsseits (nebeneinander) fest verbundene gewerbliche Fahrzeuge als Verband, die in der Lichterführung als einzelne Fahrzeuge behandelt werden. Die Seitenlichter auf der jeweiligen Innenseite müssen gelöscht sein, sodass nur einmal sowohl das rote als auch das grüne Seitenlicht sichtbar ist und daraus die Gesamtbreite erkennbar wird.

Vorschriften:
§§ 1.01, Nrn. 5, 6, 8, 9; 3.01, 3.10

8.5 Sichtzeichen der Fähren

122
Welches Fahrzeug bezeichnen nebenstehende Lichter?

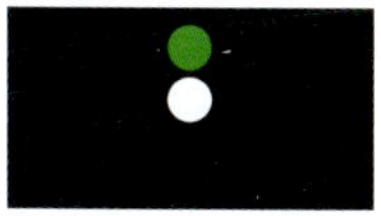

Antwort:
Eine nicht frei fahrende Fähre.

123
Welches Fahrzeug bezeichnen nebenstehende Lichter?

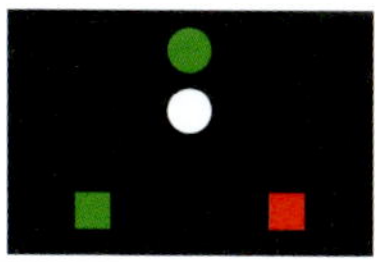

Antwort:
Eine frei fahrende Fähre von vorn.

Zu Fragen 122 und 123:

Zu Frage 122

Zu Frage 123

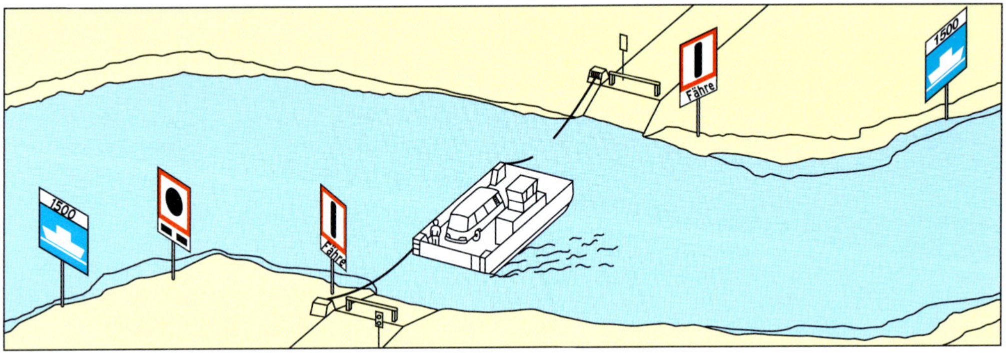

Nicht frei fahrende Fähre am Grundseil

Fähren dienen dem Übersetzverkehr von einem Ufer zum anderen. Es gibt frei fahrende, das heißt mit eigenem Maschinenantrieb fahrende Fähren, und nicht frei fahrende Fähren ohne Maschinenantrieb am Längsseil, Grundseil oder Hochseil.
Die **frei fahrenden Fähren** sind hinsichtlich ihrer Manövrierfähigkeit mit einzeln fahrenden Fahrzeugen mit Maschinenantrieb vergleichbar. Sie führen deshalb auch Seitenlichter und Hecklicht. Die Fähreigenschaft ergibt sich aus den Rundumlichtern Grün oder Weiß anstelle des Topplichtes.
Nicht frei fahrende Fähren sind wegen der angebrachten Halterung in ihrer Manövriereigenschaft beeinträchtigt (vgl. Abb.).
Bei einer Fähre am Längsseil verläuft das Längsseil nach Oberstrom, wo es in der Regel ein Stück oberhalb über einem Döpper verankert ist. Der Döpper ist bei Nacht mit einem weißen Rundumlicht bezeichnet. Das Längsseil verläuft am festen Liegeplatz der Fähre stets entlang des Ufers. Wechselt die Fähre zum gegenüber liegenden Ufer, verläuft das Seil schräg über die Wasserstraße, sodass eine Durchfahrt anderer Fahrzeuge nicht möglich ist.
Fähren am Grundseil ziehen sich zum anderen Ufer. Eine Gefahr für die Vorbeifahrt besteht unmittelbar vor und hinter der Fähre, weil das Grundseil durch den Zug über die Fähre schräg nach oben bzw. nach unten verläuft.
Eine Fähre am Hochseil hängt an einem quer über die Wasserstraße verlaufenden Seil, das so hoch angebracht ist, dass die durchgehende Schifffahrt nicht behindert wird. Die Fähren am Längsseil und am Hochseil legen sich schräg gegen die Strömung und werden von der Strömung zum anderen Ufer gedrückt.

Unabhängig von der Pflicht der Fähren, das Fahrwasser nur zu überqueren, wenn dies ohne Beeinträchtigung des übrigen Verkehrs möglich ist, ergibt sich besonders aus der Art der Verankerung (Längsseil) eine entsprechende Rücksichtnahme, insbesondere seitens der schnelleren Sportschifffahrt – auch im eigenen Sicherheitsinteresse. Die Verpflichtung der Fähren besteht nicht gegenüber Kleinfahrzeugen im Bereich der BinSchStrO.
Auf nicht frei fahrende Fähren werden Talfahrer oberhalb der Fährstrecke durch das entsprechende Hinweiszeichen (Frage 134) aufmerksam gemacht. Ferner besteht in der Fährlinie grundsätzlich Stillliegeverbot.
In entsprechender Entfernung kann das Gebotszeichen mit der Verpflichtung zur Abgabe von Schallzeichen aufgestellt sein.
Auch durch das Achtungszeichen mit der Zusatztafel „Fähre" wird auf Fähren aufmerksam gemacht, um an die besondere Rücksichtnahme zu appellieren, die beim Passieren von Fährlinien notwendig ist.

Hinweise:
Grundregel für das Verhalten im Verkehr siehe Fragen 5 bis 6.
Hinweiszeichen für nicht frei fahrende Fähren siehe Frage 134.
Anker-, Festmache- und Liegeverbote siehe Fragen 64 bis 67.

Vorschriften:
§ 1.01 Nr. 13; § 3.16; § 7.02
Anlage 7, Abschnitt I, E 4a; Abschnitt II. 3 Nr. 1

8.6 Sichtzeichen der Fahrzeuge der Überwachungsbehörden, Feuerlöschboote und Wasserrettungsfahrzeuge

124

Welche Fahrzeuge führen ein blaues Funkellicht?

Antwort:
Fahrzeuge der Überwachungsbehörden, Feuerlöschboote oder Wasserrettungsfahrzeuge.

125

Welche Bedeutung hat auf einem Fahrzeug ein blaues Funkellicht und was ist zu beachten?

Antwort:
Fahrzeuge der Überwachungsbehörden im Einsatz. Besondere Aufmerksamkeit erforderlich; ausweichen und ggf. Anweisungen befolgen.

Zu Frage 124 und 125:

Behördenfahrzeug im Einsatz am Tag …

… und bei Nacht

Fahrzeuge der Überwachungsbehörden (WSV, WSP) können bei Tag und bei Nacht ein blaues Funkellicht zeigen, um sich kenntlich zu machen. Dies gilt auch für Zollboote und für Fahrzeuge der Bundespolizei. Zur Hilfeleistung eingesetzte Feuerlöschboote dürfen das blaue Funkellicht ebenfalls zeigen.
Darüber hinaus kann Fahrzeugen der anerkannten Rettungsdienste für dringende Einsatzfahrten das Führen des Lichtes durch besondere Anordnung gestattet werden, z. B. der DLRG.
Das blaue Funkellicht wird von den Überwachungsfahrzeugen in der Regel nur bei Vorkommnissen gezeigt wie Schiffsunfälle oder sonstige Schadensfälle, Verkehrsbehinderungen, Verkehrsregelung, dringende Einsatzfahrten usw. Damit werden die Verkehrsteilnehmer zur besonderen Aufmerksamkeit aufgefordert, wobei im weiteren Verlauf der Fahrtstrecke mit konkreten Anordnungen durch Schifffahrtszeichen oder mündlichen Anweisungen zu rechnen ist.
Fahrzeuge der Überwachungsbehörden sind von der Beachtung der Verkehrsvorschriften befreit, soweit dies zur Erfüllung hoheitlicher Aufgaben unter Berücksichtigung der öffentlichen Sicherheit und Ordnung dringend geboten ist (z. B. Nichteinhaltung einer Geschwindigkeitsbegrenzung usw.).

Die Schiffsführer haben die Anweisungen von Dienstkräften der WSV und der WSP zu befolgen, die ihnen im öffentlichen Interesse erteilt werden. Sie müssen ferner diesen Kräften Unterstützung geben, insbesondere das sofortige Anbordkommen bei Kontrollen erleichtern. Letzteres gilt auch für Sportboote.

Hinweis:
Schutzbedürftige Anlagen usw. siehe Fragen 173 bis 175.

Vorschriften:
§§ 1.19, 1.20, 1.24; 3.27

8.7 Sichtzeichen der Fahrzeuge mit gefährlichen Gütern

126
Welche Bedeutung hat auf einem Fahrzeug ein blaues Licht und was ist zu beachten?

Antwort:
Fahrzeug hat entzündbare Stoffe geladen. Mindestabstand bei Stillliegen 10 m.

127
Welche Bedeutung hat nebenstehendes Zeichen?

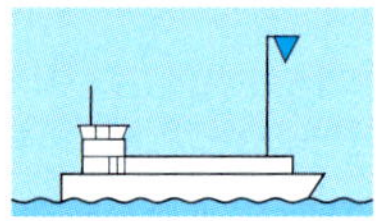

Antwort:
Fahrzeug hat entzündbare Stoffe geladen. Mindestabstand beim Stillliegen 10 m.

128
Welche Bedeutung haben auf einem Fahrzeug zwei blaue Lichter?

Antwort:
Fahrzeug hat gesundheitsschädliche Stoffe geladen. Mindestabstand beim Stillliegen 50 m.

129
Welche Bedeutung haben nebenstehende Zeichen?

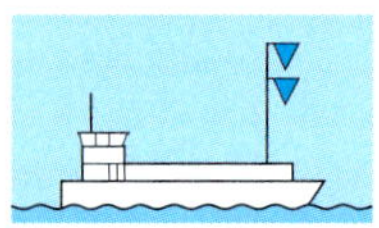

Antwort:
Fahrzeug hat gesundheitsschädliche Stoffe geladen. Mindestabstand beim Stillliegen 50 m.

130
Welche Bedeutung haben auf einem Fahrzeug drei blaue Lichter übereinander?

Antwort:
Fahrzeug hat explosive Stoffe geladen. Mindestabstand beim Stillliegen 100 m.

131
Welche Bedeutung haben nebenstehende Zeichen?

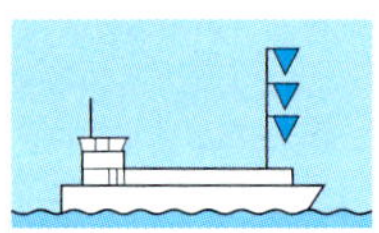

Antwort:
Fahrzeug hat explosive Stoffe geladen. Mindestabstand beim Stillliegen 100 m.

Zu Fragen 126 bis 131:
Von Fahrzeugen, die gefährliche Güter geladen haben oder geladen hatten und noch nicht entgast sind, können besondere Gefahren ausgehen – insbesondere bei Havarien, bei Schäden an technischen Einrichtungen oder bei menschlichem Fehlverhalten. Die Fahrzeuge müssen daher entsprechend der unterschiedlichen Gefährlichkeit der Ladung zusätzlich bezeichnet sein, und zwar mit einem, zwei oder drei blauen Zeichen/Lichtern (Abb. Seite 99). Diese Zeichen/Lichter müssen auch beim Stillliegen beibehalten werden.

Andere Fahrzeuge müssen beim Stillliegen folgende Abstände gegenüber diesen Fahrzeugen einhalten:

- 10 m gegenüber einem blauen Licht/Kegel

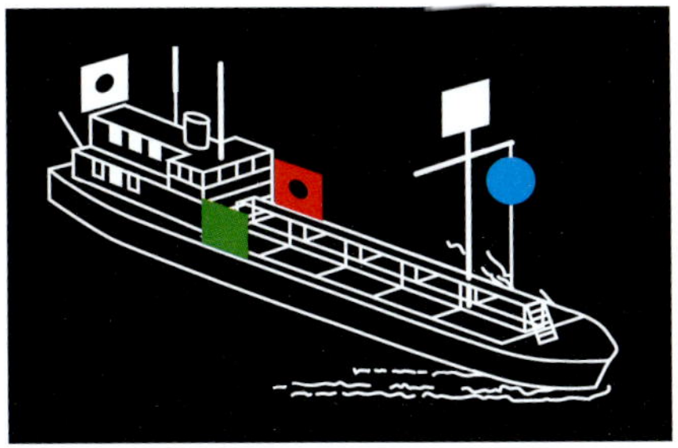

Beförderung besonderer entzündbarer Stoffe …

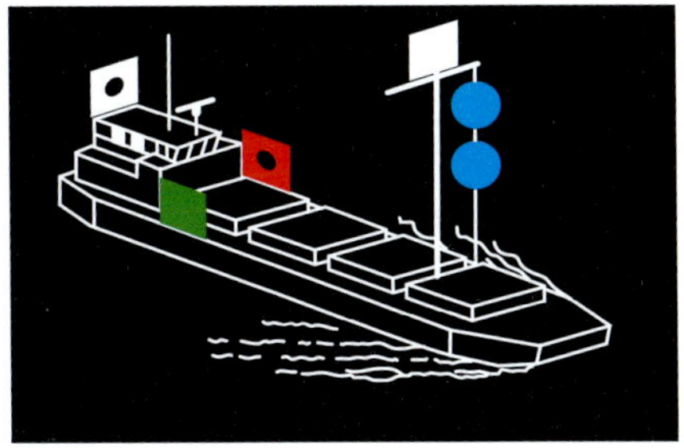

… gesundheitsschädlicher Stoffe …

… explosiver Stoffe

- 50 m gegenüber zwei blauen Lichtern/Kegeln
- 100 m gegenüber drei blauen Lichtern/ Kegeln

Außer beim Überholen, Begegnen oder Vorbeifahren ist es verboten, näher als 50 m an Fahrzeuge und Verbände heranzufahren, auf denen die zwei oder drei blauen Lichter/Kegel gesetzt sind.
Ein Schiff ist im Grunde einer Wohnung gleichgestellt und darf daher nur mit Genehmigung des Schiffführers betreten werden. Auf Fahrzeugen, die die blauen Zeichen/Lichter führen, kann außerdem mit der Tafel „**Verbot, das Fahrzeug zu betreten**" und, wenn Rauchverbot besteht, mit der Tafel „**Rauchverbot**" hierauf besonders hingewiesen werden.

Verbot, das Fahrzeug zu betreten

Rauchverbot

Bei Zwischenfällen oder Unfällen, bei denen gefährliche Güter frei werden können, muss von dem Beförderungsfahrzeug auf den Binnenschifffahrtsstraßen das **Bleib-weg-Signal** (● ▬) als Schallsignal ausgelöst werden, das 15 Minuten lang ununterbrochen zu geben ist, gleichzeitig mit gleich langen gelben Lichtzeichen. Alle Fahrzeuge – auch Kleinfahrzeuge – müssen sich dann in möglichst weiter Entfernung von der Gefahrenzone halten und erforderlichenfalls wenden, das heißt in Gegenrichtung fahren oder, wenn sie bereits die Gefahrenzone passiert haben, so schnell wie möglich weiterfahren. **Auf diesen Fahrzeugen sind sofort folgende Maßnahmen zu treffen:**

- alle Fenster und nach außen führende Öffnungen schließen
- alle nicht geschützten Feuer und Lichter löschen
- Rauchen einstellen
- Funkenbildung vermeiden
- die für den Betrieb nicht erforderlichen Hilfsmaschinen abstellen

Ist das Fahrzeug zum Halten gebracht, sind alle technischen Einrichtungen stromlos zu machen, das heißt Hauptschalter aus. Bei den Maßnahmen sind Strömung und Windrichtung zu berücksichtigen; auch die Art der eigenen Antriebsmaschine (Funkenbildung bei Otto-Motoren, Gas-Luft-Gemisch bei Dieselmotoren).
Fahrzeuge mit gefährlichen Gütern dürfen nur auf den für sie besonders bezeichneten Liegestellen stillliegen.
Schiffsführer, die das Bleib-weg-Signal hören, müssen umgehend eine Dienststelle der WSV oder der WSP davon unterrichten.

Hinweise:
Spezielle Liegeplätze für Fahrzeuge mit gefährlichen Gütern siehe Fragen 69 und 70.
Bleib-weg-Signal siehe Frage 197.

Vorschriften:
§§ 3.14, 3.21, 3.32, 7.02, 7.06, 7.07 Rhein- und MoselSchPV und BinSchStrO

8.8 Bezeichnung der Vorrangfahrzeuge beim Schleusen

132
Welches Fahrzeug führt am Bug einen roten Wimpel?

Antwort:
Fahrzeug mit Vorrang, z. B. beim Schleusen.

133
Welche Bedeutung hat der rote Wimpel?

Antwort:
Fahrzeug mit Vorrang, z. B. beim Schleusen.

Zu Fragen 132 und 133:
An Stellen, an denen für die Durchfahrt eine bestimmte Reihenfolge gilt, kann die zuständige Behörde bestimmten Fahrzeugen Vorrang einräumen.

Vorrang beim Schleusen

Der Vorrang bedeutet praktisch ein Vorschleusungsrecht gegenüber anderen wartenden Fahrzeugen. Hierbei kann es sich um folgende Fahrzeuge handeln:

- Fahrgastschiffe, die nach einem festen Fahrplan verkehren
- Fahrzeuge des öffentlichen Dienstes im Einsatz
- Fahrzeuge, die einem in Not geratenen Fahrzeug zur Hilfe kommen
- Baufahrzeuge, die an der Wasserstraße Arbeiten ausführen
- Fahrzeuge mit gefährlichen Gütern, für deren Klasse keine gesonderten Liegeplätze vorhanden sind

Der rote Wimpel auf dem Vorschiff muss so hoch geführt werden, dass er gut zu sehen ist.

Hinweise:
Tag- und Nachtbezeichnungen der Fahrzeuge mit gefährlichen Gütern siehe Fragen 126 bis 131.
Einlaufen in Schleusen siehe Fragen 87 bis 96.

Vorschriften:
§ 3.17, Art. 3.09 BodenseeSchO

8.9 Hinweiszeichen der Fährstelle

134
Welche Bedeutung hat am Ufer nebenstehende Tafel?

Antwort:
Hinweistafel auf eine nicht frei fahrende Fähre.

Zu Frage 134:
Neben den Hinweistafeln auf eine nicht frei fahrende Fähre kann auch auf eine frei fahrende Fähre hingewiesen werden. Bei dieser Tafel fehlt der weiße Querbalken unter dem Fährbild.
Daneben kann mit Gebotszeichen auf eine Fähre aufmerksam gemacht und zu besonderer Rücksichtnahme aufgefordert werden. In bestimmter Entfernung kann oberhalb der Fähre auch durch das Gebotszeichen die Abgabe von Schallsignalen gefordert werden.

Hinweise:
Lichterführung und Fahrverhalten der Fähren siehe Fragen 122 und 123.
Gebotszeichen zur Abgabe von Schallsignalen bei Fähren siehe B.7 Anlage 7 sowie in Zeichnung zu Fragen 122 und 123.
Liegeverbote siehe Fragen 64 bis 67.

Vorschriften:
§§ 1.01 Nr. 13 sowie Anlage 7 Nr. E 4

8.10 Definition von Tag und Nacht

135
Was bedeutet „Tag"?

Antwort:
Der Zeitraum zwischen Sonnenaufgang und Sonnenuntergang.

136
Was ist der Zeitraum Nacht?

Antwort:
Der Zeitraum von Sonnenuntergang bis Sonnenaufgang.

Zu Fragen 135 bis 136:
Die Unterscheidung von Tag und Nacht ist wichtig für die Tag- und Nachtbezeichnung (Lichterführung) der Fahrzeuge.

Vorschriften:
§ 1.01 Nr. 24 und 25

8.11 Sichtzeichen eines Fahrzeuges unter Segel mit Maschinenantrieb

137

Ein Fahrzeug unter Segel fährt bei Tag auf einer Binnenschifffahrtsstraße zu Berg. Wegen zunehmender Strömung entschließt sich der Schiffsführer, den Motor zusätzlich einzusetzen. Welches Zeichen ist zu setzen?

Antwort:
Schwarzer Kegel mit der Spitze nach unten.

Zu Frage 137:
Diese Bezeichnung gilt nicht auf dem **Bodensee.** Ein Segelboot, das nur unter Motor fährt, gilt ebenfalls als Maschinenfahrzeug, muss aber am Tage keine besondere Bezeichnung führen.

Segelboot unter Motor

Hinweise:
Wann ein Segelfahrzeug als Maschinenfahrzeug gilt siehe Fragen 108 und 154.
Verhalten des Segelfahrzeugs siehe Frage 159.

Vorschriften:
§ 3.13 Nr. 6; § 1.01 Nr. 15 (Definition)

8.12 Lichterführung von Segelbooten

138

Ein Kleinfahrzeug unter Segel fährt nachts auf einer Binnenschifffahrtsstraße und führt ein weißes Rundumlicht im Topp. Wie wird zweckmäßigerweise die weiße Handlampe, die bei Annäherung anderer Fahrzeuge gezeigt werden muss, benutzt?

Antwort:
Die eigenen Segel anleuchten.

139

Ein Fahrzeug unter Segel fährt nachts auf einer Binnenschifffahrtstraße und hat Seitenlichter sowie Hecklicht gesetzt. Welches Licht muss zusätzlich geführt werden, wenn der Motor angeworfen wird?

Antwort:
Topplicht (weiß).

140

Ein Kleinfahrzeug unter Segel fährt nachts auf einer Binnenschifffahrtstraße und führt das Rundumlicht (weiß) im Topp. Welche zusätzlichen Lichter müssen gesetzt werden, wenn der Motor angeworfen wird?

Antwort:
Seitenlichter unmittelbar nebeneinander oder in einer einzigen Laterne.

141

Ein Kleinfahrzeug unter Segel fährt nachts auf einer Binnenschifffahrtsstraße und führt eine Dreifarbenlaterne (grün/weiß/rot) im Topp. Wie muss die Lichterführung geändert werden, wenn der Motor angelassen wird?

Antwort:
Dreifarbenlaterne ausschalten. Seitenlichter unmittelbar nebeneinander oder in einer einzigen Laterne setzen, dazu Topplicht und Hecklicht (oder weißes Rundumlicht im Topp).

142

1. **Welche Lichter muss ein Kleinfahrzeug unter Motor führen, wenn es ein anderes Kleinfahrzeug ohne Maschinenantrieb schleppt?**
2. **Welche Lichter muss das geschleppte Kleinfahrzeug führen?**

Antwort:
1. **Lichter eines Kleinfahrzeugs mit Maschinenantrieb.**
2. **Weißes Rundumlicht.**

Zu Fragen 138 bis 142:

Zu Frage 138

Zu Frage 139

Zu Frage 140

Zu Frage 141/1

Zu Frage 141/2

Zu Frage 142/1

Zu Frage 140 (längsseits gekuppelt)

Hinweise:
Lichterführung der Kleinfahrzeuge mit Maschinenantrieb siehe Fragen 150 und 151. Lichterführung/Signale bei Manövrierunfähigkeit und Notsituationen siehe Fragen 199 und 292.

8.13 Zeit der Lichterführung und Verwendung nur zugelassener Lichter

143
Wann müssen die vorgeschriebenen Lichter von Fahrzeugen geführt werden?

Antwort:
Bei Nacht oder bei unsichtigem Wetter.

144
Welche Lichter dürfen auf Sportbooten verwendet werden?

Antwort:
Nur zugelassene Lichter.

Zu Fragen 143 und 144:
Bei Nacht und bei unsichtigem Wetter sind Fahrt und Kursrichtung eines Fahrzeuges nur an den Lichtern zu erkennen. Aus ihrer Identifizierung muss abgeleitet werden, ob ein Ausweichmanöver notwendig oder die Passage ohne Gefährdung möglich ist.

Ist die **Anbringung der Lichter** fehlerhaft, führt dies zu einer falschen Kursannahme, woraus gefährliche Situationen bis zum Zusammenstoß entstehen können. Deshalb müssen die Lichter vorschriftsmäßig angebracht und eingestellt sein. Die Verantwortung für die richtige Anbringung der Lichter obliegt dem Schiffsführer.

Aus der Horizontbogen-Sektoreneinteilung ergibt sich, dass Anfang und Ende eines Fahrzeuges und auch eines Fahrzeugverbandes, ausgenommen geschleppte Schubverbände, stets durch ein weißes Licht (Topp- und Hecklicht) erkennbar sind. Ob das Fahrzeug ein Entgegenkommer oder ein Vorausfahrer ist, erkennt man an der Farbe der Seitenlichter.

Die Lichter müssen stets ein gleichmäßiges, ununterbrochenes Licht ausstrahlen. Es ist verboten, andere als die in den Verkehrsbestimmungen vorgesehenen Lichter zu gebrauchen oder sie unter Umständen für Zwecke zu benutzen, für die sie nicht vorgeschrieben oder zugelassen sind. Sofern vorgeschriebene Lichter ausfallen, müssen unverzüglich Ersatzlichter gesetzt werden. Deshalb sind entsprechende Ersatzlichter mitzuführen.

Es dürfen auch keine Lampen oder Scheinwerfer in einer Weise benutzt werden, dass sie blenden und dadurch die Schifffahrt oder den Verkehr an Land gefährden oder behindern.

Die Lichter in der Binnenschifffahrt müssen der Verordnung über Farbe und Lichtstärke der Bordlichter sowie der Zulassung von Signalleuchten in der Binnenschifffahrt entsprechen. Das bedeutet, dass aus Sicherheitsgründen nur für die Binnenschifffahrt zugelassene Navigationslichter verwendet werden dürfen, die die Anforderungen an Farbe und Lichtstärke erfüllen.
In der Bundesrepublik Deutschland ist für die Zulassung das Bundesamt für Seeschifffahrt und Hydrographie (BSH) zuständig. Das **Zulassungszeichen** besteht aus dem Symbol eines Ankers, dem Buchstaben des Zulassungslandes, den beiden letzten Ziffern des Zulassungsjahres und der Zulassungsnummer.

Beispiel:

Kleinfahrzeuge und Sportfahrzeuge mit 15 und mehr Meter Länge können auch Bordlichter und Signalleuchten verwenden, die für sie auf den Seeschifffahrtsstraßen vorgeschrieben sind. Die Zulassungsbezeichnung lautet dann beispielsweise:

BSH 01/05/80

Die **Signalleuchten** sind in starke, helle und gewöhnliche Lichter eingeteilt und müssen Sichtweiten wie in der Tabelle auf Seite 105 dargestellt erbringen.
Werden Glühlampen ausgewechselt, ist besonders auf die Stärke zu achten, die speziell bei den roten und grünen Lichtern durch die Farbfilter in der Sichtweite beeinträchtigt sein kann.

Lichter	Sichtweite	
	Weiß km	Rot/Grün km
stark	5,9–8,0	–
hell	3,9–5,3	3,2–5,0
gewöhnlich	2,3–3,0	1,7–2,8

Hinweise:
Unsichtiges Wetter siehe Frage 244.
Zu den Sichtwinkeln und Farben siehe Fragen 150 und 151.
Darstellung der Lichter siehe Zeichenerklärungen.

Vorschriften:
§§ 3.01, 3.02, 3.05
BordlichterV–Binnen §§ 1, 2

8.14 Definitionen der Kleinfahrzeuge und Sportfahrzeuge

145
Wann gilt ein Sportboot auf den Binnenschifffahrtsstraßen nicht mehr als ein Kleinfahrzeug?

Antwort: ●
Wenn es 20 m oder länger ist.

146
Bis zu welcher Länge gilt ein Fahrzeug in der Regel als Kleinfahrzeug?

Antwort: ●●
Ein Fahrzeug, dessen Schiffskörper ohne Ruder und Bugspriet eine Höchstlänge von weniger als 20 m aufweist.

147
Welche Fahrzeuge unter 20 m Länge gehören nicht zu den Kleinfahrzeugen?

Antwort: ●●
Fahrzeuge zum Schieben oder Schleppen anderer Fahrzeuge, die nicht Kleinfahrzeuge sind; Fahrzeuge zur Beförderung von mehr als zwölf Fahrgästen; Fähren, Schubleichter und schwimmende Geräte.

Zu Fragen 145 bis 147:
Nach der BinSchStrO darf der Schiffskörper eines Kleinfahrzeugs ohne Ruder und Bugspriet eine Höchstlänge von weniger als 20 m aufweisen. Hierzu gehören vor allem Sportfahrzeuge jedweden Antriebs. Fahrzeuge, die zwar die 20-m-Grenze nicht erreichen, aber gebaut und eingerichtet sind, um andere Fahrzeuge, die nicht Kleinfahrzeuge sind, zu schleppen, zu schieben oder längsseits gekuppelt mitzuführen, oder für die Beförderung von mehr als zwölf Fahrgästen zugelassen sind, sowie Fähren, Schubleichter und schwimmendes Gerät fallen dagegen nicht unter den Begriff „Kleinfahrzeug" und werden als gewerbliche Fahrzeuge behandelt.

Nach der Definition im § 1.01 Nr. 14 werden Segelsurfbretter, Amphibienfahrzeuge, Luftkissenfahrzeuge und Tragflügelboote in der genannten Länge den Kleinfahrzeugen zugeordnet. Dies gilt auch für die übrigen Wasserstraßen, wenn für sie keine Sondervorschriften bestehen.
Fahrzeuge von 20 m Länge und mehr fallen ohne Rücksicht auf ihre Wasserverdrängung nicht mehr unter den Begriff „Kleinfahrzeug" und haben sich im Verkehrsgeschehen wie ein gewerbliches Fahrzeug zu verhalten.
Die 20-m-Länge gilt nicht für die Untersuchungs- und Patentpflicht: Nach den Untersuchungsordnungen und den Patentverordnungen für die Binnenschifffahrt sind alle Fahrzeuge ab 15 m Länge unter-

suchungspflichtig, das heißt, für das Fahrzeug muss ein Schiffsattest erteilt und der Schiffsführer eines Sportbootes von weniger als 25 m Länge im Besitz des Sportpatentes sein.
Kleinfahrzeuge, sind gegenüber den gewerblichen Fahrzeugen und auch Sportbooten von 20 m und mehr Länge grundsätzlich ausweichpflichtig. Gegenüber den Kleinfahrzeugen besteht keine generelle Schallsignalpflicht. Eine Steuerbordbegegnung muss nicht angezeigt werden.

Hinweise:
Steuerbordbegegnung siehe Fragen 200 bis 203.
Schallsignale siehe Fragen 181 bis 199.

Vorschrift:
§ 1.01 Nr. 14

148
Was ist ein „Sportfahrzeug"?

Antwort: ● ●
Ein Fahrzeug, das für Sport- oder Erholungszwecke verwendet wird.

149
Was ist ein „Fahrzeug unter Segel"?

Antwort: ●
Ein Fahrzeug, das nur unter Segel fährt.

Zu Fragen 148 und 149:
Ein Fahrzeug, das gleichzeitig unter Segel und Antriebsmaschine fährt, gilt als Fahrzeug unter Maschinenantrieb und muss einen schwarzen Kegel – Spitze unten – führen (siehe Frage 137).

Hinweise:
Begriff des Sportbootes siehe Teil I, Abschnitt 4.2.
Lichterführung siehe Frage 152.

Vorschriften:
§ 1.01 Nrn. 15 und 17

8.15 Lichterführung von Kleinfahrzeugen mit Maschinenantrieb

150
Ein Kleinfahrzeug mit Maschinenantrieb führt ein von allen Seiten sichtbares weißes Licht und die Seitenlichter. Welche zwei weiteren Möglichkeiten der Lichterführung gibt es (zeichnerische Darstellung unter Angabe der Farben und Sichtwinkel)?

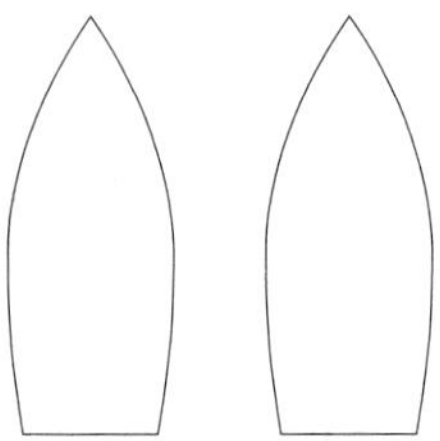

Antwort: ● ●

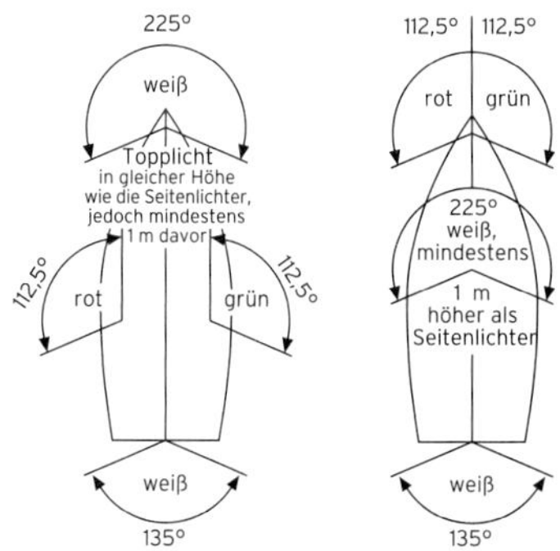

151

Welchen Sichtwinkel und welche Farben haben die vorgeschriebenen Lichter an Bord?

Antwort:

- **Topplicht: weiß 225°**
- **Seitenlichter: Backbord rot 112,5°, Steuerbord grün 112,5°**
- **Hecklicht: weiß 135°**
- **Rundumlicht: 360°**

Zu Fragen 150 und 151:
Hinsichtlich der Lichterführung von Kleinfahrzeugen mit Maschinenantrieb sind die Verkehrsbestimmungen für die verschiedenen Binnenschifffahrtsstraßen abweichend.
Diese Fahrzeuge müssen folgende Lichter führen (vgl. Abb.):

1 entweder Topplicht, Seitenlichter und Hecklicht, wobei das Topplicht auf gleicher Höhe wie die Seitenlichter und mindestens 1 m vor diesen gesetzt sein muss,

2 oder das Topplicht mindestens 1 m höher als die Seitenlichter, die unmittelbar nebeneinander oder in einer einzigen Laterne am oder nahe am Bug gesetzt sein müssen, und das Hecklicht. Nach der Rhein- und Mosel-SchPV können die Seitenlichter wie vorstehend geführt werden, sodass auf Rhein und Mosel auch die Anbringung der Seitenlichter nach Nr. 1 möglich ist.

3 oder das Topplicht als Rundumlicht und die Seitenlichter nach Nr. 2; das Hecklicht entfällt.

Bei der Lichterführung nach Nr. 2 und insbesondere nach Nr. 3 muss das Topplicht nicht 1 m vor den Seitenlichtern, sondern 1 m höher geführt werden.
Besteht ein Schleppverband nur aus Kleinfahrzeugen oder befinden sich Kleinfahrzeuge am Schluss eines Schleppverbandes, muss nur das letzte Kleinfahrzeug, das kein Beiboot ist, ein weißes Rundumlicht führen (Abb. unten rechts).

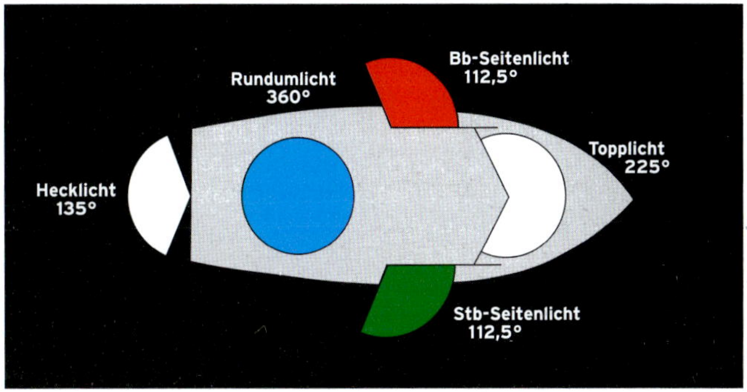

Sektoren der Lichter

Hinweise:
Lichterführung von Kleinfahrzeugen unter Segel und ohne Maschinenantrieb siehe Fragen 152 und 153.
Lichterführung beim Schleppen von Kleinfahrzeugen siehe Frage 142.

Vorschriften:
§§ 3.01, 3.13

Zu 1

Zu 2

Zu 3

Längsseits schleppen

8.16 Lichterführung von Kleinfahrzeugen unter Segel und ohne Maschinenantrieb

152

Ein Kleinfahrzeug unter Segel führt ein weißes von allen Seiten sichtbares Licht. Welche zwei weiteren Möglichkeiten der Lichterführung gibt es noch?

Antwort:

1. **Seitenlichter unmittelbar nebeneinander oder in einer einzigen Laterne und Hecklicht oder**
2. **Dreifarbenlaterne im Topp.**

Zu Frage 152:
Nur unter Segel fahrende Kleinfahrzeuge müssen bei Nacht wie folgt gekennzeichnet sein:

1 ein weißes, von allen Seiten sichtbares Licht. Bei Annäherung anderer Fahrzeuge ist ein zweites Licht zu zeigen, oder
2 Seitenlichter unmittelbar nebeneinander oder in einer einzigen Laterne und Hecklicht oder
3 Dreifarbenlaterne im Topp

Fahrzeuge unter Segel, die auch die Antriebsmaschine benutzen, müssen die Lichter wie Fahrzeuge mit Maschinenantrieb führen.

Hinweis:
Lichterführung eines Fahrzeuges, das unter Segel und Motor fährt, siehe Frage 139.

Vorschrift:
§ 3.13

Zu 1

Zu 2

Zu 3

153
Welches Licht muss ein Kleinfahrzeug ohne Maschinenantrieb mindestens führen?

Antwort:
Ein von allen Seiten sichtbares weißes Licht.

Zu Frage 153:
Weder mit Maschinenantrieb noch unter Segel fahrende Kleinfahrzeuge müssen bei Nacht ein weißes Rundumlicht führen (Abb. 1). Beiboote, auf die die gleichen Voraussetzungen zutreffen, brauchen dieses Licht jedoch nur bei Annäherung anderer Fahrzeuge zu zeigen (Abb. 2).

Abb. 1

Abb. 2

Vorschrift:
§ 3.13 Nr. 5

8.17 Bezeichnung eines Fahrzeuges unter Segel mit Maschinenantrieb

154
Was bedeutet auf einem Fahrzeug unter Segel ein schwarzer Kegel, Spitze nach unten?

Antwort:
Das Fahrzeug fährt unter Segel und Motor und gilt als Maschinenfahrzeug.

Zu Frage 154:
Vergleiche Erläuterungen und bildliche Darstellung zu Frage 137.

8.18 Ausweichpflichten von Kleinfahrzeugen untereinander und mit anderen Fahrzeugen

155
Ein Kleinfahrzeug unter Segel befindet sich auf einer Binnenschifffahrtsstraße auf Kollisionskurs mit einer Motoryacht, die länger als 20 m ist.
1. **Zu welcher Fahrzeug-Gruppe gehört diese Yacht nach der Binnenschifffahrtsstraßen-Ordnung?**
2. **Wer ist ausweichpflichtig?**

Antwort:
1. **Maschinenfahrzeug, das kein Kleinfahrzeug ist.**
2. **Das Kleinfahrzeug unter Segel.**

156

Ein Kleinfahrzeug unter Segel fährt nachts auf einer Binnenschifffahrtsstraße, hoch am Wind mit Wind von Steuerbord. Voraus kommt ein Fahrzeug in Sicht, von dem das Topplicht über den beiden auseinander liegenden Seitenlichtern zu sehen ist.
Wer ist ausweichpflichtig (Begründung)?

Antwort: ●●

Das Kleinfahrzeug unter Segel, weil das andere Fahrzeug kein Kleinfahrzeug ist.

Zu Fragen 155 und 156:

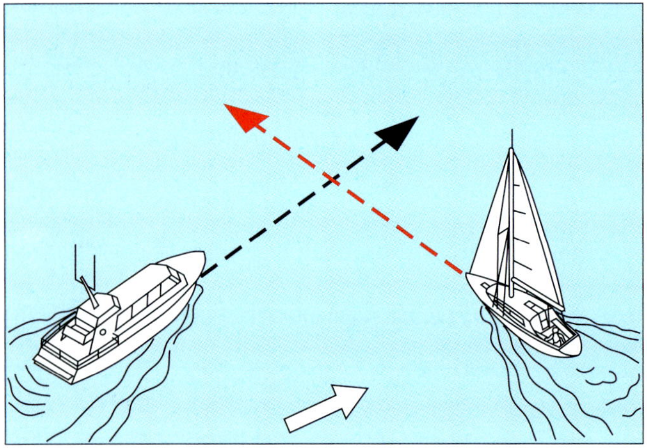

Nähert sich mir von Bb eine Motoryacht, die länger als 20 m ist …

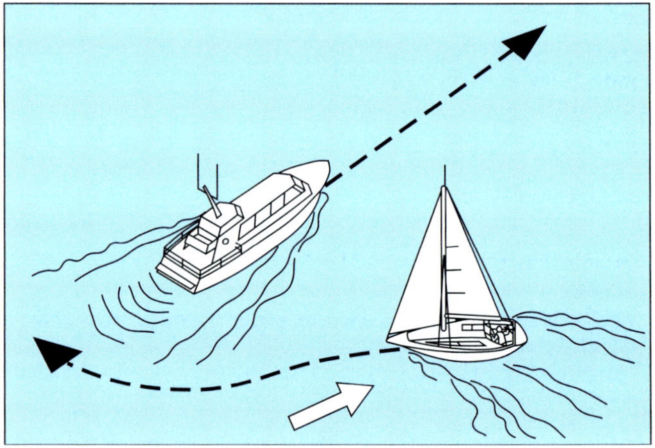

… muss ich als Kleinfahrzeug der Motoryacht ausweichen.

Kleinfahrzeuge und damit auch Segelfahrzeuge haben anderen Fahrzeugen immer auszuweichen! Demzufolge muss der Kleinfahrzeugführer nicht nur auf entgegenkommende Fahrzeuge achten, er muss sein Augenmerk auch auf von achtern aufkommende und vom Ufer ablegende Fahrzeuge richten, insbesondere auf die gewerbliche Schifffahrt. Nur so ist er in der Lage, jederzeit seiner absoluten Ausweichpflicht nachzukommen.

Hinweis:
Siehe Ausweichtabelle auf den Seiten 136 und 137.

Vorschrift:
§ 6.02

157 ●
In welche Fahrzeuggruppe gehören Segelsurfbretter nach der Binnenschifffahrtsstraßen-Ordnung?

Antwort:
Kleinfahrzeuge unter Segel.

158 ●
Auf einer Binnenschifffahrtsstraße liegen ein Kleinfahrzeug mit Maschinenantrieb und ein Segelsurfer auf Kollisionskurs. Wer ist ausweichpflichtig?

Antwort:
Das Kleinfahrzeug mit Maschinenantrieb.

159 ●●
Ein Segler segelt mit Wind von Backbord und liegt auf Kollisionskurs mit einer Segelyacht, die den Wind von Steuerbord hat und einen schwarzen Kegel im Vorstag führt. Wer ist ausweichpflichtig und warum?

Antwort:
Die Segelyacht. Sie gilt als Kleinfahrzeug mit Maschinenantrieb und hat einem Kleinfahrzeug unter Segel auszuweichen.

Zu Fragen 157 bis 159:

- Gemäß der Definition „Kleinfahrzeug" in § 1.01 Nr. 14 ist ein Segelsurfbrett ein Kleinfahrzeug.
- Gemäß der Definition „Fahrzeug unter Segel" in § 1.01 Nr. 15 gilt ein Kleinfahrzeug unter Segel, das gleichzeitig eine Antriebsmaschine benutzt (schwarzer Kegel – Spitze unten) als Kleinfahrzeug mit Maschinenantrieb, das einem Kleinfahrzeug mit Maschinenantrieb auszuweichen hat.
- Ausweichpflichtige Kleinfahrzeuge müssen beim Begegnen ihren Kurs rechtzeitig nach Steuerbord richten; falls dies aus nautischen Gründen nicht möglich ist, muss das ausweichpflichtige Kleinfahrzeug rechtzeitig und unmissverständlich durch geeignete Manöver zeigen, wie es ausweichen soll.

Hinweis:
Segelyacht mit Maschinenantrieb siehe Fragen 137 und 154.

Vorschriften:
§ 6.02a Nr. 1 und Nr. 3

160 ●
Welche Seite wird als Luvseite bezeichnet?

Antwort:
Die dem Wind zugekehrte Seite.

161 ●
Welche Seite wird als Leeseite bezeichnet?

Antwort:
Die dem Wind abgekehrte Seite.

Zu Fragen 160 und 161:
Die Frage, von welcher Seite der Wind kommt, und zwar in Blickrichtung auf den Bug, das heißt von der Steuerbordseite (Abb. 1 auf Seite 112) oder von der Backbordseite des Fahrzeugs, ist ausschließlich für Segelfahrzeuge im Hinblick auf die Ausweichregelen relevant (Abb. 2).

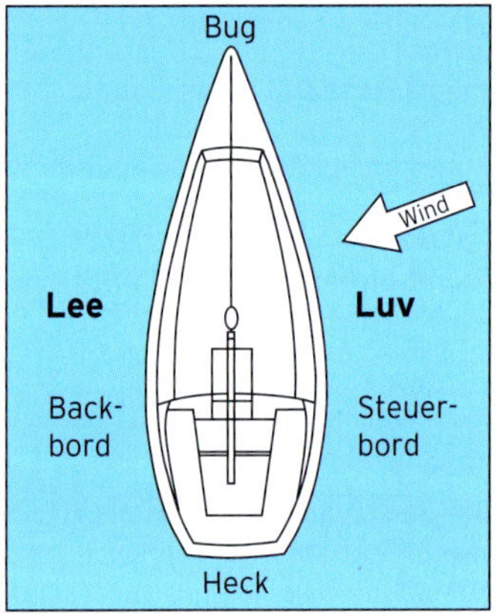

Abb. 1

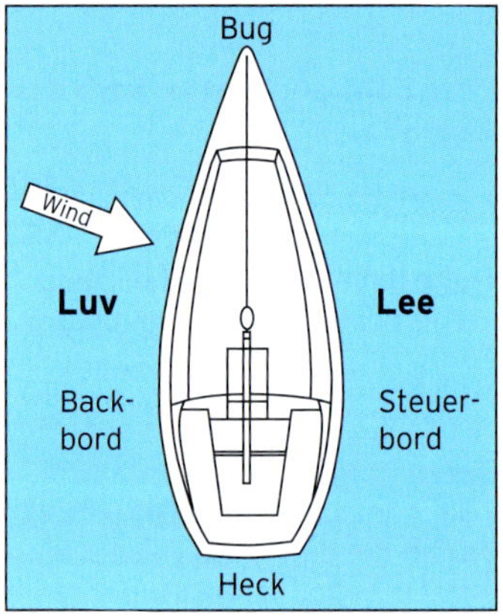

Abb. 2

162

Wie lauten zwei der drei Grundregeln der Binnenschifffahrtsstraßen-Ordnung, nach denen Kleinfahrzeuge unter Segel einander ausweichen?

Antwort: ●●●

- **Ein Segelfahrzeug mit Wind von Backbord muss dem mit Wind von Steuerbord ausweichen.**
- **Haben beide den Wind von der gleichen Seite, muss das luvseitige (luvwärtige) dem leeseitigen (leewärtigen) ausweichen.**
- **Das Fahrzeug mit Wind von Backbord muss dem luvseitigen (luvwärtigen) Fahrzeug ausweichen, wenn nicht mit Sicherheit festgestellt werden kann, ob das andere Fahrzeug Wind von Backbord oder Steuerbord hat.**

Zu Frage 162:
Die Ausweichregeln entsprechend § 6.02a Nr. 5 lauten:
Zwei Kleinfahrzeuge unter Segel, deren Kurse sich derart kreuzen, dass die Gefahr eines Zusammenstoßes besteht, müssen einander wie folgt ausweichen:

- wenn sie Wind nicht von derselben Seite haben, muss das Fahrzeug, das den Wind von Backbord hat, dem anderen ausweichen;
- wenn sie den Wind von derselben Seite haben, muss das luvseitige Fahrzeug dem leeseitigen Fahrzeug ausweichen;
- wenn ein Fahrzeug mit Wind von Backbord ein Fahrzeug in Luv sichtet und nicht mit Sicherheit feststellen kann, ob das andere Fahrzeug den Wind von Backbord oder Steuerbord hat, muss es dem anderen ausweichen.

Ein unter Segel fahrendes Kleinfahrzeug überholt ein anderes unter Segel fahrendes Kleinfahrzeug auf der Luvseite.
Luvseite ist diejenige Seite, die dem gesetzten Großsegel gegenüber liegt.

9. Schutzbedürftige Fahrzeuge und Anlagen

9.1 Sichtzeichen schwimmender Geräte, festgefahrener und gesunkener Fahrzeuge

163
Was bedeuten im Fahrwasser nebenstehende Lichter und was ist zu beachten?

Antwort:
Schwimmendes Gerät bei der Arbeit oder ein festgefahrenes oder gesunkenes Fahrzeug. Vorbeifahrt an jeder Seite gestattet. Sog und Wellengang vermeiden.

164
Was bedeuten im Fahrwasser nebenstehende Zeichen und was ist zu beachten?

Antwort:
Schwimmendes Gerät bei der Arbeit oder ein festgefahrenes oder gesunkenes Fahrzeug. Vorbeifahrt an jeder Seite gestattet. Sog und Wellenschlag vermeiden.

165
Was bedeuten im Fahrwasser nebenstehende Lichter und was ist zu beachten?

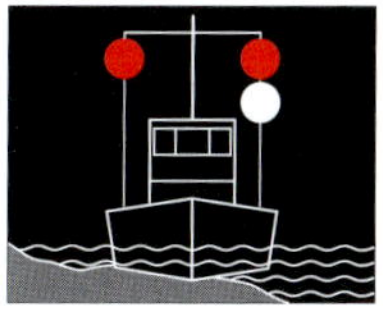

Antwort:
Ein festgefahrenes oder gesunkenes Fahrzeug. Vorbeifahrt nur an der rot-weißen Seite gestattet; rote Seite gesperrt. Sog und Wellenschlag vermeiden.

166
Was bedeuten im Fahrwasser nebenstehende Zeichen und was ist zu beachten?

Antwort:
Ein festgefahrenes oder gesunkenes Fahrzeug. Vorbeifahrt nur an der rot-weißen Seite gestattet; rote Seite gesperrt. Sog und Wellenschlag vermeiden.

167
Was bedeuten im Fahrwasser nebenstehende Lichter und was ist zu beachten?

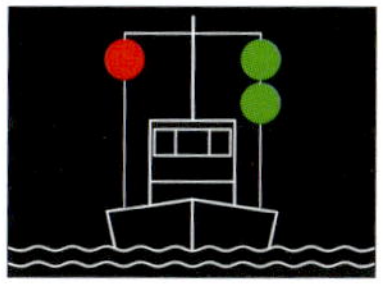

Antwort:
Schwimmendes Gerät bei der Arbeit. Vorbeifahrt nur an den grünen Lichtern gestattet; rote Seite gesperrt.

168
Was bedeuten im Fahrwasser nebenstehende Zeichen und was ist zu beachten?

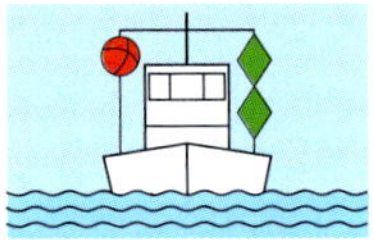

Antwort:
Schwimmendes Gerät bei der Arbeit. Vorbeifahrt nur an den grünen Doppelkegeln gestattet; rote Seite gesperrt.

169
Was bedeuten im Fahrwasser nebenstehende Zeichen und was ist zu beachten?

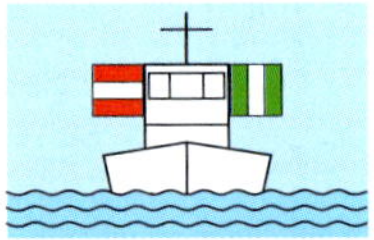

Antwort:
Schwimmendes Gerät bei der Arbeit. Vorbeifahrt nur an der grün-weiß-grünen Tafel gestattet; rot-weiß-rote Seite gesperrt.

170
Was bedeuten im Fahrwasser nebenstehende Lichter und was ist zu beachten?

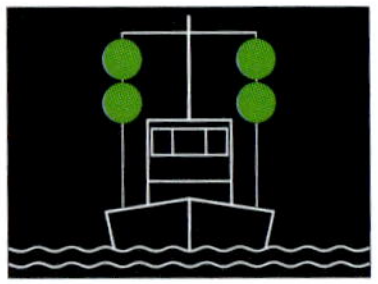

Antwort:
Schwimmendes Gerät bei der Arbeit. Vorbeifahrt an jeder Seite gestattet (Sog und Wellenschlag vermeiden).

171
Was bedeuten im Fahrwasser nebenstehende Zeichen und was ist zu beachten?

Antwort:
Schwimmendes Gerät bei der Arbeit. Vorbeifahrt an jeder Seite gestattet (Sog und Wellenschlag vermeiden).

172
Was bedeuten im Fahrwasser nebenstehende Zeichen und was ist zu beachten?

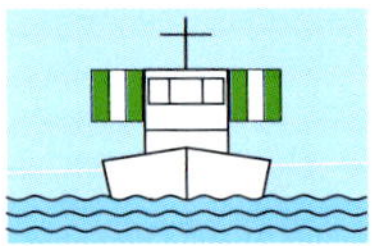

Antwort:
Schwimmendes Gerät bei der Arbeit. Vorbeifahrt an jeder Seite gestattet.

Zu Fragen 163 bis 172:
Schwimmende Geräte bei der Arbeit und Fahrzeuge, die in der Wasserstraße Arbeiten, Peilungen oder andere Messungen ausführen und dabei stillliegen, müssen die entsprechenden Zeichen bei Tag und die Lichter bei Nacht führen. Wenn diese Fahrzeuge gegen Sog und Wellenschlag geschützt werden müssen oder bei festgefahrenen oder gesunkenen Fahrzeugen liegen, werden nur die Zeichen bzw. Lichter nach den Fragen 163 bis 166 gesetzt. Das bedeutet: Geschwindigkeitsverminderung, um schädlichen Sog oder Wellenschlag zu vermeiden, und möglichst großer Passierabstand. Liegt ein gesunkenes Fahrzeug so, dass es nicht bezeichnet werden kann, müssen die Zeichen auf Tonnen oder auf andere geeignete Träger gesetzt werden. Untiefen, die zwischen dem Ufer und der Untiefe in der Regel nicht zu passieren sind, werden mit den Zeichen und Lichtern nach den Fragen 54 und 55 bezeichnet.

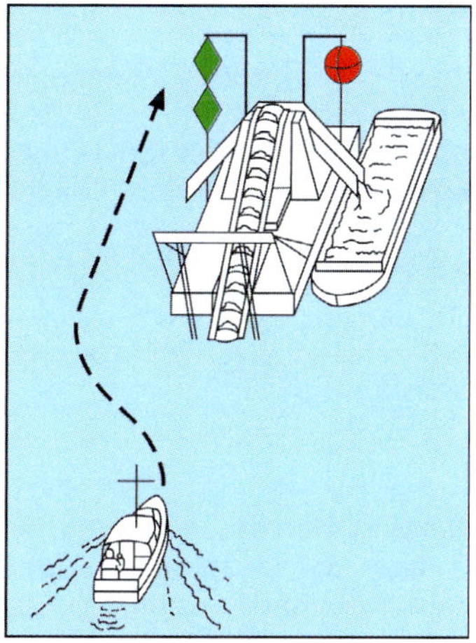

Schwimmendes Gerät bei der Arbeit. Vorbeifahrt an der Seite mit den grünen Doppelkegeln gestattet; …

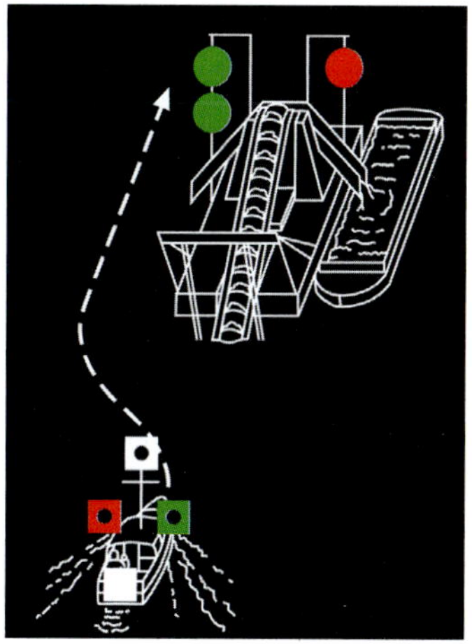

… bei Nacht an der Seite mit den grünen Lichtern.

Wenn durch ein festgefahrenes oder gesunkenes Fahrzeug das Fahrwasser erheblich verengt, aber eine Schiffssperre nicht unbedingt erforderlich ist, können schwimmende Schifffahrtszeichen ober- und unterhalb des Hindernisses mit den Zeichen/Lichtern zur rechtzeitigen Verkehrslenkung ausgelegt werden.
Ist ein Fahrzeug gesunken oder festgefahren, muss der Schiffsführer umgehend WSV oder WSP (Anhang 4 und 5) benachrichtigen und die herankommenden Fahrzeuge an geeigneten Stellen und in einer entsprechenden Entfernung von der Unfallstelle warnen („Wahrschau!").
Die Vorbeifahrtseite muss auch von Kleinfahrzeugen beachtet werden, weil insbesondere bei schwimmenden Geräten (Bagger usw.) Querdrähte an der gesperrten Seite zum Ufer ausgebracht sein können.
Schwimmende Geräte (Bagger usw.) liegen in der Regel vor Anker, wobei die Anker in größerer Entfernung vom Gerät ausgebracht sein können, sodass sie die Schifffahrt gefährden können. In diesem Falle muss jeder Anker mit einem gelben Döpper mit Radarreflektor bezeichnet sein, bei Nacht zusätzlich mit einem weißen Rundumlicht über dem Anker.

Zu den schwimmenden Geräten bei der Arbeit gehören auch Fischereifahrzeuge. Sind die Netze oder Ausleger im Fahrwasser oder in dessen Nähe ausgebracht, müssen sie bei Tag durch gelbe Döpper, bei Nacht neben dem Stillliegelicht durch von allen Seiten sichtbare weiße Lichter gekennzeichnet sein. Die Leinen-Draht-Verbindung zum Stillliegeufer kann in der Regel beibehalten werden, sodass die Vorbeifahrt nur außerhalb der Netzseite möglich ist.

Hinweise:
Verantwortung des Schiffsführers siehe Fragen 13 bis 16.
Lichterführung schwimmender Anlagen und Stillllieger siehe Fragen 175 und 60 bis 63.
Maßnahmen bei Grundberührungen siehe Frage 29.
Bereiche, in denen die Geschwindigkeit zu vermindern ist, um Sog oder Wellenschlag zu vermeiden, siehe Frage 232.

Vorschriften:
§§ 1.01 Nr. 10, 1.17, 3.26, 6.22a

9.2 Sichtzeichen schutzbedürftiger Fahrzeuge und schwimmender Anlagen

173

Was ist eine „schwimmende Anlage"?

Antwort:

Eine schwimmende Einrichtung, die nicht zur Fortbewegung bestimmt ist, z. B. Dock, Landebrücke, Bootshaus.

Zu Frage 173:

Im Gegensatz zum „schwimmenden Gerät", das zur Arbeit auf Wasserstraßen bestimmt ist, wozu es fortbewegt wird und daher ein Fahrzeug ist (siehe Fragen 165 bis 172), ist die „schwimmende Anlage" gemäß Definition im § 1.01 Nr. 11 **in der Regel** nicht zur Fortbewegung bestimmt. Das schließt nicht aus, dass sie im Ausnahmefall (z. B. wegen Reparatur) an einen anderen Liegeplatz verholt wird.

174

Welche Bedeutung hat die Bezeichnung mit einer rot-weißen Flagge und was ist zu beachten?

Antwort:

Schutzbedürftiges Fahrzeug, schutzbedürftige schwimmende Anlage oder schutzbedürftiger Schwimmkörper.
Geschwindigkeit vermindern, Sog und Wellenschlag vermeiden.

175

Welche Bedeutung hat diese Tag- und Nachtbezeichnung und was ist zu beachten?

Antwort:

Schutzbedürftiges Fahrzeug, schutzbedürftige schwimmende Anlage oder schutzbedürftiger Schwimmkörper.
Vorbeifahrt in möglichst weitem Abstand,
Geschwindigkeit vermindern, Sog und Wellenschlag vermeiden.

Zu Fragen 174 und 175:

Die Zeichen und Lichter entsprechend Fragen 174 und 175 dürfen nur auf solchen Fahrzeugen, Schwimmkörpern und schwimmenden Anlagen gesetzt werden, die

- schwer beschädigt sind oder die sich an Rettungsarbeiten beteiligen,
- manövrierunfähig sind oder
- wenn ihnen die Schifffahrtspolizeibehörde eine schriftliche Erlaubnis erteilt hat.

Hinweise:

Grundregeln siehe Fragen 5 und 6.
Vorbeifahrt an schwimmenden Geräten siehe Fragen 163 bis 172.
Geschwindigkeitsbeschränkungen siehe Fragen 204 und 232.
Sog und Wellenschlag vermeiden siehe Fragen 228 bis 231.

Vorschriften:

§§ 3.29, 6.20

10. Gesperrte Wasserflächen/Geschützte Badezonen

10.1 Gesperrte Wasserflächen

176
Welche Bedeutung hat nebenstehende Tafel?

Antwort:
Gesperrte Wasserfläche, jedoch für Kleinfahrzeuge ohne Antriebsmaschine befahrbar.

177
Welche Bedeutung hat nebenstehende Tafel?

Antwort:
Verbot der Durchfahrt für alle Fahrzeuge.

178
Welche Bedeutung hat an der Einfahrt zu einer Wasserfläche nebenstehende Tafel?

Antwort:
Fahrverbot für Fahrzeuge mit Maschinenantrieb.

Zu Fragen 176 bis 178:

Sperrung der Schifffahrt

Die Tafel in Frage 177 bedeutet, dass die Schifffahrt gesperrt ist. Vor dieser Tafel müssen alle Fahrzeuge anhalten; bestimmte Fahrzeugarten können ausgenommen werden. Die Tafel kann am Ufer aufgestellt oder auf Wahrschau-Fahrzeugen gesetzt sein.

Die Sperrung kann durch Folgendes ausgelöst sein:
- Unfälle
- festgefahrene Fahrzeuge
- Freitörnen von festgefahrenen Fahrzeugen
- gesunkene Fahrzeuge
- Bergungs- und Hebearbeiten
- Wasserbauarbeiten

Bei Nacht kann die Sperrung durch 2 rote Lichter übereinander oder nebeneinander oder durch 1 rotes Licht angezeigt werden, wobei 2 rote Lichter übereinander ein lang anhaltendes Durchfahrtsverbot bedeuten.
Die Sperrung kann außerdem bei Tag durch eine rote Flagge oder bei lang anhaltender Sperrung durch zwei rote Flaggen übereinander angezeigt werden – in der Regel unmittelbar nach Eintritt der Sperrung, bis die anderen Tafeln aufgestellt oder ausgelegt sind, und zwar unmittelbar vor der Sperrstelle oder am Ende einer größeren Schiffsansammlung vor der Sperrstelle, damit ankommende Fahrzeuge nicht an den wartenden Fahrzeugen vorbeifahren, oder bei kleineren Wasserstraßen.
Die Sperrtafeln und -lichter können auch bei Hochwasser gezeigt sein.
Bei den genannten Beispielen kann oft eine Sperrung der Schifffahrt durch Richtungsverkehr (Einbahnverkehr) vermieden werden. Da die betreffende Stelle dann nur in einer Breite passiert werden kann, wird sie zur Engstelle. In diesem Fall werden für die gesperrte Richtung die genannten Tafeln/Lichter gezeigt.

An der freigegebenen Stelle wird die Freigabe der Weiterfahrt durch eine grün-weiß-grüne Tafel (3 in der Abb.) oder durch zwei grüne Lichter bzw. ein grünes Licht angezeigt. Der Richtungswechsel kann jeweils in verschiedenen Zeitabständen erfolgen. Auf Gewässern mit Strömung bleibt die Talfahrt während der Nachtzeit überwiegend gesperrt und die Bergfahrt kann passieren.

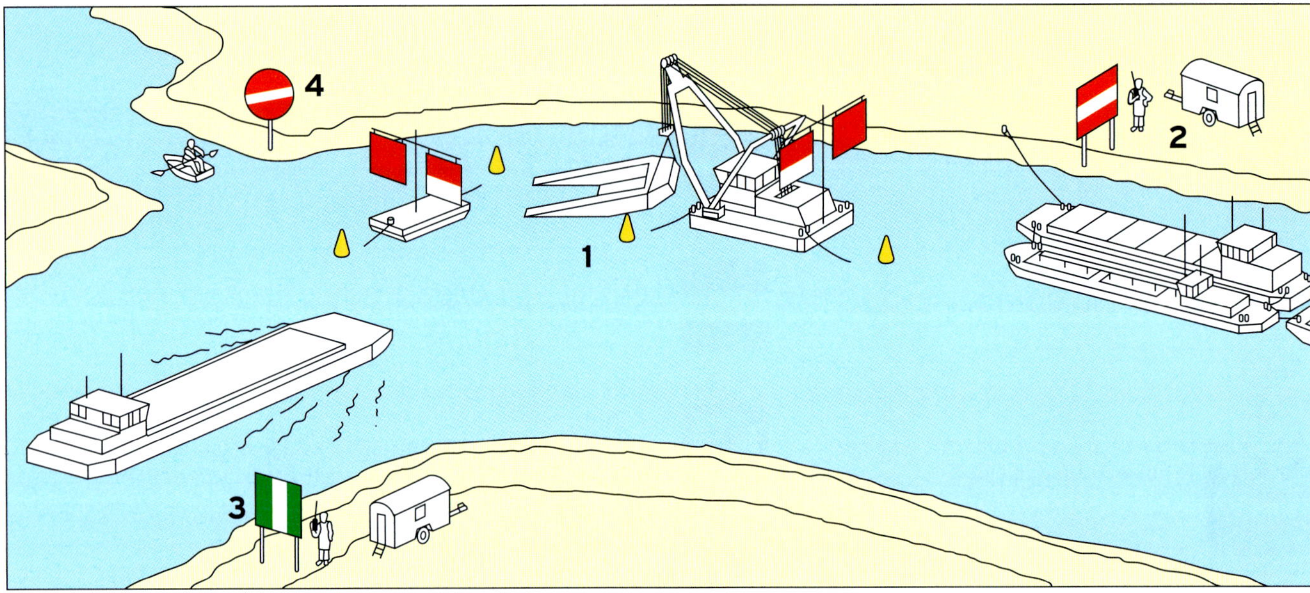

1 *Schwimmendes Gerät bei der Arbeit, Vorbeifahrt an der rot-weißen Seite erlaubt*

2 *Sperrung, vor der Tafel anhalten*

3 *Durchfahrt frei*

4 *Befahren der Wasserfläche verboten, Ausnahme Kleinfahrzeuge ohne Antriebsmaschine*

Gesperrte Wasserflächen

Neben der Sperrung einer Wasserstraße kann auch das Befahren bestimmter Wasserflächen begrenzt oder beschränkt sein. Dies wird durch die Tafel in Frage 178, angezeigt. Das Befahren dieser Wasserflächen ist dann für alle Fahrzeuge und Schwimmkörper verboten. Es dürfen aber Kleinfahrzeuge einfahren bzw. passieren, die keinen Maschinenantrieb haben bzw. unter Segel oder mit Muskelkraft fortbewegt werden.

Die Tafel ist insbesondere an Einfahrten zu Erholungsbereichen oder an Nebenstrecken (Altrhein usw.) aufgestellt (4 in der Abb.). Wird sie innerhalb von Wasserflächen am Ufer oder auf Tonnen gezeigt, gilt die Beschränkung für die Weiterfahrt ab der Tafel. Sofern sich in den Bereichen spezielle Umschlaganlagen befinden (z. B. Kiesgewinnung), fahren die Fahrzeuge der Berufsschifffahrt ebenfalls ein oder aus. Für sie sind Sondergenehmigungen nach örtlichen Vorschriften erteilt.

Hinweise:

Hochwasser siehe Fragen 39 bis 43.
Begriff Kleinfahrzeug siehe Fragen 145 bis 147.
Brückendurchfahrten siehe Fragen 81 bis 86.

Vorschriften:

§§ 6.22, 6.22a
§ 10.01 RheinSchPV

Weitere Verbote und Erlaubnisse

Verbotszeichen:

Fahrverbot für Fahrzeuge mit Maschinenantrieb

Fahrverbot für Sportboote

Fahrverbot für Segelfahrfahrzeuge

Fahrverbot für Fahrzeuge, die weder mit Maschinenantrieb noch unter Segel fahren

Verbot des Segelsurfens

Hinweiszeichen:

Fahrerlaubnis für Fahrzeuge mit Maschinenantrieb

Fahrerlaubnis für Sportboote

Fahrerlaubnis für Segelfahrzeuge

Fahrerlaubnis für Fahrzeuge, die weder mit Maschinenantrieb noch unter Segel fahren

Segelsurfen erlaubt

Kitesurfen erlaubt

10.2 Geschützte Badezonen

179
Wie können geschützte Badezonen gekennzeichnet sein?

Antwort:
Durch gelbe Bojen/Tonnen.

180
Was ist in unmittelbarer Nähe von Badezonen zu beachten?

Antwort:
Abstand halten, auf Schwimmer außerhalb der Badezonen achten. Geschwindigkeit herabsetzen.

Zu Fragen 179 und 180:
Vor Stellen mit erkennbarem Badebetrieb gelten die Verhaltensgrundregeln in besonderem Maße gegenüber Badenden, und zwar nicht nur bei gekennzeichneten Badezonen, sondern generell. Unabhängig hiervon dürfen Kleinfahrzeuge mit Maschinenantrieb nach der BinSchStrO auf folgenden Strecken nur so schnell fahren, dass ihre Steuerfähigkeit gewahrt bleibt:

- auf Strecken mit starkem Schiffsverkehr
- vor Badeufern und Zeltplätzen
- in der Nähe von erkennbar ausgelegten Angel- und sonstigen Fischereifanggeräten

Jedes behindernde oder belästigende Umfahren anderer Fahrzeuge oder das Umherfahren in der Nähe von Fischereifanggeräten einschließlich solcher der Sportfischer ist verboten.
Beim Vorbeifahren an Badenden muss der **Abstand** so groß sein, dass sie durch Wellenschlag und Sogwirkung nicht gefährdet oder mehr als nach den Umständen unvermeidbar belästigt werden.
Die Regelungen der BinSchStrO gelten auf allen Binnenwasserstraßen. Auch die nicht mit Maschinenantrieb fahrenden Kleinfahrzeuge haben sich deshalb gegenüber Badenden entsprechend zu verhalten.

Hinweise:
Grundregeln siehe Fragen 5 und 6.

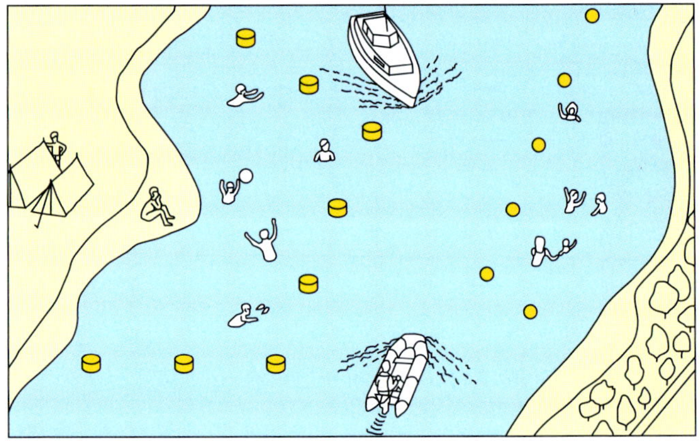

Gelbe Tonnen kennzeichnen eine gesperrte Wasserfläche, hier vor Badeufern.

Geschwindigkeit siehe Frage 204.
Sog und Wellenschlag vermeiden siehe Fragen 228 bis 231.

Vorschriften:
§ 6.02 Nr. 3, 6.22 Nr. 3, Anlage VIII, 1

11. Schallsignale

11.1 Dauer der Signale

181
Wie lang ist ein „kurzer Ton"?

Antwort:
Etwa eine Sekunde.

182
Wie lang ist ein „langer Ton"?

Antwort:
Etwa vier Sekunden.

11.2 Manövriersignale, die auch von Kleinfahrzeugen gegeben werden dürfen

183
Was bedeutet ein langer Ton?

Antwort:
Achtung!

184
Was bedeutet ein kurzer Ton?

Antwort:
Kursänderung nach Steuerbord.

185
Was bedeuten zwei kurze Töne?

Antwort:
Kursänderung nach Backbord.

186
Was bedeuten drei kurze Töne?

Antwort:
Maschine geht rückwärts.

187
Was bedeuten vier kurze Töne?

Antwort:
Fahrzeug ist manövrierunfähig.

11.3 Manövriersignale, die ausschließlich von der gewerblichen Schifffahrt gegeben werden dürfen

188
Was bedeuten fünf kurze Töne?

Antwort:
Überholen nicht möglich.

189
Was bedeutet nebenstehendes Schallsignal?

Antwort:
Wenden über Steuerbord.

190
Was bedeutet nebenstehendes Schallsignal?

Antwort:
Wenden über Backbord.

191
Was bedeutet nebenstehendes Schallsignal?

Antwort:
Überholen an der Steuerbordseite des Vorausfahrenden.

192

Was bedeutet nebenstehendes Schallsignal?

Antwort: ●

Überholen an der Backbordseite des Vorausfahrenden.

193

Was bedeutet nebenstehendes Schallsignal?

Antwort: ●

Hafen oder Nebenwasserstraße;
Ein- oder Ausfahrt mit Kursänderung nach Steuerbord.

194

Was bedeutet nebenstehendes Schallsignal?

Antwort: ●

Hafen oder Nebenwasserstraße;
Ein- oder Ausfahrt mit Kursänderung nach Backbord.

11.4 Gefahr- und Warnsignale

195

Was versteht man unter „Folge sehr kurzer Töne"?

Antwort: ● ●

Eine Folge von mindestens sechs Tönen von je einer viertel Sekunde Dauer mit entsprechend kurzen Pausen.

196

Was bedeutet eine Folge sehr kurzer Töne?

Antwort: ●

Gefahr eines Zusammenstoßes.

197

Was bedeutet eine Reihe von Tönen, abwechselnd kurz-lang-kurz-lang mit entsprechendem Lichtsignal?

Antwort: ● ● ●

Bleib-weg-Signal. Gefahr durch gefährliche Güter, sofort Gefahrenbereich verlassen. Feuer- und Zündfunken vermeiden (Explosions- und Katastrophengefahr).

Zu Fragen 181 bis 197:

Zu unterscheiden ist zwischen folgenden Schallsignalen:

- Achtungssignal
- Kursänderungssignal
- Manövriersignal
- Gefahr- und Warnsignal
- Notsignal

Während das **Achtungssignal** als Wahrschau-Signal nur ein langer Ton ist, bestehen die **Kursänderungs-** und **Begegnungssignale** ausschließlich aus kurzen Tönen. Da bei Manövern auch die übrige Schifffahrt gewahrschaut werden muss, bestehen die **Manövriersignale** aus einer Kombination von langen und kurzen Tönen. Die **Gefahr- und Warnsignale** schließlich sind im Hinblick auf die besondere Gefahrensituation besonders auffällig, z. B. als eine Folge sehr kurzer Töne (Gefahr eines Zusammenstoßes) oder als

eine Reihe von Tönen, abwechselnd kurz–lang–kurz–lang mit entsprechendem Lichtsignal (Bleib-weg-Signal).
Führer eines Kleinfahrzeuges sollten bei der Wahrnehmung von Schallsignalen unverzüglich prüfen, ob ihr Fahrzeug von der durch das Schallsignal angezeigten Verkehrssituation betroffen ist. Vor allem muss der Schiffsführer die Schallsignale daraufhin analysieren, ob es sich um ein **Notsignal** handelt (wiederholte lange Töne oder Gruppe von Glockenschlägen), weil er in diesem Fall unter Umständen zur Hilfeleistung verpflichtet ist.
In der gewerblichen Schifffahrt werden **Manöverabsprachen** gewöhnlich über Funk getroffen. Da nicht immer eine Funkverständigung möglich ist, haben die Schallsignale nach wie vor Bedeutung.
Auch wenn Kleinfahrzeuge nur die allgemeinen Zeichen geben dürfen, müssen deren Schiffsführer gleichwohl die übrigen Schallzeichen kennen, die unter Umständen auch ihnen gegenüber gegeben werden.
Soweit Schallzeichen vorgesehen sind, aber nicht die Verwendung der Glocke vorgeschrieben ist, sind sie wie folgt zu geben:

- auf Fahrzeugen mit Maschinenantrieb, ausgenommen Kleinfahrzeuge, mittels mechanisch betriebener Schallgeräte
- auf Fahrzeugen ohne Maschinenantrieb und auf Kleinfahrzeugen mittels eines Schallgerätes, einer geeigneten Hupe oder eines geeigneten Horns

Auf Fahrzeugen mit Maschinenantrieb müssen mit den Schallsignalen gleich lange gelbe Lichtzeichen gegeben werden; dies gilt nicht für Kleinfahrzeuge sowie für Glockenzeichen.
Soweit Glockenschläge vorgesehen sind, können Gruppen von Glockenschlägen durch Schläge von Metall auf Metall von gleicher Dauer ersetzt werden.
Es dürfen keine anderen als die vorgesehenen Schallzeichen benutzt oder für andere Zwecke gebraucht werden, für die sie nicht vorgeschrieben oder zugelassen sind.

Bei der Abgabe von Schallzeichen sind folgende Merkmale zugrunde zu legen:

kurzer Ton von etwa einer Sekunde Dauer

langer Ton von etwa vier Sekunden Dauer

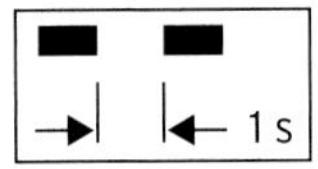

Pause zwischen den Tönen

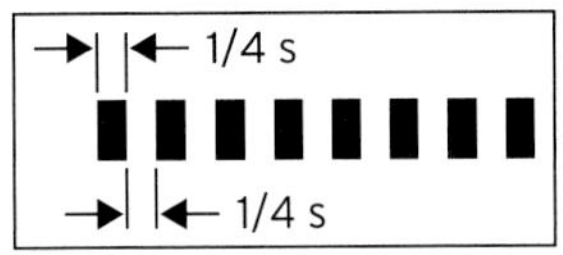

Folge sehr kurzer Töne

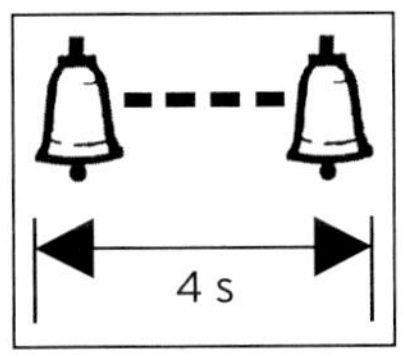

Gruppe von Glockenschlägen

Hinweise:
Wenden siehe Erläuterungen zu Fragen 233 bis 243.
Überholen siehe Fragen 207 bis 209.
Verbot der Hafenein- oder -ausfahrt siehe Frage 234.
Schallsignale bei verminderter Sicht siehe Fragen 244 bis 247.

Vorschriften:
§§ § 1.01 Nr. 31, 4.01–4.04, 6.10, 6.13, 6.14, 6.31–6.34, Anlage 6

11.5 Schallsignale bei Manövrierunfähigkeit

198
Welche Schallsignale bzw. Zeichen sind zu geben, wenn das Boot manövrierunfähig geworden ist?

Antwort: ●●
Vier kurze Töne. Bei Tag eine rote Flagge, bei Nacht ein rotes Licht im unteren Halbkreis schwenken.

199
1. **Was bedeuten vier kurze Töne?**
2. **Welche optischen Zeichen können hierfür gegeben werden?**

Antwort: ●●
1. **Fahrzeug ist manövrierunfähig.**
2. **Rote Flagge oder rotes Licht im unteren Halbkreis schwenken.**

Zu Fragen 198 und 199:
Ein Fahrzeug ist manövrierunfähig, wenn die Maschinen- oder die Ruderanlage ausgefallen ist. Besondere Zeichen müssen auf den manövrierunfähigen Fahrzeugen nicht gesetzt werden, wenn das Fahrzeug stillliegt. Die in den Antworten genannten Zeichen (4 kurze Töne, rote Flagge oder rotes Licht schwenken) müssen auf manövrierunfähigen Fahrzeugen nur gegeben werden, wenn sie in Fahrt sind, das heißt treiben oder mithilfe der Paddel versucht wird, das Ufer zu erreichen. Die mit dem Eintritt der Manövrierunfähigkeit verbundene Gefahr ist in der Regel durch das Setzen des Ankers beseitigt.

„Ich bin manövrierunfähig!“

Hinweise:
Definition „in Fahrt“ siehe Frage 107.
Hilfeleistungspflicht siehe Fragen 290, 291, 295 bis 298.

Vorschrift:
§ 3.18

12. Begegnen, Überholen, Ausweichen

12.1 Anzeige der Steuerbordbegegnung von gewerblichen Fahrzeugen

200 **Ein Fahrzeug zeigt an der Steuerbordseite seines Ruderhauses eine blaue Tafel mit weißem Funkellicht. Welche Bedeutung hat dieses Zeichen?**	Antwort: ● ● **Fahrzeuge begegnen sich an Steuerbord. Dieses Zeichen gilt nicht für Kleinfahrzeuge, verpflichtet aber zu erhöhter Aufmerksamkeit.**

201 **Welche Bedeutung hat auf einem entgegenkommenden Fahrzeug über oder nahe dem grünen Seitenlicht ein weißes Funkellicht?**	Antwort: ● ● **Fahrzeuge begegnen sich an Steuerbord. Dieses Zeichen gilt nicht für Kleinfahrzeuge, verpflichtet aber zu erhöhter Aufmerksamkeit.**

202 **Ein Sportfahrzeug fährt nachts hinter einem Fahrzeug, das nicht Kleinfahrzeug ist, zu Tal, das plötzlich an Steuerbord ein weißes Funkellicht zeigt.** **1. Was bedeutet dieses Licht?** **2. Wie muss sich der Schiffsführer des Sportfahrzeugs verhalten?**	Antwort: ● ● **1. Begegnung mit einem Bergfahrer Steuerbord an Steuerbord.** **2. Hinter dem Talfahrer bleiben, nicht überholen.**

203 **Ein Sportfahrzeug fährt hinter einem Fahrzeug, das nicht Kleinfahrzeug ist, in den Schleusenvorhafen ein. Aus der Schleusenkammer kommt ein Schiff, das an Steuerbord eine blaue Tafel mit einem weißen Funkellicht zeigt. Was bedeutet dieses Zeichen?**	Antwort: ● **Das aus- und die einfahrenden Fahrzeuge passieren sich an der Steuerbordseite.**

Zu Fragen 200 bis 203:
Beim Begegnen auf Binnenschifffahrtsstraßen sind Bergfahrer verpflichtet, Talfahrern einen geeigneten Weg freizulassen. Dem Bergfahrer ist damit im Grunde ein Kursweisungsrecht übertragen, aber auch die Verpflichtung, Talfahrer (Fahrt mit der Strömung) nicht zu behindern und gegebenenfalls sogar vor einer kritischen Begegnungsstelle (Fahrt gegen die Strömung) anzuhalten, bis der Talfahrer passiert hat. Will der Bergfahrer die Talfahrer an Backbord vorbeilassen, **Backbord-an-Backbord-Verkehr** (Rechtsverkehr) also, werden keine optischen Zeichen gesetzt. Die Absprache erfolgt in der Regel über Funk.
Will der Bergfahrer den Talfahrer an Steuerbord vorbeifahren lassen, **Steuerbord-an-Steuerbord-Verkehr** (Linksverkehr) also, muss er rechtzeitig an Steuerbord bei Tag eine hellblaue Tafel, gekoppelt mit einem weißen hellen Funkellicht setzen, bei Nacht ein wei-

ßes helles Funkellicht, das mit der Tafel gekoppelt sein darf (Abb.). Die Zeichen müssen von vorn und hinten sichtbar sein.
Ist zu befürchten, dass die Absicht der Bergfahrer von den Talfahrern nicht verstanden worden ist, müssen die Bergfahrer folgende Zeichen geben:

- „einen kurzen Ton" für die Vorbeifahrt an Backbord
- „zwei kurze Töne" für die die Vorbeifahrt an Steuerbord

Bergfahrer lässt Talfahrer an Steuerbord vorbei: bei Tag hellblaue Tafel mit weißem hellem Funkellicht …

… bei Nacht weißes helles Funkellicht, das mit hellblauer Tafel gekoppelt sein darf

Die gewerbliche Schifffahrt ist nicht verpflichtet, diese Zeichen gegenüber Kleinfahrzeugen zu geben, da Kleinfahrzeuge generell ausweichpflichtig sind. **Die Zeichen sollten die Führer von Kleinfahrzeugen zu erhöhter Aufmerksamkeit veranlassen.** Ein voraus fahrendes Fahrzeug mit diesen Zeichen sollte keinesfalls auf der Begegnungsseite, auf der Steuerbordseite also, überholt werden, um nicht zwischen die Begegnungsfahrzeuge zu kommen. Ist es nicht möglich, an der anderen Seite zu überholen, sollte erst nach Passieren des entgegen kommenden Fahrzeugs überholt werden.

Hinweise:
Begegnungs- und Überholverbote siehe Fragen 238 und 239.
Kurssignale siehe Fragen 183 bis 194.
Verhalten von Sportfahrzeugen beim Begegnen siehe Fragen 205 und 206.
Überholen siehe Fragen 207 bis 209.

Vorschrift:
§ 6.04

12.2 Geschwindigkeitsbegrenzungen

204
Auf den Binnenschifffahrtsstraßen bestehen teilweise Geschwindigkeitsbeschränkungen. Wie kann der Wassersportler von bestehenden Beschränkungen Kenntnis erhalten?

Antwort: ●●
In Teil II der Binnenschifffahrtsstraßen-Ordnung befinden sich Hinweise auf Höchstgeschwindigkeiten. Informationen sind auch bei der Wasser- und Schifffahrtsverwaltung und der Wasserschutzpolizei erhältlich.

Zu Frage 204:
Im zweiten Teil der BinSchStrO sind für einzelne Binnenschifffahrtsstraßen Höchstgeschwindigkeiten festgelegt, aber auch teilweise Mindestgeschwindigkeiten geregelt, beispielsweise Elbe-Lübeck-Kanal und Trave im Kapitel 19 § 19.04.

12.3 Begegnung von Sportfahrzeugen mit großen Fahrzeugen

205

Warum soll ein Sportboot nicht dicht an ein großes, fahrendes Fahrzeug heranfahren?

Antwort: ●●●

Es kann durch dessen Sog mit dem Fahrzeug kollidieren, durch dessen Bug- bzw. Heckwelle kentern oder in dessen toten Winkel geraten. Durch die Abdeckung des Fahrzeugs kann schlagartig der für die kontrollierte Fahrt erforderliche Wind genommen werden.

206

Was ist beim Begegnen mit anderen Fahrzeugen in einem engen Fahrwasser zu beachten?

Antwort: ●●●

Klaren Kurs zeigen, größtmöglichen Passierabstand einhalten, nötigenfalls Fahrt vermindern.

Zu Fragen 205 und 206:
Das zu dichte Heranfahren an andere in Fahrt befindliche Fahrzeuge ist als Verstoß gegen die Vorsichtsmaßregeln und damit gegen die Grundregel für das Verhalten im Verkehr anzusehen (§ 1.04). Denn in diesem Verhalten liegt ein Verstoß gegen die Pflicht, Vorfahrts- oder Ausweichmanöver rechtzeitig und entschlossen durchzuführen und dadurch Manöver des letzten Augenblicks zu verhindern.

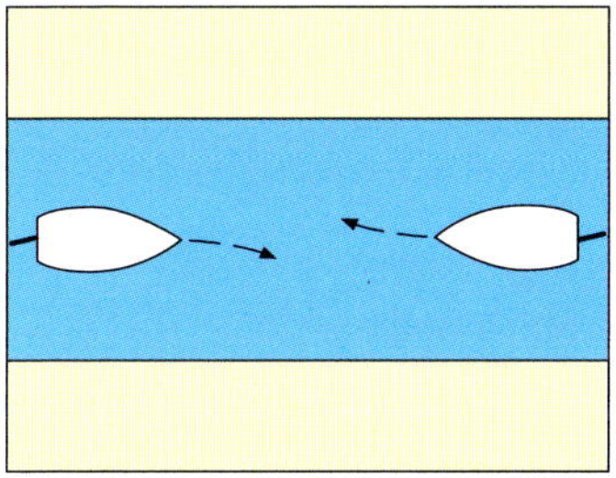

Begegnen im engen Fahrwasser: *Rechtzeitig Geschwindigkeit reduzieren, nicht zu früh ausweichen. Durch Stb-Ruderlage einen ausreichenden Passierabstand gewährleisten.*

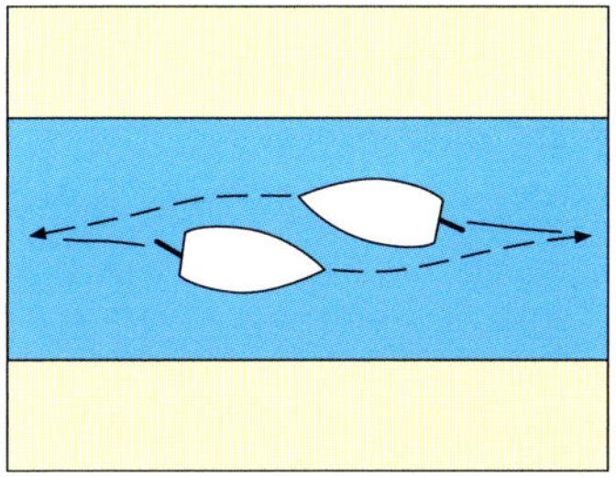

Frühzeitig beim Begegnen Bb-Ruderlage geben, um nach dem Begegnen schnell wieder die Fahrwassermitte erreichen zu können.

Beim **Begegnen im Fahrwasser** gelten zusätzliche Verhaltensregeln:
- rechtzeitig die Geschwindigkeit vermindern und nach Steuerbord ausweichen
- nach dem Begegnen wieder zur Fahrwassermitte zurücksteuern
- bei Rudermanövern klaren Kurs zeigen und einen größtmöglichen Passierabstand einhalten (§ 1.04)

Beim **Begegnen in Fahrwasserengen**, die durch eine natürliche Verengung der Wasserstraße, durch stillliegende Fahrzeuge oder aus ähnlichen Gründen verursacht sein können, gilt für die Durchfahrt Folgendes:
- Alle Fahrzeuge müssen die Fahrwasserenge in möglichst kurzer Zeit durchfahren.
- Für die Durchfahrt besteht Überholverbot, das auch Kleinfahrzeuge beachten sollten.
- Kann die Fahrwasserenge nicht in der gesamten Länge eingesehen werden, muss jedes Fahrzeug vor der Einfahrt einen langen Ton geben, den es erforderlichenfalls während der Durchfahrt wiederholt.
- Bergfahrer und Talfahrer müssen vor der Enge anhalten, bis der Gegenverkehr sie durchfahren hat.
- Ist das Begegnen in einer Fahrwasserenge unvermeidlich, müssen Maßnahmen getroffen werden, die das Begegnen an einer Stelle mit der geringsten Gefahr ermöglicht.

- Bei unübersichtlichen Fahrwasserengen kann die Durchfahrt auch mit Zeichen und Lichtern geregelt werden.

Also:
- rechtzeitig Geschwindigkeit vermindern,
- nicht zu früh ausweichen und
- unmittelbar nach dem Begegnen wieder in der Fahrwassermitte weiterfahren

Und auch das ist zu beachten:
Bei der Festlegung des Passierabstandes muss eine zu große Annäherung an das Ufer oder das Überfahren von Untiefen vermieden werden.

Hinweise:
Grundregeln für das Verhalten im Verkehr siehe Fragen 5 und 6.
Zeichen für Steuerbordbegegnung siehe Fragen 200 bis 203.
Fahrtrichtungsanzeige siehe Fragen 184 und 185.
Begegnungsverbot siehe Frage 239.
Ausweichen generell siehe Fragen 210 bis 227.

Vorschriften:
§ 6.02, 6.03, 6.07

12.4 Fahrregeln beim Überholen

207
Welche Gefahren können entstehen, wenn ein größeres Fahrzeug überholt und warum?

Antwort: ●●●
Durch den Stau, Sog oder Schwell kann das Fahrzeug aus dem Ruder laufen, querschlagen oder kentern. Gefahr des Überbordfallens durch Krängung. Durch die Abdeckung des Fahrzeugs kann schlagartig der für die kontrollierte Fahrt erforderliche Wind genommen werden.

208
Wie ist ein Überholmanöver durchzuführen?

Antwort: ●●
- **Zügig überholen.**
- **Beteiligte Fahrzeuge nicht behindern.**
- **Verkehrslage und eventuelle Schallzeichen beachten.**
- **Ausreichenden Abstand halten.**

209
Was muss beim Überholen beachtet werden?

Antwort: ●●
- **Ausreichender Raum,**
- **genügend Abstand,**
- **Anpassung der Geschwindigkeit und**
- **Ausweichpflicht des Überholers.**

Zu Fragen 207 bis 209:
Das Überholen ist nur gestattet, wenn das Fahrwasser unter Berücksichtigung aller örtlichen Umstände und des übrigen Verkehrs hinreichenden Raum für den gesamten Überholvorgang gewährt, jede Gefährdung des Gegenverkehrs ausgeschlossen ist und kein Überholverbot besteht.

Kurs und Geschwindigkeit sind an die örtlichen Umstände und den übrigen Verkehr so anzupassen, dass die Gefahr eines Zusammenstoßes vermieden wird.
Der Überholer ist grundsätzlich ausweichpflichtig; er muss sich vorher vergewissern, dass das Manöver ohne Gefahr ausgeführt werden kann, insbesondere ausreichender Raum zur Verfügung steht. Außerdem muss der Überholer einen genügenden Abstand einhalten. Der Vorausfahrende muss das Überholen, so weit möglich, erleichtern und unter Umständen die Geschwindigkeit vermindern; diese Verpflichtung besteht nicht, wenn Kleinfahrzeuge überholen. Mit einer freundlichen Bitte über Funk kann die Rücksichtnahme auch gegenüber Kleinfahrzeugen erreicht werden.
Es darf an Backbord oder an Steuerbord überholt werden. Ist das Überholen nur möglich, wenn der Vorausfahrende seinen Kurs ändert, sind die entsprechenden Schallsignale zu geben.
Ist ein gefahrloses Überholen unmöglich, z. B. Fahrwasserenge durch Arbeiten oder Stilllieger, die der Überholer infolge einer Fahrwasserkrümmung noch nicht einsehen kann, oder entgegenkommender Schubverband mit größerer Breite, muss der Vorausfahrende „fünf kurze Töne" geben. Die Pflicht zur Abgabe von Schallzeichen besteht nicht gegenüber Kleinfahrzeugen.
Bei der Entscheidung, einen Vorausfahrenden zu überholen, muss sowohl die eigene Geschwindigkeit als auch die Länge und Breite des Vorausfahrenden berücksichtigt werden.
Ist die eigene Geschwindigkeit nur unwesentlich höher als die des Vorausfahrenden oder kann insbesondere bei der Bergfahrt die gesamte Überholstrecke nicht eingesehen und können damit Begegnungen während des Überholens nicht ausgeschlossen werden, sollte von einem Überholmanöver abgesehen werden.
Wird das Überholmanöver abgebrochen, erhöht die damit einhergehende Fahrtminderung die Soggefahr nicht unwesentlich. Eine weitere Gefährdung entsteht durch das Begegnen mit anderen Fahrzeugen während des Überholens.

Hinweise:
Überholverbot im Schleusenbereich siehe Erläuterungen zu Fragen 87 bis 96.
Überholverbotszeichen siehe Fragen 238 und 239.
Schallsignale siehe Fragen 183 bis 194.
Überholverbot in Fahrwasserengen siehe Frage 238.

Vorschriften:
§§ 6.02, 6.03, 6.09, 6.10, 6.11

12.5 Ausweichregeln der Kleinfahrzeuge untereinander

210 ●●
Wann besteht die Gefahr eines Zusammenstoßes?
Antwort:
Wenn sich zwei Fahrzeuge einander nähern und sich die Peilung der beiden Schiffe zueinander nicht ändert.

211 ●●●
Wie müssen Ausweichmanöver durchgeführt werden?
Antwort:
Rechtzeitig, klar erkennbar und entschlossen.

212 ●
Wie weichen zwei Motorboote aus, die sich auf entgegengesetzten Kursen nähern?
Antwort:
Jeder muss nach Steuerbord ausweichen.

213 ●
Zwei Motorboote nähern sich auf kreuzenden Kursen. Es besteht die Gefahr eines Zusammenstoßes. Welches Motorboot ist ausweichpflichtig?
Antwort:
Ausweichpflichtig ist das Fahrzeug, welches das andere an seiner Steuerbordseite sieht.

214
Welche Fahrzeuge führen nachts nur ein weißes Licht?

Antwort:
Kleinfahrzeuge ohne Maschinenantrieb und geschleppte Fahrzeuge.

215
Wie muss sich ein kreuzendes Kleinfahrzeug unter Segel am Wind in der Nähe eines Ufers gegenüber anderen verhalten?

Antwort:
Es darf ein anderes Kleinfahrzeug, das sein steuerbordseitiges Ufer anhält, nicht zum Ausweichen zwingen.

216
Wie ist die nebenstehende Ausweichsituation zu beurteilen und warum?

Antwort:
Das Segelboot ist ausweichpflichtig. Ein Fahrzeug unter Segel am Wind darf beim Kreuzen andere Fahrzeuge, die ihr steuerbordseitiges Ufer anhalten, nicht zum Ausweichen zwingen.

217
Was hat der Schiffsführer eines Kleinfahrzeugs beim Begegnen mit Fahrzeugen, die nicht Kleinfahrzeuge sind, zu beachten?

Antwort:
Kleinfahrzeuge sind gegenüber Fahrzeugen, die nicht Kleinfahrzeuge sind, ausweichpflichtig. Sie müssen den für deren Kurs und zum Manövrieren notwendigen Raum lassen.

Zu Fragen 210 bis 217:
Die Ausweichregeln, die Konkretisierungen der Grundregel für das Verhalten im Verkehr sind (§ 1.04), unterscheiden zwischen Kleinfahrzeugen einerseits und Fahrzeugen der gewerblichen Schifffahrt andererseits. Bei den Kleinfahrzeugen wiederum ist zu unterscheiden zwischen Fahrzeugen mit Maschinenantrieb, das heißt zwischen Motorbooten und Segelbooten mit Hilfsmotor sowie Segelbooten und Ruderbooten.

Die Ausweichregeln für die verschiedenen Fahrzeuggruppen basieren auf folgenden Grundsätzen:

Alle Fahrzeuge, deren Kurse jede Gefahr eines Zusammenstoßes ausschließen, dürfen ihre Kurse und ihre Geschwindigkeit nicht in einer Weise ändern, die die Gefahr eines Zusammenstoßes herbeiführen könnte. Die Gefahr eines Zusammenstoßes besteht dann, wenn sich zwei Fahrzeuge einander nähern und sich die Peilung der beiden Schiffe zueinander nicht ändert (sogenannte stehende Peilung).

Im Verhältnis der Sportschifffahrt zur gewerblichen Schifffahrt muss Letztere den Vorrang haben, weil sie auf die Benutzung der Fahrrinne zwingend angewiesen ist, während bei Kleinfahrzeugen die Manövrierfähigkeit ausschlaggebend sein muss (Abb. 1).
Danach lassen sich die Ausweichregeln für Kleinfahrzeuge wie folgt differenzieren:

- Kleinfahrzeuge mit Maschinenantrieb weichen anderen Kleinfahrzeugen mit Maschinenantrieb aus (beidseitige Ausweichpflicht).
  Beispiel: Motorboot weicht Motorboot aus (Abb. 3, S. 131).
- Kleinfahrzeuge mit Maschinenantrieb weichen allen anderen Kleinfahrzeugen aus.
  Beispiel: Motorboot weicht Segelboot oder Ruderboot aus.
- Kleinfahrzeuge ohne Maschinenantrieb weichen den unter Segeln fahrenden Kleinfahrzeugen aus.
  Beispiel: Ruderboot weicht Segelboot aus.

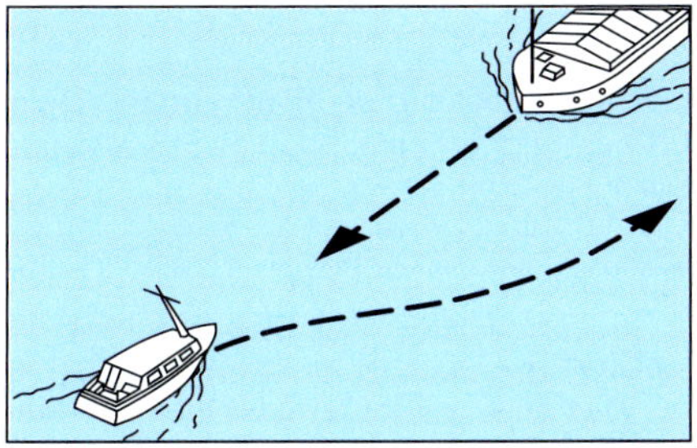

Abb. 1: Das Kleinfahrzeug ist ausweichpflichtig.

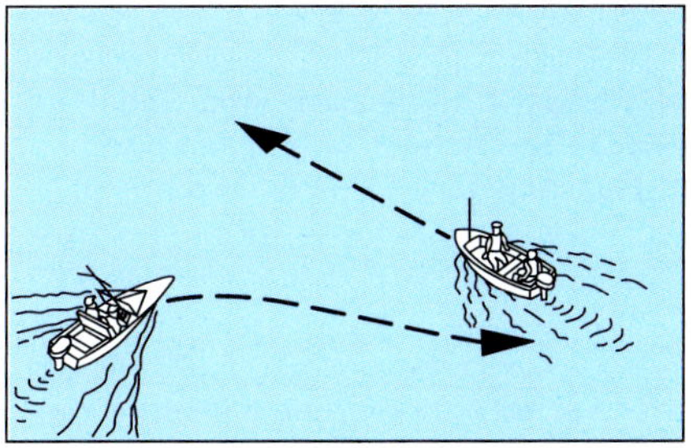

Abb. 2: Ausweichpflichtig ist das Fahrzeug, welches das andere an seiner Steuerbordseite sieht.

Abb. 3: Beide weichen nach Steuerbord aus.

Abb. 4: Das am Wind kreuzende Segelboot ist ausnahmsweise ausweichpflichtig.

Die ausweichpflichtigen Kleinfahrzeuge müssen Ihren Kurs nach Steuerbord richten (Abb. 3).

Ist das aus nautischen Gründen nicht möglich, muss das ausweichpflichtige Kleinfahrzeug rechtzeitig, entschlossen und durch klar erkennbare Manöver zeigen, wie es ausweichen will.

Fahrzeugen, die das blaue Funkellicht zeigen, ist der für deren Kurs und zum Manövrieren notwendige Raum zu lassen.

Das Fahrzeug, das nicht ausweichpflichtig ist, bezeichnet man als **Kurshalter**, als Fahrzeug also, das Kurs und Geschwindigkeit beizubehalten hat.

Bei unmittelbar drohender Gefahr eines Zusammenstoßes muss auch der Kurshalter zur Abwendung der Kollision notfalls Maßnahmen ergreifen, die einen Verstoß gegen einzelne Verkehrsvorschriften darstellen (sogenanntes **Manöver des letzten Augenblicks**).

Ausnahme von dem Grundsatz, dass das Motorboot gegenüber einem Segelboot ausweichpflichtig ist: *Ein kreuzendes Segelfahrzeug darf ein anderes Kleinfahrzeug, das sein steuerbordseitiges Ufer anhält, nicht zum Ausweichen zwingen (Abb. 4).*

Hinweise:
Verhalten unter besonderen Umständen siehe Frage 6.
Steuerbordbegegnungen siehe Fragen 200 bis 203.
Schallsignal Gefahr eines Zusammenstoßes siehe Frage 196.
Schallsignal Kursänderung siehe Fragen 184 und 185.
Ausweichregelungen von Kleinfahrzeugen untereinander siehe Fragen 157 bis 168, 210 bis 216, 218 und 219.
Ausweichregelungen der Fahrzeuge unter Segel untereinander siehe Fragen 567 bis 575.
Ausweichtabelle siehe Seiten 136 und 137.

Vorschriften:
§§ 6.02, 602.a, 6.03
§ 9.02 RheinSchPV

218

Von Backbord kommend kreuzt ein Fahrzeug unter Segel mit einem schwarzen Kegel, Spitze nach unten, den Kurs eines Motorbootes mit Maschinenantrieb. Wer ist ausweichpflichtig?

Antwort:
Das Segelboot gilt als Fahrzeug mit Maschinenantrieb und ist ausweichpflichtig, weil es das Motorboot an seiner Steuerbordseite hat.

219

Einem Motorboot kommt nachts ein Fahrzeug entgegen, das Seitenlichter am Bug, aber kein Topplicht führt.

1. **Was ist es für ein Fahrzeug?**
2. **Wer ist ausweichpflichtig?**

Antwort:

1. **Das andere Fahrzeug ist ein Kleinfahrzeug unter Segel.**
2. **Das Motorboot ist ausweichpflichtig.**

Zu Fragen 218 und 219:

Kleinfahrzeuge mit Maschinenantrieb weichen Kleinfahrzeugen unter Segel und sonstigen Kleinfahrzeugen ohne Maschinenantrieb aus. Für Kleinfahrzeuge, die zugleich unter Segel und mit Maschinenantrieb fahren, gelten die Ausweichregeln für Kleinfahrzeuge unter Maschinenantrieb (Abb. 3 und 4).

Kanus, Ruder- und Paddelboote haben allgemein wenig Freibord, sodass Wasser bereits bei geringem Wellengang ins Boot schwappen kann. Zur sportlichen Fairness gehört eine besondere Rücksichtnahme, indem rechtzeitig und umfassend Geschwindigkeit vermindert und in möglichst großem Abstand passiert wird.

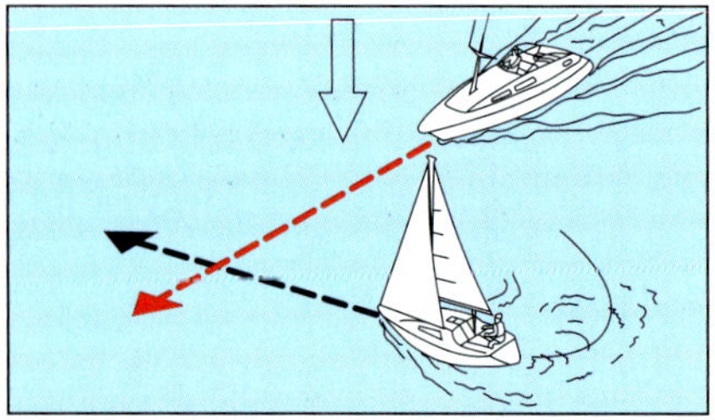

Abb. 1: Wenn sich mir auf kreuzendem Kurs ein Segelfahrzeug an Bb voraus nähert …

Abb. 2: … bin ich ausweichpflichtig und muss meinen Kurs nach Bb so ändern, dass ich hinter seinem Heck passiere.

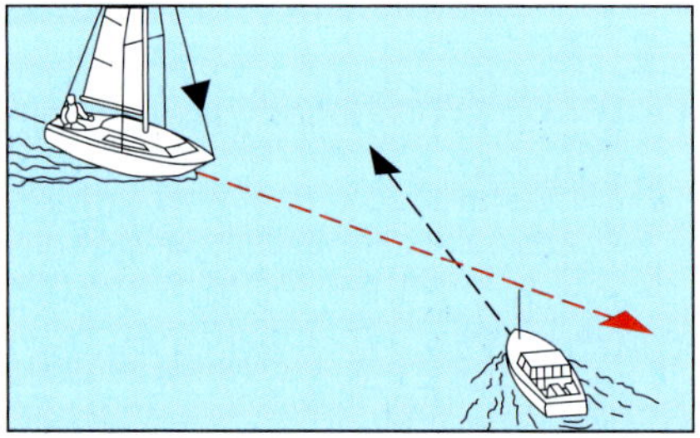

Abb. 3: Wenn sich mir auf kreuzendem Kurs ein Segelfahrzeug nähert, das zugleich mit Maschinenantrieb fährt …

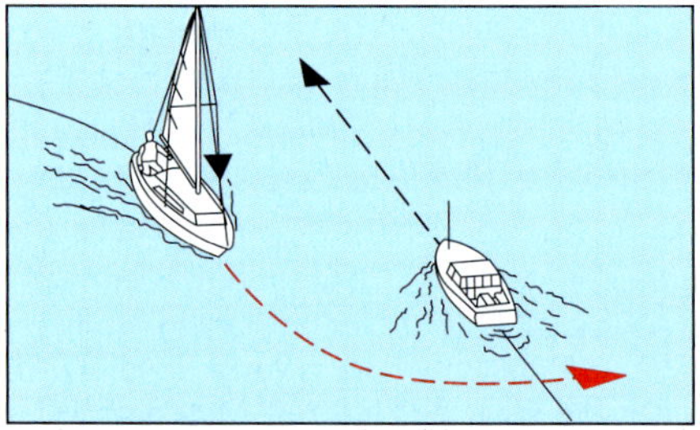

Abb. 4: … muss das Segelfahrzeug ausweichen und seinen Kurs nach Stb so ändern, dass es mich hinter meinem Heck passiert.

Hinweise:
Lichterführung der Kleinfahrzeuge siehe Fragen 140 bis 144, 150 bis 153.
Segelfahrzeug als Maschinenfahrzeug siehe Fragen 108, 137 und 154.
Ausweichregeln der Kleinfahrzeuge siehe Fragen 210 bis 216, 218 und 219.
Ausweichregeln der Kleinfahrzeuge unter Segel untereinander siehe Fragen 160 bis 162.
Ausweichtabelle siehe Seiten 136 und 137.

Vorschriften:
§§ 3.13, 6.02a

12.6 Ausweichregeln der Segelboote und Motorboote untereinander

220

Ein Kleinfahrzeug unter Segel kreuzt auf einer Binnenschifffahrtsstraße den Kurs eines Motorbootes. Wer ist ausweichpflichtig?

Antwort:
Das Motorboot.

221

Zwei Kleinfahrzeuge unter Segel A und B liegen auf Kollisionskurs (Skizze); A führt einen schwarzen Kegel am Mast.
1. **Wer ist ausweichpflichtig (Begründung)?**
2. **Welchen Kurs muss das ausweichende Fahrzeug in der Skizze fahren (zeichnerische Darstellung und Begründung)?**

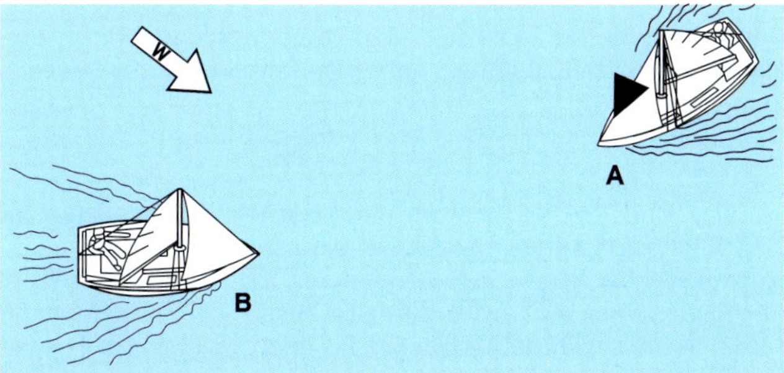

Antwort:
1. **A fährt unter Maschine und ist demzufolge dem Kleinfahrzeug unter Segel ausweichpflichtig.**
2. **Ausweichpflichtige Kleinfahrzeuge müssen ihren Kurs nach Steuerbord richten.**

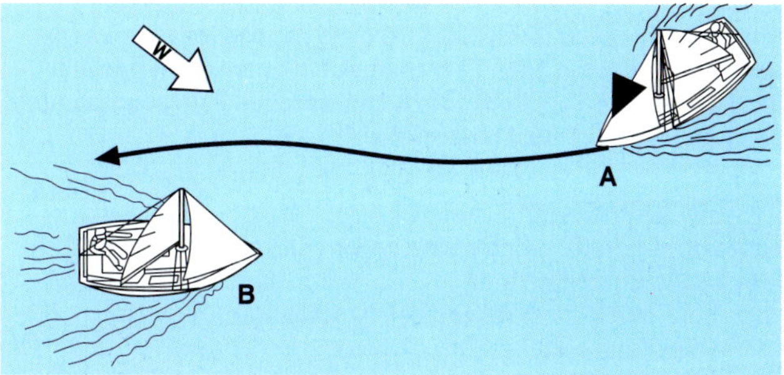

222

Ein Segelboot kreuzt eine Binnenschifffahrtsstraße. In Fahrwassermitte kommt ihm eine Motoryacht – ca. 15 m lang – entgegen.

1. **Wer ist ausweichpflichtig?**
2. **Unter welchen Voraussetzungen darf das Segelboot wenden und nochmals das Fahrwasser kreuzen, wenn es nach Lee keinen Raum mehr hat?**

Antwort:

1. **Die Motoryacht.**
2. **Die Wende muss so rechtzeitig erfolgen, dass ein ausreichender Sicherheitsabstand gewährleistet ist.**

223

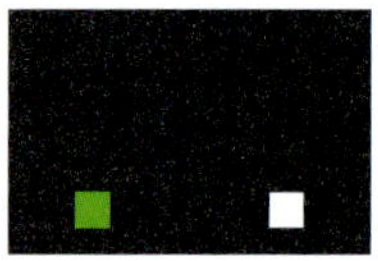

Ein Kleinfahrzeug unter Segel kreuzt nachts das Fahrwasser. An Backbord tauchen die nebenstehenden Lichter eines Fahrzeuges auf, das in spitzem Winkel den Kurs des Kleinfahrzeuges unter Segel kreuzen will.

1. **Um welches Fahrzeug handelt es sich?**
2. **Wer ist ausweichpflichtig?**

Antwort:

1. **Kleinfahrzeug mit Maschinenantrieb.**
2. **Das Kleinfahrzeug mit Maschinenantrieb muss dem Kleinfahrzeug unter Segel ausweichen.**

224

Ein Kleinfahrzeug unter Segel und mit Maschinenantrieb kreuzt nachts stromauf. Ein Fahrzeug kommt entgegen, das nur ein weißes Licht führt.

1. **Was ist das für ein Fahrzeug?**
2. **Wer ist ausweichpflichtig?**

Antwort:

1. **Kleinfahrzeug ohne Maschinenantrieb.**
2. **Das Kleinfahrzeug unter Segel und Motor ist ausweichpflichtig.**

225

Ein Kleinfahrzeug unter Segel kreuzt nachts im Fahrwasser. Von achtern kommt ein Fahrzeug auf, das eine Zweifarbenlaterne und ein Topplicht führt. Um welches Fahrzeug handelt es sich, und wer muss ausweichen?

Antwort:

Das aufkommende Fahrzeug ist ein Kleinfahrzeug mit Maschinenantrieb. Es muss dem Kleinfahrzeug unter Segel ausweichen.

Zu Fragen 220 bis 225:

Ausweichregeln für Segelboote unter Hilfsmotor und Motorboote untereinander

Segelboote unter mitlaufendem Hilfsmotor werden verkehrsrechtlich als Kleinfahrzeuge mit Maschinenantrieb angesehen und müssen wie Motorboote ausweichen. Beim Begegnen auf Kollisionskurs müssen daher beide Fahrzeuge nach Steuerbord ausweichen und dies durch rechtzeitige und deutliche Kursänderung anzeigen. **Ausnahme:** Sie wollen, z. B. wegen Ihres Tiefgangs, entgegen der Regel nach Backbord ausweichen; in diesem Fall müssen Sie dieses Manöver zugleich mit dem Schallsignal zweimal kurz (• •) anzeigen. Bei kreuzenden Kursen ist das Motorboot ausweichpflichtig, welches das andere an seiner Steuerbordseite hat: **rechts vor links!**

Wichtig für die Beachtung der Ausweichregeln ist, dass Kurs und Antriebsart des Kollisionsgegners richtig und rechtzeitig erkannt werden: Segelboote mit mitlaufendem Hilfsmotor am Tage an dem schwarzen Kegel, Spitze unten, und bei Nacht aus ihrer Lichterführung wie ein Motorboot.

Ausweichregeln für Motorboote und Segelboote untereinander
Kleinfahrzeuge mit Maschinenantrieb müssen segelnden Kleinfahrzeugen ausweichen! Fahren segelnde Kleinfahrzeuge mit Hilfsmotor, müssen sie ebenfalls wie ein Kleinfahrzeug mit Maschinenantrieb ausweichen.
Das Ausweichmanöver muss so rechtzeitig erfolgen, dass ein ausreichender Sicherheitsabstand gewährleistet ist. Wichtig ist, den Kurs von aufkommenden, entgegenkommenden oder kreuzenden Fahrzeugen rechtzeitig zu erkennen und die Fahrzeuge anhand ihrer Bezeichnung und nachts aufgrund ihrer Lichterführung rechtzeitig zu identifizieren.

Hinweise:
Zeichen- und Lichterführung von Segelbooten unter Hilfsmotor siehe Fragen 108, 137 und 154.
Sonstige Fragen hinsichtlich Ausweichregelungen für Segelbbote untereinander siehe Fragen 160 bis 162 und 567 bis 575.
Darstellung der verschiedenen Ausweichsituationen siehe auf den Seiten 136 und 137.

Vorschrift:
§ 6.02a

226

Ein Kleinfahrzeug segelt auf einer Binnenschifffahrtsstraße und lässt den Motor mitlaufen. Ein Ruderboot kommt ihm auf Kollisionskurs entgegen. Wer ist ausweichpflichtig und warum?

Antwort: ●●
Das Kleinfahrzeug mit Maschinenantrieb muss ausweichen. Kleinfahrzeuge mit Maschinenantrieb müssen Kleinfahrzeugen ohne Maschinenantrieb ausweichen.

227

Ein Kleinfahrzeug unter Segel fährt auf einer Binnenschifffahrtsstraße. Ein Ruderboot kommt ihm entgegen. Wer ist ausweichpflichtig?

Antwort: ●
Das Ruderboot.

Zu Fragen 226 und 227:

Das besser manövrierfähige Fahrzeug weicht dem weniger gut manövrierfähigen Fahrzeug aus:
- Kleinfahrzeuge mit Maschinenantrieb weichen Kleinfahrzeugen ohne Maschinenantrieb aus.
- Ruderboot weicht Segelboot aus.

Hinweise:
Sonstige Fragen betr. Ausweichregelungen von Segelbooten untereinander siehe Fragen 160 bis 162 und 567 bis 575.
Siehe Ausweichtabelle auf den Seiten 136 und 137.

Vorschrift:
§ 6.02a

auf Kollisionskurs	**Ausweichregeln der Kleinfahrzeuge untereinander**					
	Sportfahrzeug von 20 und mehr Meter Länge		Kleinfahrzeug mit Motorantrieb (Motorboot)		Kleinfahrzeug unter Segel (Segelboot) mit Wind von Bb	
Sportfahrzeug von 20 und mehr Meter Länge	H	C	A	A	A	A
Kleinfahrzeug mit Motorantrieb (Motorboot)	A	A	H	C	B	B
Kleinfahrzeug unter Segel (Segelboot) mit Wind von Stb	A	A	B	B	E	E
Kleinfahrzeug unter Segel (Segelboot) mit Wind von Bb	A	A	B	B	D	D
Kleinfahrzeug unter Segel (Segelboot) mit Motorantrieb	A	A	H	C	B	B

Pfeil = Windrichtung, unterbrochene Linie mit Richtungspfeil = ausweichpflichtig, durchgezogene Linie mit Richtungspfeil = Kurshalter, also

und gegenüber Sportbooten von 20 und mehr Meter Länge

Kleinfahrzeug unter Segel (Segelboot) mit Wind von Stb	Kleinfahrzeug unter Segel (Segelboot) mit Motorantrieb	Boote, die durch Muskelkraft fortbewegt werden (Ruderboote o. Ä.)

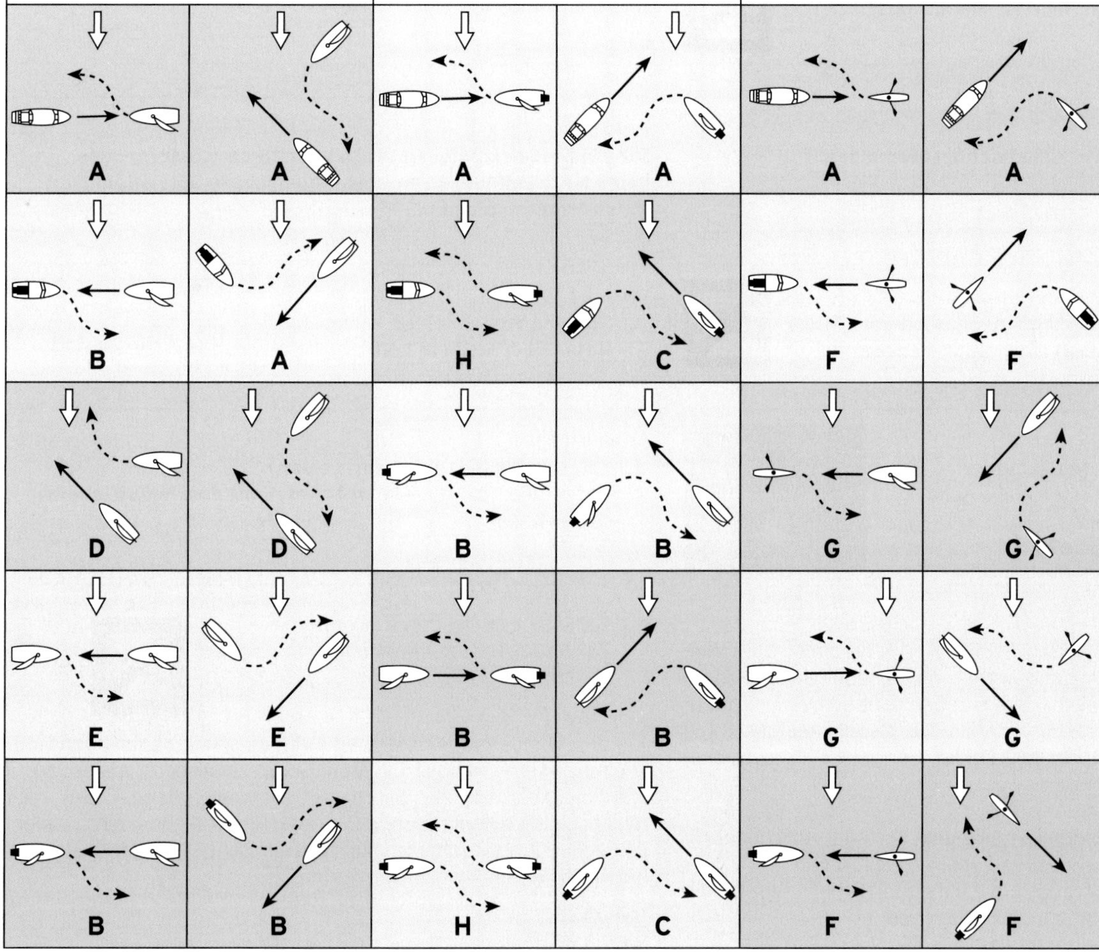

Kurzgefasst: Bestimmung des vorfahrtsberechtigten (kurshaltepflichtigen) bzw. ausweichpflichtigen Fahrzeugs

A	Sportfahrzeuge von 20 und mehr Meter Länge vor allen Kleinfahrzeugen
B	Segelboot vor Motorboot
C	rechs vor links (Motoboote/Segelboote mit Hilfsmotor untereinander)
D	Lee vor Luv (Segelboote untereinander mit Wind von derselben Seite)
E	Wind von Stb vor Wind von Bb (Segelboote untereinander mit Wind von verschiedenen Seiten)
F	mit Muskelkraft fortbewegte Boote (Ruder-, Paddel-Tretboot) vor Kleinfahrzeugen mit Maschinenantrieb)
G	Segelboot vor mit Muskelkraft fortbewegten Booten
H	besteht kein Vorfahrtsrecht, sind beide Fahrzeuge ausweichpflichtig

Vorfahrtsberechtigter.

13. Regeln für die Fahrt

13.1 Vermeidung von Sog und Wellenschlag

228

Welche Bedeutung hat nebenstehende Tafel?

Antwort:
Sog und Wellenschlag vermeiden.

229

Was bedeutet „Sog und Wellenschlag vermeiden“?

Antwort:
Die Fahrgeschwindigkeit ist so weit zu vermindern, dass keine Heckwelle mehr entsteht; die sichere Steuerfähigkeit muss erhalten bleiben.

230

1. **Welche Bedeutung hat die nebenstehende Tafel?**
2. **Welche Lichter haben die gleiche Bedeutung?**

Antwort:
1. **Sog und Wellenschlag vermeiden.**
2. **Rotes über weißem Licht.**

231

1. **Was bedeuten nachts auf einer Binnenschifffahrtsstraße die nebenstehenden Lichter?**
2. **Wie ist das Tagsignal?**

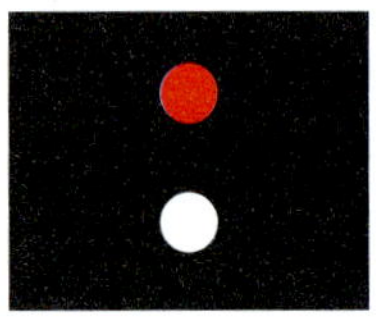

Antwort:
1. **Sog und Wellenschlag vermeiden.**
2. **Rot-weiße Flagge/Tafel oder Tafel mit durchgestrichenen Wellenlinien.**

Zu Fragen 228 bis 231:
Fahrzeuge müssen ihre Geschwindigkeit so einrichten, dass Wellenschlag oder Sog vermieden werden, die Schäden an stillliegenden oder in Fahrt befindlichen Fahrzeugen oder Schwimmkörpern oder an Anlagen verursachen können. **Die Geschwindigkeit soll rechtzeitig vermindert werden**, jedoch nicht mehr als zur sicheren Steuerung notwendig ist:

- vor Hafenmündungen
- in der Nähe von Fahrzeugen, die am Ufer oder an Landebrücken festgemacht sind oder die laden oder löschen
- in der Nähe von Fahrzeugen, die auf den üblichen Liegestellen stillliegen, ausgenommen Kleinfahrzeuge
- in der Nähe nicht frei fahrender Fähren
- auf Strecken, die durch folgende Zeichen gekennzeichnet sind:

oder

Außerdem müssen beim Vorbeifahren an schutzbedürftigen Fahrzeugen, schwimmenden Geräten, Schwimmkörpern oder schwimmenden Anlagen, die durch die rot-weiße Flagge/Tafel oder nachts durch entsprechende Lichter gekennzeichnet sind, andere Fahrzeuge ihre Geschwindigkeit vermindern. Sie haben außerdem möglichst weiten Abstand zu halten.

Vorschrift:
§ 6.20

232

Wo ist die Geschwindigkeit zu vermindern, um Sog und Wellenschlag zu vermeiden (sechs Beispiele)?

Antwort:

- **Vor Hafenmündungen und in Häfen,**
- **an Lade- und Löschplätzen,**
- **an den üblichen Liegestellen,**
- **in der Nähe nicht frei fahrender Fähren,**
- **auf gekennzeichneten Strecken,**
- **an Badezonen,**
- **in der Nähe schwimmender Geräte bei der Arbeit.**

Zu Frage 232:
Gegenüber stillliegenden Fahrzeugen gilt die Verpflichtung, die Geschwindigkeit rechtzeitig zu vermindern, generell, gleichgültig ob die Fahrzeuge auf gekennzeichneten Liegeplätzen oder auf nicht bezeichneten Liegestellen oder an Umschlagstellen, Lade- und Löschplätzen stillliegen.

Die Pflicht der Rücksichtnahme gegenüber Badenden gilt an allen Badestellen, nicht nur an den bezeichneten.
Die Tafeln und Lichter sind in der Regel an Land und in Gewässern mit Strömung wegen der starken Wellen der Talfahrt vielleicht nur oberhalb des betreffenden Objekts aufgestellt. Mit den Tafeln und Lichtern werden alle Fahrzeuge aufgefordert, die Geschwindigkeit

Sog und Wellenschlag vermeiden

vor Hafenmündungen und in Häfen

an Lade- und Löschplätzen

an üblichen Liegestellen

in der Nähe nicht frei fahrender Fähren

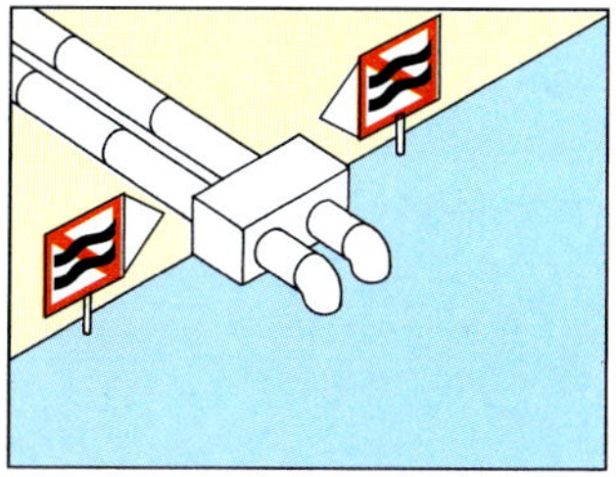

auf gekennzeichneten Strecken

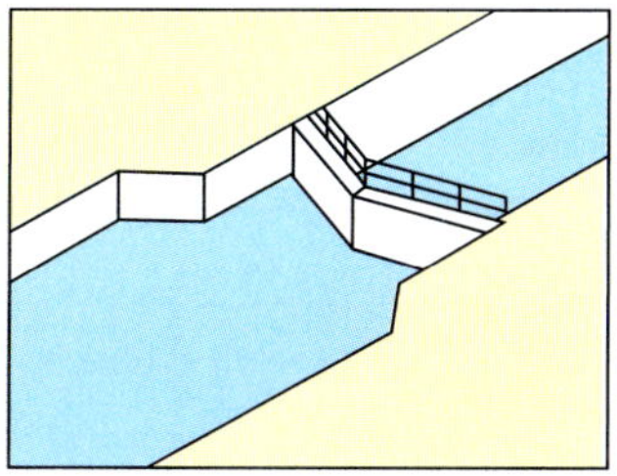

im Schleusenbereich

an Badezonen

an schwimmenden Geräten bei der Arbeit

so einzustellen, dass Wellenschlag oder Sogwirkung keinerlei Schäden verursachen können, was durch einen größeren Passierabstand unterstützt wird.
Sicheres Indiz dafür, dass die Geschwindigkeit ausreichend vermindert ist, ist die Beobachtung, dass das Schraubenwasser keine Heckwelle mehr aufwirft.

Hinweise:
Verbot der Einfahrt in Hafeneinmündungen und Häfen siehe Frage 234.
übliche Liegestellen siehe Fragen 69 bis 72.
nicht frei fahrende Fähren siehe Fragen 122, 123 und 134.
Geschwindigkeitsbeschränkung auf gekennzeichneten Strecken siehe Frage 236.
Schleusenbereiche siehe Fragen 87 bis 96.
Badestellen siehe Fragen 179 und 180.
Sog- und Wellenschlag vermeiden siehe Fragen 228 bis 231.

Vorschrift:
§ 6.20

13.2 Geschwindigkeitsbegrenzung, Überhol- und Begegnungsverbote und sonstiges durch Tafelzeichen festgelegtes Verhalten

233
Welche Bedeutung hat die nebenstehende Tafel?

Antwort:
Vorgeschriebene Fahrtrichtung.

234
Welche Bedeutung hat die nebenstehende Tafel, wenn das rote Licht brennt?

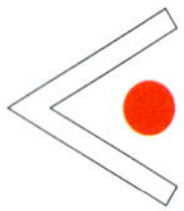

Antwort:
Verbot der Einfahrt in einen Hafen oder eine Nebenwasserstraße.

235
Welche Bedeutung hat die nebenstehende Tafel?

Antwort:
30 m Mindestabstand vom Standort der Tafel.

236
Welche Bedeutung hat die nebenstehende Tafel?

Antwort:
10 km/h Höchstgeschwindigkeit gegenüber dem Ufer.

237
Welche Bedeutung hat die nebenstehende Tafel?

Antwort:
Besondere Vorsicht walten lassen.

238
Welche Bedeutung hat die nebenstehende Tafel?

Antwort:
Überholen verboten. Es gilt nicht für Kleinfahrzeuge, verpflichtet aber zu erhöhter Aufmerksamkeit.

239
Welche Bedeutung hat die nebenstehende Tafel?

Antwort:
Begegnen und Überholen verboten. Es gilt nicht für Kleinfahrzeuge, verpflichtet aber zu erhöhter Aufmerksamkeit.

240
Welche Bedeutung hat die nebenstehende Tafel?

Antwort:
Wendeverbot.

241
Welche Bedeutung hat die nebenstehende Tafel?

Antwort:
Ende eines Ge- oder Verbotes bzw. einer Einschränkung in einer Fahrtrichtung.

242
Welche Bedeutung hat die nebenstehende Tafel und was ist zugleich verboten?

Antwort:
Empfohlener Wendeplatz. Stillliegen für alle Fahrzeuge verboten.

243
Was bedeutet nebenstehende Tafel?

Antwort:
Wehr.

Zu Fragen 233 bis 243:

Die Gebotstafel in Frage 233 verpflichtet auch Kleinfahrzeuge, nur in der angezeigten Richtung weiterzufahren. Bei dem blauen Hinweiszeichen mit weißem Pfeil ist dieses eine Empfehlung, in die Richtung des Pfeils zu fahren.

Die Tafel gemäß Frage 234 zeigt an, dass die **Einfahrt in den in Pfeilrichtung gelegenen Hafen** oder die in Pfeilrichtung gelegene Nebenwasserstraße verboten ist. Die Einfahrt kann durch Löschen des roten Lichts freigegeben werden.

Mit der Tafel in Frage 235 wird die **Einengnung des Fahrwassers** angezeigt. Die Zahl gibt den Abstand in Metern an, in dem sich die Fahrzeuge vom Tafelzeichen entfernt halten sollen. Ursache für die Einengung können Verlandungen, abgerutschte Uferböschungen usw. sein.

Die Tafel entsprechend Frage 236 gibt die Geschwindigkeit in km/h an, die gegenüber dem Ufer nicht überschritten werden darf. Die Tafel kann auch in entsprechender Entfernung aufgestellt sein. Die Entfernung bis zum Beginn der **Geschwindigkeitsbegrenzung** ist zusätzlich in Metern angegeben (Abb.), um sicherzustellen, dass alle Fahrzeuge die Fahrt verlangsamen und die Höchstgeschwindigkeit bereits bei der Einfahrt nicht überschreiten.

Geschwindigkeitsbeschränkungen bestehen auf allen kanalisierten Wasserstraßen mit unterschiedlichen Höchstgeschwindigkeiten, die nicht durch Verkehrszeichen angezeigt werden. Die Orientierung gehört zur Pflicht des Fahrzeugführers; vgl. Fragen 13 bis 16.

Die Gebotstafel gemäß Frage 239 weist auf eine mögliche Gefahr, Behinderung usw. hin und fordert auf, besondere Vorsicht walten zu lassen.

Mit der Tafel gemäß Frage 238 wird für alle Fahrzeuge, ausgenommen Kleinfahrzeuge, ein allgemeines **Überholverbot** angezeigt. Gründe können sein:

- Fahrwasserverengung durch Bauarbeiten usw.
- Flusskrümmung, wodurch die Sicht voraus gering ist und dadurch der Gegenverkehr nicht rechtzeitig erkannt wird

Dies sollen insbesondere langsamere Kleinfahrzeuge bei der Entscheidung zu überholen berücksichtigen, um nicht bei Gegenverkehr in eine schwierige Lage zu kommen.

Neben der Überholtafel gibt es noch eine spezielle Tafel, mit der das Überholen von Verbänden untereinander (Schleppverbände, Schubverbände, gekuppelte Fahrzeuge) verboten wird (siehe Abb.).

In **Engstellen** ist für die gewerbliche Schifffahrt oft das Begegnen und damit Überholen nicht möglich, weshalb auf die Verkehrssituation mit der Tafel gemäß der Frage 239 und auf die entsprechenden Verkehrsbestimmungen hingewiesen wird.

Beim **Wenden** müssen insbesondere die Fahrwasserverhältnisse und die Strömungsgeschwindigkeit berücksichtigt werden. Wo das Wenden risikoreich ist, kann dies durch die Tafel „Wendeverbot" gemäß Frage 240 untersagt werden, das für alle Fahrzeuge gilt. Wendestellen können mit der Tafel gemäß Frage 242 bezeichnet werden. An diesen Stellen besteht Stillliegeverbot. Das Wenden ist nur gestattet, wenn dies ohne Gefahren möglich ist und andere Fahrzeuge nicht gezwungen werden, unvermittelt ihren Kurs und ihre Geschwindigkeit zu ändern. Notfalls ist das Wenden durch Schallzeichen anzukündigen. Die anderen Fahrzeuge müssen, sofern dies möglich und nötig ist, Geschwindigkeit und Kurs ändern, damit das Wenden ohne Gefahr möglich ist. Sobald ein Kleinfahrzeug die Wendeabsicht bemerkt, sollte es entsprechend der Verkehrssituation und der Strömungsverhältnisse nach Möglichkeit nicht vor, sondern hinter dem wendenden Fahrzeug vorbeifahren.

Die Ge- oder Verbotstafeln können durch zusätzliche Schilder, Pfeile oder Aufschriften ergänzt werden. Pfeile geben an, in welcher Richtung das Hauptzeichen gilt. Gelten die Ge- oder Verbote in beiden Richtungen, ist das Ende gleichzeitig der Beginn für die Gegenrichtung. Gilt das Ge- oder Verbot nur in einer Richtung, z. B. Geschwindigkeitsbegrenzung wie in Frage 236 oder Vermeidung von Sog und Wellenschlag wie in Frage 228 nur für die Talfahrt, wird das Ende dieser Strecke mit der Tafel gemäß Frage 241 angezeigt.

Mit der Hinweistafel gemäß Frage 243 wird auf ein **Wehr** aufmerksam gemacht. Bei der Einfahrt in den Bereich eines Wehrs ist besondere Vorsicht geboten, weil nicht selten Strömung herrscht und das Boot in Richtung der Wehrwalzen abgetrieben werden kann.

Bei Wehren, die durchfahren werden können, kann die Durchfahrt durch Zeichen für das Durchfahren von Brücken und Schleusen entsprechend Fragen 81 bis 86 und 87 bis 96 geregelt sein, einschließlich der grün-weiß-grünen Tafel und der grünen Lichter.

Die folgenden Tafeln gelten zwar nicht für Kleinfahrzeuge, der Sportbootfahrer sollte sie aber dennoch kennen, um die von der gewerblichen Schifffahrt zu benutzende Fahrwasserseite zu ermitteln und sein Fahrverhalten danach einzurichten. Wenn Verkehrslage und Fahrwasserverhältnisse es als geboten erscheinen lassen, empfiehlt sich die angezeigte Fahrwasserseite auch Kleinfahrzeugen.

Gebot, auf die Fahrwasserseite hinüberzufahren,

 die an Bb

 die an Stb

des Fahrzeuges liegt.

Gebot, die Fahrwasserseite zu halten,

 die an Bb

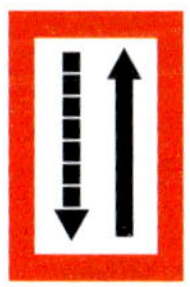 die an Stb

des Fahrzeuges liegt.

Gebot, das Fahrwasser

 nach Bb

 nach Stb

zu überqueren.

Hinweise:
Sog und Wellenschlag vermeiden siehe Fragen 228 bis 232.
Wendeplatz siehe Frage 242.
Schallsignale beim Wenden siehe Fragen 189 und 190.
Schallzeichen Ein-/Ausfahrt siehe Fragen 193 und 194.
Überholverbote siehe Fragen 238 und 239.
Queren siehe Frage 73.
Geschwindigkeit siehe Fragen 232 und 236.

Vorschriften:
§§ 6.08, 6.11, 6.12, 6.13, 6.16, Anlage 7 (Schifffahrtszeichen)

14. Verhalten bei unsichtigem Wetter

14.1 Definition

244 **Was bedeutet der Begriff „unsichtiges Wetter"?**	Antwort: ●● **Sichtbeeinträchtigung durch Nebel, Schneefall, starken Regen oder ähnliche, die Sicht beeinträchtigende Umstände.**

Zu Frage 244:

Vorschrift:
§ 1.01 Nr. 23

14.2 Maßnahmen bei unsichtigem Wetter, Teilnahme am Binnenschifffahrtsfunk

245 **Unter welchen Bedingungen darf bei unsichtigem Wetter die Fahrt beibehalten werden?**	Antwort: ●●● **Das Fahrzeug muss mit einer für die Binnenschifffahrt zugelassenen funktionsfähigen Radaranlage und einer Sprechfunkanlage für den Binnenschifffahrtsfunk ausgerüstet und der Schiffsführer im Besitz eines Radarpatents sowie eines gültigen Sprechfunkzeugnisses sein.**

246 **Welcher Befähigungsnachweis ist zur Teilnahme am Binnenschifffahrtsfunk erforderlich?**	Antwort: ● **Das UKW-Sprechfunkzeugnis für den Binnenschifffahrtsfunk (UBI).**

247 **Was ist zu veranlassen, wenn während der Fahrt unsichtiges Wetter eintritt?**	Antwort: ●●● • **Ohne Radar und Sprechfunk die Fahrt unverzüglich einzustellen.** • **Lichter einschalten.** • **Liegeplatz oder Hafen aufsuchen.** • **Geschwindigkeit den Sichtverhältnissen anpassen.**

Zu Fragen 245 bis 247:
Mit unsichtigem Wetter ist zu bestimmten Jahreszeiten stets zu rechnen. Deshalb sollte zu Beginn eines Segeltages der aktuelle Wetterbericht eingeholt werden.

Tritt während der Fahrt unsichtiges Wetter auf,
- muss mit sicherer Geschwindigkeit gefahren werden;
- müssen die Fahrtlichter gesetzt werden;
- muss Ausguck auf dem Vorschiff gehalten werden;
- müssen Nebelschallsignale während der Fahrt und beim Stillliegen im Fahrwasser oder in dessen Nähe gegeben werden;
- muss Funkkanal 10 auf Empfang geschaltet sein und vor allem auf die Radartalfahrer-Schallsignale geachtet werden.

Bei Sichtweiten unter 800 m ist die Fahrt grundsätzlich einzustellen, da sie nicht mehr ohne Gefahr fortgesetzt werden kann. Dies ist bereits der Fall, wenn beide Ufer nicht mehr gleichzeitig auszumachen sind. Ist ein Hafen nicht mehr rechtzeitig zu erreichen und auch kein sicherer Liegeplatz und fasst zudem der Anker nicht, muss am Ufer festgemacht werden. Die Fahrrinne ist soweit wie möglich freizumachen.

Fahrzeuge, ausgenommen Kleinfahrzeuge, die im Fahrwasser oder in dessen Nähe außerhalb der Häfen oder der festgelegten Liegestellen stillliegen, müssen, wenn sie einen langen Ton von einem herankommenden Fahrzeug vernehmen, die **Nebelschallzeichen** entsprechend der Tabelle auf Seite 145 geben.

Die dreimal hintereinander von Radartalfahrern gegebenen drei aufeinander folgenden Töne von verschiedener Höhe (sogenanntes Dreitonsignal) sind zurzeit aufgrund einer vorübergehenden Anordnung zu Erprobungszwecken abgeschafft worden. Radartalfahrer warnen über Funk und sind auf dem Radarschirm der anderen Fahrzeuge auszumachen.

Schallzeichen bei unsichtigem Wetter			**Bedeutung**	**Vorschrift**
einzeln fahrende Fahrzeuge und Verbände, außer Radartalfahrer	▬	ein langer Ton, längstens jede Minute wiederholt	„Achtung"	§ 6.33
stilliegende Fahrzeuge	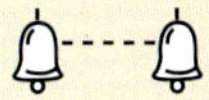	eine Gruppe von Glockenschlägen, längstens jede Minute wiederholt	„ich liege auf der linken Seite des Fahrwassers"	§ 6.31
		zwei Gruppen von Glockenschlägen, längstens jede Minute wiederholt	„ich liege auf der rechten Seite des Fahrwassers"	
	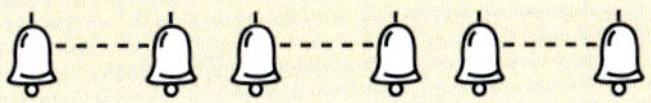	drei Gruppen von Glockenschlägen, längstens jede Minute wiederholt	„meine Lage ist unbestimmt"	

UKW-Sprechfunkzeugnis für den Binnenschifffahrtsfunk

Es dürfen nur **Sprechfunkanlagen** eingebaut und benutzt werden, die zugelassen und genehmigt sind. Eine Person an Bord muss im Besitz des UKW-Sprechfunkzeugnisses für den Binnenschifffahrtsfunk (UBI) sein, damit sie die Sprechfunkanlage bedienen kann; fehlt diese Person, darf die Anlage nicht benutzt werden.

Das UBI wird im Auftrag des BMVBS von den Sportverbänden DMYV und DSV ausgestellt, die hierfür besondere Prüfungsausschüsse eingerichtet haben.

Hinweis:
Benutzung der Sprechfunkanlage bei Hochwasser siehe Erläuterungen zu Fragen 39 bis 43.
Definition „unsichtiges Wetter" siehe Frage 244.
Nebelschallsignal bei Radarfahrt siehe Frage 248.
Sonstige Schallsignale siehe Fragen 181 bis 197.

Vorschriften:
§§ 1.01 Nrn. 22 und 23, 1.10 Nr. 1, 4.05, 6.30, 6.32, 6.33, 6.34, Anlage 6

14.3 Radarfahrt

248
Was bedeutet „Radarfahrt"?

Antwort:
Eine Fahrt bei unsichtigem Wetter mit Radar.

Zu Frage 289:
Die Fortsetzung der Fahrt unter **Radarhilfe** ist nur mit einem für die Binnenschifffahrt zugelassenen Radargerät und auch nur dann gestattet, wenn sich eine Person mit Radarpatent am Ruderstand aufhält. Während der Fahrt ohne Radarortung muss jedes Fahrzeug in Abständen von längstens einer Minute als Nebelzeichen **einen langen Ton** (▬) geben. Da Kleinfahrzeuge generell ausweichpflichtig sind, brauchen sie den langen Ton nicht zu geben.

II. Seemannschaft

1. Sicherheitsausrüstung

1.1 Nautische und technische Ausrüstung

249 ●●●

Welche sind die wichtigsten Ausrüstungsgegenstände eines Sportbootes (sechs Beispiele)?

Antwort:
Wurfleinen, Feuerlöscher, rote Flagge, Taschenlampe, Kappmesser oder Axt, Bootshaken, Festmacheleinen, Werkzeug, Schleppleine, mind. ein Anker, zwei Paddel, Rettungswesten, Verbandskasten, Schöpfeimer, Rettungsring.

Zu Frage 249:
Bei der genannten Ausrüstung (vgl. auch Übersicht Seite 147) handelt es sich um jene, die mindestens an Bord sein sollte, um die Sicherheit der an Bord befindlichen Personen und der Schifffahrt zu gewährleisten und die Verpflichtungen aufgrund der Verkehrsvorschriften erfüllen zu können.
Das Mitführen dieser Sicherheitsausrüstung ist auch eine Vorsichtsmaßnahme, welche die allgemeine Sorgfaltspflicht und die Übung der Schifffahrt gebietet (§ 1.04).

Hinweis:
Zur allgemeinen Sorgfaltspflicht siehe Fragen 5 und 6.

Vorschrift:
§ 1.08

1.2 Feuerlöscher, Rauchmelder, Brandbekämpfung

250 ●

Welche Feuerlöscher sind für den Einsatz an Bord zweckmäßig?

Antwort:
ABC-Pulverlöser

251 ●

Welche Feuerlöscher sind für Sportboote geeignet?

Antwort:
Feuerlöscher für die Brandklassen A, B und C.

252 ●●

Wie ist die Einsatzfähigkeit eines Feuerlöschers zu gewährleisten?

Antwort:
Wartungsintervalle einhalten und sich mit der Handhabung des Gerätes vertraut machen.

Sicherheitsausrüstung

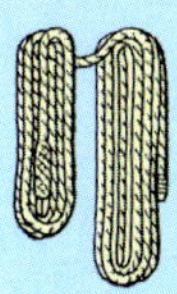	Wurfleine	zur Übergabe der Festmache- oder Schleppleine bei größeren Entfernungen zum Anleger oder zum Freischleppen des Bootes nach Festfahren
	Festmacheleinen	in genügender Anzahl und in verschiedenen Längen, um das Boot sicher festmachen zu können
	Schleppleine	zum Schleppen bei Motorausfall, Ruderschaden usw.
	Feuerlöscher	zur Brandbekämpfung siehe Frage 254
	rote Flagge	zur Anzeige von Notsituationen siehe Fragen 289 bis 292
	Taschenlampe	als Notbeleuchtung bei Ausfall der Energieversorgung, zur Fehlersuche an schlecht beleuchteten Stellen, notfalls zum Geben von Lichtzeichen
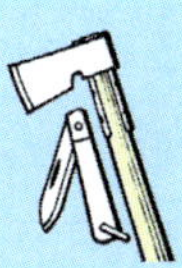	Kappmesser oder Axt	zum Kappen beklemmter Leinen im Notfall, z.B. beim Schleusen

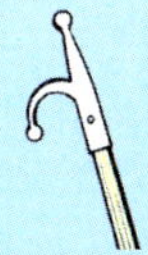	Bootshaken	zum Abhalten oder Heranziehen des Bootes beim Anlegen, zum Abdrücken beim Ablegen, zum Bergen von Gegenständen
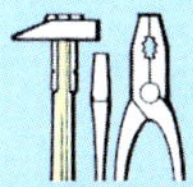	Werkzeug	für Reparaturen, zum Auswechseln von Verschleißteilen
	Anker	mit Kettenvorlauf und Leine siehe Fragen 76 bis 79
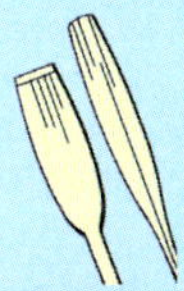	Riemen, Paddel	um das Boot im Schadensfall aus dem Fahrwasser zu bringen, zur Richtungskorrektur beim Treiben im strömenden Gewässer, zur Fortbewegung des Beibootes (siehe Frage 56)
	ohnmachtssichere Rettungsweste	für jede an Bord befindliche Person; zu den Anforderungen siehe Frage 255 sowie III. Abschnitt 4
	Erste-Hilfe-Kasten	zur Behandlung von Verletzungen
	Schöpfeimer, Ösfass	zur Leerung der Bilge bei übergekommenen Wellen bzw. Spritzwasser, notfalls auch zur Brandbekämpfung
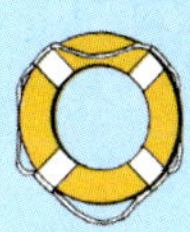	Rettungsring	mit Wurfleine zur Rettung bei Mensch-über-Bord siehe Seiten 256 und 257

253
Durch welche technische Einrichtung kann auf ein Feuer aufmerksam gemacht werden?

Antwort:
Durch einen Rauchmelder.

254
Wie kann ein an Bord ausgebrochener Brand am wirkungsvollsten bekämpft werden?

Antwort:
Durch den richtigen Einsatz eines Feuerlöschers und/oder einer Löschdecke.

Zu Fragen 250 bis 254:
Ein Brand an Bord bringt die Bootsbesatzung in akute Gefahr. Wenn es nicht gelingt, den Brand schon bei der Entstehung zu löschen, ist das Fahrzeug ohne fremde Hilfe meistens nicht mehr zu retten. Deshalb sollte der Bootsbesitzer anstreben, das Brandrisiko durch richtiges Verhalten und durch die Ausrüstung mit Brandbekämpfungseinrichtungen zu verringern. Dies ist eine Vorsichtsmaßnahme, die die allgemeine Sorgfaltspflicht erfordert (§ 1.04).
Zur Mindestausrüstung von Sportbooten mit Motor, Koch- und/oder Heizeinrichtungen gehören ein oder mehrere tragbare Feuerlöscher (Handfeuerlöscher).
Die Größe und Anzahl der Feuerlöscher und damit die Löschmenge müssen nach Bootsgröße, nach Bootsmotor (Außen- oder Inbordmotor) und seiner Leistung (kW/PS) sowie der Ausrüstung mit Koch- und Heizeinrichtungen bemessen sein. Empfohlen werden ABC-Pulver- und CO_2-Löscher für die Anwendung in allen Bereichen.
Handfeuerlöscher sind an gut zugänglicher Stelle in Halterungen zu befestigen und alle zwei Jahre durch Sachkundige zu überprüfen, auch wenn der Feuerlöscher nicht eingesetzt wurde. Überprüfung und Füllung müssen ferner nach jedem Einsatz erfolgen. Die Anbringung an Bord sollte speziellen Brandgefahrstellen entsprechend gewählt werden, z. B. Kochstelle, Zugang zum Maschinenraum.
Es ist darauf zu achten, dass der Feuerlöscher eine Prüfplakette besitzt. Daraus ergibt sich die Reihenfolge der zweijährigen Prüftermine.
Je früher ein Brand entdeckt wird, umso größer sind die Chancen für die erfolg-

Feuerlöscher

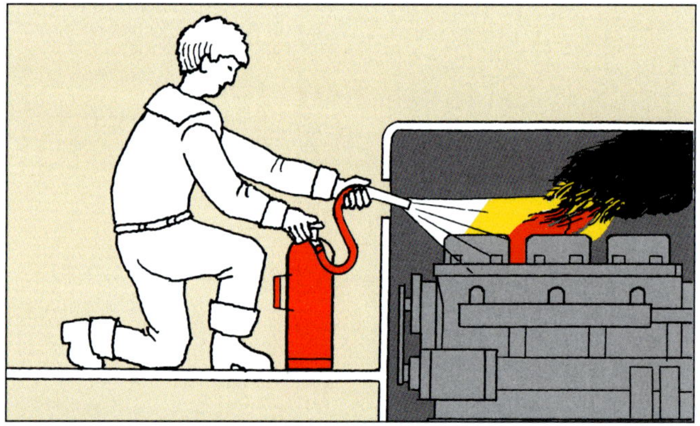
Wie man den Löschstrahl bei Brand im abgeschlossenen Motorraum ansetzt, wenn ein Durchlass vorhanden ist

Bei Brandbekämpfung am Achterschiff das Boot unbedingt in den Wind legen

reiche Bekämpfung. Ein Brandmelder ist daher zur wirkungsvollen präventiven Brandbekämpfung am effektivsten.
Ein Brand kann an Geruch, außergewöhnlich hohen Temperaturen, Rauch und Verfärbung von Farbe ausgemacht werden. Kajüt- und Motorbrände sind besonders gefährlich, weil sich das Feuer dort leichter ausbreiten kann und an den Brandherd oftmals schlecht heranzukommen ist. Bei der kleinsten Verfärbung von Farbe an der Wand sollte sofort der Ursache nachgegangen werden.
In den meisten Fällen sind Defekte an darunter verlaufenden elektrischen Leitungen die Ursache.

Für die Brandbekämpfung wichtig

- Handhabung und Funktion des Feuerlöschers müssen bekannt sein; im Ernstfall bleibt keine Zeit, die Betriebsanleitung zu Rate zu ziehen.
- Sämtliche Öffnungen nach außen sofort schließen.
- Bei laufendem Vergasermotor sowie bei Koch- und Heizeinrichtungen Brennstoffzufuhr unterbinden und Lüftungsöffnungen schließen.
- Fahrzeug stoppen oder in den Wind legen, damit der Funkenflug außenbords geht.
- Gegen starken Rauch notfalls durch ein feuchtes Tuch Mund und Nase schützen.
- Feuerlöscher erst am Brandherd betätigen und Feuer möglichst von unten bekämpfen, also möglichst unmittelbar auf glühende Teile halten, aus denen die Flammen entstehen.
- Zusätzlich Brand mit Wasser bekämpfen, ausgenommen ein Brand in Verbindung mit stromführenden Teilen.
- Kleinere Brände sofort mit einer speziellen Feuerlöschdecke ersticken; Personen, auf die Flammen übergegriffen haben, zur Not eine Wolldecke überwerfen.

Brandverhütung ist leichter als Brandbekämpfung!

Hinweise:
Empfehlungen für die sicherheitstechnische Ausrüstung von Wassersportfahrzeugen und Brandschutz sind beim DMYV und DSV erhältlich; siehe auch Frage 249.
Zur Wartung der Feuerlöscher siehe Frage 259.
Zur Brandbekämpfung siehe vor allem Fragen 293 und 294.
Zur allgemeinen Sorgfaltspflicht siehe Fragen 5 und 6.

Vorschrift:
§ 1.08

1.3 Rettungswesten

255

Welche Anforderungen müssen an CE-gekennzeichnete Rettungswesten gestellt werden?

Antwort: ●●
Sie müssen ohnmachtssicher sein, das heißt, dass sie den Kopf einer bewusstlosen Person über Wasser nach oben halten und stets die Rückenlage garantieren.

Zu Frage 255:
Die Sicherheit und die allgemeine Sorgfaltspflicht erfordern, dass für jede Person an Bord eine Rettungsweste vorhanden ist. Wichtig ist, dass sie eine ohmachtssichere Rückenlage gewährleistet, dass sie also selbsttätig das Gesicht (Mund und Nase) eines Erschöpften und Bewusstlosen innerhalb von **fünf Sekunden aus dem Wasser hebt und über Wasser halten muss.** Derartige Rettungswesten sind jedoch nur für die gewerbliche Schifffahrt vorgeschrieben.
Nicht alle Rettungswesten auf Wassersportfahrzeugen erfüllen diese Voraussetzungen. Deshalb ist darauf zu achten, dass die Rettungsweste gemäß der fraglichen Klasse nach der EN-Norm (siehe

Teil III, Abschnitt 4) **mit einem CE-Zeichen gekennzeichnet** ist, da in diesem Fall ihre Ohnmachtsicherheit gewährleistet ist. Kinder und Nichtschwimmer sollten stets Rettungswesten tragen.
In die Handhabung der Rettungswesten sind alle Personen an Bord einzuweisen. Es empfiehlt sich im Übrigen, Rettungswesten alle zwei Jahre auf ihre Einsatzbereitschaft überprüfen zu lassen (siehe auch Bedienungsanleitung).
Ohnmachtssichere Rettungswesten gibt es sowohl als Feststoffwesten als auch als aufblasbare Rettungswesten, Letztere mit automatischem Aufblasmechanismus.

Hinweise:
Zur Ausrüstungspflicht siehe Frage 249.
zur Handhabung siehe Teil III, Praktische Prüfung, Abschnitt 4, Anlegen einer Rettungsweste.

Vorschriften:
§§ 1.04, 1.08

1.4 Sonstige Ausrüstung

256

Weshalb sollten auf einem kleinen Boot unbedingt Paddel mitgeführt werden?

Antwort: ●
Damit im Notfall das Boot bewegt, insbesondere die Fahrrinne freigemacht werden kann.

Zu Frage 256:
Ist der Außenbordmotor ausgefallen und das Boot manövrierunfähig, ist es zur Abwehr von Gefahren und für die Sicherheit des Verkehrs erforderlich, so schnell wie möglich das Fahrwasser freizumachen. Fahrzeuge der Berufsschifffahrt, insbesondere Schub- und Schleppverbände, könnten sonst zu gefährlichen Ausweichmanövern gezwungen werden – oder man setzt sich selbst der Kollisionsgefahr aus.

Hinweise:
Zur Ausrüstungspflicht siehe Frage 249,
zur allgemeinen Sorgfaltspflicht siehe Fragen 5 und 6.

257

Welchen Vorteil bietet ein Radarreflektor auf einem Sportboot?

Antwort: ●
Bessere Erkennbarkeit auf Radarbildschirmen.

Zu Frage 257:
Zur Kollisionsverhütung gilt es vor allem, die Ortung des eigenen Fahrzeugs auf den Radargeräten der in der Nähe befindlichen Berufschiffe zu ermöglichen. Das wird erreicht durch einen Radarreflektor (siehe Abbildungen auf Seite 151). Auch das Fahrzeug selbst gibt in der Regel ein klares Radarecho ab, wenn es sich in einer waagerechten Schwimmlage befindet.
Ein Radarreflektor ist besonders auf Kunststoff- und Holzbooten wichtig.

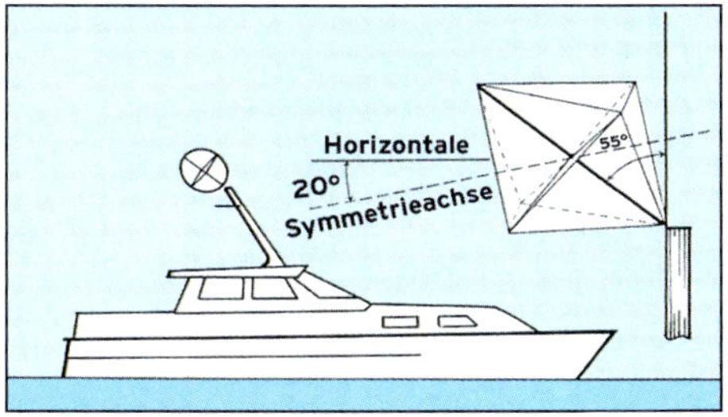

Sechserstellung für Motoryachten

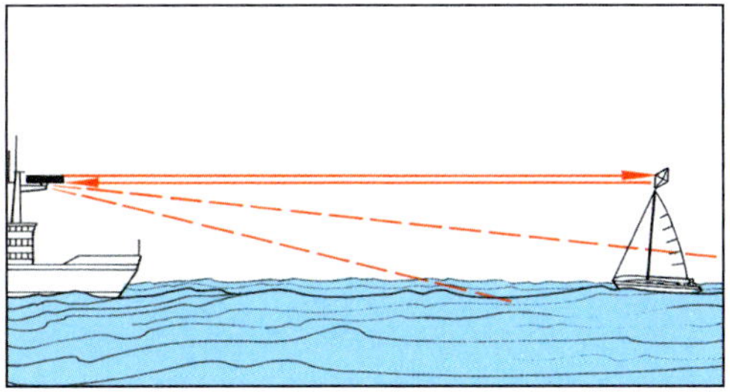
Peilung des Sportfahrzeuges durch Fahrzeuge der Berufsschifffahrt

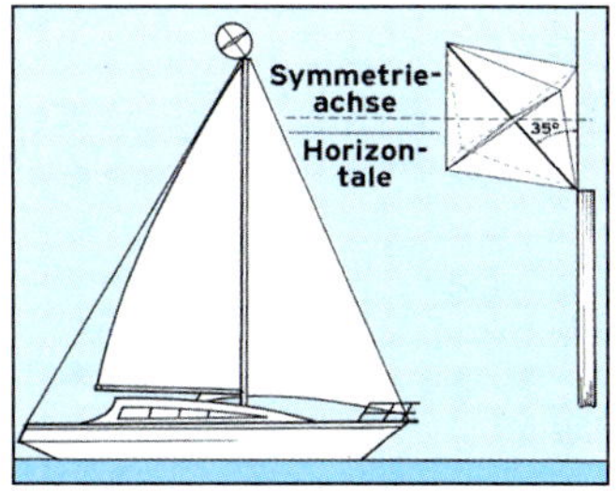

Yachtstellung für Segelyachten

258
Welche Löschmittelmenge sollte ein Feuerlöscher auf einem Sportboot haben?

Antwort:
Mindestens 2 kg.

●

259
Woran erkennen Sie, wann ein Feuerlöscher zu warten ist?

Antwort:
An der Prüfplakette.

●

Zu Fragen 258 und 259:
Nur ein regelmäßig gewarteter Feuerlöscher bietet die Gewähr, im Brandfall einsatzbereit zu sein. Welche Löschmenge an Bord erforderlich ist, hängt von der Größe des Sportbootes ab (siehe Erläuterungen zu Fragen 250 bis 254).

Hinweis:
Zur Ausrüstungspflicht, insbesondere mit Feuerlöschern, siehe Frage 249.
Zur allgemeinen Sorgfaltspflicht siehe Fragen 5 und 6.

2. Technische Einrichtung

2.1 Stromversorgung

260
Was ist bei Installation einer Landstromversorgung an Bord besonders zu beachten?

Antwort:
Die Installation muss von einem zugelassenen Betrieb vorgenommen und vom Bordnetz klar erkennbar getrennt sein.

● ●

261
Welche Vorkehrungen müssen bei Bord- und Landstromversorgung an Bord gegeben sein?

Antwort:
Es muss eine klare einwandfreie Erkennbarkeit der unterschiedlichen Stromversorgung an Bord vorhanden sein.

●

262
Welche Vorkehrung muss gegen Stromschlag in der Landstromversorgung unbedingt installiert sein?

Antwort:
Ein Fehlerschutzschalter.

Zu Fragen 206 bis 262:
Die Stromversorgung an Bord wirft häufig Probleme auf. Gerade bei kleinen Segelyachten wird die elektrische Ausrüstung seitens der Werften oft stiefmütterlich behandelt. Eine aufwändige Installation ist arbeitsintensiv und damit teuer.

Solange die Bordanlage mit 12 oder 24 Volt arbeitet, ist die Sicherheit der Besatzung nicht direkt gefährdet. Unsachgemäß verlegte Leitungen können jedoch den Kompass beeinflussen; zu dünne Leiterquerschnitte vermindern die Leuchtkraft der Navigationslichter; mangelhafte Verbindungen erzeugen Kriechströme, die die Batterie entleeren, sodass unter Umständen das Bordnetz im entscheidenden Moment zusammenbricht.
Ein Eigner, der seine E-Anlage ohne entsprechende Sachkenntnis verbessern möchte, erhöht den Grad der Wahrscheinlichkeit solcher Mängel.
Die Landanschlüsse in Yachthäfen zu benutzen, bedeutet Lebensgefahr, wenn die betreffenden Teile der Bordanlage unsachgemäß installiert sind.
Deshalb muss die Installation für eine Landstromversorgung an Bord von einem Fachmann vorgenommen werden, der einen Fehlerschutzschalter (FI-Schalter) installiert und die unterschiedliche Stromversorgung an Bord kenntlich macht.

Hinweis:
Siehe zum Betrieb der Batterien an Bord Fragen 268 bis 271.

2.2 Flüssiggasanlagen

263
Warum ist Flüssiggas (Propan, Butan) an Bord besonders gefährlich?

Antwort:
Beide Gase sind schwerer als Luft und bilden mit Luft ein explosives Gemisch.

264
Was ist bei Flüssiggasanlagen an Bord zu betrachten?

Antwort:
Die Anlage muss durch einen zugelassenen Betrieb entsprechend den Richtlinien eingebaut sein. Zur Sicherheit muss die Anlage alle zwei Jahre durch einen zugelassenen Sachkundigen überprüft werden.

265
Was ist zu tun, wenn Flüssiggas in das Innere des Bootes gelangt?

Antwort:
- **Gaszuführung absperren,**
- **für Lüftung sorgen,**
- **keine elektrischen Schalter betätigen,**
- **Funk oder Mobiltelefone nicht benutzen.**

266

Wo und wie sind Reservegasflaschen (Propan, Butan) aufzubewahren?

Antwort:
Auf Deck festgezurrt an einem gut belüfteten Ort, niemals unter Deck. Sie dürfen Hitze oder Sonneneinstrahlung nicht ausgesetzt sein.

267

Welche Unterlagen benötigt man für eine Flüssiggasanlage?

Antwort:
Die Bescheinigung für „Flüssiggasanlagen auf Sportbooten" und den Vermerk der regelmäßigen Wartung.

Zu Fragen 263 bis 267:
Frei gewordene Gase sinken im Boot unter Umständen bis zur tiefsten Stelle ab. Ein Funke, verursacht durch das Starten des Motors oder Betätigung eines elektrischen Schalters, kann eine Explosion mit nicht absehbaren Folgen auslösen. **Aufgrund dieser Gefährlichkeit müssen die Normen für Flüssiggasanlagen zwingend eingehalten werden (Kasten).**

Empfehlungen für Flüssiggasanlagen

- Flüssiggasanlagen müssen von einem ermächtigten Sachkundigen nach den Vorschriften der DVFG (Deutscher Verband Flüssiggas e.V.) gewartet und bedient werden.
- Bei Störungen die Überprüfung durch einen Sachkundigen veranlassen.
- Mindestens alle zwei Jahre die Gesamtanlage durch einen Sachkundigen prüfen und Verschleißteile ersetzen lassen.
- Bei vermeintlichen Störungen und Undichtigkeiten sofort sämtliche Absperrventile schließen und Anlage außer Betrieb setzen.
- Selbst keine Reparaturen durchführen.
- Undichte Stellen niemals mit offener Flamme suchen, sondern schaumbildende Mittel verwenden.
- Bei Bränden sofort sämtliche Ventile schließen. Löschstrahl auf Austrittsstelle der Flamme richten, sodass diese abreißt.
- Beim Behälter-(Flaschen-)Wechsel im Umkreis von den Behältern nicht rauchen und nicht mit Feuer oder offenem Licht hantieren.
- Vor Inbetriebnahme der Kocheinrichtungen gut durchlüften.
- Während der Benutzung des Kochers Lüfter offen halten.
- Empfehlenswert ist eine elektrische Absperrung, die in Verbindung mit einer Gaswarnanlage installiert wird und die bei Undichtigkeiten die Gaszufuhr sofort unterbindet.
- Für neu in den Verkehr kommende Boote, die mit einer Flüssiggasanlage ausgerüstet sind, muss ein Prüfungszeugnis für die Anlage übergeben werden.

Die Verwendung von Flüssiggasanlagen auf Sportbooten ist nur dann gefährlich, wenn die Anlage schlecht installiert ist, mangelhaft gewartet wird und beim Umgang gewisse Regeln missachtet werden. Die Kreuzer-Abteilung des Deutschen Segler-Verbandes hat unter Mitwirkung des Germanischen Lloyd das Merkblatt „Flüssiggasanlagen auf Sportbooten" erstellt, das auf allen Sportbooten mit einer Flüssiggasanlage vorhanden sein und beachtet werden sollte.

Regeln für den sicheren Umgang mit Gas

- Die Gasflasche soll außerhalb der Kajüte, vorzugsweise im Heckbereich, in einem dichten Kasten untergebracht werden, der an der tiefsten Stelle einen Abfluss nach außenbords haben muss, der oberhalb der Wasserfläche mündet. Beim Flaschenwechsel darf in der Nähe kein offenes Feuer vorhanden sein und auch nicht geraucht werden.
- Kocheinrichtungen dürfen nur bei geöffneten Lüftern betrieben werden. Die Benutzung von Kocheinrichtungen zum Heizen eines Raumes ist nicht zulässig.

- Grundsätzlich sind nach jedem Betrieb die Absperrventile zu schließen, bei Anlagen mit nur einem Verbraucher auch das Flaschenventil.
- Regelmäßig Leitungen auf Leckagen überprüfen. Verdächtige Stellen sind mit schaumbildenden Mitteln zu prüfen. Riecht es nach Gas, ist das Flaschenventil zu schließen und eine Prüfung zu veranlassen.
- Beim Einwintern und der Außerdienststellung des Fahrzeugs sind die Gasbehälter von Bord zu nehmen.
- Schläuche, Druckregelgeräte, Absperreinrichtungen und andere Verschleißteile sollte man alle vier Jahre auf ihre Funktion prüfen und gegebenenfalls auswechseln.

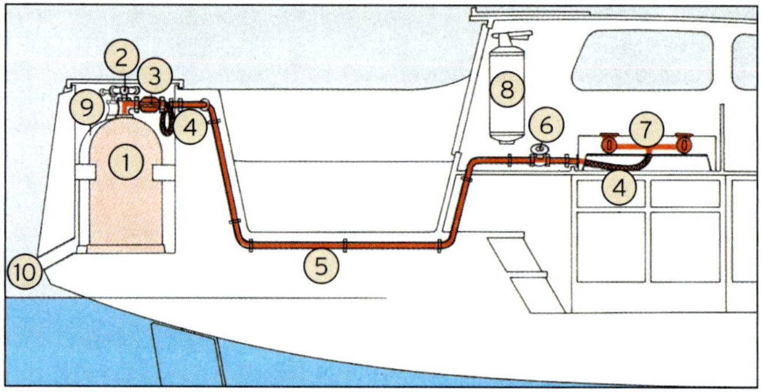

Beispiel einer zweckmäßig installierten Flüssiggasanlage

1 *Gasflasche*
2 *Umschaltventil*
3 *Sicherheitsdruckregler*
4 *gasfester Schlauch*
5 *fest installierte Leitung zum Verbraucher*
6 *Absperrventil am Verbraucher*
7 *Verbraucher*
8 *Feuerlöscher*
9 *Ersatzgasflasche*
10 *Gasablauf nach außenbords*

Hinweis:
Brandbekämpfung siehe Fragen 293 und 294.

Vorschrift:
§ 1.08

2.3 Batterien an Bord

268
Was haben Sie beim Aufladen von Batterien an Bord zu beachten?

Antwort: ●●
Ausreichende Belüftung unter Deck (Gefahr durch Gase) und fester Anschluss der Ladeleitung.

269
Wie ist die Batterien eines Bootes zu warten?

Antwort: ●●
- **Batterie trocken halten, vor Oxydation schützen,**
- **Anschlusspole fetten,**
- **Kabel fest anziehen,**
- **Säurestand prüfen.**

270
Was ist wichtig bei der Überwachung und Wartung einer Bordbatterie?

Antwort: ●●
Säurestand kontrollieren und evtl. destilliertes Wasser nachfüllen; Pole stets sauber halten und einfetten.

271
Mit welchem einfachen Gerät kann der Ladezustand der Batterie überprüft werden?

Antwort:
Mit dem Säureheber.

Zu Fragen 268 bis 271:
Das Herz eines jeden Bordnetzes ist die Batterie. Zur Versorgung der Verbraucher sollte eine Batterie benutzt werden, die so ausgelegt ist, dass ihr über einen längeren Zeitraum hinweg Strom entnommen werden kann.
Autobatterien, sogenannte Starterbatterien, eignen sich hierzu nicht; denn sie sollen beim Anlassvorgang des Motors nur kurzfristig einen hohen Startstrom abgeben. Anschließend werden sie automatisch von der Lichtmaschine wieder aufgeladen.
Für den Bordbetrieb wurden Batterien entwickelt, die bei reduziertem Gewicht gleiche Leistungen wie die alten Spezialbatterien erbringen und zudem auslaufsicher und wartungsarm sind. Es empfiehlt sich aus Sicherheitsgründen, für den Motor eine eigene Starterbatterie vorzusehen. Damit bleibt die Maschine auch dann betriebsklar, wenn eine Batterie entladen wurde.
Bordbatterien müssen bis zu einem Neigungswinkel von 50 Grad kippsicher sein, das heißt, es darf bei dieser Krängung keine Batterieflüssigkeit auslaufen.
Der Ladezustand der Bordbatterie wird mit dem Säureheber überprüft – er gehört zur Ausrüstung. Wird die Batterie geladen, besteht die Gefahr der Gasbildung (Knallgas). Der Batterieraum muss deshalb während des Ladens und danach ausreichend belüftet werden. Dies gilt nicht für hermetisch abgeschlossene Batterien.
Eine moderne Gel-Batterie ist wartungsfrei und kippsicher. Das Nachfüllen von destilliertem Wasser wie bei der konventionellen Batterie (Blei-Akku) erübrigt sich.
Batterien sollen in Fahrtrichtung stehen und so gehaltert sein, dass sie bei Lage nicht über Stag gehen können. Sie sind außerdem durch eine nicht leitende Platte abzudecken, um die Anschlüsse und Zellenverbinder zu schützen. Die Schränke und Kästen, in denen sie untergebracht sind, müssen gut belüftet werden, damit sich kein zündfähiges Gasgemisch bilden kann. Im Maschinenraum sollen Batterien nur untergebracht werden, wenn die maximale Raumtemperatur 50 °C nicht übersteigt.

Hinweis:
Zur Stromversorgung siehe Fragen 260 bis 262.

3. Tauwerk/Seemännische Knoten

3.1 Anforderungen und Eigenschaften des Tauwerks

272
Welche Anforderungen werden an Tauwerk gestellt, das als Festmache-, Anker- und Schleppleine dient?

Antwort:
Hohe Bruchlost, große Elastizität.

273
Welchen Vorzug hat geflochtenes Tauwerk gegenüber geschlagenem?

Antwort:
Geflochtenes Tauwerk ist geschmeidiger.

274 ●●

Wofür ist schwimmfähiges Tauwerk
1. **vorteilhaft?**
2. **ungeeignet?**

Antwort:
1. **Für Wurfleinen und Sorgleinen an Rettungsringen.**
2. **Als Ankerleine.**

275 ●●

Wozu dient ein Takling, wozu ein Spleiß?

Antwort:
Ein Takling sichert den Tampen vor dem Aufgehen, durch einen Spleiß kann Tauwerk miteinander verbunden werden.

276 ●

Welche Richtlinien enthalten Informationen über die ausreichende Bemessung der Leinenausrüstung?

Antwort:
Die Sicherheitsrichtlinien des DMYV und des DSV.

Zu Fragen 272 bis 276:
In der Schifffahrt werden Kunstfaser- und Drahttauwerk benutzt, ganz selten auch noch Naturfaser.
Als **Kunstfasern** werden Polyamid, Polyester, Polypropylen, Polyethylen und Aramid verarbeitet (Nylon, Perlon, Dacron sind Warenzeichen), als **Naturfasern** Hanf, Manila, Sisal, Kokos, Baumwolle und als **Draht** nichtrostender Stahl.
Kunstfasertauwerk hat eine höhere Bruchfestigkeit als Naturfasertauwerk. Es quillt nicht auf und kinkt nicht, es nimmt wenig Wasser auf und verrottet nicht.
Die Dicke des Tauwerks wird in Millimeter angegeben. Dickes Tauwerk wird als Trosse oder Leine, dünnes Tauwerk als Takelgarn oder Bändselgut bezeichnet.

Art des Tauwerks	Eigenschaften	Verwendungszweck
geflochtenes Tauwerk	- große Geschmeidigkeit - dehnbar	- für Schoten
geschlagenes Tauwerk	- geringe Dehnung - hohe Elastizität - große Festigkeit (reißfest)	- vorgereckt für Fallen - nicht vorgereckt für Festmacher, Schleppleinen usw.
Drahttauwerk	- keine Dehnung - hohe Bruchfestigkeit - keine Korrosion (Niro)	- für Stagen und Wanten - in flexibler Ausführung für Fallen

3.2 Seemännische Knoten

277 ●●●

Welche drei Anforderungen müssen seemännische Knoten erfüllen?

Antwort:
Seemännische Knoten müssen
1. **sich einfach und schnell stecken lassen,**
2. **zuverlässig halten,**
3. **sich im entlasteten Zustand leicht lösen lassen.**

Knoten, Spleiße, Taklings und ihre Anwendung	
	**Achtknoten** verhindert das Ausrauschen eines Endes durch einen Block Frage 281
	**Belegen einer Klampe** mit Kopfschlag Fragen 278 und 285
	**Kopfschlag** als Slip nur zum vorübergehenden Festmachen Frage 285
	**Kreuzknoten** verbindet zwei gleich starke Enden Frage 282
	**Palstek** ermöglicht Festmachen am Poller oder Pfahl oder Bergen und Sichern von Personen durch ein sich nicht zuziehendes Auge Frage 286
	**Roringstek** zum Belegen eines Endes an einem Ring oder an einer Stange Fragen 278 und 283
	**Rundtörn mit zwei halben Schlägen** zum Belegen eines Endes an einem Ring oder an einer Stange Fragen 278 und 283

Knoten, Spleiße, Taklings und ihre Anwendung	
	**Einfacher Schotstek** verbindet zwei unterschiedlich dicke Enden Frage 279
	**Doppelter Schotstek** verbindet zwei sehr unterschiedlich dicke Enden, die starkem Zug ausgesetzt sind Frage 279
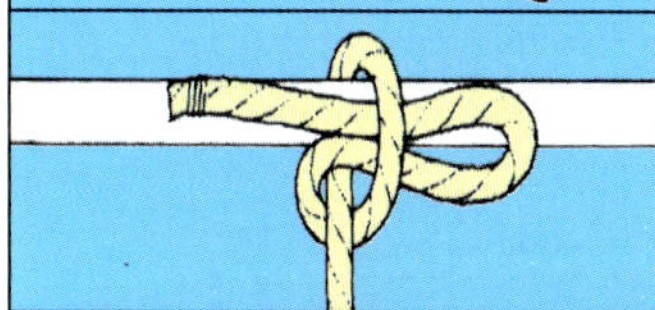	**Slipstek** vorübergehendes Befestigen der Fender an Reling oder Handlauf in Verbindung mit einem Webeleinenstek Frage 284
	**Stopperstek** zum Belegen der Vorleine an einer durchlaufenden Schlepptrosse so, dass sie bei Zug nicht abrutscht Frage 280
	**Webeleinenstek** zum Belegen eines Endes an einem Pfahl oder Poller sowie Befestigen von Fendern Frage 284
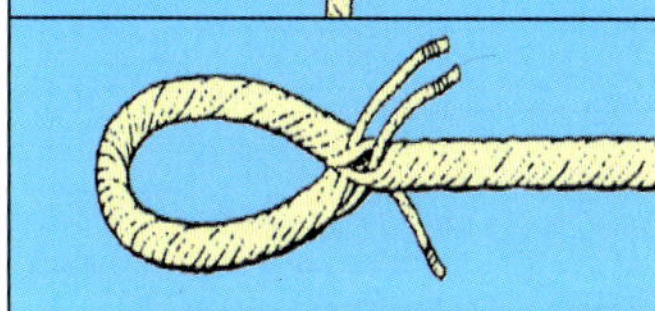	**Spleiß** dauerhafte Verbindung von geschlagenem Tauwerk Erl. Seite 159
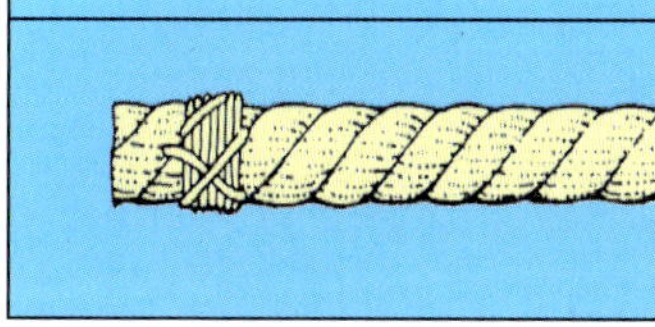	**Takling** sichert das Ende des Tampens vor dem Aufdrehen Erl. Seite 159

278

Wie wird an
1. **einer Klampe?**
2. **einem Pfahl?**
3. **einem Ring?**

belegt?

Antwort:

Es wird an
1. **einer Klampe mit Kreuzschlägen und Kopfschlag,**
2. **einem Pfahl mit Webeleinenstek oder Palstek,**
3. **einem Ring mit Roringstek oder mit Rundtörn und zwei halben Schlägen**

belegt.

279

Wozu dient der Schotstek?

Antwort:

Mit dem Schotstek werden zwei ungleich starke Enden miteinander verbunden.

280

Mit welchem Knoten wird die Vorleine an einer durchlaufenden Schlepptrosse belegt?

Antwort:

Mit dem Stopperstek.

281

Mit welchem Knoten wird das Ausrauschen eines Endes verhindert?

Antwort:

Mit dem Achtknoten.

282

Wozu dient der Kreuzknoten?

Antwort:

Mit dem Kreuzknoten werden zwei gleich starke Enden miteinander verbunden.

283

Wozu dient der Rundtörn mit zwei halben Schlägen?

Antwort:

Zum Festmachen an einem Ring oder einer Stange.

284

Wozu dient der Webeleinenstek?

Antwort:

Der Webeleinenstek wird zum Belegen am Pfahl oder Poller verwendet sowie zum Befestigen der Fender an Reling oder Handlauf (in Verbindung mit einem Slipstek).

285
Wozu dient der Kopfschlag?

Antwort: ●
Zum Sichern der Leine beim Belegen der Klampe.

286
Wozu dient ein Palstek?

Antwort: ●
Zum Schlagen eines sich nicht zuziehenden Auges, zum Festmachen am Poller oder Pfahl und zum Bergen und Sichern von Personen.

Zu Fragen 277 bis 286:
Knoten einerseits und Spleiße und Taklings andererseits unterscheiden sich nach ihrem Verwendungszweck.
Während **Knoten** vor allem dazu dienen, beim laufenden Gut verwendetes Tauwerk zusammenzustecken oder zu befestigen, z. B. bei der Befestigung der Segel als Fallen oder Schoten bzw. als Festmacher oder Schlepptrossen, sind **Spleiße** eine bruchfeste, dauerhafte Verbindung von Faser- oder Drahttauwerk durch Verflechten der einzelnen Kardeele. Der Drahtspleiß ist weitgehend durch Presshülsen ersetzt worden. **Taklings** wendet man an, indem man einen ausgefransten Tampen mit dünnem Takelgarn umwickelt.

Einen Überblick über die verschiedenen Knoten und ihren Verwendungszweck geben die Abbildungen auf Seite 157.
Knoten und Spleiße sollten nicht nur zur praktischen Prüfung beherrscht werden; sie sind vor allem für die aktive Schiffsführung unverzichtbar, weil ohne Knoten das Schiff weder festgemacht noch geführt werden kann, insbesondere Segelboote.

Hinweise:
Siehe Teil III, Praktische Prüfung, Abschnitt 2.3 Festmachen und Abschnitt 3 Wichtige Knoten.

4. Notsituationen/Hilfeleistung bei Unfällen

4.1 Verhalten in Notsituationen

287
Welche Schallsignale sind zu geben, wenn in einer Notsituation dringend Hilfe gebraucht wird?

Antwort: ●●
Wiederholte lange Töne geben, Gruppen von Glockenschlägen.

288
Am Tage wird auf einem Fahrzeug eine rote Flagge im Kreis geschwenkt.
1. **Wie ist das Nachtsignal?**
2. **Was ist zu veranlassen?**

Antwort: ●●
1. **Statt der Flagge ein Licht kreisen.**
2. **Hilfe leisten, soweit das mit der Sicherheit des eigenen Fahrzeuges vereinbar ist, sonst Hilfe holen.**

289

Wie kann angezeigt werden, dass eine Notsituation besteht und dringend Hilfe benötigt wird?

1. **Am Tag?**
2. **Durch Schallsignal?**

Antwort: ●●

1. **Eine rote Flagge oder einen sonstigen Gegenstand im Kreise schwenken.**
2. **Wiederholte lange Töne oder Gruppen von Glockenschlägen geben.**

290

Was ist unverzüglich zu unternehmen, wenn auf dem Wasser ein Mensch in Not geraten ist?

Antwort: ●●

Wenn möglich Hilfe leisten, sonst Hilfe holen.

291

Auf einem Gewässer wird ein Segelsurfer, der auf seinem Surfbrett sitzt, immer weiter abgetrieben. Welche Verpflichtung besteht?

Antwort: ●●

Hilfe leisten, sofern dies ohne eigene Gefährdung möglich ist; sonst sofort Hilfe zu holen.

292

Welche Notsignale kann ein Segelsurfer auf Binnenschifffahrtsstraßen geben?

Antwort: ●●●

1. **Kreisförmiges Schwenken eines Arms oder eines Gegenstandes.**
2. **Fortgesetzte lange Töne mit einer Pfeife.**
3. **Langsames Heben und Senken der seitlich ausgestreckten Arme.**

Zu Fragen 287 bis 292:
Notsignale (vgl. Abb. Seite 161) dürfen nur in einer Notsituation, das heißt bei einem Notstand gegeben werden. Ein Notstand liegt vor, wenn eine gegenwärtige Gefahr für Leib und Leben von Personen besteht. In diesen Fällen ist entsprechend den gegebenen Möglichkeiten **jeder zur Hilfeleistung und zur Abwendung der Gefahr verpflichtet**, auch wenn dabei gegen andere Bestimmungen verstoßen wird („Not kennt kein Gebot"). Mit den Notsignalen soll auf den Notstand hingewiesen werden.

Notsituationen können sein:

- Wassereinbruch, Gefahr des Sinkens
- über Bord gefallene Person
- in Not geratener Schwimmer
- verletzter Wasserskiläufer in Verbindung mit manövrierunfähigem Zugfahrzeug
- Verletzte an Bord eines manövrierunfähigen Fahrzeugs
- erschöpfter und abtreibender Surfer

Hinweise:
Verhalten unter besonderen Umständen siehe Frage 6.
Hilfeleistungspflicht siehe Fragen 295 bis 298.
„Mensch über Bord" siehe Fragen 299 und 300.

Vorschriften:
§§ 1.05, 1.16,
§§ 35, 323c StGB

Notzeichen bei Tag: rote Flagge oder sonstiger Gegenstand im Kreis geschwenkt

Notzeichen bei Nacht: ein Licht, das im Kreis geschwenkt wird

Notsignal: wiederholte lange Töne

Notsignal: Gruppe von Glockenschlägen

4.2 Brandbekämpfung

293
Welche Maßnahmen sind zu ergreifen, um einen Brand wirksam zu bekämpfen?

Antwort: ●●●
Luftzufuhr vermeiden bzw. unterbinden (Feuerlöschdecke). Feuerlöscher erst am Brandherd in Tätigkeit setzen. Brand von unten bekämpfen.

294
Was ist zu unternehmen, wenn der Motor brennt?

Antwort: ●●●
Brennstoffzufuhr unterbrechen, Getriebe auskuppeln, Vollgas geben, um Leitungen und Vergaser leer zu fahren, Motor bzw. Vergaser abdecken, um Brand zu ersticken, mit Feuerlöscher Brand bekämpfen.

Zu Fragen 293 und 294:
Welche Maßnahmen am wirkungsvollsten zur **Brandbekämpfung** ergriffen werden können, hängt von den Umständen des Einzelfalls ab. Entscheidend hierfür sind der Brandherd und die Brandursache: Motorbrand, Verpuffung von Gas der Flüssiggasanlage oder undichter Zuleitungen, verschütteter Treibstoff beim Tanken an Deck oder in der Bilge, Entzündung der Kajüte als Folge eines Blitzeinschlags oder einer in Brand geratenen Koch- oder Heizeinrichtung.

Wichtige Sofortmaßnahmen: Luftzufuhr vermeiden oder unterbinden, indem alle Lüftungsöffnungen geschlossen werden, oder Fahrzeug in den Wind legen, sodass Rauch und Flammen außenbords wehen, und Brennstoffzufuhr absperren. Zur Bekämpfung im Einzelnen und zum Einsatz des Feuerlöschers siehe Erl. zu Fragen 250 bis 254.

Ein **Brand am Motor** ist in der Regel mit dem Austritt von Kraftstoff verbunden. Mit der sofortigen Unterbrechung der Kraftstoffzufuhr kann vielfach dem Feuer die Nahrung entzogen werden. Durch Auskuppeln und Vollgas geben wird der Treibstoff in den Leitungen verbraucht.
Zum Abdecken von Motor bzw. Vergaser sollten mit Wasser getränkte Abdeckmittel (beispielsweise Decken) verwendet werden. Kommt das Feuer nicht zum Erliegen, muss der Brand mit einem Feuerlöscher bekämpft werden.

Hinweise:
Feuerlöscher und Brandbekämpfung siehe Fragen 250 bis 254.
Hilfeleistungspflicht siehe Fragen 295 bis 298.
Motor- und Antriebsarten siehe Fragen 404 und 405.
Kraftstoffabsperrventil siehe Fragen 429 bis 433.

4.3 Hilfeleistung bei Unfällen

295
Wozu ist der Schiffsführer jedes Fahrzeuges verpflichtet, wenn sich in seiner Nähe ein Unfall ereignet?

Antwort: ●●●
Jeder Schiffsführer ist verpflichtet, unverzüglich Hilfe zu leisten, soweit das mit der Sicherheit des eigenen Fahrzeuges zu vereinbaren ist.

296
Wozu ist der Schiffsführer verpflichtet, wenn er an einem Unfall beteiligt ist?

Antwort: ●●●
Er ist zur Hilfeleistung und als Beteiligter verpflichtet, die Feststellung seiner Person, seines Fahrzeuges und die Art der Beteiligung zu ermöglichen.

297
Wie hat sich der Schiffsführer bei einem Unfall mit drohender Gefahr für die Sicherheit der an Bord befindlichen Personen zu verhalten?

Antwort: ●●
Der Schiffsführer muss alle Maßnahmen treffen, die zur Abwehr der Gefahr erforderlich sind.

298
Was ist nach einem Zusammenstoß zu unternehmen?

Antwort: ●●●
Grundsätzlich Erste Hilfe leisten, Fahrzeug aus dem Fahrwasser bringen, Wasser- und Schifffahrtsverwaltung oder Wasserschutzpolizei verständigen.

Fragen 295 bis 298:
Neben der moralischen **Verpflichtung zur Hilfeleistung** bei Unglücks- oder Notfällen besteht auch eine gesetzliche Verpflichtung, deren Missachtung strafrechtlich sanktioniert ist (§ 323c StGB). Daraus folgt, dass unterlassene Hilfeleistung keinesfalls ein Kavaliersdelikt ist. Diese Pflicht besteht bei Unglücksfällen, gemeiner Gefahr oder Notfällen, und zwar für alle Verkehrsteilnehmer, nicht nur für eventuelle Unfallbeteiligte, ohne Rücksicht darauf, ob auf dem eigenen oder einem fremden Fahrzeug oder aus anderen Gründen Hilfe notwendig ist.
Bei „Mensch über Bord" bedeutet das: Rettungsring zuwerfen, Bergung einleiten, gegebenenfalls über Funk Hilfe anfordern, andere Fahrtzeuge um Hilfe bitten.
Ist der Verunglückte geborgen, Erste Hilfe leisten, unter Umständen ärztliche Hilfe anfordern.

Vor allem bei Kollisionen, gleichgültig ob als Beteiligter oder Unbeteiligter, ist die Hilfeleistung für verunglückte oder verletzte Personen oberstes Gebot. Die Sachbergung steht an zweiter Stelle. Es muss versucht werden, das Fahrzeug aus dem Fahrwasser zu bringen, um weitere Gefahrensituationen auszuschließen. Ob das Fahrzeug am Ufer gesichert oder außerhalb des Fahrwassers vor Anker gelegt wird, ist nach den örtlichen Umständen zu entscheiden. Wichtig ist, dass alle Tatumstände schriftlich festgehalten werden.
Eine generelle Pflicht, die Wasserschutzpolizei zu informieren, besteht nicht; der unmittelbaren Einigung der Beteiligten wird auch auf dem Wasser Vorrang eingeräumt.
Eine **Unterrichtungspflicht** besteht jedoch dann, wenn
- Menschen ums Leben gekommen sind, vermisst werden oder verletzt wurden, Gegenstände ins Fahrwasser gelangt sind, die die Schifffahrt gefährden können,

- Schifffahrtszeichen losgerissen, zerstört, beschädigt oder versetzt wurden,
- ein Fahrzeug festgefahren oder gesunken ist, Ufer und Anlagen (Buhnen, Schleusen, Brücken) beschädigt wurden.

Soweit sich daraus Hindernisse für die übrige Schifffahrt ergeben, sind diese Stellen zu kennzeichnen, und/oder es ist sicherzustellen, dass die übrige Schifffahrt gewarnt wird.

Wie im Straßenverkehr ist ein **Schiffsführer als Unfallbeteiligter verpflichtet**, die Feststellung seiner Person, seines Fahrzeuges und die Art seiner Beteiligung zu ermöglichen.

Hinweise:
Verantwortung des Schiffsführers siehe Frage 16.
Pflichten des Schiffsführers siehe Fragen 13 bis 16.
Unterrichtung über festgefahrene, gesunkene Fahrzeuge siehe Fragen 29 und 30.
Notsituationen siehe Fragen 287 bis 292.
„Mensch über Bord" siehe Fragen 299 und 300 sowie 580 und Teil III, Abschnitt 2.5.

Vorschriften:
§§ 1.16–1.17, § 323c StGB

4.4 Verhalten bei „Mensch-über-Bord"-Situationen

299
Was ist als Schiffsführer eines Sportbootes unter Antriebsmaschine zu unternehmen bzw. zu veranlassen, wenn jemand über Bord gefallen ist?

Antwort: ●●●
Auskuppeln, Heck überdrehen, „Mensch über Bord" rufen, Rettungsring werfen, gegen Strom und Wind anfahren, auskuppeln, Person bei stillliegendem Boot bergen.

300
Was ist als Rudergänger eines Sportbootes mit Maschinenantrieb sofort bei dem Ruf „Mensch über Bord" zu unternehmen und warum?

Antwort: ●●
Auskuppeln und Ruder auf die Seite des Überbordgegangenen legen, um Verletzungen durch den Propeller (Schraube) zu vermeiden.

Zu Frage 299 und 300:
Das Mensch-über-Bord-Manöver wird in der praktischen Prüfung mithilfe eines treibenden Gegenstandes simuliert. Siehe im Einzelnen Teil III, Praktische Prüfung, Abschnitt 2.5.

Unterlassene Hilfeleistung kann strafrechtlich geahndet werden.

Und so sollte sich der Überbordgefallene verhalten:
- Durch Signale mit der Signalpfeife oder mit Signalstiften oder durch Rufen bemerkbar machen.
- Kräfte schonen und unnötiges Schwimmen vermeiden, Rettungsmittel (Rettungsring oder Ähnliches) zu fassen versuchen.
- Kleidung als Schutz gegen Unterkühlung unbedingt anbehalten.

Hinweise:
Zur Darstellung des Mensch-über-Bord-Manövers auf Motor- und Segelyachten im Seebereich siehe auch Graf/Steinicke, Sportbootführerschein – See, Fragen 328, 329.
Hilfeleistungspflicht siehe Fragen 295 bis 298.
Notsituationen siehe Fragen 287 bis 292.
Rettungswesten siehe Frage 255 und Teil III, Abschnitt 4.
Knoten zur Personenbergung siehe Frage 286.

Vorschriften:
§ 1.04, 1.05, 1.16
§ 323c StGB

5. Schleppen

301
Was ist zu beachten, wenn ein Sportboot geschleppt wird?

Antwort:
- **Richtiges Befestigen der Schleppleine.**
- **Darauf achten, dass die Schleppleine nicht in die Schraube kommt.**
- **Plötzliches, ruckartiges Steifkommen der Schleppleine vermeiden.**
- **Geschwindigkeit der Rumpfform des geschleppten Bootes anpassen.**

302
Was ist unter Rumpfgeschwindigkeit zu verstehen und wovon ist diese abhängig?

Antwort:
Die Höchstgeschwindigkeit in der Verdrängerfahrt. Sie ist von der Wasserlinienlänge abhängig.

303
Welche Ausrüstungsgegenstände sind bereitzuhalten, wenn ein Fahrzeug geschleppt wird?

Antwort:
Schleppleine, Fender und Bootshaken.

304
Wo sind bei dem geschleppten Fahrzeug die Schlepptrosse zu befestigen?

Antwort:
Möglichst weit vorne am Bug.

Zu Fragen 301 bis 304:
Wer geschleppt werden will, muss für das Achterausschleppen die Schleppleine bzw. **Schlepptrosse zur Übergabe bereithalten**. Sie ist an sicheren Stellen und für den Gefahrenfall schnell lösbar festzumachen. Auf dem schleppenden Segelfahrzeug kommt hierfür vor allem der Mast in Frage. Fender ausbringen und Bootshaken griffbereit halten.
Motorsportfahrzeuge, die andere Fahrzeuge schleppen, gelten nicht als schleppende Maschinenfahrzeuge im Sinne der Verkehrsbestimmungen (§§ 3.09, 3.13). Das bedeutet, dass sich schleppende Kleinfahrzeuge nicht als Schleppverband kennzeichnen müssen.
Längsseits sollte nur bei verhältnismäßig ruhigem Wasser geschleppt werden, weil die Bootskörper bei Wellengang unterschiedlich ar-

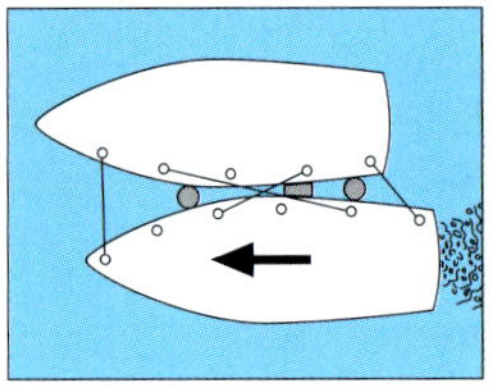
Längsseits schleppen

Achteraus schleppen

beiten und gegeneinander schlagen können. Daher sollte die Länge der Schleppleine so bemessen sein, dass sich schleppendes und geschlepptes Fahrzeug zur gleichen Zeit auf dem Wellenberg oder im Wellental befinden.
Die Schleppleine sollten auf dem geschleppten Fahrzeug möglichst weit vorn belegt werden. Auf kleineren Booten ist die Vorschiffsklampe meist zu schwach, dann macht man die Leine am Mast fest (aber so, dass sie rasch losgeworfen werden kann). Druckpunkte werden durch Fender oder Bretter geschützt. Bei ruhigem Wetter genügt eine kurze Schleppleine.

Hinweis:
Lichterführung der Kleinfahrzeuge siehe Fragen 150 bis 153.

Vorschriften:
§§ 3.09, 3.13

6. Umweltschutz und Naturschutz

6.1 Verhalten zur Gewährleistung des Umweltschutzes

305
Wie ist mit an Bord angefallenen ölgetränkten Putzlappen zu verfahren?

Antwort:
Ölgetränkte Putzlappen gehören zum Öl- und fetthaltigen Schiffsbetriebsabfall und müssen entsprechend entsorgt werden.

306
Bei Arbeiten an der Maschine und Kontakt mit Öl befinden sich ölgetränkte Putzlappen an Bord. Warum müssen diese Putzlappen bis zur ordnungsgemäßen Entsorgung in einem geschlossenen Metallbehältnis aufbewahrt werden?

Antwort:
Ölgetränkte Putzlappen neigen zur Selbstentzündung. Zur Sicherheit und zur Vermeidung von Brandgefahr sind sie bis zur ordnungsgemäßen Entsorgung entsprechend zu sichern.

307
Welches Merkblatt enthält Hinweise für das Verhalten zum Schutz seltener Tiere und Pflanzen sowie zur Reinhaltung der Gewässer?

Antwort:
Die 10 Goldenen Regeln für Wassersportler.

308
Was ist hinsichtlich der Reinhaltung der Gewässer verboten?

Antwort:
Abfälle über Bord zu werfen, Kraftstoffe oder Öle oder Öl-Wasser-Gemisch einzubringen.

309
Was ist beim Umgang mit Ölen, Treibstoffen, Farben und anderen umweltschädlichen Stoffen an Bord unbedingt zu beachten?

Antwort:
Sorgsamer Umgang, umweltgerechtes Entsorgen.

310
Was ist mit Abfällen jeglicher Art zu tun, die an Bord anfallen?

Antwort:
Sammeln, in Aufnahmebehältern an Land ordnungsgemäß entsorgen.

Zu Fragen 305 bis 310:

So kann man zur Reinhaltung der Gewässer beitragen:
- Umweltfreundliche 2-Takter-Öle verwenden, die für das Gewässer weniger schädlich sind. Sie erhöhen außerdem die Zündsicherheit der Maschine und verringern die Geruchsbelästigung.
- Superbenzin ist für die Gewässer und auch für die Gesundheit schädlicher als Normalbenzin und bringt beim Betrieb von 2-Takt-Motoren und weniger hoch verdichteten 4-Takt-Motoren keinerlei Vorteile.
- Antifoulingfarben sind gewässer- und gesundheitsschädlich. Bei den Anstricharbeiten sollten daher die Herstellerangaben genau beachtet werden.

Natur- und Umweltschutz sind Bestandteile der Wassersportausbildung (siehe Fragen 311 bis 312).

Hinweis:
Die „10 Goldenen Regeln" für Wassersportler siehe Seiten 167 und 168.

6.2 Verhalten zur Beachtung des Naturschutzes

311
Weshalb sollte das Anlaufen von Schilf- und Röhrichtzonen unbedingt vermieden werden?

Antwort:
Weil diese Uferzonen vielfach Rast- und Brutplätze besonders schutzbedürftiger Vögel sind.

312
Weshalb sollten seichte Gewässer in dicht bewachsenen Uferzonen gemieden werden?

Antwort:
Weil diese seichten Gewässer vielfach Fischlaichgebiete sind, in denen auch schutzbedürftige Pflanzen vorkommen.

Zu Fragen 311 und 312:

Die „10 Goldenen Regeln" für Wassersportler

herausgegeben von den Wassersportverbänden DMYV und DSV:

1

Meiden Sie das Einfahren in Röhrichtbestände, Schilfgürtel und in alle sonstigen dicht und unübersichtlich bewachsenen Uferpartien. Meiden Sie darüber hinaus Kies-, Sand- und Schlammbänke (Rast-und Aufenthaltsplatz von Vögeln) sowie Ufergehölze. Meiden Sie auch seichte Gewässer (Laichgebiete), insbesondere solche mit Wasserpflanzen.

2

Halten Sie einen ausreichenden Mindestabstand zu Röhrichtbeständen, Schilfgürteln und anderen unübersichtlich bewachsenen Uferpartien sowie Ufergehölzen – auf breiten Flüssen beispielsweise 30 bis 50 Meter.

3

Befolgen Sie in Naturschutzgebieten unbedingt die geltenden Vorschriften. Häufig ist Wassersport in Naturschutzgebieten ganzjährig, zumindest zeitweise völlig untersagt oder nur unter bestimmten Bedingungen möglich.

4

Nehmen Sie in „Feuchtgebieten von internationaler Bedeutung" bei der Ausübung von Wassersport besondere Rücksicht. Diese Gebiete dienen als Lebensstätte seltener Tier- und Pflanzenarten und sind daher besonders schutzwürdig.

5

Benutzen Sie beim Landen die dafür vorgesehenen Plätze oder solche Stellen, an denen sichtbar kein Schaden angerichtet werden kann.

6

Nähern Sie sich auch von Land her nicht Schilfgürteln und der sonstigen dichten Ufervegetation, um nicht in den Lebensraum von Vögeln, Fischen, Kleintieren und Pflanzen einzudringen und diese zu gefährden.

7
Laufen Sie im Bereich der Watten keine Seehundbänke an, um Tiere nicht zu stören oder zu vertreiben. Halten Sie mindestens 300 bis 500 Meter Abstand zu Seehundliegeplätzen und Vogelansammlungen und bleiben Sie hier auf jeden Fall in der Nähe des markierten Fahrwassers. Fahren Sie hier mit langsamer Fahrstufe.

8
Beobachten und fotografieren Sie Tiere möglichst nur aus der Ferne.

9
Helfen Sie, das Wasser sauber zu halten. Abfälle gehören nicht ins Wasser, insbesondere nicht der Inhalt von Chemietoiletten. Diese Abfälle müssen, genauso wie Altöle, in bestehenden Sammelstellen der Häfen abgegeben werden. Benutzen Sie in Häfen selbst ausschließlich die sanitären Anlagen an Land. Lassen Sie beim Stillliegen den Motor ihres Bootes nicht unnötig laufen, um die Umwelt nicht zusätzlich durch Lärm und Abgase zu belasten.

10
Machen Sie sich diese Regeln zu eigen, und informieren Sie sich vor Ihren Fahrten über die für Ihr Fahrtgebiet bestehenden Bestimmungen. Sorgen Sie dafür, dass diese Kenntnisse und Ihr eigenes vorbildliches Verhalten gegenüber der Umwelt auch an die Jugend und vor allem an nichtorganisierte Wassersportler weitergegeben werden.

7. Slippen und Trailern/Eigentumssicherung

7.1 Slippen

313 ●●
Was bedeutet der Begriff „Slippen" ?
Antwort:
Ein Boot mit einem Transportwagen auf einer schiefen Ebene aus dem Wasser holen oder zu Wasser zu bringen.

314 ●●
Worauf ist beim Slippen eines Sportbootes zu achten?
Antwort:
Auf die Sicherheit der beteiligten Personen und die sichere Befestigung des Bootes.

315 ●●
Welche Gefahren können beim Slippen entstehen?
Antwort:
Verletzungsgefahr der beteiligten Personen, Schaden durch Überlastung der Slippeinrichtung.

Zu Fragen 313 bis 315:
Die schiefe Ebene für das Auf- bzw. Abslippen muss ausreichend weit ins Wasser reichen, damit die Boote mit ihrem Tiefgang auf einem ins Wasser darunter geschobenen Trailer oder Slipwagen einschwimmen und dann befestigt werden können. Bei Jollen und kleineren Kielschwertern reicht ein Trailer für das Slippen, bei größeren Yachten ist ein Slipwagen mit seitlichen senkrechten Stützen erforderlich, um den Rumpf aufrecht zu halten. Können kleine Boote meist unmittelbar mit dem Trailer über die schiefe Ebene hochgezogen werden, muss bei größeren Booten wegen des Gewichts eine Seilwinde mit ausreichend starkem Drahtseil zum Hochziehen des Trailers oder Slipwagens eingesetzt werden. Zur Vermeidung von Verletzungen ist vor allem darauf zu achten, dass

- das Boot auf dem Trailer oder Slipwagen sicher befestigt ist, sodass es weder kippen noch achteraus rutschen kann,
- der Zugwagen des Trailers ausreichende Motorstärke und breite Reifen hat, damit die Räder nicht durchdrehen können, z. B. bei rutschigem Boden auf der schiefen Ebene,
- das Drahtseil und die Seilwinde dem Gewicht des Bootes entsprechende Belastungen aushalten.

Wegen der Gefahren sollten die beteiligten Personen Erfahrung haben und es sollten entsprechende Kommandos gegeben werden. Beim Abslippen ist darauf zu achten, dass das Boot mit einer Leine an Land festgemacht ist, damit es nach dem Lösen der Befestigung mit dem Trailer oder Slipwagen nicht durch die Strömung abgetrieben wird.

7.2 Trailern

316 ●●●

Ein Bootstrailer soll im Straßenverkehr benutzt werden, worauf ist besonders zu achten?

Antwort:
Straßentauglichkeit, Zulassung zum Straßenverkehr, gültige Trailerversicherung.

317 ●●●

Worauf ist bei Trailerbetrieb allgemein zu achten?

Antwort:
- **Zulassung des Trailers,**
- **Versicherungspflicht**
- **zulässiges Gesamtgewicht/zulässige Gesamtlänge**
- **sichere Befestigung des Bootes,**
- **zulässige Stützlast,**
- **zulässige Höchstgeschwindigkeit.**

318 ●

Wie weit dürfen beim Trailern Überhänge herausragen?

Antwort:
1,50 Meter (ab 1 Meter Kenntlichmachung).

Zu Fragen 316 bis 318:
Da der Trailer mit Ladung in der Regel als PKW-Anhänger im Straßenverkehr fortbewegt wird, ist es wichtig, darauf zu achten, dass der Trailer

- straßentauglich und zum Straßenverkehr zugelassen ist, also ein eigenes Nummernschild mit Beleuchtung und Typenschild des Herstellers hat sowie Brems-, Schluss- und Blinkleuchten und Rückstrahler,
- die zulässige Anhängerlast (Bootsgewicht zuzüglich Trailergewicht) und die maximale Gesamtlänge des Gespanns von 20,75 m, insbesondere den zulässigen Überhang von 1,50 m, nicht überschreitet,

- über eine gültige Versicherung verfügt und
- sicher mit dem Zugfahrzeug verbunden ist, sodass das Boot bei Bremsmanövern und in Spitzkehren nicht vom Trailer rutscht.

Ragt das äußere Ende der Ladung mehr als 1 m über die Rückstrahler des Fahrzeugs nach hinten hinaus, ist es kenntlich zu machen (30 x 30 cm großes hellrotes Schild, nicht höher als 1,50 m über der Fahrbahn angebracht, bzw. Leuchte mit rotem Licht *und* roter Rückenstrahler nicht höher als 90 cm).
Da sich der Bremsweg mit einem beladenen Bootstrailer verdoppeln kann, sollte ein entsprechend langer Sicherheitsabstand zum voraus fahrenden Fahrzeug eingehalten und die Höchstgeschwindigkeit, insbesondere auf abschüssigen Straßen und in Baustellen, nicht überschritten werden.

7.3 Eigentumssicherung

319 ●●

Bei wem erhält der Bootseigner Informationen über die Eigentumssicherung von Booten?

Antwort:
Bei den Wassersportverbänden und den örtlichen Beratungsstellen der Polizei.

320 ●●●

Welche Maßnahmen sollte jeder Bootseigner treffen, um einem Diebstahl vorzubeugen?

Antwort:
- **Abschließen von Boot, Außenbordmotor und Trailer.**
- **Installation von Wegfahrsperren.**
- **Zusatzsicherung gegen unbefugtes Benutzen.**
- **Kein Liegenlassen wertvoller Gegenstände, die Anreiz zum Diebstahl geben.**
- **An Bord befindliche Ausrüstungsgegenstände nach Möglichkeit aus dem Sichtfeld wegschließen.**

Zu Fragen 319 und 320:
Zur Sicherung des Eigentums nach Abschluss eines Törns sollten, wenn der nächste Törn nicht zu einem „Reinfall" werden soll, eine Reihe vorbeugender Sicherheitsmaßnahmen getroffen werden. Denn Diebe haben es nicht nur auf das Boot, sondern vor allem auch auf wertvolle Ausrüstungsgegenstände abgesehen. Daher sollte die bewegliche nautisch-technische Ausrüstung mitgenommen und an Land verstaut oder doch zumindest aus dem Sichtfeld weggeschlossen werden; die eingebauten Ausrüstungsgegenstände sollten durch Schlösser und die Motoren durch Wegfahrsperren gesichert werden. Zusätzlich empfiehlt die Wasserschutzpolizei von Nordrhein-Westfalen Folgendes:
- die Vereinsanlagen tagsüber geschlossen zu halten
- auf Fremde zu achten und sie anzusprechen
- sich über Sicherheitstechnik und Sicherungsmöglichkeiten von der kriminalpolizeilichen Beratungsstelle der Wasserschutzpolizei beraten zu lassen
- freie Sicht auf das leere Boot zu gewähren
- Hafenmeister, Vereinskameraden und Stegnachbarn über Abwesenheiten und Besonderheiten zu informieren, wie z. B. Boot an Bekannte verliehen

Darüber hinaus hat die Wasserschutzpolizei Nordrhein-Westfalen Empfehlungen für den Einbau von Alarmanlagen auf Sportbooten und einen Bootspass herausgegeben, der zur Aufnahme aller persönlichen Boots-, Motor- und Ausrüstungsdaten dienen soll, um die Fahndung und Geltendmachung von Versicherungsansprüchen zu erleichtern.

III. Wetterkunde

1. Wetterinformation

321 ●●
Wo sind Informationen über das zu erwartende Wetter abrufbar?

Antwort:
Rundfunk, Fernsehen, örtliche Wetterstationen, Internet, z. B. Online-Dienst des Deutschen Wetterdienstes.

322 ●
Warum sind vor dem Befahren eines fremden Reviers Informationen über die örtlichen Sturmwarnsignale und die diesbezüglichen Vorschriften einzuholen?

Antwort:
Weil sie von Revier zu Revier unterschiedlich sein können (z. B. Auslaufverbot bei Sturmwarnung).

Zu Fragen 321 und 322:
Die Beschaffung des Wetterberichtes ist eine der wichtigsten Sicherheitsmaßnahmen vor dem Auslaufen und gehört zur seemännischen Sorgfaltspflicht (§ 1.04). Aber auch während der Fahrt sollte mehrmals täglich der Wetterbericht eingeholt werden, um rechtzeitig die erforderlichen Sicherheitsvorkehrungen treffen zu können.

Wetterberichte werden in zeitlichen Abständen auf verschiedenen Wegen verbreitet: Rundfunk, Fernsehen, Tageszeitung, Privater Informationsdienst (PiD), Internet, örtliche Wetterstationen.

Hinweis:
Zur allgemeinen Sorgfaltspflicht siehe Fragen 5 bis 6.

323 ●●
Was ist bei Sturmwarnung vom Schiffsführer eines Sportboots unter Segel auf einem größeren Gewässer zu veranlassen?

Antwort:
Rettungswesten anlegen. Segel reffen oder teilweise bergen. Legerwall meiden und versuchen, einen Hafen oder eine geschützte Bucht anzulaufen.

Zu Frage 323:
Die Sicherheitsmaßnahmen bei Sturmwarnungen hängen von zahlreichen Faktoren ab, die von der unterschiedlichen Art und Größe bzw. Seetüchtigkeit des Fahrzeugs und dem Gebiet abhängen, in dem man sich bei der Sturmwarnung befindet. Für das richtige Verhalten ist neben der seemännischen Erfahrung im Allgemeinen die Kenntnis des Wettergeschehens sehr wichtig.

In jedem Falle empfiehlt es sich, folgende Sicherheitsmaßnahmen zu treffen:
- Fahrzeug in einen seefesten Zustand bringen, das heißt alle Decksöffnungen und Seitenöffnungen verschließen.
- Geschwindigkeit herabsetzen, insbesondere Segel reffen oder teilweise bergen.
- Rettungsweste sowie Sicherheitsgurt anlegen und die Sicherheitsleinen in den fest montierten Beschlägen z. B. an Deck einpicken.
- Auf See Seenotsignalmittel griffbereit legen.
- Wetterbericht einholen und Barometerstand beobachten.
- Bei gefährlicher Wetterverschlechterung Nothafen anlaufen oder unter Land Schutz suchen. Dabei ist unter allen Umständen Legerwall zu meiden, das heißt eine Bucht mit auflandigem Wind.

Hinweise:
Einfluss des Luftdrucks auf die Wetterentwicklung siehe Fragen 329 bis 333
Wetterbeobachtung siehe Fragen 326 bis 328.
Notsignale siehe Fragen 287 bis 292.
Rettungsweste siehe Frage 255.
Anlegen der Rettungsweste siehe Teil III, Abschnitt 4

324

Welche Maßeinheiten werden verwendet für
1. **Luftdruck?**
2. **Windgeschwindigkeit?**

Antwort:
1. **Hektopascal (hPa).**
2. **m/s, km/h, Knoten (kn)**

325

Wie heißen die Linien gleichen Luftdrucks?

Antwort:
Isobaren.

Zu Fragen 324 und 325:
Der wichtigste Faktor für die Analyse des Wettergeschehens ist der Luftdruck, der mit dem Barometer gemessen wird. Bei stetig fallendem Luftdruck ist mit schlechtem Wetter zu rechnen; fällt der Luftdruck um mehr als 1 Hektopascal (hPa) in der Stunde, ist mit Starkwind oder Sturm zu rechnen. Umgekehrt bedeutet ein starker Druckanstieg nicht immer eine Abnahme des Windes. Denn im Bereich eines umfangreichen Hochs werden z. B. durch Druckanstieg die Ausströmvorgänge und der Wind intensiviert.

Der mittlere Luftdruck auf Meereshöhe beträgt 1013 hPa.

Die Höhe des Luftdrucks ist für die Wind- und Wetterentwicklung aber nicht entscheidend: Durch raschen Druckfall am Boden verstärkt sich das horizontale Druckgefälle. Dabei kann der Druckfall das Heranziehen eines bereits ausgebildeten Tiefs oder die Neubildung eines Tiefs bedeuten. Besonders im ersten Fall ist mit starkem Rückdrehen des Windes zu rechnen.

Mit einem Barometer misst man den Luftdruck. (Foto: Wempe)

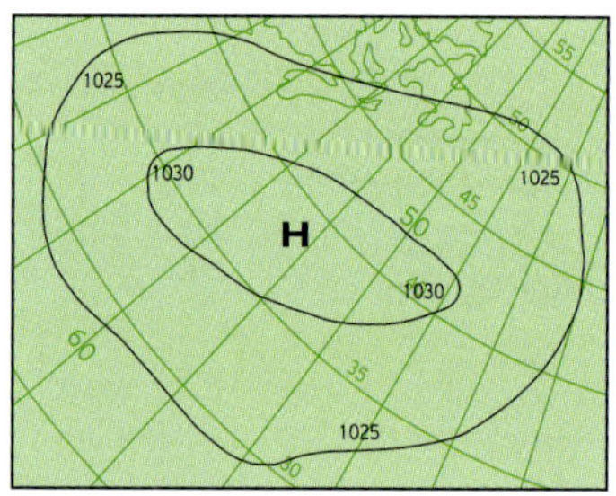

Beispiel eines Hochdruckgebietes (H) in einer Wetterkarte. Die Isobaren, das heißt Linien gleichen Luftdrucks, sind in Hektopascal (hPa) eingetragen. Sie liegen weit auseinander, was bedeutet, dass es wenig oder gar keinen Wind geben wird.

Windstärke in Beaufort	Bezeichnung des Windes	Mittlere Windgeschwindigkeit in Knoten
0	Windstille	< 1
1	leiser Zug	1–3
2	leichte Brise	4–6
3	schwache Brise	7–10
4	mäßige Brise	11–15
5	frische Brise	16–21
6	starker Wind	22–27

Windstärke in Beaufort	Bezeichnung des Windes	Mittlere Windgeschwindigkeit in Knoten
7	steifer Wind	28–33
8	stürmischer Wind	34–40
9	Sturm	41–47
10	schwerer Sturm	48–55
11	orkanartiger Sturm	56–63
12	Orkan	≥ 64

2. Wetterbeobachtung

326

Welche Sichtweiten umfasst der Begriff „diesig“?

Antwort: ●

Sichtweiten über 4 km bis 10 km.

Zu Frage 326:

In Seewetterberichten umfasst der Begriff „diesig“ Sichtweiten von 4 bis 10 km und der Begriff „stark diesig“ Sichtweiten von 1 bis 4 km. Davon zu unterscheiden ist der Begriff „unsichtiges Wetter“ gemäß Definition in § 1.01 Nr. 23, der einen Zustand beschreibt, bei dem die Sicht durch Nebel, Schneefall, heftige Regengüsse oder andere ähnliche Umstände eingeschränkt ist. *Unsichtiges Wetter* und *stark diesig* dürften im Hinblick auf die Sichtweite übereinstimmen.

327

Bei sommerlicher Schwüle verdichten sich um die Mittagsstunden Haufenwolken zu Cumulonimbus großen Ausmaßes.

1. **Womit muss ein Schiffsführer rechnen?**
2. **Was ist zu unternehmen?**

Antwort: ●●

1. **Mit einem Gewitter.**
2. **Boot und Crew vorbereiten, Hafen oder geschützte Bucht anzusteuern.**

328

Unter aufgetürmten Gewitterwolken ist ein Böenkragen zu erkennen, der auf das Fahrzeug zukommt. Wann sind die ersten heftigen Böen zu erwarten?

Antwort: ●

Wenn der Böenkragen annähernd den Standort erreicht hat.

Zu Fragen 327 und 328:

Vor dem Auslaufen und während der Fahrt ist die Wetterbeobachtung neben der Beschaffung von Wetterinformationen eine der wichtigsten Sicherheitsmaßnahmen, die die allgemeine Sorgfaltspflicht gebietet (§ 1.04). Besonders bei einem aufziehenden Gewitter ist es unerlässlich, die Wolkenbildung und -veränderung zu beobachten, um rechtzeitig den Böenkragen zu erkennen.

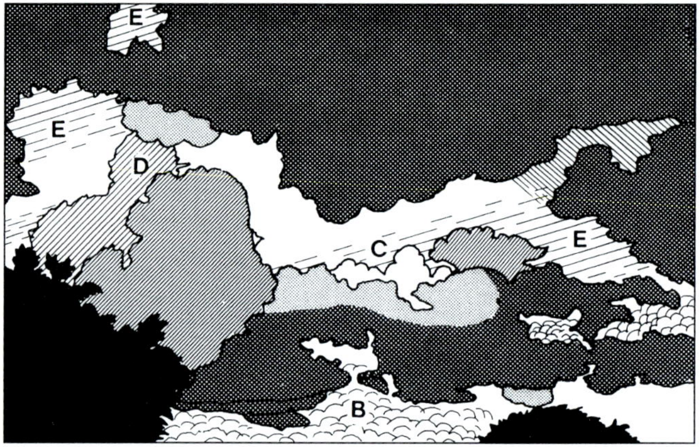

Gewitterhimmel: *Die Cumuli haben sich mächtig entwickelt. Bei* **D** *erkennt man die Kondensation in einem aufsteigenden Luftstrom, bei* **B** *gehäufte Quellformen. Die Wolken geben starke Kontraste von Schatten und Licht, besonders bei* **C**. *Der Himmel zeigt viele hohe Wolken* **EE**, *von denen manche vielleicht Ambosswolken von Cumulonimben sind. Das Gewitter trat ungefähr eine Stunde nach der Aufnahme ein.*

Das ist der untere dunkel- bis schwarzgraue Teil der Gewitterwolke, aus dem die ersten gefährlichen Böen einfallen, ehe es stark zu regnen beginnt.

Gefahren, die ein Gewitter mit sich bringen kann:

- Böen bis Orkanstärke
- Winddrehungen
- starke Regenfälle mit erheblich verminderter Sicht
- Hagelschlag
- Blitzschlag

Verhalten beim Herannahen eines Gewitters:

- Rettungswesten anlegen
- Großsegel reffen, Fock bergen, besser: beide Segel ganz wegnehmen
- Hafen oder zumindest geschützte Bucht anlaufen
- auflandige Ufer meiden
- Funkanlage abschalten
- möglichst keine Metallteile berühren

3. Wetterentwicklung

329

Was ist Wind und wie entsteht er?

Antwort: ●●

Wind ist bewegte Luft. Die Bewegung entsteht durch Druckunterschiede zwischen Hoch- und Tiefdruckgebieten oder Temperaturunterschiede zwischen den Luftschichten.

330
Welche Faktoren sind hauptsächlich für das Wettergeschehen, also für Wind und Niederschläge, ausschlaggebend?

Antwort: ●●●
Luftdruckänderung, Luftfeuchtigkeit und Temperatur.

331
Mit welcher Wetterentwicklung ist bei schnell und stetig fallendem Luftdruck zu rechnen?

Antwort: ●●●
Mit schlechtem Wetter, Starkwind oder Sturm.

332
Wann entstehen besonders starke Gewitter?

Antwort: ●●
Am Ende einer hochsommerlichen Schönwetterperiode im Zusammenhang mit Kaltfronten.

333
Welches Wetter ist zu erwarten, wenn der Luftdruck langsam, aber ständig steigt?

Antwort: ●
Besseres Wetter.

Zu Fragen 329 bis 333:
Schnell und stetig fallender Luftdruck kündigt meist schlechtes Wetter an, verbunden mit Starkwind oder Sturm. Langsam und stetig steigender Luftdruck deutet auf eine Schönwetterperiode hin.
Starker Druckanstieg ist nicht immer mit einer Windabnahme verbunden. Im Bereich eines umfangreichen Hochs werden. z. B. durch Druckanstieg, die Ausströmvorgänge und damit der Wind intensiviert.

Hinweis:
Zu den Böenkragen bei Gewittern siehe Fragen 327 und 328.

B. Sonderteil „Antriebsmaschine"

1. Rumpfformen

400

Welche Rumpfformen finden sich überwiegend bei Motorbooten?

Antwort:
Knickspant, Multiknickspant, Rundspant.

Zu Frage 400:
Rumpfformen, auch Spantformen genannt, sind die Querschnittsformen eines Bootes beim Hauptspant. Die Abbildungen 1 bis 5 zeigen den Unterschied zwischen dem Knickspant, dem Multiknickspant und dem Rundspant.
Die Wahl der Form hängt von der Verwendung und vom Baustoff des Bootes ab. Auch die Frage der „Spurtreue" oder des „Beharrungsvermögens" auf einem festgelegten Kurs bzw. die Kursstabilität" und höhere Geschwindigkeit spielen eine Rolle bei der Wahl der Bootsform. Beim Bootsbau aus GFK kann man auf Spanten verzichten, da die Stabilität in diesem Baustoff sehr gut ist.

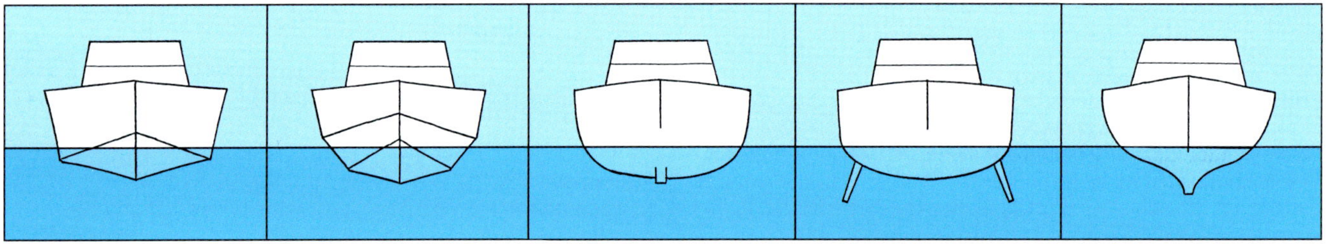

1 *Knickspant* **2** *Multiknickspant* **3** *Rundspant* **4** *Rundspant-Kimmkieler* **5** *S-Spant*

401

Was sind die unterschiedlichen Eigenschaften von Verdränger, Gleiter, Halbgleiter?

Antwort:
Verdränger können durch Form und Gewicht nur Fahrt durch das von ihnen verdrängte Wasser machen.
Gleiter können sich bei Fahrt bis auf einen bestimmten Teil über die Wasseroberfläche heben.
Halbgleiter vereinen Eigenschaften von Verdränger und Gleiter in sich.

Verdränger

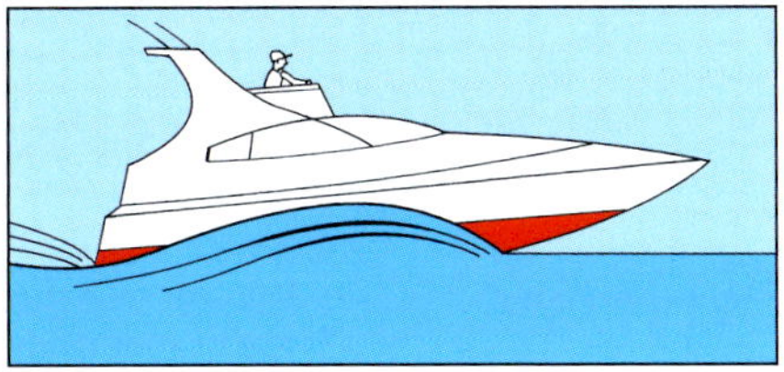

Gleiter

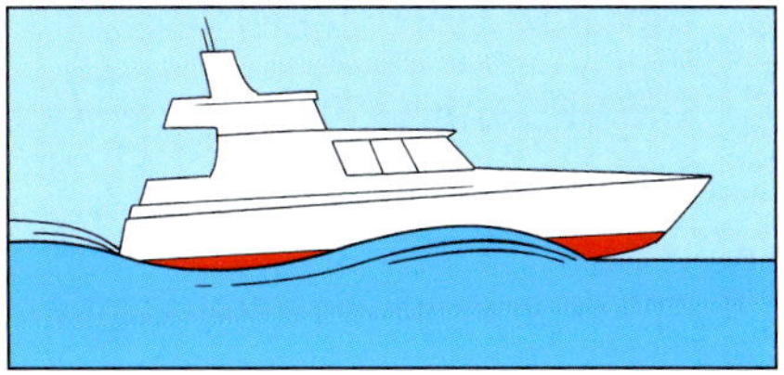

Halbgleiter

Zu Frage 401:
Verdränger ermöglichen nur eine form- und gewichtsbedingte geringere Geschwindigkeit bei erheblichem Sog und Wellenschlag, erzeugen aber kein Spritzwasser.
Gleiter ermöglichen eine hohe Geschwindigkeit bei geringem Sog und Wellenschlag, erzeugen aber Spritzwasser im Nahbereich.
Halbgleiter verbinden die Eigenschaften von Gleiter und Verdränger.

Gleiter haben kurze und Verdränger längere Stoppstrecken!

402

Ein als Gleitboot konzipiertes Sportboot kommt auch bei Volllast der Maschine nicht ins Gleiten. Was kann die mögliche Ursache sein?

Antwort: ● ●
Die Maschinenleistung reicht nicht aus, Fehler bei Trimm, Anstellwinkel Schraube/Trimmklappen, Beladung.

403

Welche allgemeinen Probleme können sich bei Verdrängungsfahrt ergeben?

Antwort: ●
Bei Verdrängungsfahrt besteht die Gefahr eines erhöhten Sog- und Wellenschlages.

Zu Fragen 402 und 403:
Bei der Verdrängerfahrt muss auf die Heckwelle besonders geachtet werden. Nimmt sie zu, dann muss die Fahrt vermindert werden, denn es entsteht die Gefahr von Schäden durch Sog und Wellenschlag.

Grundsätzlich ist mit einer sicheren Geschwindigkeit zu fahren. Sichere Geschwindigkeit bedeutet das rechtzeitige Stoppen zur Kollisionsverhütung und zur Vermeidung des Auflaufens auf Schifffahrtshindernisse.

Dies erfordert eine eingehende Beobachtung des Umfeldes, der Fahrstrecke usw. Das bedeutet auch, dass Geschwindigkeitsbeschränkungen zu beachten sind.

Hinweise:
Geschwindigkeitsbegrenzungen
bei Hochwasser siehe Frage 29.
gegenüber Arbeitsgeräten siehe Fragen 173 bis 175.
gegenüber schutzbedürftigen Anlagen und Fahrzeugen siehe Fragen 163 bis 175.
zur Vermeidung von schädlichem Sog und Wellenschlag siehe Fragen 176 bis 181.
gegenüber Badeplätzen siehe Fragen 179 bis 181.
durch Verkehrszeichen siehe Frage 236.
Allgemeine Begrenzungen siehe Frage 204.

Vorschriften:
§§ 6.02a, 6.07, 6.16, 6.20, 6.28

2. Antriebsmotoren/Antriebsarten

2.1 Antriebsmotoren

404

Welche Verbrennungsmotoren kommen als Bootsantriebe in Frage:
1. **Nach der Kraftstoffart?**
2. **Nach den Arbeitsverfahren?**

Antwort: ● ●
1. **Diesel- und Benzinmotoren.**
2. **Zwei- und Viertaktmotoren.**

Zu Frage 404:
Wer mit „Verbrennungskraftmaschinen“ umgeht, sollte wissen, dass die grundsätzlichen Unterscheidungsmerkmale in der Wirkungsweise bzw. der Gemischbildung von Kraftstoff und Luft liegen.

Benzinmotor (Ottomotor) = äußere Gemischbildung,
das heißt Kraftstoff und Luft werden außerhalb des Verbrennungsraumes im Vergaser oder durch Einspritzung in das Ansaugrohr vermischt.
Erst dann wird dieses Gemisch angesaugt und verdichtet und durch eine „Zündkerze“ die Verbrennung eingeleitet.

Dieselmotor = innere Gemischbildung,
das heißt, der Motor saugt nur reine Luft an und verdichtet die angesaugte Luft; in die durch das Verdichten erwärmte Luft wird Kraftstoff eingespritzt. Das so entstandene Gemisch entzündet sich dann selbst.
Die Glühkerze hat beim Dieselmotor bei einer bestimmten Bauart nur die Aufgabe, die Luft im Verbrennungsraum zusätzlich zu erwärmen, damit sich das durch die Einspritzung gebildete Gemisch selbst entzündet, während die „Zündkerze“ beim Ottomotor zum richtigen Zeitpunkt (Zündzeitpunkt) das angesaugte und verdichtete Gemisch zünden und damit zur Verbrennung bringen soll.

Benzinmotor = Fremdzündung
Dieselmotor = Selbstzündung

Bei **Viertaktmotoren** (Abb. nächste Seite) wird der Kurbeltrieb des Motors direkt geschmiert (Öl in der Ölwanne).

Bei **Zweitaktmotoren** (Abb. nächste Seite) erfolgt bei älteren Modellen die Schmierung durch Zugabe von Öl in den Kraftstoff – Mischungsverhältnis nach der Betriebsanleitung beachten! Bei neueren Modellen erfolgt die Ölzugabe durch eine Dosiereinrichtung (separate Ölbehälter) oder direkt an den Kurbeltrieb.

Sofern die Luft-Kraftstoff-Gemischeinstellung oder die Gemischschmierung nicht den technischen Vorgaben entspricht, kann die Leistung des Motors beeinträchtigt werden, womit der Schadstoffausstoß größer werden kann.

Der **Außenbordmotor** (Abb. Seiten 180 und 196) befindet sich außerhalb des Bootes und wird am Heck montiert. Es sind überwiegend Zweitaktmotoren. Motor und Antrieb bilden eine Einheit. Zum Manövrieren wird der gesamte Motor geschwenkt (siehe Teil III 1.2.2).

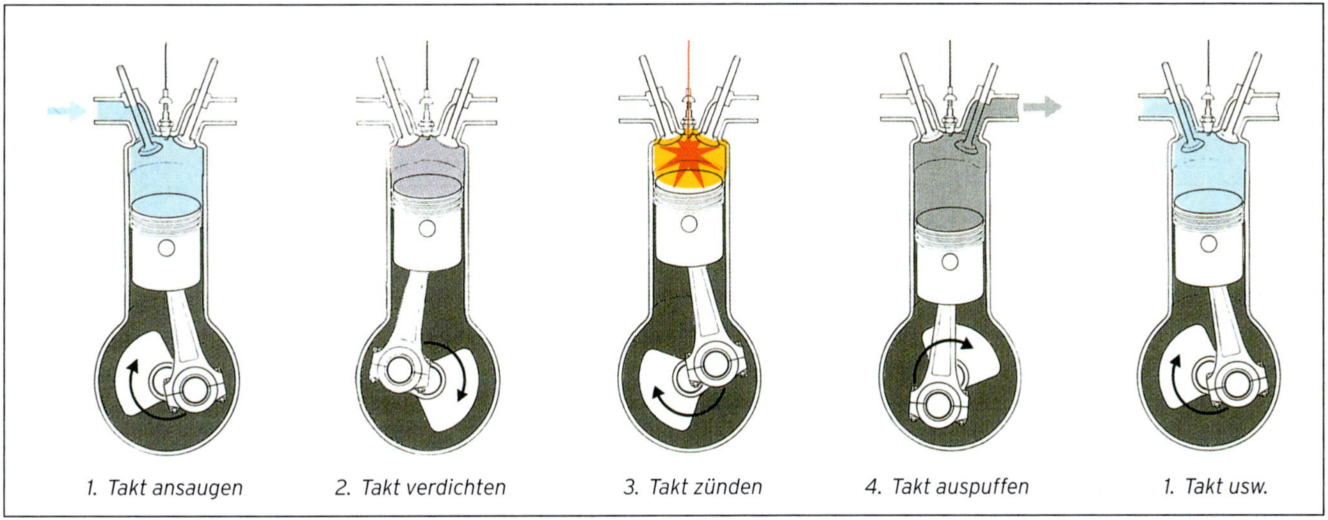

Wirkungsweise Viertaktmotor

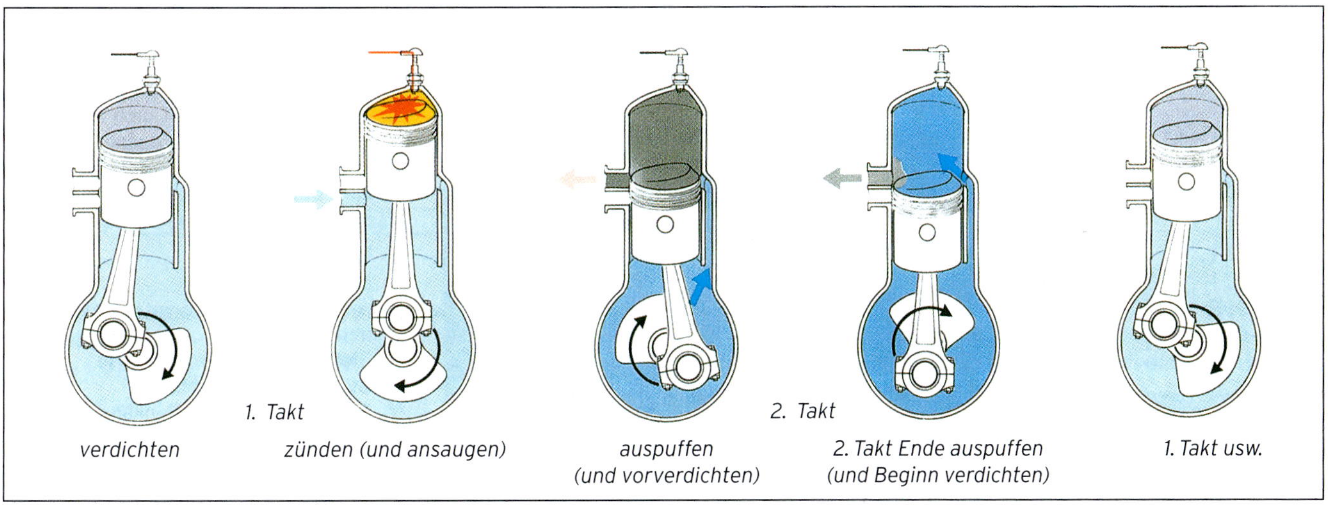

Wirkungsweise Zweitaktmotor

2.2 Antriebsarten

405

Welche Motor- und Antriebsarten gibt es bei Motorbooten?

Antwort:

1. **Außenbordmotoren.**
2. **Innenbordmotoren mit Z- oder Strahlantrieb.**
3. **Innenbordmotoren mit Wendegetriebe und starrer Welle.**

Zu Frage 405:

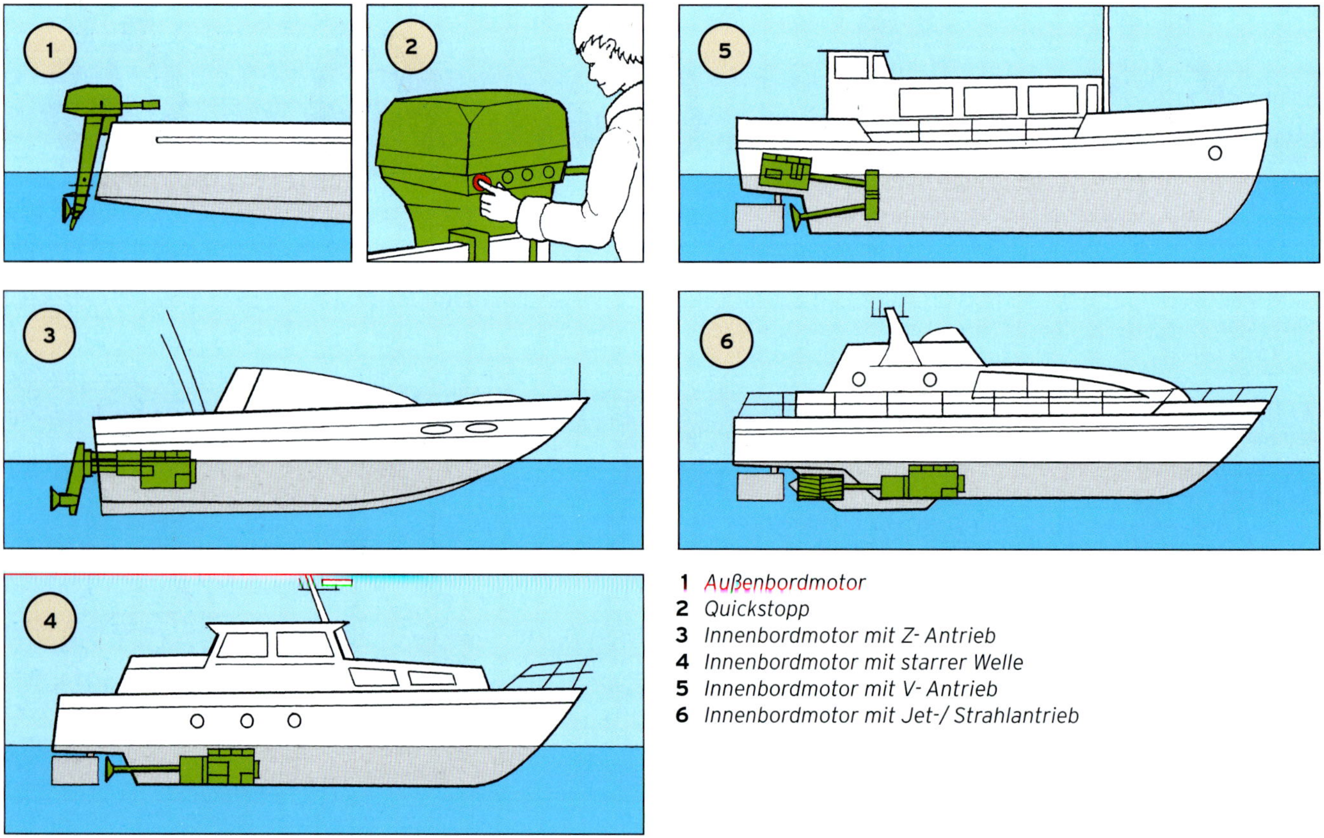

1 *Außenbordmotor*
2 *Quickstopp*
3 *Innenbordmotor mit Z- Antrieb*
4 *Innenbordmotor mit starrer Welle*
5 *Innenbordmotor mit V- Antrieb*
6 *Innenbordmotor mit Jet-/ Strahlantrieb*

2.3 Quickstopp-Einrichtung

406 **Was ist unter einer Quickstopp-Einrichtung zu verstehen?**	Antwort: ●● **Eine Verbindung zwischen Zündung (Benzinmaschine) oder Einspritzpumpe (Dieselmaschine) und Rudergänger, die bei Trennung den sofortigen Stillstand der Maschine bewirkt.**

407 **Was bewirkt der Quickstopp?**	Antwort: ● **Durch Unterbrechung des Zündkontaktes bzw. der Dieseleinspritzung kommt der Motor zum sofortigen Stillstand.**

408 **Warum ist ein Quickstopp als Sicherheitseinrichtung erforderlich?**	Antwort: ● **Damit bei „Über-Bord-Fallen", insbesondere bei offenen, schnellen Sportbooten, das Boot nicht unbeabsichtigt und unkontrolliert weiterfahren kann.**

409 **Wie wird bei einem kleinen Boot mit Außenborder bzw. bei einem Wassermotorrad sichergestellt, dass bei „Über-Bord-Fallen" des Schiffsführers der Motor stehen bleibt?**	Antwort: ● **Durch den Quickstopp.**

Zu Fragen 406 bis 409:
Wie beim Innenbordmotor wird beim Außenbordmotor durch Drücken des Quickstopp-Knopfes der Zündkontakt bzw. die Dieseleinspritzung unterbrochen und damit der Motor ausgeschaltet. Beim Wassermotorrad wird durch Herausziehen des Zündschlüssels, der mit dem Handgelenk des Fahrers verbunden sein sollte, die Zündung unterbrochen und so der Motor gestoppt, was besonders beim Kentern wichtig ist.

Hinweis:
Siehe Abbildungen zu Motoren mit Quickstopp-Knopf zu Fragen 405 und 444 bis 446.

3. Getriebe

3.1 Getriebearten

410
Welche Art von Getrieben gibt es im Motorbootbau?

Antwort:
1. **Wendegetriebe,**
2. **Z-Getriebe,**
3. **V-Getriebe.**

411
Warum sind Z-Getriebe besonders empfindlich?

Antwort:
Die Kraft des Motors wird zweimal über Kegelräderpaare umgelenkt.

412
Wann verwendet man vorwiegend V-Getriebe?

Antwort:
Wenn bei größeren Antriebsmotoren der Platz im Schiffsrumpf nicht ausreicht. Der Motor sitzt dann praktisch über der Antriebswelle.

413
Welche Aufgabe hat das Wendegetriebe?

Antwort:
Es ermöglicht Vorwärts- und Rückwärtsfahrt und Leerlauf.

Zu Fragen 410 bis 413:

Wirkungsweise eines Wendegetriebes

1 *Drehrichtung Antriebswelle*
2 *Leerlauf-kupplung eingekuppelt*
3 *Rückwärts ausgekuppelt*
4 *Vorwärts eingekuppelt*
5 *Drehrichtung Propellerwelle*

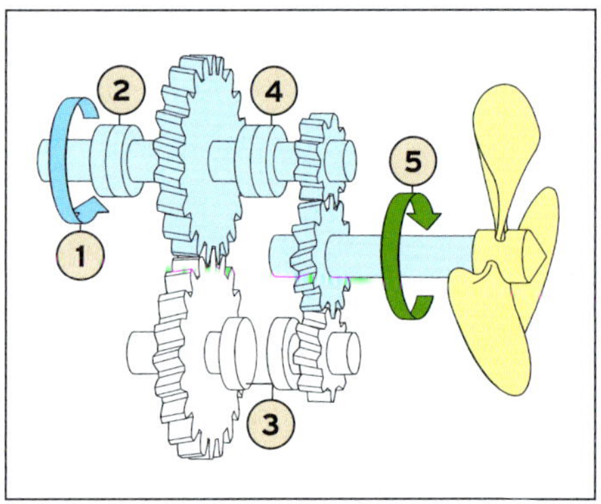

Vorwärtsfahrt

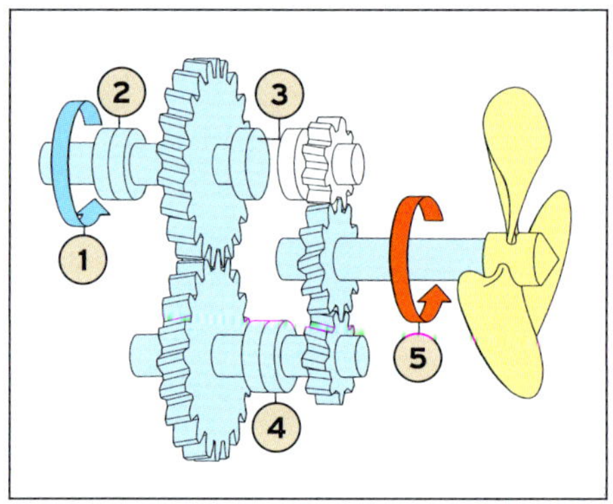

Rückwärtsfahrt

1 *Drehrichtung Antriebswelle*
2 *Leerlauf-kupplung eingekuppelt*
3 *Vorwärts ausgekuppelt*
4 *Rückwärts eingekuppelt*
5 *Drehrichtung Propellerwelle*

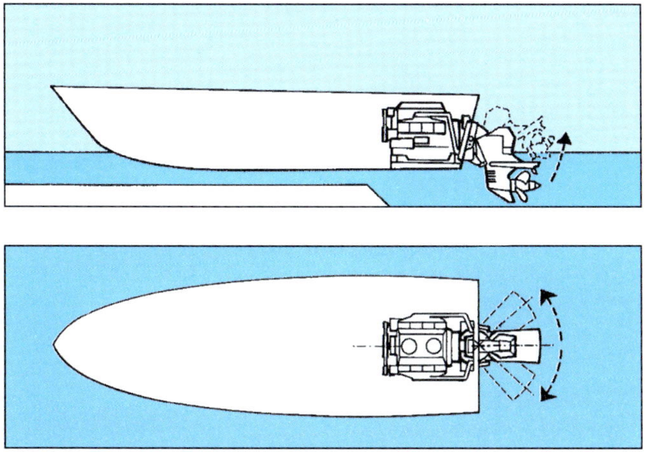

*Der **Z-Antrieb** findet in der Regel in Gleitbooten Verwendung. Hier wird beim Manövrieren der gesamte Antrieb geschwenkt, wodurch die Richtung des Schraubenstrahls verändert wird.*

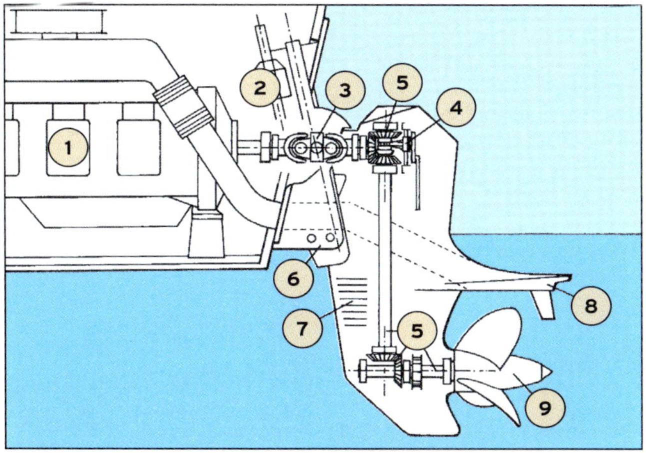

Wirkungsweise eines Z-Antriebs (Zweitaktmotor)

1 *Motor*
2 *elektromechanische Hebevorrichtung für den Antrieb*
3 *Kardanwellen und Kreuzgelenk*
4 *Kupplung*
5 *Antriebszahnräder und -wellen*
6 *Rückwärtssperre und Ausklinkmechanismus (bei Hindernissen)*
7 *Kühlwassereinlass*
8 *Auspuff und Kühlwasserauslass*
9 *Propeller*

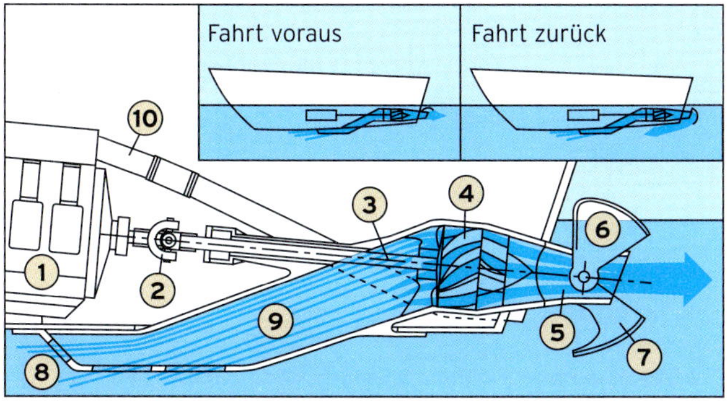

Wirkungsweise Jet-Antrieb

1 *Motor*
2 *Kreuzgelenk*
3 *Antriebswelle*
4 *Impeller*
5 *steuerbare Wasserstrahldüse*
6 *Strahlumlenkvorrichtung*
7 *Führung für Stahlumlenkung*
8 *Wasseransaugöffnung*
9 *Wasseransaugschacht*
10 *Auspuff*

Innenbordmotoren mit Wendegetriebe und starrer Welle (Abb. Seite 182) finden vorwiegend bei Verdrängern und Halbgleitern Verwendung. Die Steuerwirkung wird durch den seitlich auf das eingeschlagene Ruder wirkenden Schraubenstrom erzielt.
Beim **Jet-Antrieb** (Abb. links) befinden sich unterhalb des Bootskörpers keine Bauelemente, sodass auch bei geringer Wassertiefe (Flachwasserbereich) gefahren werden kann. Durch eine Einlassöffnung wird Wasser angesaugt und durch einen Wasserstrahl stark beschleunigt wieder ausgestoßen, wodurch der Vortrieb bewirkt wird. Diese Antriebsart ist mit einer Wasserstrahlpumpe vergleichbar.

Hinweis:
Antriebsarten siehe Frage 405.

3.2 Verhütung der Verschmutzung der Bilge beim Tanken und Ölwechsel

414
Wie kann beim Tanken verhindert werden, dass Treibstoff in die Bilge gelangt?

Antwort: ●●
Durch Verwendung eines großen Trichters. Treibstofftank nicht bis zum Überlauf füllen.

415
Was ist zu unternehmen, wenn Treibstoff oder Öl in die Bilge gelangt ist?

Antwort: ●●
Öl oder Treibstoff in der Bilge mit saugfähigen Lappen entfernen und an Land in zugelassenen Behältnissen entsorgen. Räume lüften.

Zu Fragen 414 und 415:

Wenn nicht verhindert werden kann, dass Treibstoff oder Öl in die Bilge gelangt ist, müssen unbedingt

- das Öl bzw. der Treibstoff mit einem saugfähigen Lappen entfernt und der Lappen entsorgt oder das verunreinigte Bilgenwasser bei der Sammelstelle des Hafens abgegeben werden (siehe Regel 9 der „10 Goldenen Regeln“ auf den Seiten 167/168) und
- alle Innenräume gelüftet werden, um die Explosionsgefahr durch Benzindämpfe zu vermeiden.

Beim Tanken und beim Ölwechsel ist vor allem darauf zu achten, dass

- der Einfüllstutzen fest mit dem Benzin- bzw. Öltank verbunden ist und
- ein großer Einfülltrichter verwendet wird, damit beim Einfüllen kein Benzin bzw. Öl verschüttet wird.

Hinweis: Im Hinblick auf das Betanken von Außenbordmotoren siehe Erl. zu Fragen 451 bis 453.

4. Antriebswelle/Propeller

4.1 Antriebswelle

416
Bei einer konventionellen Schraubenwelle dringt Wasser in die Maschinenraumbilge ein. Was kann die Ursache sein und wie kann Abhilfe geschaffen werden?

Antwort: ●●
Die Stopfbuchse ist undicht. Stopfbuchse nachziehen, Packung evtl. Dichtung erneuern, ggf. Lippdichtung einsetzen.

417
Welche Arten von Stopfbuchsen kommen bei Sportbooten zum Einsatz?

Antwort: ●●
Wasser-, fett- und ölgeschmierte Stopfbuchsen.

418
Was ist die häufigste Fehlerquelle, wenn über die Stopfbuchse Wasser ins Boot eindringt?

Antwort:
Verschlissene Stopfbuchse, mangelhafte Wartung.

Zu Fragen 416 bis 418:
Die Stopfbuchse sichert den Durchbruch der Propellerwelle durch die Bordwand unterhalb der Wasserlinie gegen Eindringen von Wasser. Die Stopfbuchse wird mit Packungen aus verschiedenen Stoffen (Fette, Öl usw.) belegt, die sich an die beweglichen Teile anpassen. Bei zunehmendem Gebrauch lässt der Druck nach, was eine Wiederherstellung des ursprünglichen Druckes erfordert (Fettpresse).

Die Bezeichnung „Stopfbuchse" geht auf Zeiten zurück, wo tatsächlich Material (z. B. Werg) in die Buchse gestopft wurde. Das Auffüllen des Druckes geschah damals durch „nachstopfen" des verwendeten Materials.

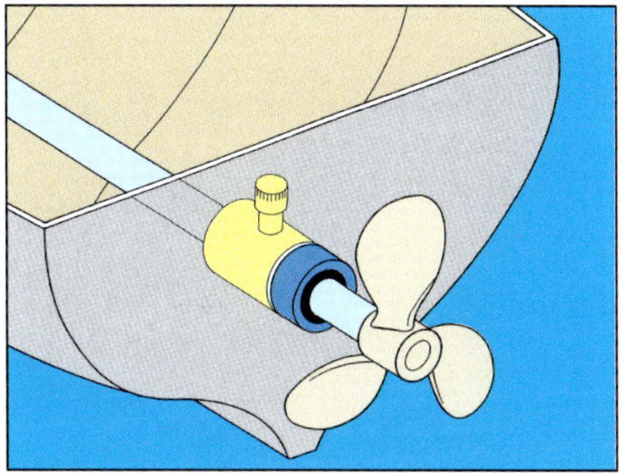

Stopfbuchse mit Fettpresse (Schraube)

4.2 Propeller

419
Was ist unter einem rechtsdrehenden Propeller (Schraube) zu verstehen?

Antwort:
Wenn er sich von achtern gesehen bei der Vorausfahrt im Uhrzeigersinn dreht.

420
Was ist unter einem linksdrehenden Propeller (Schraube) zu verstehen?

Antwort:
Wenn er sich von achtern gesehen bei der Vorausfahrt gegen den Uhrzeigersinn dreht.

421
Was ist unter der Ruderwirkung des Propellers (Schraube) zu verstehen?

Antwort:
Das seitliche Versetzen des Hecks. Seitenschub.

422
Weshalb ist die Kenntnis der Propellerdrehrichtung (Schraubendrehrichtung) für das Manövrieren unter Motor von Bedeutung?

Antwort:
Weil der „Radeffekt" das Heck nach der einen oder anderen Richtung zur Seite versetzt und dieser Umstand beim Manövrieren berücksichtigt werden muss.

423

Warum wird jedes Schiff mit einem Propeller (Schraube) und starrer Welle über Steuerbord und über Backbord verschieden große Drehkreise haben?

Antwort:
Weil der Propellerdrall (Schraubendrall) des Antriebs (Radeffekt) eine Drehrichtung unterstützt, der anderen entgegenwirkt.

424

Welche Wirkung hat ein rechtsdrehender Propeller (Schraube) bei Vorausfahrt?

Antwort:
Er versetzt das Heck nach Steuerbord.

425

Welche Wirkung hat ein rechtsdrehender Propeller (Schraube) bei Rückwärtsfahrt?

Antwort:
Er versetzt das Heck nach Backbord und die Ruderwirkung des Propellers (Schraube) ist besonders stark.

426

Welche Anlegeseite einer Yacht mit linksdrehendem Propeller (Schraube) ist empfehlenswert und warum?

Antwort:
Die Steuerbordseite, weil das Heck beim Abstoppen mit Rückwärtsgang (Radeffekt) an die Pier gezogen wird.

427

Welche Anlegeseite einer Yacht mit rechtsdrehendem Propeller (Schraube) ist empfehlenswert und warum?

Antwort:
Die Backbordseite, weil das Heck beim Abstoppen mit Rückwärtsgang (Radeffekt) an die Pier gezogen wird.

428

Mit welchen Manöverschritten kann man ein Motorboot auf engstem Raum wenden?

Antwort:
Durch mehrfaches, kurzeitiges Vorwärts- und Rückwärtsschalten, um durch den Radeffekt und entsprechende Ruderlage das Fahrzeug zu wenden.

Zu Fragen 419 bis 428:
Die meisten Sportboote haben heute linksdrehende Propeller. Einen Propeller, der in Vorausfahrt von hinten gesehen linksherum dreht, nennt man linksdrehend.
In Fahrt achteraus wird der Drehsinn des Propellers umgekehrt: Der linksdrehende Propeller dreht nun rechtsherum.
Außer dem Vortrieb bewirkt der Propeller auch einen Dreheffekt zur Seite hin, in die er jeweils dreht. Diese Kraft nennt man **Radeffekt**. Dieser Radeffekt entsteht als Reaktion auf den Drall bei der Beschleunigung des Wassers nach achtern.
Die Auswirkung des Radeffektes ist besonders stark bei Achterausfahrt, also auch beim Aufstoppen der Vorausfahrt durch Einlegen des Rückwärtsgangs.
Man nutzt diesen Effekt aus, indem man versucht, mit dem Boot mit der Seite anzulegen, wohin der Radeffekt in Achterausfahrt wirkt. Bei einem Boot mit linksdrehendem Propeller, der beim Aufstoppen einen Radeffekt nach rechts ausübt, wird man also mit der Steuerbordseite anlegen.
Nähert man sich in einem spitzen Winkel und mit langsamer Fahrt der Anlegestelle, so wird nach Einlegen des Rückwärtsgangs das

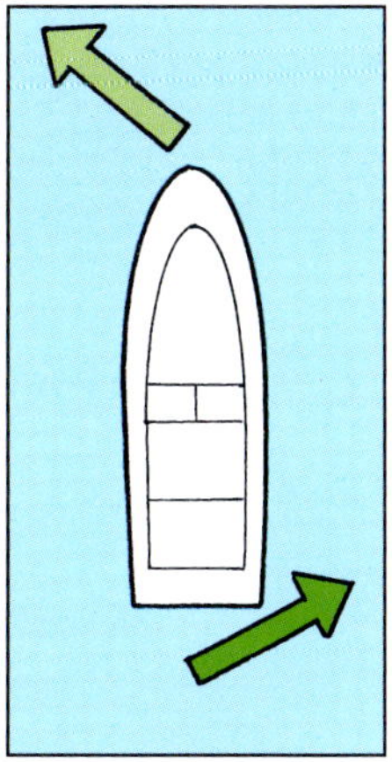

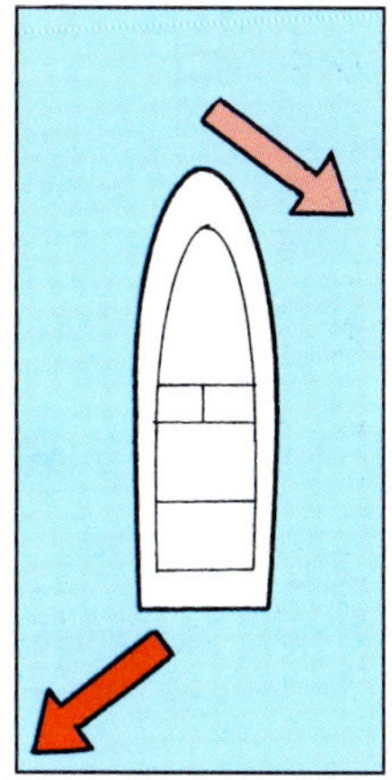

Wirkungsweise der rechtsdrehenden Schraube (Propeller)

Bei rechtsdrehender Schraube dreht das Heck gewöhnlich nach Stb, wenn das Fahrzeug bei Mittschiffsruderlage Fahrt voraus aufnimmt.

Heck dreht nach Stb.

Bei rechtsdrehender Schraube dreht das Heck gewöhnlich nach Bb, wenn das Fahrzeug bei Mitschiffsruderlage Rückwärtsfahrt aufnimmt.

Heck dreht nach Bb.

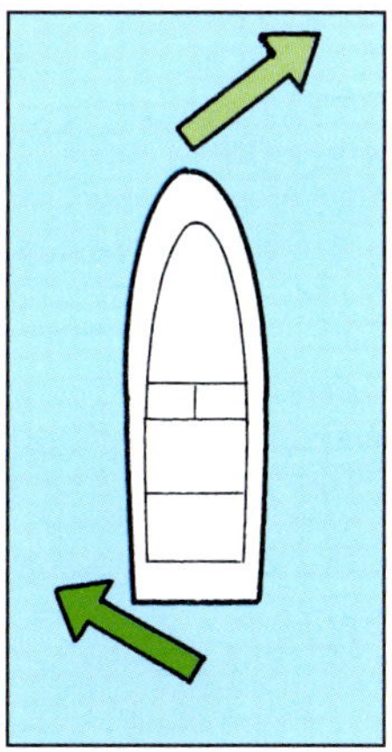

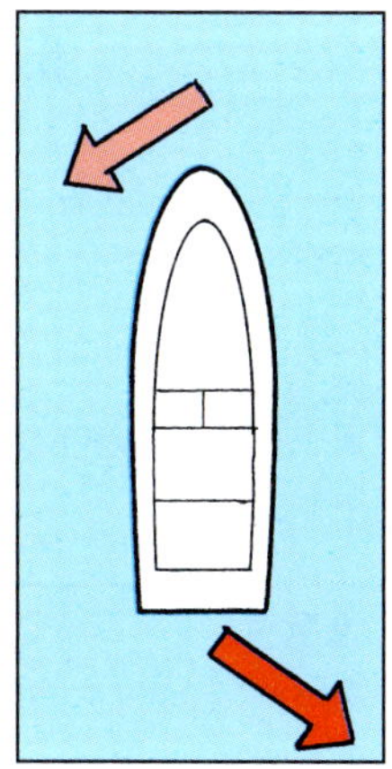

Wirkungsweise der linksdrehenden Schraube (Propeller)

Bei linksdrehender Schraube dreht das Heck gewöhnlich nach Bb, wenn das Fahrzeug bei Mittschiffsruderlage Fahrt voraus aufnimmt.

Heck dreht nach Bb.

Bei linksdrehender Schraube dreht das Heck gewöhnlich nach Stb, wenn das Fahrzeug bei Mitschiffsruderlage Rückwärtsfahrt aufnimmt.

Heck dreht nach Stb.

Boot gestoppt, und gleichzeitig wird das Heck nach Steuerbord auswandern.

Da der Radeffekt ein Manöver erleichtern oder erschweren, ja sogar vereiteln kann, muss bei der Planung des Manövers der Radeffekt immer berücksichtigt werden.

Hinweise:
Auswirkungen der Propellerdrehrichtung auf die Steuerwirkung siehe Teil III, 1.2.
Durchführung des Anlegemanövers siehe Teil III, 2.2.

5. Kraftstoffanlage

429 ●●
Welche Sicherheitseinrichtung muss eine eingebaute Tankanlage mit Deckeinfüllstützen haben?

Antwort:
Entlüftungsrohr und (evtl.) Absperrventil.

430 ●●
Welche Maßnahmen müssen vor und während der Treibstoffübernahme getroffen werden?

Antwort:
Motor abstellen. Kein offenes Feuer, keine elektrischen Schalter betätigen, nicht rauchen. Vorbereitungen treffen, dass evtl. übergelaufener Treibstoff sofort aufgefangen werden kann.

431 ●●
Weshalb muss der Tank des Außenbordmotors immer an Land nachgefüllt werden?

Antwort:
Um zu verhindern, dass Treibstoff oder Treibstoffdämpfe in das Bootsinnere oder Treibstoff ins Wasser gelangen.

432 ●●
Warum ist verschüttetes Benzin im Boot besonders gefährlich?

Antwort:
Weil die Benzindämpfe schwerer als Luft sind und in der Bilge ein explosives Gemisch bilden.

433 ●●●
Was ist zu unternehmen, wenn Benzin in die Bilge gelangt ist?

Antwort:
- **Feuer und offenes Licht löschen.**
- **Keine elektrischen Schalter betätigen.**
- **Mit Schwamm oder Tüchern aufnehmen.**
- **Bilge reinigen.**
- **Umweltschutz beachten.**
- **Räume lüften.**

Zu Fragen 429 bis 433:
Beim **Einfüllen des Kraftstoffs** in den Tank wird Luft verdrängt. Kann die Luft nicht entweichen, drängt sie in den Einfüllstutzen und kann beim Entweichen Kraftstoff mitreißen, was zwangsläufig zu einer schädlichen Gewässerverunreinigung führt. Den Ausgleich bringt das Entlüftungsrohr, in dem sich ein Flammschutzsieb befinden muss. Kraftstoff verdampft und die Dämpfe/Gase verlassen den Tank durch die Entlüftung.
Mit dem **Flammschutzsieb** soll eine Entzündung nach „innen", das heißt in das Entlüftungsrohr verhindert werden. Das Entlüftungsrohr muss auch während der Fahrt – Kraftstoffentnahme aus dem Tank – das Eindringen von Luft sicherstellen, um ein Vakuum im Tank zu verhindern.
Bei transportablen Tanks wird die Vakuumbildung durch das Öffnen der Entlüftungsschraube am Tankdeckel verhindert.
Ein **Absperrventil**, mit dem die Treibstoffzufuhr zum Motor unterbunden wird, soll sich nicht nur am oder in der Nähe des Motors im Maschinenraum befinden, sondern auch außerhalb, an einer für den Schiffsführer leicht erreichbaren und leicht zugänglichen Stelle. Im Bedarfsfall/Gefahrenfall kann es sofort geschlossen werden, beispielsweise bei Motorbrand oder auch undichten Leitungen im Maschinenraum.
Bei **Wartungsarbeiten** soll das unbeabsichtigte Austreten von Kraftstoff ebenfalls verhindert werden.
Beim Tanken ins Boot gelangtes Benzin bildet mit Luft ein explosives Gemisch. Deshalb sollte der Tankraum gegenüber allen anderen Räumen dicht sein.
Auch **Funkgeräte** dürfen während des Betankens nicht betrieben werden.

Nach dem Tanken müssen vor dem Starten des Motors alle Räume ausreichend belüftet werden, um eine Explosion durch Zündfunken zu vermeiden, was eine nicht unerhebliche Unfallursache auf Sportbooten darstellt. Beim Betanken kann es zwischen Tankeinfüllstutzen, Zapfpistole oder Kanister zu einer Funkenstrecke durch die statische Aufladung des Bootskörpers kommen. Deshalb ist es unerlässlich, dass zwischen allen metallischen Teilen der Tankanlage ein Potenzialausgleich besteht.
Damit nicht Öl oder Treibstoff in die **Bilge** gelangt, sollte sich unter jedem Innenbordmotor eine Ölauffangwanne befinden. Ist es doch einmal passiert, besteht Explosionsgefahr. Dann muss die Bilge gereinigt werden:

> Benzin in Behältnissen sammeln und einschließlich der Tücher und Schwämme zu zugelassenen Entsorgungsstellen bringen; keinesfalls, auch nicht die geringste Menge, ins Wasser ablassen.

Um die genannten Gefahren auszuschließen, dürfen die Tanks der Außenbordmotoren nicht im Boot (Kraftstoffdämpfe), sondern nur an Land nachgefüllt werden.

Hinweis:
Umwelt- und Gewässerschutz siehe Fragen 305 bis 312.

Vorschriften:
§ 1.15; § 324 StGB

6. Ruderanlage

434 **Aus welchen Teilen besteht einen Pinnensteuerung?**	Antwort: ●● **Ruderblatt, Ruderschaft, Ruderpinne, Ausleger.**

Zu Frage 434:
Motorboote mit Innenbordmotor haben fast ausschließlich Radsteuerung, womit die Kraftübertragung zur Erzeugung einer Ruderwirkung wesentlich erleichtert wird. Siehe hierzu auch die Abbildungen von Ruderanlagen von Segelyachten zu Fragen 513 bis 518.

1 *Ruderblatt*
2 *Ruderschaft*
3 *Ruderkopf*
4 *Ruderpinne*
5 *Pinnen-ausleger*

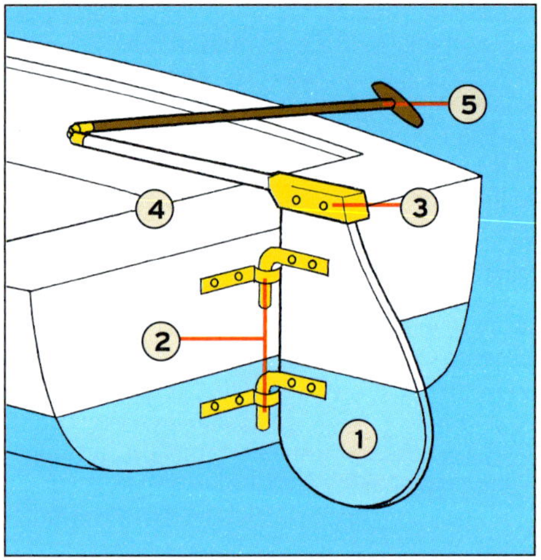

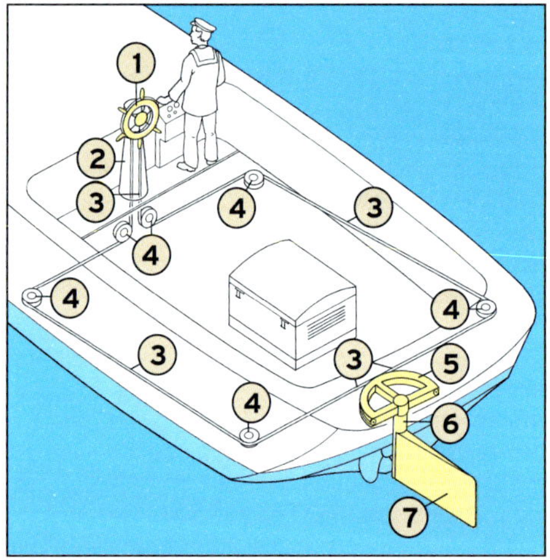

1 *Ruderrad*
2 *Rudersäule*
3 *Ketten- oder Seilzüge*
4 *Umlenkung*
5 *Ruder-quadrant*
6 *Ruderschaft*
7 *Ruderblatt*

435 ●●

Wodurch wird bei einem Außenbordmotor die Ruderwirkung erzielt?

Antwort:
Durch Schraubenstrom und Lage des Motors wird die Ruderwirkung erreicht.

436 ●●

Warum ist bei einem Außenbordmotor im Rückwärtsgang mit einer verstärkten Ruderwirkung zu rechnen?

Antwort:
Die Ruderwirkung wird durch die angestellte Schraube erzielt, die das Heck in die Richtung der Schraubenwirkung zieht.

437 ●●

Unter Maschine setzt bei Aufnahme der Rückwärtsfahrt die Ruderwirkung erst relativ spät ein. Wodurch lässt sich dies erklären?

Antwort:
Erst mit Fahrtaufnahme rückwärts kann eine Ruderwirkung durch den Fahrtstrom erzielt werden.

Zu Fragen 435 bis 437:

Hinweis:
Siehe die Darstellungen in Teil III.1: „Steuerwirkung des Außenbordmotors bei Vorwärtsfahrt und bei Rückwärtsfahrt.

7. Funktionsprüfung und Wartung

7.1 Funktionsprüfungen

438
Was ist vor Fahrtantritt allgemein zu veranlassen?

Antwort: ● ●
Überprüfung des Allgemeinzustandes des Bootes, der Funktionsfähigkeit, der Sicherheitsausrüstung, der Navigationseinrichtungen und der Maschinenanlage.

439
Welche allgemeinen Wartungsarbeiten sind während der laufenden Saison zu erledigen?
(Nennung von mindestens sechs Maßnahmen)

Antwort: ● ● ●
Allgemeinzustand des Bootes kontrollieren, Bilge kontrollieren, Überprüfung der Funktionsfähigkeit von Maschine, Getriebe und Ruderanlage, Navigationseinrichtungen.

440
Welche Filter sorgen für den sicheren Betrieb eines Verbrennungsmotors?

Antwort: ● ●
- **Wasserfilter,**
- **Kraftstofffilter,**
- **Ölfilter,**
- **Luftfilter.**

Zu Fragen 438 bis 440:

Die Funktionsprüfungen gehören zum Kernbereich der seemännischen Sorgfaltspflicht, um sich zu vergewissern, dass die Yacht für den geplanten Einsatz sicher ist. Zusätzlich ist das Ankergeschirr zu kontrollieren.

Diesen Check sollte man vor jeder Fahrt machen, und zwar umso intensiver, je älter die Yacht ist.

Wartung und Pflege der gesamten Motoranlage sind ebenso wichtig wie die Kontrollen vor Antritt einer Fahrt. Bei Störungen unterwegs ist nicht überall Hilfe zu bekommen. Die Betriebs-/Wartungsanleitungen müssen beachtet und die Wartungsintervalle eingehalten werden.

Hinweis:
Zur Verringerung der Schadstoffentwicklung durch Wartung siehe Fragen 455 und 456.

Vorschrift:
§ 1.04

7.2 Motor-Startkontrolle

441 ●●
Was ist vor dem Anlassen des Motors zu beachten?

Antwort:
- **Ggf. Maschinenraum lüften.**
- **Kraftstoffstand prüfen, Kraftstoffhahn öffnen.**
- **Schraube auskuppeln.**
- **Ölstand für Motor und Getriebe prüfen.**
- **Kühlwassersystem klar?**

442 ●
Worauf muss beim Starten des Motors geachtet werden, um zu verhindern, dass das Boot unkontrolliert und ruckartig anfährt?

Antwort:
Beim Starten muss die Schaltung auf „neutral“ (Leerlauf) stehen, da sonst der Propeller (Schraube) sofort mitdreht.

443 ●●
Warum darf der Propeller (Schraube) beim Starten nicht sofort mitdrehen?

Antwort:
Weil dadurch besonders ein kleineres Boot ruckartig anspringen würde, wodurch Personen über Bord fallen und verletzt werden könnten. Im Wasser befindliche Personen könnten verletzt und Anlagen beschädigt werden.

Zu Fragen 441 bis 443:
Bei **Benzinmotoren** muss der Motorraum vor jedem Starten ausreichend belüftet werden, damit Gase entweichen können. Spezielle Motorraumlüfter müssen funkengeschützt sein. Der Exhauster sollte so mit dem Zündschloss geschaltet werden, dass der Starter zum Anlassen des Motors blockiert ist, bis der Exhauster ein Gasgemisch in der Bilge abgesaugt hat (Zeitverzögerung nach der Betriebsanleitung, abhängig von der Größe des Absauggebläses = Exhauster).
Zu einer Fahrtvorbereitung, auch für Stunden, gehören ausreichend Kraftstoff, genügend Öl und ein funktionierendes Kühlsystem. Anschließend sind der Kraftstoffhahn und das Seeventil, wenn vorhanden, zu öffnen. Schraube auskuppeln, weil sie sonst sofort mitdreht und das Boot sich selbstständig macht, was Schäden verursachen und Personen gefährden kann. Eine spezielle Schaltung, verhindert das Starten in eingekuppeltem Zustand.
Nach dem Anlassen des Motors sind sofort der Öldruck am Anzeigegerät und der Kühlwasserdurchfluss am Kühlwasseraustritt zu kontrollieren, ebenso die Ladekontrolle – Aufladung der Batterie – und nach kurzer Zeit die Temperatur des Kühlwassers. Diese Kontrollen sollten während der Fahrt regelmäßig wiederholt werden, um bei Abweichungen rechtzeitig reagieren zu können: Fahrteinstellung, Fehlersuche, Fehlerbeseitigung.
Treibgut im Wasser kann das Seeventil bzw. den Kühlwasseransaugstutzen verstopfen und den Kühlwasserdurchfluss verringern oder unterbinden. Die Kühlwassertemperatur steigt stark an. Das erfordert umgehendes Handeln (Reinigung/Beseitigung). Auch wenn die Schraube blockiert, muss sofort nach der Ursache gesucht und gegebenenfalls ein Tampen oder Plastik entfernt werden.

- Aus Sicherheitsgründen werden Kraftstoff- und Kühlwasserventile nach dem Betrieb häufig geschlossen. Das Öffnen dieser Ventile ist deshalb vor jedem Start unerlässlich (Kontrolle).
- Bei leichten, stark motorisierten Fahrzeugen kann das Anlassen des Motors bei eingelegtem Gang eine große Gefahrenquelle für Boot und Besatzung sein.

Eine spezielle Schaltung, die das Anlassen in eingekuppeltem Zustand verhindert, ist im Fachhandel erhältlich.

7.3 Motor-Betriebskontrolle

444 **Was muss unmittelbar nach dem Anlassen des Motors kontrolliert werden?**	Antwort: **Kühlwasserdurchfluss, Öldruck und Ladestrom, Schaltbarkeit von Vorwärtsgang, Rückwärtsgang und Leerlauf.** ●●

445 **Wo wird unmittelbar nach dem Anlassen einer eingebauten Maschine kontrolliert, ob diese einwandfrei arbeitet?**	Antwort: • **Ladekontrollleuchte,** • **Öldruckkontrolle,** • **Drehzahlmesser,** • **Kühlwasseraustritt.** ●●

446 **Während der Fahrt sollte die Maschinenanlage ständig überwacht werden. Worauf muss besonders geachtet werden?**	Antwort: • **Kühlwasseraustritt,** • **Motortemperatur,** • **Öldruck und Ladekontrolle,** • **Drehzahlmesser.** ●●

Zu Frage 444 bis 446
Vgl. Anmerkungen zu Fragen 441 bis 443.

Cockpit eines Motorbootes

1 *Drehzahmesser*
2 *Anzeige Öldruck*
3 *Anzeige Öltemperatur*
4 *Anzeige Getriebetemperatur*
5 *Anzeige Kühlwasserdurchfluss*
6 *Anzeige Kühlwassertemperatur*
7 *Betriebsstundenzähler*
8 *Signalhorn*
9 *Quickstopp*
10 *Voltmeter*
11 *Amperemeter*
12 *Anzeige Ladekontrolle*
13 *Zündung*
14 *elektrische Schalter z.B. für Navigationslichter, Lenzpumpe, Ankergeschirr, Kommunikation und weitere Stromverbraucher*

7.4 Fehleridentifizierung

447 ● ●

Die Temperatur der Antriebsmaschine Ihres Motorbootes überschreitet die zulässigen Grenzwerte, was könnte die mögliche Ursache sein (vier Beispiele)?

Antwort:

- **Thermostat defekt,**
- **Seeventil geschlossen,**
- **Seewasserfilter verstopft,**
- **Impellerpumpe defekt,**
- **Stand des Kühlwassers zu niedrig oder durch Undichtigkeit kein Kühlwasser vorhanden,**
- **Keilriemen der Wasserpumpe zu lose oder gerissen.**

448 ● ● ●

Die Kontrolllampe der Stromversorgung Ihrer Antriebsmaschine erlischt nach dem Starten nicht. Was könnte die mögliche Ursache sein?

Antwort:

- **Lichtmaschine defekt,**
- **Regler der Lichtmaschine defekt,**
- **Keilriemen der Lichtmaschine zu lose oder gerissen.**

449 ● ● ●

Die Ölkontrollleuchte Ihrer Antriebsmaschine leuchtet nach dem Starten weiter. Was könnte die mögliche Ursache sein?

Antwort:

Zu wenig Motoröl, Druckschalter defekt, Öldruckpumpe defekt.

450 ●

Der Motor ist gestartet worden. Er läuft normal, wird aber beim Einkuppeln der Antriebswelle „abgewürgt“. Was kann die Ursache sein?

Antwort:

Blockierter Propeller (z. B. Tampen, Netze oder Plastikteile im Propeller [Schraube]).

Zu Fragen 447 bis 450:

Entscheidungshilfen bei Motorversagen

(siehe Tabelle nächste Seite)

Entscheidungshilfen bei Motorversagen		
Störung	**Ursache**	**Abhilfe**
Temperatur des Motors überschreitet den zulässigen Grenzwert Sofortmaßnahme: Motor stoppen	Thermostat defekt Seeventil geschlossen Seewasserfilter verstopft Impellerpumpe defekt Stand des Kühlwasser zu niedrig oder durch Undichtigkeit kein Kühlwasser vorhanden Keilriemen der Wasserpumpe zu lose oder gerissen	nach Fahrtende austauschen Seeventil öffnen und Fahrt fortsetzen Seewasserfilter reinigen und Fahrt fortsetzen Impellerpumpe auswechseln Kühlwasser nachfüllen und bei Fahrtfortsetzung sorgfältig die Kühlwasseranzeige beobachten, notfalls die Fahrt abbrechen neuen Keilriemen einsetzen und die Fahrt fortsetzen
Kontrolllampe der Stromversorgung der Antriebsmaschine erlischt nach dem Starten nicht Sofortmaßnahme: Motor stoppen	Lichtmaschine defekt Regler der Lichtmaschine defekt Keilriemen der Lichtmaschine zu lose oder gerissen Erregerkabel gebrochen	Lichtmaschine ersetzen Regler ersetzen neuen Keilriemen einsetzen und die Fahrt fortsetzen Erregerkabel reparieren
Ölkontrollleuchte der Antriebsmaschine leuchtet nach dem Start weiter Sofortmaßnahme: Motor stoppen	zu wenig Motoröl Druckschalter defekt Öldruckpumpe defekt	Motoröl nachgießen und bei Fahrtfortsetzung auf das Erlöschen der Kontrollleuchte achten Druckschalter ersetzen Öldruckpumpe ersetzen
Beim Einkuppeln der Antriebswelle wird der Motor abgewürgt	Propeller blockiert	unter das Boot tauchen und den Tampen bzw. Plastik oder Netze vom Propeller entfernen und Fahrt fortsetzen

7.5 Betrieb von Außenbordmotoren

451

Ein kleiner Außenborder mit eingebautem Tank bleibt während der Fahrt immer wieder stehen. Was könnten die Ursachen sein?

Antwort:
Belüftungsschraube im Tankdeckel nicht geöffnet oder unsaubere Benzinleitung.

452

Worauf ist unbedingt zu achten, bevor ein Außenborder mit Handstart angeworfen wird, und warum?

Antwort:
Vor dem Starten Propeller (Schraube) auskuppeln, da sonst das Boot ruckartig anfährt.

453 **Was sollte stets getan werden, bevor nach Ende einer Fahrt der Außenborder hochgekippt oder abgenommen wird, und warum?**	Antwort: ●● **Vor dem im Leerlauf drehenden Motor den Tankschlauch abnehmen bzw. Benzinhahn und Entlüftung schließen und Vergaser leer fahren, damit beim Hochkippen kein Benzin ausläuft.**

Zu Fragen 451 bis 453:
Zu den wichtigsten Maßnahmen vor dem Starten eines Motors gehört beim Außenbordmotor das **Öffnen der Belüftungsschraube** im Tankdeckel.
Bei geschlossener Belüftungsschraube und laufendem Motor entsteht durch das Ansaugen von Treibstoff ein Vakuum im Tank, wodurch die ausreichende Treibstoffversorgung des Motors nicht mehr gewährleistet ist.
Bei Tankstellen ist allgemein von sauberem Kraftstoff auszugehen. Beim Umfüllen vom Kanister in den Tank und wenn Öl beigemischt wird, können aber bei Unachtsamkeit Schmutzpartikel und unter Umständen Wasser in den Kraftstoff oder in die Kraftstoffmischung gelangen. Das beeinträchtigt unter Umständen den Durchlauf des Treibstoffes vom Tank zum Motor und damit die ausreichende Treibstoffversorgung. Deshalb ist bei Unfällen äußerste Sorgfalt geboten.
Das Starten eines Motors mit eingekuppelter Schraube ist bei allen Booten mit Gefahren verbunden, insbesondere beim Außenbordmotor: Beim Handstart freistehend kann die Person über Bord fallen.
Abfälle, Treibstoff, Öl oder Ölwassergemisch in das Wasser zu geben ist generell verboten. Verstöße werden geahndet. Die Einbringungsart, ob durch menschliches Fehlverhalten oder durch technische Einrichtungen, ist dabei unerheblich. Da sich nach jedem Betrieb eine Resttreibstoffmenge auch in den Leitungen des Außenbordmotors

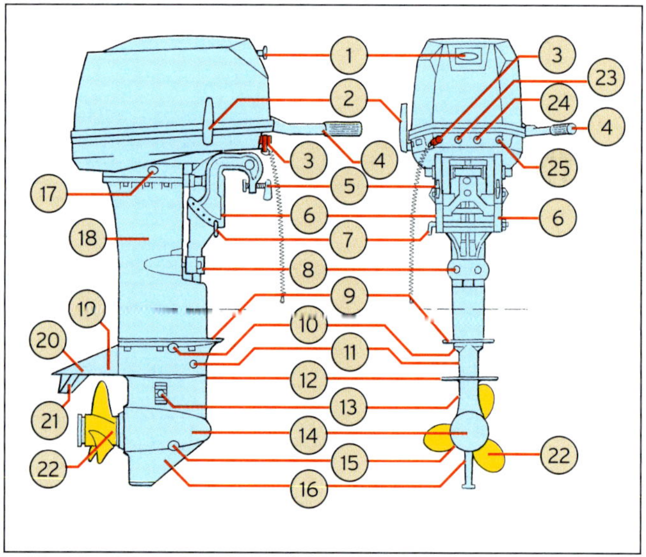

Außenbordmotor

1 *Handstarter-Zuggriff*
2 *Schalthebel vorwärts/Leerlauf/rückwärts*
3 *Quickstopp mit Sicherheitsleine*
4 *Pinne mit Gasgriff*
5 *Klemmschrauben für Heckspiegel-Befestigung*
6 *Kippbügel mit Kippsperre*
7 *Trimmbolzen*
8 *Ruderschaft*
9 *Kavitationsplatte*
10 *oberer Ölstopfen*
11 *Ölkontrollschraube*
12 *Antikavitationsplatte*
13 *Wassereinlass mit Sieb*
14 *Propellergetriebe*
15 *Ölablassschraube*
16 *Sporn*
17 *Kühlwasser-Kontrollöffnung*
18 *Antriebswellengehäuse*
19 *Kühlwasseraustritt*
20 *Auspuff*
21 *Trimmflosse mit Anode*
22 *Propeller*
23 *Choke*
24 *Hauptschalter*
25 *Kraftstoff-Schlauchanschluss*

Quelle: Betriebsanleitung Tohatsu Außenborder M 40

befindet, muss die Treibstoffzufuhr unterbunden und die Leitungen müssen bis zum Stillstand des Motors leer gefahren werden, damit beim Hochklappen kein Treibstoff in das Wasser gelangen kann.

Hinweise:
Reinhaltung des Wassers siehe Fragen 305 bis 312.
Nachfüllen des Tanks beim Außenbordmotor siehe Frage 431.
Maßnahmen und Vorsichtsmaßregeln vor dem Starten des Motors siehe Frage 441.
Starten des Motors siehe Frage 442.
Auskuppeln vor dem Starten siehe Fragen 441 bis 443.

Vorschriften:
§ 1.15, § 324 StGB

7.6 Betrieb und Wartung der Maschinenanlage

454
Warum sollte niemals aus voller Fahrt voraus in volle Fahrt achteraus geschaltet werden?

Antwort: ● ●
Das Getriebe und die Kupplung können beschädigt werden. An Bord befindliche Personen könnten verletzt werden bzw. über Bord fallen.

455
Wie können der technisch einwandfreie Zustand und die Funktionsfähigkeit der Maschinenanlage weitgehend sichergestellt werden?

Antwort: ●
Durch regelmäßige Wartung der gesamten Maschinenanlage (Angaben hierüber enthält die Betriebsanleitung).

456
Wie kann die Schadstoffentwicklung von Bootsmotoren verringert werden?

Antwort: ● ●
Durch richtige Luft-Kraftstoff-Gemisch-Einstellung und durch das richtige Mischungsverhältnis bei Zweitaktmotoren.

457
Weshalb sollte die Betriebsanleitung für den Motor immer an Bord sein?

Antwort: ●
Sie gibt Hinweise über die Wartung des Motors und enthält tabellarische Zusammenstellungen möglicher Störungen.

Zu Fragen 454 bis 457:
Die Kraft des Motors wird über das Getriebe auf die Welle mit Schraube übertragen. Ohne Getriebe und Direktübertragung wäre eine wechselnde Schraubendrehrichtung nicht möglich. Daneben wird durch das Getriebe die zum Teil hohe Motordrehzahl auf eine wirkungsvolle Wellen-/Schraubendrehzahl reduziert.
Bei stehendem Motor wird durch Auskuppeln die Verbindung zur Schraube unterbrochen und das Starten ohne Schraubendrehung ermöglicht. Durch das Auskuppeln bei laufendem Motor wird die Kraftübertragung zur Schraube ebenfalls unterbrochen. Vom Auskuppeln bis zum Einleiten der Gegendrehrichtung der Welle/Schraube muss der Wellenstillstand der vorausgegangenen Drehrichtung abgewartet werden, um ohne Schäden im Getriebe bzw. an der Kupplung die entgegengesetzte Wellen-/Schraubendrehung zu erreichen.
Die Betriebsanleitungen für alle technischen Einrichtungen sollten sich stets an Bord befinden, um bei Störungen schneller die Ursachen ermitteln zu können.

Der Inhalt der Betriebsanleitung für Anlagen, deren einwandfreie Funktion die Sicherheit des Schiffsbetriebs gewährleistet, z. B. Maschinenanlage mit Getriebe, Welle und Schraube sowie Ruderanlage, sollte auch jedem Verantwortlichen bekannt sein. Nur dann ist sichergestellt, dass Wartung und Pflege den Vorgaben des Herstellers entsprechen.

Hinweise:
Wartung und Pflege siehe Fragen 454 bis 457.
Antriebsmotoren und deren Arbeitsweise siehe Frage 404.
Kupplung und Getriebearten siehe Fragen 410 bis 413.

8. Wasserski und Wassermotorrad

8.1 Wasserskilaufen

458
Wo darf auf den Binnenschifffahrtstraßen Wasserski gelaufen werden?

Antwort: ●
Nur in den Bereichen, die durch entsprechende Tafeln hierzu freigegeben sind.

459
Zu welcher Tageszeit und unter welchen Umständen darf auf den erlaubten Gewässerabschnitten Wasserski gelaufen werden?

Antwort: ●●
Von Sonnenaufgang bis Sonnenuntergang, sofern keine weiteren Beschränkungen, z. B. durch Zusatztafeln oder Sondervorschriften, bestehen und die Sicht mehr als 1000 m beträgt.

460
Zu welcher Tageszeit und unter welchen Umständen darf auf erlaubten Gewässerabschnitten Wassermotorrad gefahren werden?

Antwort: ●●
Von 7.00 Uhr bis 20.00 Uhr und nicht vor Sonnenaufgang und nicht nach Sonnenuntergang, sofern keine weiteren Beschränkungen, z. B. durch Zusatztafeln oder Sondervorschriften, bestehen und die Sicht mehr als 1000 m beträgt.

461
Wodurch ist beim Wasserskilaufen sicherzustellen, dass der Schiffsführer sofort über etwaige Schwierigkeiten des Wasserskiläufers unterrichtet wird?

Antwort: ●●
Im Boot muss eine zweite, geeignete Person mitfahren, die den Skiläufer ständig beobachtet und den Schiffsführer unterrichtet.

462
Mit welchen Personen muss das Zugboot beim Wasserskilaufen mindestens besetzt sein?

Antwort: ●●
Mit dem Schiffsführer und einer geeigneten Person, die den Wasserskiläufer beobachtet.

463

Wie muss sich der Wasserskiläufer bei der Vorbeifahrt an Fahrzeugen, Schwimmkörpern oder Badenden verhalten?

Antwort: ●

Er muss sich im Kielwasser des ziehenden Fahrzeugs halten.

464

Was müssen Wasserskiläufer und der Schiffsführer des ziehenden Fahrzeuges gegenüber Verkehrsteilnehmern und Anlagen besonders beachten?

Antwort: ●●●

Durch Wellenschlag oder Sogwirkung dürfen andere Verkehrsteilnehmer sowie Badende nicht gefährdet oder mehr als nach den Umständen unvermeidbar behindert oder belästigt werden. Ufer, Regelungsbauwerke, schwimmende oder feste Anlagen oder Schifffahrtszeichen dürfen nicht beschädigt werden. Der Schiffsführer muss erforderlichenfalls die Geschwindigkeit vermindern und bei der Vorbeifahrt einen Abstand von mindestens 10 m einhalten.

Zu Fragen 458 bis 464:
Das Wasserskilaufen ist auf den Binnenwasserstraßen grundsätzlich verboten.
Die Verordnung über das Wasserskilaufen auf Binnenschifffahrtsstraßen bestimmt, dass das Verbot nur auf Strecken aufgehoben wird, die durch eine blaue Tafel mit dem Symbol eines Wasserskiläufers bezeichnet sind.
Zusätzliche dreieckige Tafeln an den Zeichen zeigen den Anfang und das Ende der Wasserskistrecken an (Abb.). Eine Übersicht über die freigegebenen Strecken wird jährlich im „Verkehrsblatt" veröffentlicht.

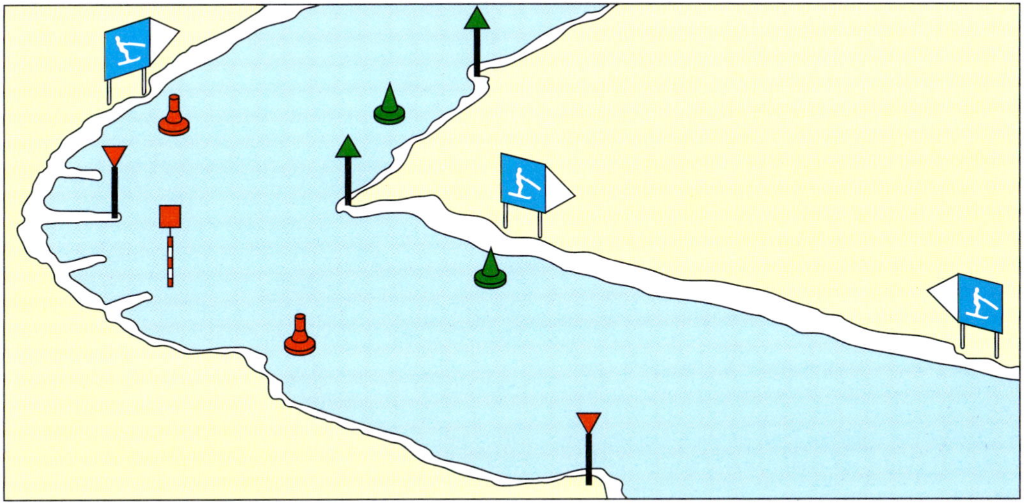

Freigegebene Wasserskistrecke

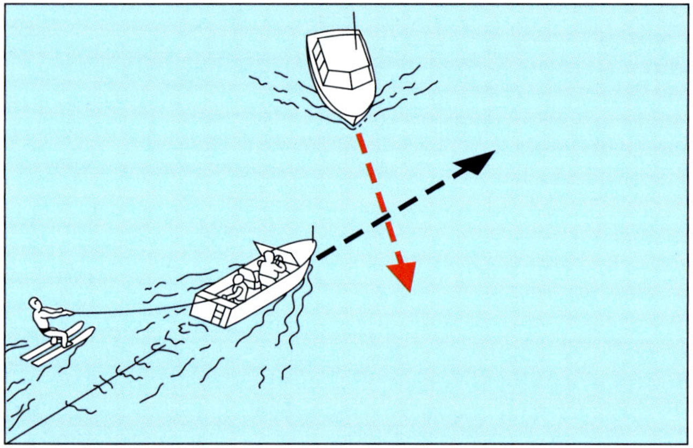

Vorfahrtsregeln
Nähert sich mir von Backbord voraus ein anderes Fahrzeug auf kreuzendem Kurs, während ich einen Wasserskiläufer ziehe …

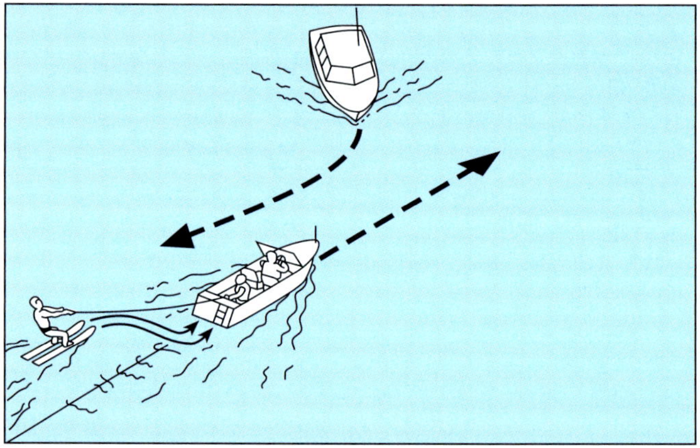

… habe ich Vorfahrt und der Wasserskiläufer muss sich im Kielwasser des Zugbootes halten. Das Motorboot muss seinen Kurs nach Steuerbord ändern.

Zum Wasserskilaufen gehören alle Betätigungen, bei denen Personen von einem Fahrzeug gezogen werden und mit oder ohne Wasserski oder auf sonstigen Gegenständen über das Wasser gleiten, sowie das Drachenfliegen und das Fallschirmfliegen hinter einem ziehenden Wasserfahrzeug. Zum Wasserskilaufen an einer seitlich am ziehenden Fahrzeug fest angebrachten Stange oder sonstigen Vorrichtung sowie für das Drachenfliegen und das Fallschirmfliegen ist unabhängig von den Wasserskizeichen zusätzlich eine Erlaubnis der Wasser- und Schifffahrtsdirektion erforderlich.
Auf den bezeichneten Wasserskistrecken sind vielfach örtliche und zeitliche Einschränkungen zu beachten, z. B. **ist das Wasserskilaufen nur gestattet**

- auf einer Strom-/Flussseite,
- während eines bestimmten Zeitraumes im Jahr,
- an Samstagen, Sonntagen und gesetzlichen Feiertagen,
- innerhalb bestimmter Uhrzeiten.

Derartige Beschränkungen können sich aus den unter den Wasserskitafeln angebrachten zusätzlichen Tafeln ergeben. Die Feststellung, dass das Wasserskilaufen in dem Gebiet erlaubt ist, und die Orientierung, insbesondere in einem fremden Revier, obliegen dem Führer des ziehenden Fahrzeugs und dem Wasserskiläufer gleichermaßen.
Auf den freigegebenen Wasserskistrecken darf Wasserskilaufen nur betrieben werden

- von Sonnenaufgang bis Sonnenuntergang, sofern keine Beschränkungen bestehen;
- bei einer Sicht von mehr als 1000 m.

Für das im Einzelnen festgelegte Verkehrsverhalten sind der Schiffsführer des Zugbootes und der Wasserskiläufer für den jeweiligen Bereich selbst verantwortlich.
Für wasserskisportliche Veranstaltungen, die zur Ansammlung von Fahrzeugen führen, ist eine gesonderte Genehmigung der WSV einzuholen.

Hinweis:
Siehe die Allgemeine Sorgfaltspflicht gemäß Frage 5.

Vorschriften:
§ 1.04, §§ 1 bis 4 Wasserskiverordnung

8.2 Wassermotorradfahren

465 **Wo darf man auf den Binnenschifffahrtstraßen uneingeschränkt Wassermotorrad gefahren werden?**	Antwort: ● **Nur in den Bereichen, die durch entsprechende Tafeln hierzu freigegeben sind.**

466 **Unter welchen Voraussetzungen darf außerhalb der ausgewiesenen Strecken/Wasserflächen Wassermotorrad gefahren werden?**	Antwort: ●●● **Für Touren- oder Wanderfahrten oder zum Erreichen der nächstgelegenen Strecke/Wasserfläche unter Beibehaltung eines klar erkennbaren Geradeauskurses.**

467 **Wie hat sich der Führer eines Wassermotorrades außerhalb der ausgewiesenen Strecken/Wasserflächen zu verhalten?**	Antwort: ● **Er muss einen klar erkennbaren Geradeauskurs beibehalten.**

Zu Fragen 465 bis 467:
Als Wassermotorrad gelten Wasserbobs, Wasserscooter, Jetbikes oder Jetskis.

Wassermotorräder sind auf den Binnenschifffahrtsstraßen den Kleinfahrzeugen zugeordnet und müssen dementsprechend gekennzeichnet sein. Für sie gelten die Vorschriften der Kennzeichnungsverordnung für Kleinfahrzeuge. Die Wassermotorräder müssen ein vom WSA auf Antrag erteiltes Kennzeichen führen.

Das BMVBS hat ein Verzeichnis der Kleinfahrzeuge veröffentlicht, die als Wassermotorräder auf den Binnenschifffahrtsstraßen gelten.

Der Fahrzeugführer muss im Besitz des Sportbootführerscheins – Binnen oder eines gleichgestellten Nachweises sein, das Wassermotorrad muss ein amtliches Kennzeichen haben.

Wassermotorradflächen (Zonen, in denen Wassermotorräder fahren dürfen) sind durch eine blaue Tafel mit dem Symbol eines Wassermotorrades freigegeben.

Die Fahrzeugführer dürfen durch ihre Fahrweise keinen anderen gefährden, die übrige Schifffahrt nicht behindern und andere Fahrzeuge etc., Schifffahrtszeichen und die Ufervegetation nicht beschädigen. Zu diesem Zweck haben sie rechtzeitig die Geschwindigkeit im erforderlichen Maße zu verringern und bei der Vorbeifahrt einen Mindestabstand von 10 m einzuhalten.

Eine Übersicht über die freigegebenen Flächen wird im Internet unter www.elwis.de veröffentlicht.
Das Befahren der freigegebenen Wasserflächen ist nur von 07.00 bis 20.00 Uhr, jedoch nicht vor Sonnenaufgang und nach Sonnenuntergang und nur bei einer Sicht von mehr als 1000 Meter gestattet.
Durch technische Einrichtungen muss sichergestellt sein, dass sich im Fall des Überbordgehens des Fahrzeugführers der Motor automatisch abschaltet (Quickstopp-Einrichtung) oder auf die kleinste Fahrstufe zurückschaltet und dann das Wassermotorrad eine Kreisbahn einschlägt. Fahrzeugführer und Begleitpersonen müssen Schwimmhilfen tragen, die mindestens den Anforderungen nach DIN EN 393 entsprechen oder in anderer Weise einen Auftrieb von mindestens 50 Newton gewährleisten.

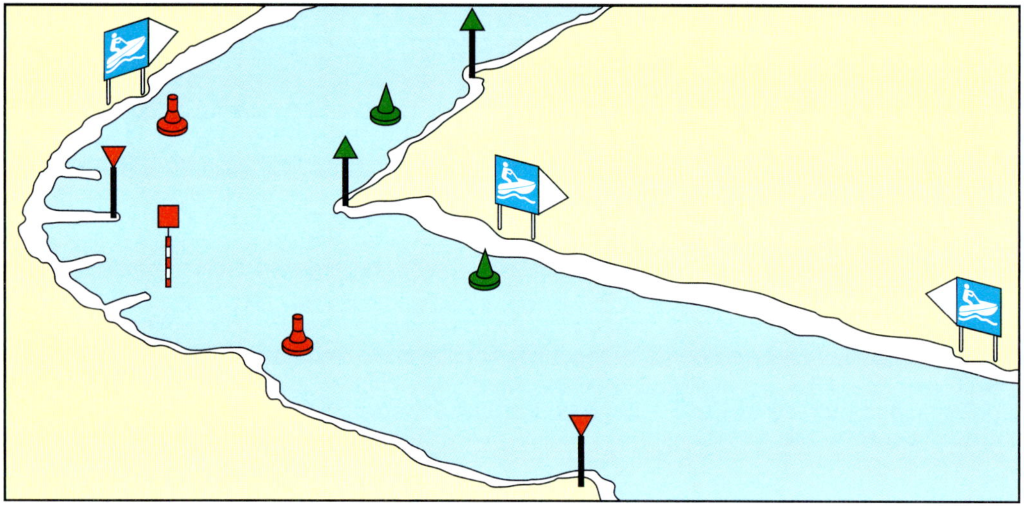

Freigegebene Wassermotorradstrecke

Wassermotorräder dürfen nur auf befestigten Zugangswegen wie z. B. Slipanlagen oder Rampen oder mittels geeigneter Kranvorrichtung zu Wasser gelassen oder aus dem Wasser herausgenommen werden.

Zum Anfahren der nächstgelegenen freigegebenen Wasserfläche bzw. der Slipanlage etc. sowie für Touren- oder Wanderfahrten muss ein klar erkennbarer **Geradeauskurs** eingehalten werden. Verstöße gegen die Verordnung werden als Ordnungswidrigkeiten geahndet.

Hinweise:
Zu zeitlichen und räumlichen Beschränkungen siehe Frage 460.
Allgemeine Sorgfaltspflicht siehe Frage 5.
Quickstopp-Einrichtung siehe Fragen 406 bis 409.
Rettungswesten siehe Frage 255 und Teil III, Abschnitt 4.
Tag/Nacht siehe Fragen 135 und 136.

Vorschriften:
§§ 1.04, 1.23 und
§ 1 Nr. 3, §§ 4 bis 6, 9 Wassermotorräder-Verordnung

C. Sonderteil „Segeln"

1. Rumpfformen

500 **Was ist unter „Rumpfgeschwindigkeit" zu verstehen und wovon ist diese abhängig?**	Antwort: **Die Höchstgeschwindigkeit in Verdrängerfahrt. Sie wird von der Wasserlinienlänge bestimmt.** ●●

Zu Frage 500:
Die Rumpfgeschwindigkeit eines sogenannten, Verdrängers hängt im Gegensatz zu der eines Gleiters davon ab, wie viel Wasser der Rumpf „verdrängen" muss, das heißt wie lang die **Schwimmwasserlinie** ist und welchen **Lateralplan** das Schiff hat.
Die Schwimmwasserlinie ist die Linie, in der der Wasserspiegel den Rumpf berührt.
Dabei wird unterschieden zwischen
- Länge über Alles (LüA) = Länge des gesamten Bootes und
- Länge in der Schwimmwasserlinie (LWL) = Länge des Bootes in der Wasserlinie.

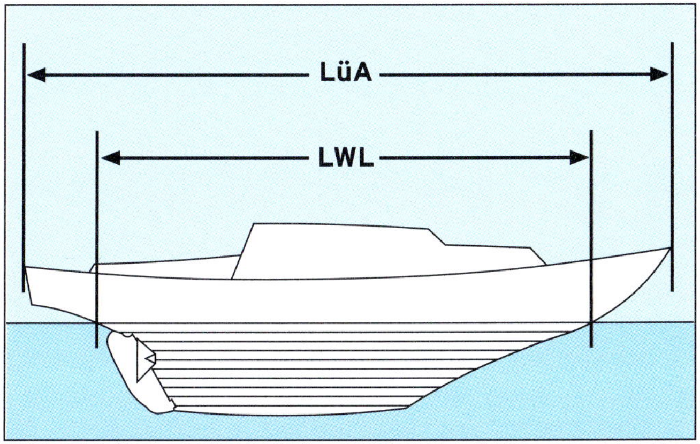

Der **Lateralplan** ist die Fläche des Unterwasserschiffes unter der **Konstruktionswasserlinie** (CWL) – der in der Konstruktionszeichnung nach Berechnungen für das segelklare Boot eingezeichneten **Schwimmwasserlinie**. Die Form des Laterplans hat Einfluss auf die Segel- und Manövriereigenschaften. Darüber hinaus ist auch die Rumpfgeschwindigkeit vom Lateralplan abhängig.

Hinweis:
Vgl. zeichnerische Darstellungen zu Frage 502.

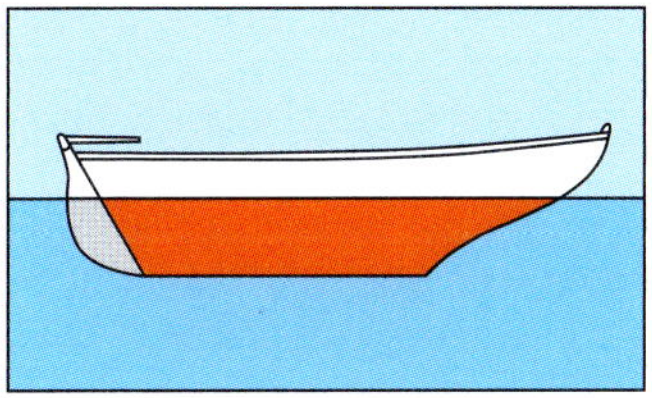

Eine Yacht mit langgestrecktem Lateralplan ist kursstabil, aber nicht sonderlich schnell. Die Manövriereigenschaften sind im Vergleich zu denen einer Yacht mit konzentriertem Lateralplan eingeschränkt.

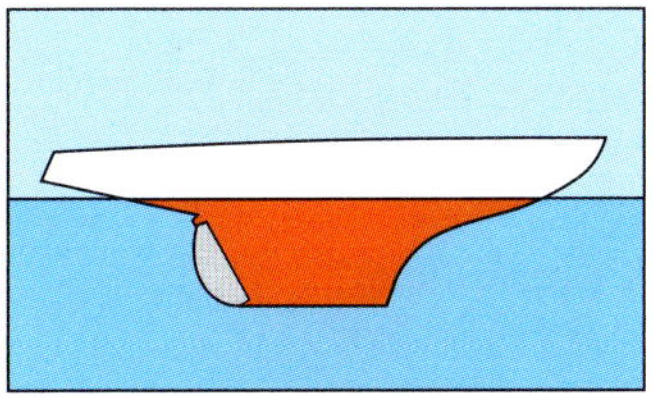

Eine Yacht mir konzentriertem Lateralplan hat ein modernes, seetüchtiges Unterwasserschiff und verbindet Kursstabilität, Schnelligkeit und Wendigkeit miteinander.

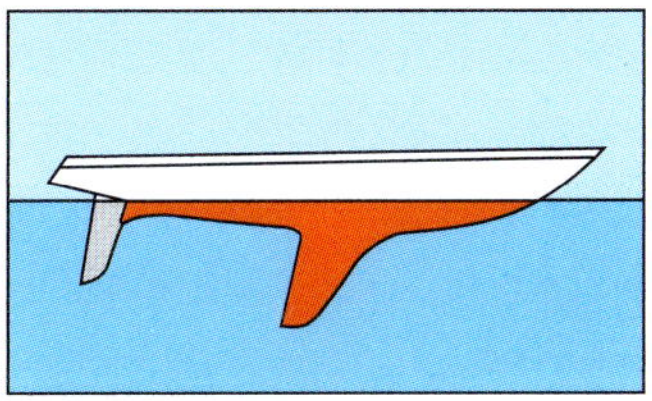

Eine Yacht mit einem extrem beschnittenen Lateralplan ist schnell und wendig, aber wenig kursstabil.

501 ●●●

Wie heißen die nebenstehend abgebildeten Spantformen?

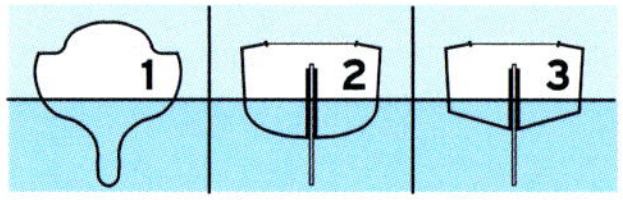

Antwort:
1. **S-Spant,**
2. **Rundspant,**
3. **Knickspant.**

Zu Frage 501:

1 *Rundspant mit Karweel-beplankung …*

2 *… und mit Klinker-beplankung*

Das Unterwasserschiff wird durch verschiedene **Spantformen** sowie **Bug- und Heckformen** bestimmt.
Konventionelle Yachten unterschneiden die Wellen und werden leicht von achtern überlaufen. **Modernere Yachten** haben beim Eintauchen in eine Welle einen größeren Auftrieb und segeln daher „trocken".
Bei Rundspantbooten in Holzbauweise unterscheidet man zwischen Karweelbeplankung (Abb. 1) und Klinkerbeplankung (Abb. 2).

2. Bootsbau

502 ●●●

Wo liegt in der Skizze
1. **das Maß LüA (zeichnerische Darstellung)?**
2. **das Maß LWL (zeichnerische Darstellung)?**
3. **alles, was zum Lateralplan des Bootes gehört (zeichnerische Darstellung, Schraffur)?**

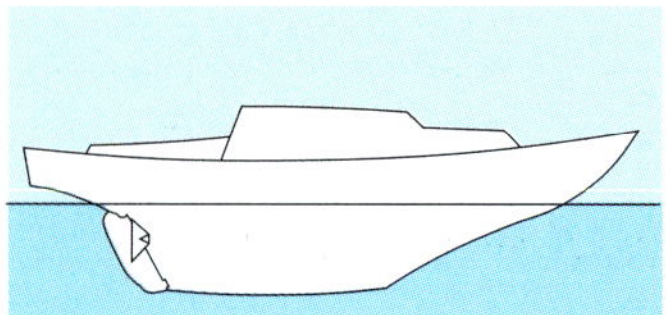

Antwort:

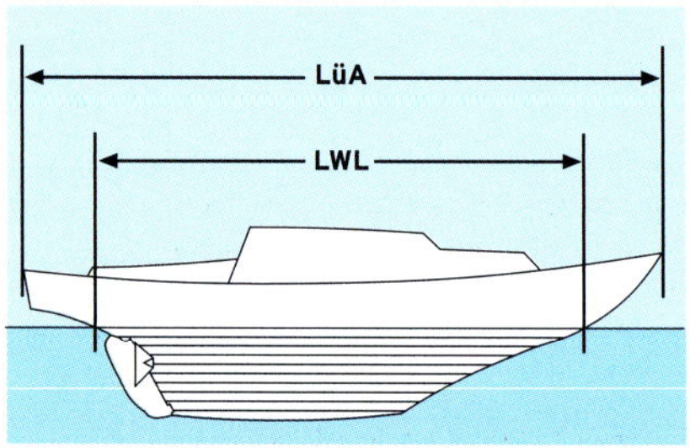

Bug- und Heckformen

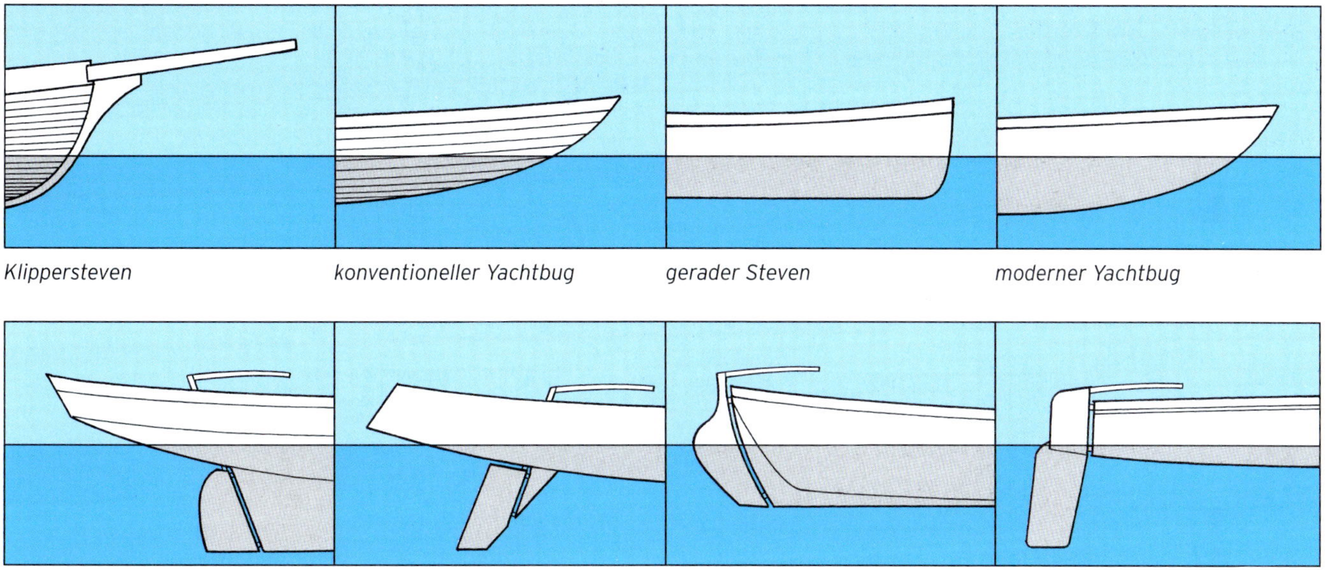

Klippersteven — *konventioneller Yachtbug* — *gerader Steven* — *moderner Yachtbug*

konventionelles Yachtheck — *modernes Yachtheck* — *Spitzgattheck* — *Plattgattheck*

Zu Frage 502:
Vergleiche dazu die Erläuterungen zu Fragen 500 und 501.

503

Was wird unter einem „Kimmkieler" („Doppelkieler") verstanden, wo wird er vorwiegend gesegelt und worin besteht sein Vorteil gegenüber anderen Kielbooten?

Antwort:
Eine Yacht mit zwei Seitenkielen.
Sie wird vorwiegend in flachen Gewässern gesegelt, da ihr Tiefgang geringer ist.

●●

504

Was wird unter „Kielschwertyacht" verstanden?

Antwort:
Eine Yacht mit flach gehendem Ballastkiel und zusätzlichem Schwert.

●

Zu Fragen 503 und 504:
Neben dem geringen Tiefgang hat der **Kimmkieler** (Abb. 1) den Vorteil, dass er im Wattenmeer in senkrechter Lage trockenfällt. Allerdings hat er gegenüber Kielyachten mit ihrem tief liegenden Ballast den Nachteil, dass seine Gewichtsstabilität geringer ist, das heißt die Fähigkeit, der Krängung entgegenzuwirken.
Ein **Kielschwerter** (Abb. 2) ist dagegen ein Kompromiss: Durch Hochziehen des Schwertes kann der Tiefgang erheblich verringert werden, was bei Grundberührung ein großer Vorteil ist. Zum anderen hat er einen wenn auch flach gehenden Ballastkiel, was seine Gewichtsstabilität gegenüber einem Kimmkieler deutlich verbessert.
Mehrrumpfyachten (Katamarane, Trimarane – Abb. 3 und 4) unterscheiden sich von Kielyachten im Hinblick auf Stabilität, Seegangsverhalten und Geschwindigkeit erheblich.

1 *Kimmkieler*

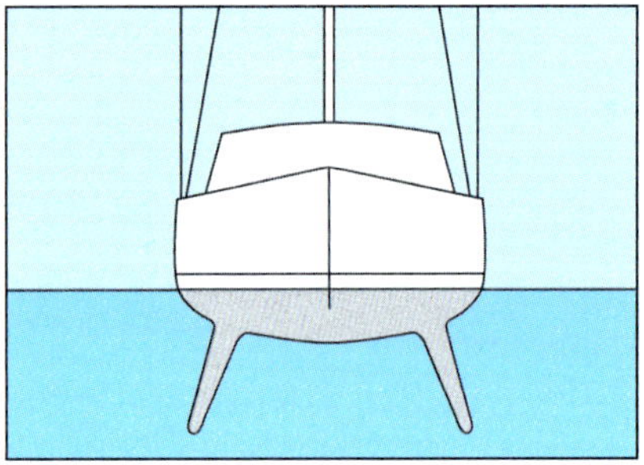

2 *Kielschwertyacht*

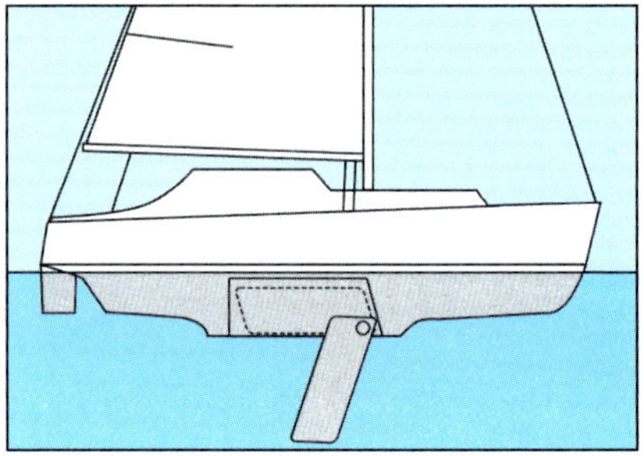

3 *Katamaran*

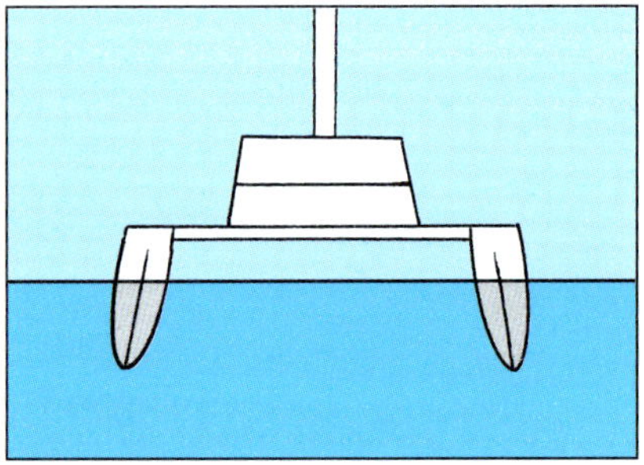

4 *Trimaran*

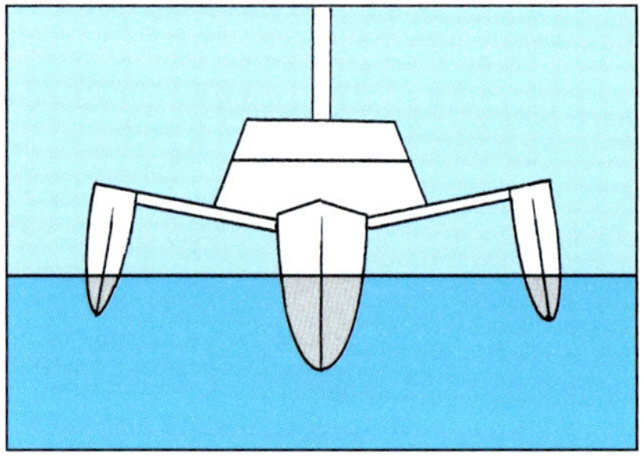

505
Wodurch wirken die Bodenlenzventile einer Jolle, die unterhalb der Wasserlinie liegen?

Antwort:
Durch den Sog, der bei Fahrt durchs Wasser entsteht.

Zu Frage 505:
Wenn sich die Fahrt und damit der Sog verringert, schließen sich die Lenzventile durch den Wasserdruck von außen automatisch.

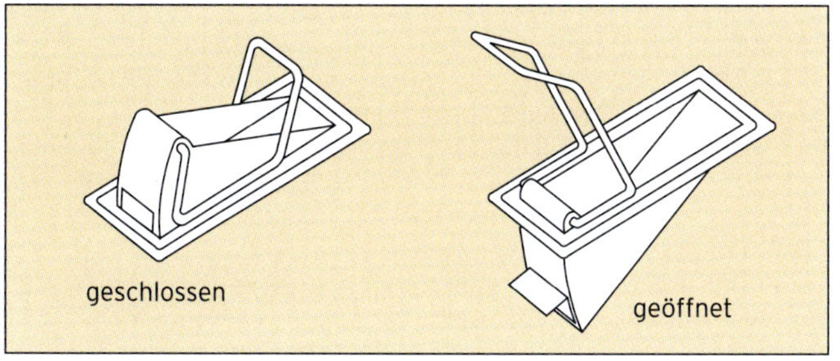

Bodenlenzventil

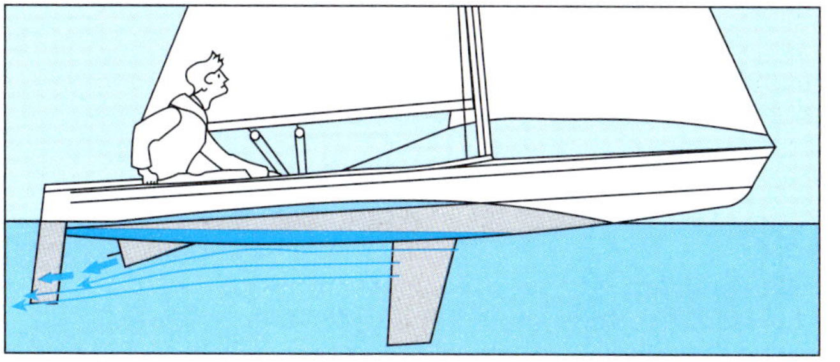

Sogwirkung in Fahrt bei geöffneten Bodenlenzventilen

3. Stabilität

506
Was ist unter dem Begriff Stabilität zu verstehen?

Antwort: ●
Das Vermögen des Bootes, sich aus gekrängter Lage wieder in die normale Schwimmlage aufzurichten.

Zu Frage 506:
Die Stabilität hängt von der Spantform und der Verteilung der Gewichte im Boot ab. Boote mit Ballastkiel sind durch ihre Gewichtsstabilität selbstaufrichtend; sie haben eine kleine Anfangsstabilität, aber eine große Endstabilität und immer ein stabiles Gleichgewicht.

Hinweise:
Formstabiliät siehe Frage 507.
Gewichtsstabilität siehe Frage 508.

507
Was wird unter „Formstabilität" verstanden?

Antwort: ●
Die Fähigkeit eines Schiffes, durch seine breite Rumpfform (Auftrieb) der Krängung entgegenzuwirken.

508
Was wird unter „Gewichtsstabilität" verstanden?

Antwort: ●
Die Fähigkeit eines Schiffes, durch seinen tief liegenden Ballast der Krängung entgegenzuwirken.

509
Welche Boote sind vorwiegend „gewichtsstabil", welche sind vorwiegend „formstabil"?

Antwort: ●●
Kielyachten sind vorwiegend „gewichtsstabil", Jollen sind vorwiegend „formstabil".

510

1. **Welche Boote sind vorwiegend „formstabil“?**
2. **Wodurch kann auf diesen Booten bei viel Wind die Stabilität erhöht werden?**

Antwort:

1. **Jollen.**
2. **Durch Ausreiten bzw. durch Benutzung der Trapezeinrichtung.**

511

Wie verändert sich das aufrichtende Kraftmoment einer Jolle bei ständiger Krängung?

Antwort:
Es nimmt anfangs zu bis zum Erreichen eines kritischen Winkels, von da an immer schneller ab bis zur Kenterung.

512

Wie verändert sich das aufrichtende Kraftmoment einer Kielyacht bei stetig zunehmender Krängung?

Antwort:
Es nimmt bis 90° Krängung zu.

Zu Fragen 507 bis 512:
Die **Stabilität** eines Bootes ist die Fähigkeit, sich nach einer Krängung wieder aufzurichten – sie wirkt also der Krängung entgegen. Dabei spielen eine bedeutende Rolle

- der **Gewichtsschwerpunkt (G)** und
- der **Formschwerpunkt (F)**.

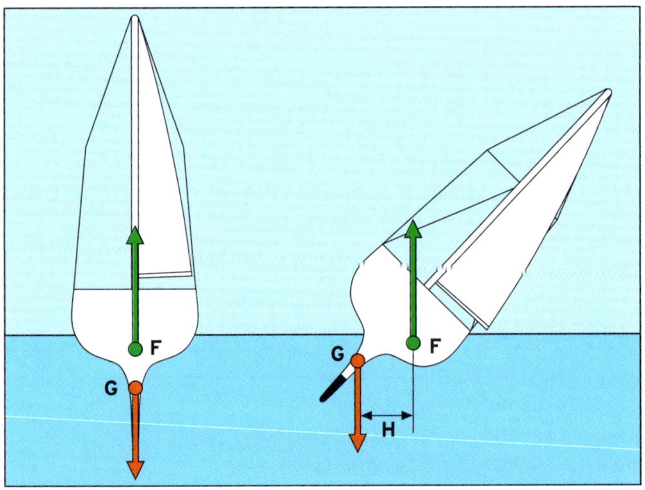

- Der **Gewichtsschwerpunkt** (G) ist der Angriffspunkt der Kräfte aller Einzelgewichte des gesamten Schiffes. Er ist von der jeweiligen Krängung unabhängig. Das Gewicht hat eine abwärts gerichtete Kraft.
- Der **Formschwerpunkt** (F) ist der Schwerpunkt des durch den Schiffskörper verdrängten Wasservolumens. Seine Lage verändert sich bei der Krängung, da die Form des eingetauchten Schiffskörpers sich je nach dem Grad seiner Schräglage ändert. Die Form der Yacht erzeugt eine aufwärts gerichtete Kraft, den „Auftrieb“.
- Weitere Faktoren sind Segelhöhe und Freibordhöhe.

Entstehung des aufrichtenden Moments = Hebelkraft (H) durch Verlagerung des Formschwerpunktes (F) bei Krängung

Ein aufrichtendes Moment entsteht, wenn der Formschwerpunkt (F) und der Gewichtsschwerpunkt (G) in der horizontalen nicht mehr übereinanderliegen. Durch Krängung verlagert sich der Formschwerpunkt zur stärker eingetauchten Seite hin. Zwischen G und F entsteht Hebelkraft (H).

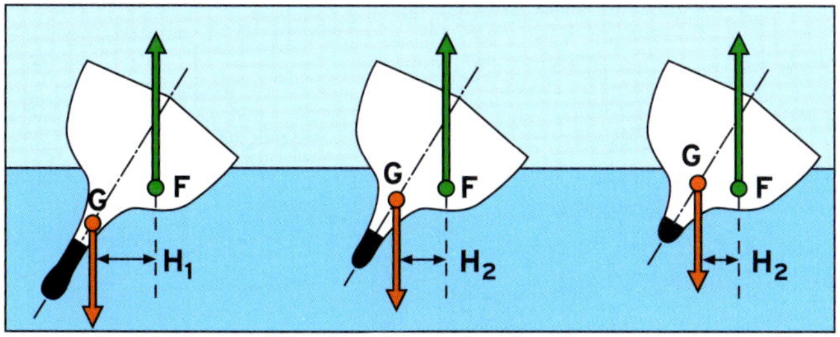

Das aufrichtende Moment wird unter anderem bestimmt durch

- *die Lage des Gewichtsschwerpunktes (G): Je tiefer der Gewichtsschwerpunkt im Schiff liegt, desto größer wird das aufrichtende Moment sein:*
  H_1 größer als H_2 und H_3

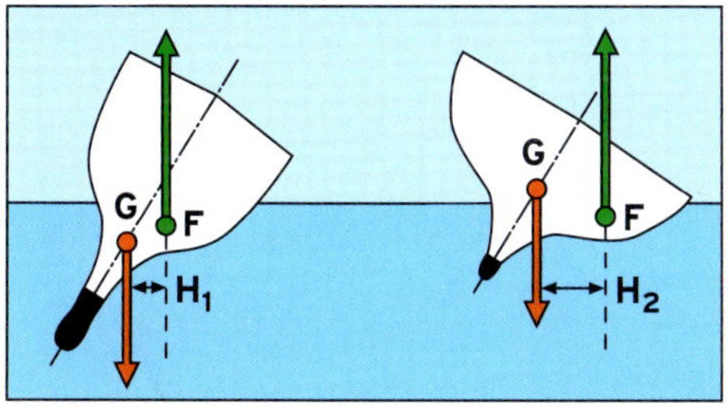

- *die Rumpfform: Je breiter die Rumpfform ist und damit eine möglichst große seitliche Verschiebung des Formschwerpunktes (F) bei Krängung gestattet, desto größer wird das aufrichtende Moment sein:*
  H_2 größer als H_1

4. Ruderanlage

513
Wie wird ein Boot gesteuert?

Antwort: ● ●
Durch Betätigen des Ruders mittels Pinne oder durch eine Radsteuerung.

514
Wie kann die Kraftübertragung bei einer Radsteuerung erfolgen?

Antwort: ● ●
Mechanisch durch Ketten- oder Seilzug, hydraulisch oder über Öldruck.

515
Welche Boots-Ruderanlagen gibt es?

Antwort: ● ●
Radsteuerung und Pinnensteuerug

516

Aus welchen Teilen besteht eine Radsteuerung?

Antwort:

Ruderrad, Rudersäule, Seil-, Ketten- oder Bowdenzügen, Umlenkung, Ruderquadrant, Ruderschaft, Ruderblatt.

Zu Fragen 513 bis 516:

Traditionelle Yachten und Jollen haben fast ausschließlich Pinnensteuerung, moderne Fahrtenyachten meist Radsteuerung, auf Rennyachten in der Regel gedoppelt, um jeweils auf der Luvseite steuern und gleichzeitig das Regattafeld überblicken zu können.

Hinweis:

Vgl. Frage 434 zur Pinnensteuerung bei Motorbooten.

Pinnensteuerung

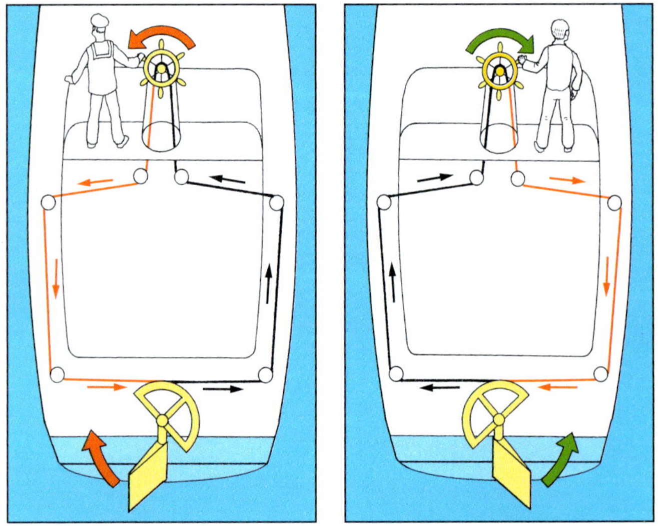

Radsteuerung

Ruder nach Backbord … … Ruder nach Steuerbord

517

Was ist bei Ruderbruch zu veranlassen?

Antwort:

Notruder oder Paddel als Ersatz nehmen, Fahrwasser verlassen, sich als „manövrierunfähig“ zu erkennen geben.

Zu Frage 517:

Hinweise:

Verhalten in besonderen Situationen siehe Fragen 587 bis 589.
Verhalten in Notsituationen siehe Fragen 287 bis 292, insbesondere bildliche Darstellung zu Frage 287.

518	
Wodurch kann eine Pinnensteuerung auch bei Krängung des Bootes sicher erreicht und bedient werden?	Antwort: **Durch einen Pinnenausleger.** ●

Zu Frage 518:
Der Pinnenausleger ist die Verlängerung der Ruderpinne: ein horizontal schwenk- oder klappbarer Holz- oder Metallstock. Der Stock hat eine Länge von etwa der halben Bootsbreite.
Der Ausleger ermöglicht es dem Rudergänger, die Pinne auch beim Ausreiten (Hinauslehnen) nach Luv zu bedienen, um dem Krängungsdruck entgegenzuwirken.

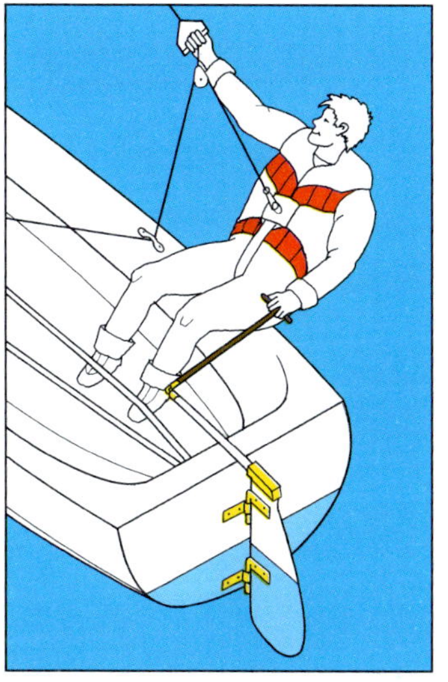

Pinnenausleger

5. Takelungsarten/Rigg

5.1 Takelung

519	
Wie wird die Takelungsart eines Bootes mit einem Mast und einem Vorsegel bezeichnet?	Antwort: **Slup.** ●

520	
Was wird unter „Sluptakelung" verstanden?	Antwort: **Einmaster mit einem Vorsegel.** ●

521	
Wie lauten die Takelungsarten von Yachten?	Antwort: **Kat, Slup, Kutter; Yawl, Ketsch, Schoner.** ● ● ●

Zu Fragen 519 bis 521:

Slup

Yawl, zwei Masten, der kleinere achtern (Besan) außerhalb der Wasserlinie

Ketsch, zwei Masten, der kleinere achtern (Besan) innerhalb der Wasserlinie

Kutter, ein Mast und mindestens zwei Vorsegel

Gaffelgetakelter Kutter

Schoner, der Mast achtern höher als der vordere

Jolle mit Kat-Takelung

5.2 Eigenschaften und Behandlung von Tauwerk

522 **Warum sollte Tauwerk an Bord stets ordentlich aufgeschossen werden?**	Antwort: ●● **Damit es im Gebrauchsfall klar liegt sowie zur sicheren Handhabung. Nicht aufgeschossenes Tauwerk kann zu Verletzungen an Bord führen.**

523 **Warum sollten Fallen stets ordentlich aufgeschossen werden?**	Antwort: ● **Damit sie im Gebrauchsfall und in Notsituationen schnell und sicher gefiert werden können.**

Zu Fragen 522 und 523:
Aufschießen bedeutet, Tauwerk in Buchten so zusammenzulegen, dass es stets „klar zum Laufen", das heißt klar zum Gebrauch ist und unmittelbar wieder eingesetzt werden kann. Rechts geschlagenes Tauwerk wird im Uhrzeigersinn aufgeschossen, links geschlagenes in entgegengesetzter Richtung. Im Übrigen lässt aufgeschossenes Tauwerk erkennen, dass an Bord Ordnung herrscht.

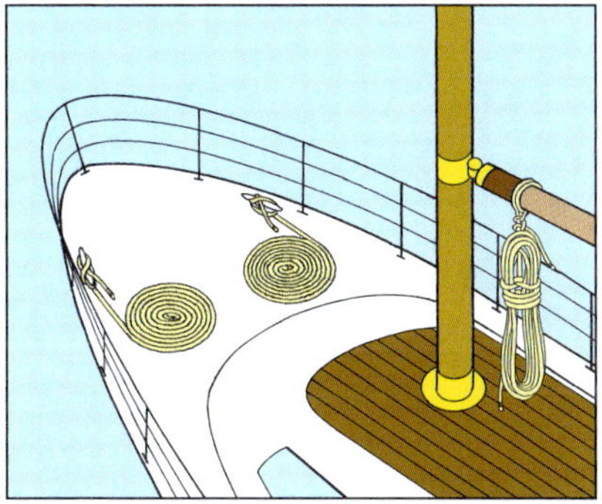

Aufgeschossene Vorleinen

524 **Welche Eigenschaft hat vorgerecktes Tauwerk und wofür wird es vorwiegend verwendet?**	Antwort: ● **Vorgerecktes Tauwerk ist wenig dehnbar und wird deshalb vorwiegend für Fallen verwendet.**

525 **Weshalb eignet sich geflochtenes Tauwerk besonders gut für Schoten?**	Antwort: ● **Weil es sehr geschmeidig ist.**

526 **Welche Art von Tauwerk wird vorwiegend für Schoten verwendet und weshalb?**	Antwort: ●● **Geflochtenes Tauwerk, weil es sehr geschmeidig ist.**

527
Welche Art von Tauwerk wird vorwiegend für Fallen verwendet und weshalb?

Antwort:
Vorgerecktes Tauwerk oder Drahttauwerk, weil es sich wenig dehnt.

528
Welche Anforderungen werden an Tauwerk gestellt, das für Fallen dient?

Antwort:
Hohe Bruchlast, geringes Reck.

Zu Fragen 524 bis 528:
Vergleiche dazu die Erläuterungen zu Fragen 272 bis 274.

6. Segel/Trimm/Manöver

6.1 Segel

529
Wie heißen die Ecken und Kanten des Großsegels (Hochsegels)?

Antwort:
Ecken: Kopf, Hals, Schothorn.
Kanten: Vorliek, Unterliek, Achterliek.

530
Wie heißen die Ecken und Kanten des Vorsegels?

Antwort:
Ecken: Kopf, Hals, Schothorn.
Kanten: Vorliek, Unterliek, Achterliek.

Zu Fragen 529 und 530:

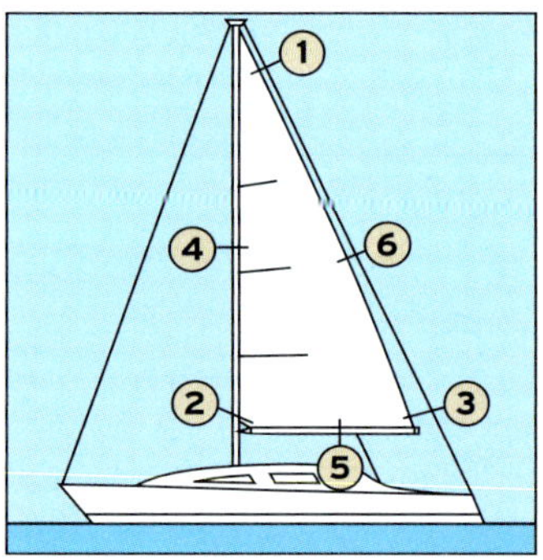

Großsegel

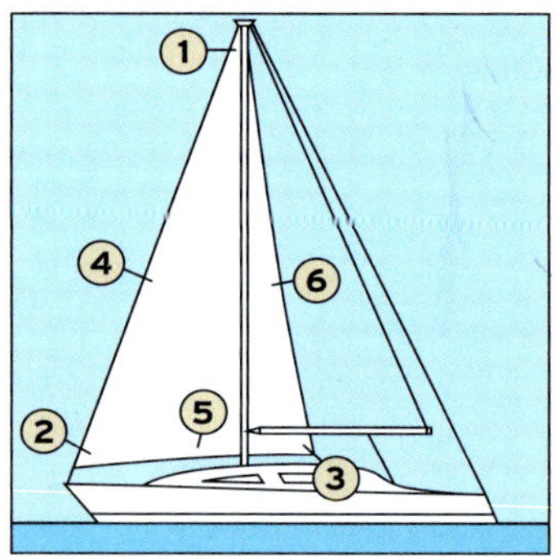

Vorsegel

1 *Kopf*
2 *Hals*
3 *Schothorn*
4 *Vorliek*
5 *Unterliek*
6 *Achterliek*

Erläuterungen zu den Ecken und Kanten der Segel (Abb. S. 214)
Ecken:
1 **Kopf** nennt man beim Großsegel die obere Ecke, die durch eine Kopfplatte aus Metall oder Kunststoff verstärkt ist. Sie ist mit dem Großfall verbunden, mit dem das Großsegel gesetzt wird. Beim Vorsegel wird am Kopf das Fockfall angeschäkelt, mit dem das Vorsegel gesetzt wird.
2 **Hals** nennt man die vordere untere Ecke des Segels.
3 **Schothorn** ist die achtere untere Ecke eines Segels, wo sich Unterliek und Achterliek treffen. Mit dem Schothorn wird das Großsegel zum Ende des Großbaums und das Vorsegel mithilfe der Schoten dichtgeholt.

Kanten:
4 **Vorliek** ist die Vorderkante von Vorsegel und Großsegel, das am Vorstag angeschäkelt bzw. in einer Nut/Schiene des Großmastes oder lose mit Kopf und Hals daran befestigt ist.
5 **Unterliek** ist die Unterkante von Vorsegel und Großsegel.
6 **Achterliek** ist die hintere Kante von Vorsegel und Großsegel.

Liek nennt man allgemein die Kante eines Segels, die nicht durch Segeltuch-Dopplungen verstärkt, sondern mit einem eingearbeiteten Drahtliek oder Liektau versehen ist, zum Schutz gegen Reck und als bessere Windauschnittskante.
Großsegel nennt man das am Großmast oder Hauptmast gefahrene Segel, das mit dem Großfall gesetzt und mit der Großschot dichtgeholt oder gefiert wird.
Vorsegel nennt man das vor dem Großbaum gefahrene Segel, das mit dem Fockfall gesetzt und mit der Vorschot dichtgeholt oder gefiert wird.

Hinweis:
Trimmen der Segel siehe Fragen 553 bis 556.

531
Wozu dienen Segellatten, für welche Segel werden sie benötigt und wie werden sie im Segel gehalten?

Antwort: ●●
Der Formgebung und Aussteifung des Segels, besonders für Segel mit rund geschnittenem Achterliek, gehalten durch Lattentaschen.

532
Weshalb dürfen Segel nicht über einen längeren Zeitraum killen?

Antwort: ●
Killen schädigt das Tuch und lässt Nähte aufgehen.

533
Warum müssen auch kleine Schäden an den Segeln sofort repariert werden?

Antwort: ●
Weil unter Belastung (Winddruck) daraus schnell große Schäden werden.

Zu Fragen 531 bis 533:
Wenn das Achterliek des Vorsegels oder des Großsegels hin und her schlägt, so nennt man das **killen**. Es entsteht, wenn der Wind so dreht, dass er vorlicher kommt, oder wenn das Schiff durch Kursänderung in den Wind dreht. Dementsprechend kann das Killen der Segel dadurch vermieden werden, dass entweder abgefallen wird oder die Schoten dichtgeholt werden. Durch das Killen werden nicht nur die Segel, insbesondere die Nähte, belastet, sondern das Schiff verliert darüber hinaus auch an Fahrt und damit an Manövrierfähigkeit.

Hinweis:
Optimaler Stand der Segel siehe Fragen 553 bis 556.

534
Was versteht man unter „Auftuchen" eines angeschlagenen Großsegels und wie wird dies gemacht?

Antwort:
Auftuchen bedeutet z. B. das Zusammenlegen des Großsegels auf dem Großbaum. Das Großsegel wird in Buchten auf den Baum gelegt und festgezurrt.

Zu Frage 534:
Das Großsegel wird in der Regel nach dem Festmachen im Hafen im Rahmen des Aufklarens nach einem Segeltag aufgetucht. Dabei ist zu beachten, dass das Achterliek nach achtern gezogen wird, damit das Großsegel in glatt gestrichenen Buchten aufgetucht werden kann. Nach Beendigung eines Törns wird das aufgetuchte Großsegel durch eine Persenning abgedeckt.

6.2 Trimm, Reffeinrichtungen

535
Welche Reffeinrichtungen gibt es?

Antwort:
Patentreff (= Rollreff), Bindereff.

536
Wie wird ein Bindereff bedient?

Antwort:
Die Reffkausch am Vorliek wird niedergeholt, die am Achterliek niedergeholt und gestreckt. Der aufgetuchte Teil des Segels kann mit den Reffbändseln festgezurrt werden.

537
Was ist eine Dirk und wozu dient sie?

Antwort:
Ein zusätzliches Fall, das vom Masttopp zur Baumnock läuft und den Baum ohne Segel bzw. beim Segelbergen und Reffen in seiner Lage hält.

Zu Fragen: 535 bis 537:
Durch die Reffeinrichtungen wird das Großsegel verkleinert, um die durch den Winddruck bedingte Lage, die Krängung, zu verringern.
Beim Roll- oder Patentreff wird das Segel mittels Drehkurbel um den Großbaum aufgerollt (Abb. 1). Beim Bindereff wird die Segelfläche, die nicht benötigt wird, mit der Refftalje zum Unterliek zusammengerefft und mit den Reffbändseln eingebunden (Abb. 2 und 3).
Beim Eindrehen eines Rollreffs ist darauf zu achten, dass das Vorliek so neben- und übereinander geführt wird, dass ein übermäßiger Wulst vermieden wird und das gereffte Segel gut steht. Gleichzeitig muss das Achterliek kräftig nach achtern durchgeholt werden, um Falten im gerefften Segel zu vermeiden.
Vor dem Reffen muss unbedingt angedirkt, das heißt die Dirk (Abb. 4) dichtgeholt werden, damit die vorher lose gefahrene Dirk den Baum beim Reffen hält.

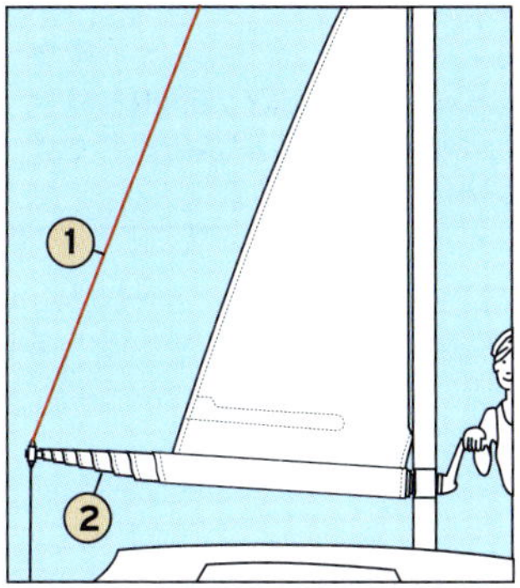

Abb. 1 Rollreff

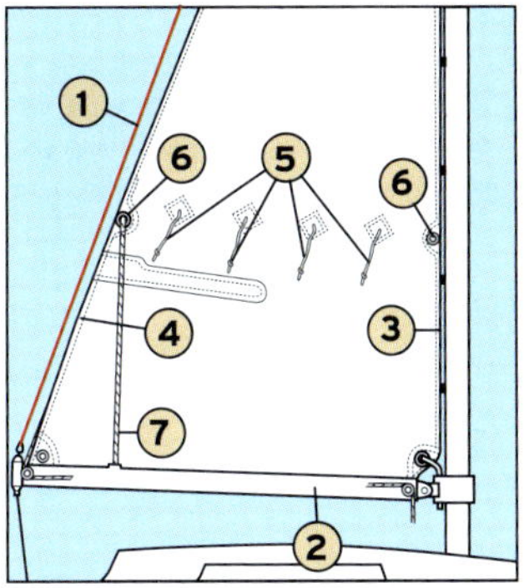

Abb. 2 Bindereff

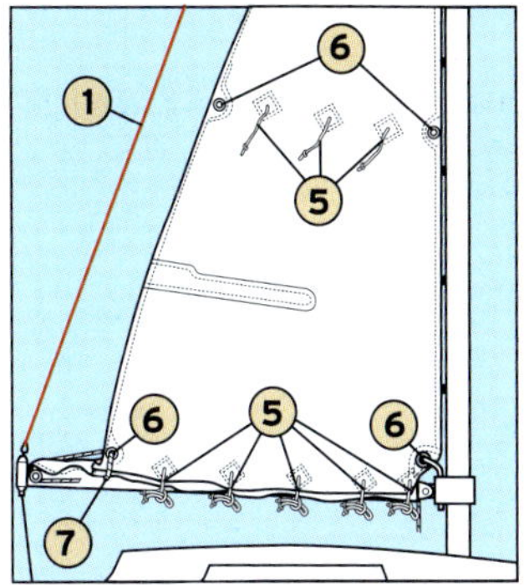

Abb. 3 Gerefftes Segel

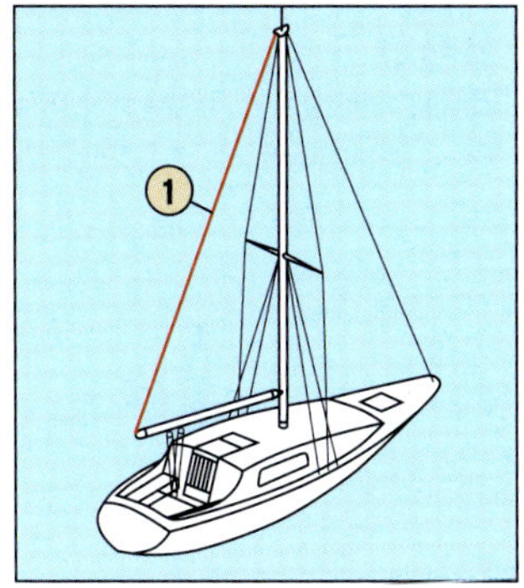

Abb. 4 Die Dirk

1 *Dirk*
2 *Großbaum*
3 *Vorliek*
4 *Achterliek*
5 *Reffbändsel*
6 *Reffkauschen*
7 *Refftalje*

6.3 Richtung von Fahrtwind, wahrem Wind und scheinbarem Wind

538

Wo befindet sich in dieser Skizze, vom Anstellwinkel des Segels ausgehend, der wahre Wind = W, Fahrtwind = F, scheinbare Wind = S?

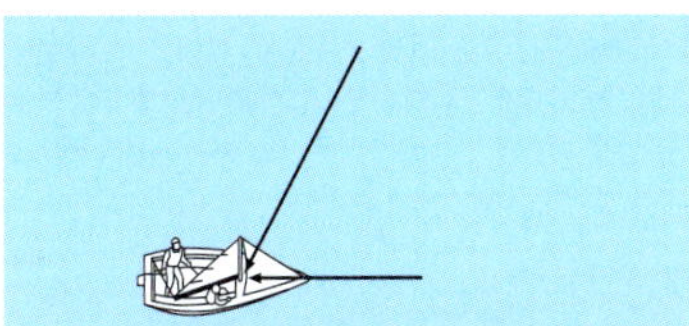

Antwort:

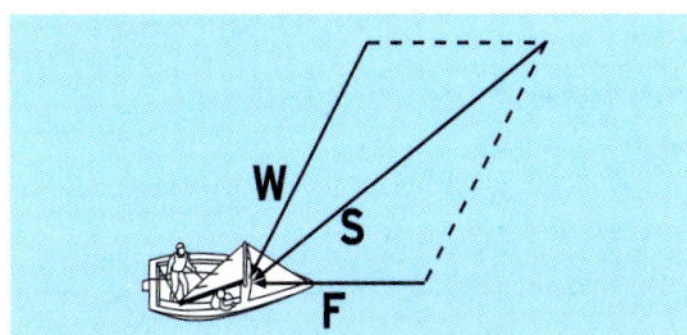

539

Wie ist in der Skizze das Wind-Parallelogramm durch Eintragen des scheinbaren Winds mit S und des Fahrtwinds mit F zu ergänzen?

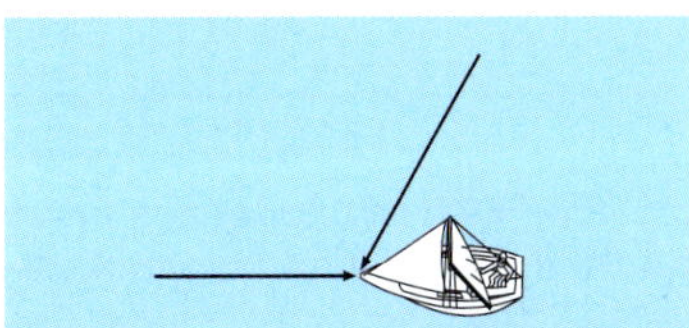

Antwort:

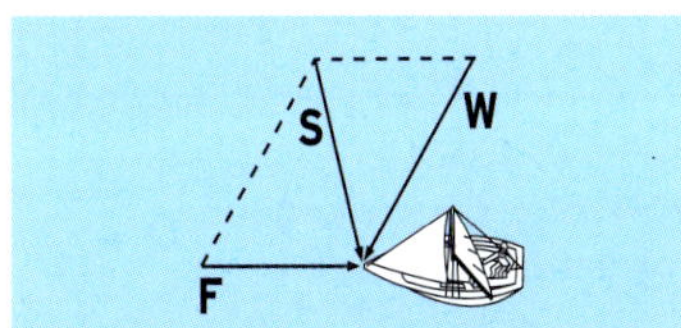

540 **Woran kann die Richtung des wahren Windes erkannt werden?**	Antwort: ● ● **An Flaggen oder anderen Anzeichen an Land; am Verklicker, wenn das Boot keine Fahrt macht oder auf Vorwindkurs segelt; an der Kräuselung des Wassers.**
541 **Welcher Wind wird in Fahrt von Standern bzw. Verklickern angezeigt?**	Antwort: ● **Der scheinbare Wind.**
542 **Was wird unter dem Begriff scheinbarer Wind verstanden? Woran kann seine Richtung erkannt werden?**	Antwort: ● ● **Die Resultierende aus wahrem Wind und Fahrtwind. Am Verklicker des Bootes in Fahrt.**
543 **Wann kommen wahrer Wind und scheinbarer Wind auf einem segelnden Boot aus der gleichen Richtung?**	Antwort: ● **Auf Vorwindkurs.**
544 **Warum ist der scheinbare Wind auf einem Vorwindkurs schwächer als der wahre Wind?**	Antwort: ● **Der wahre Wind vermindert sich um den entgegenstehenden Fahrtwind.**
545 **Warum ist der scheinbare Wind auf einem Kurs hoch am Wind stärker als der wahre Wind?**	Antwort: ● **Da sich im Kräfte-Parallelogramm aus wahrem Wind und Fahrtwind ein größerer scheinbarer Wind ergibt.**
546 **Auf einem Amwindkurs wurde gerefft. Ein entgegenkommendes Boot gleichen Typs segelt ungerefft. Wie lässt sich das erklären?**	Antwort: ● **Der scheinbare Wind ist auf Amwindkursen stärker, auf Raumschot- und Vorwindkursen schwächer als der wahre Wind.**

547

Beim Einfallen einer Bö auf Amwindkurs raumt der Wind häufig.
1. **Warum ist das so?**
2. **Welchen Nutzen kann auf der Kreuz daraus gezogen werden?**

Antwort: ● ●
1. **Da der Fahrtwind zunächst gleich bleibt, der wahre Wind zunimmt, kommt der scheinbare Wind achterlicher ein.**
2. **Anluven, um keine Höhe zu verlieren.**

Zu Fragen 538 bis 547:

Der **Fahrtwind** ist der durch die Fahrt entstehende Gegenwind.

Der **scheinbare Wind** ist der auf dem fahrenden Boot wahrgenommene Wind.

Der **wahre Wind** ist der tatsächlich wehende Wind.

Auf einem fahrenden Boot werden Richtung und Stärke des wahren Windes durch den Fahrtwind so beeinflusst, dass aufgrund des Kräfteparallelogramms an Bord nur der sogenannte **scheinbare Wind** spürbar ist und den Kurs beeinflusst. Auch der Verklicker auf dem Masttopp zeigt nur die Richtung des scheinbaren Windes an, während der **wahre Wind** an Flaggen oder am Rauch an Land oder an der Kräuselung des Wassers erkennbar ist.

Aus dem Kräfteparallelogramm aus *wahren Wind* und *Fahrtwind* ergibt sich, dass
- bei einem Anwindkurs der *scheinbare Wind* stärker ist als der *wahre Wind* und vorlicher einfällt,
- bei einem Halbwind oder raumen Kurs der *scheinbare Wind* schwächer ist als der *wahre Wind*, aber immer noch vorlicher entfällt, und
- bei einem Vorwindkurs der *wahre Wind* und der *scheinbare Wind* aus der gleichen Richtung kommen.

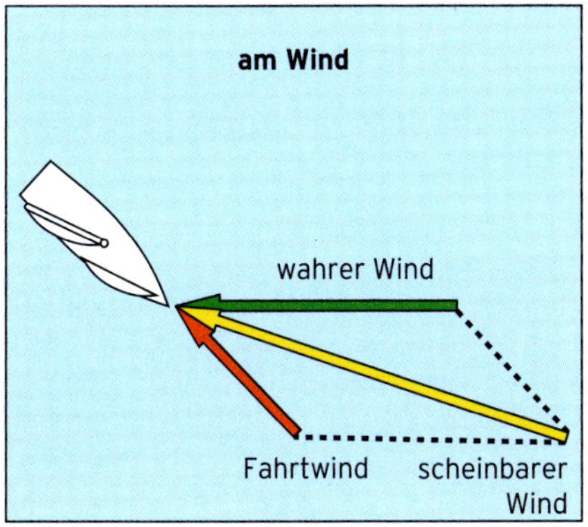

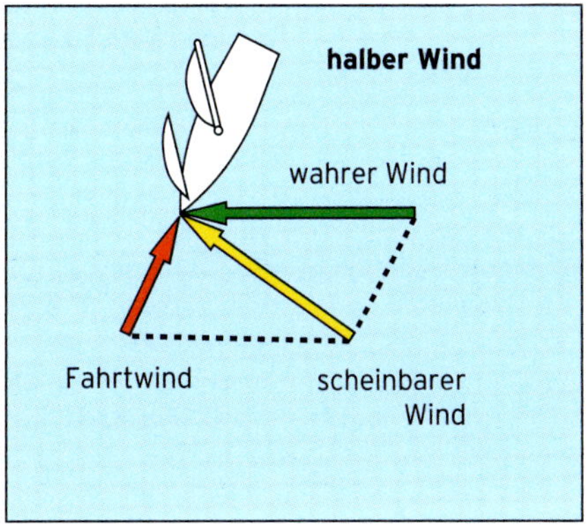

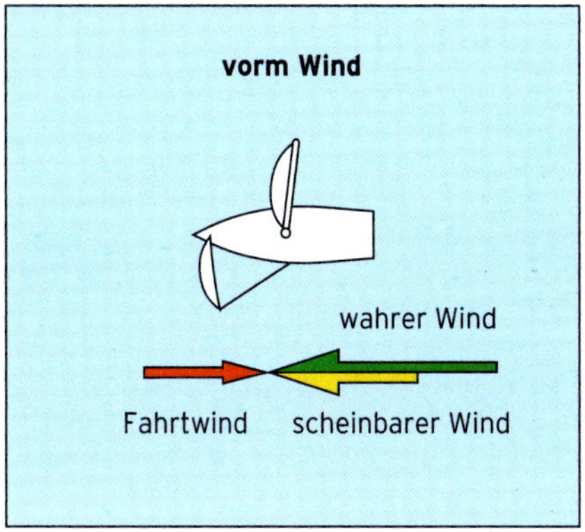

6.4 Versetzung (Abdrift), Krängung

548

Wie sollte das Schwert einer Jolle auf Vorwindkurs gefahren werden und warum?

Antwort: ● ●

Es sollte aufgeholt werden. Dadurch vermindert sich der Reibungswiderstand, aber auch die Gefahr der Kenterung bei einer unfreiwilligen Halse.

549

Wie verändern sich Versetzung (Abdrift) und Krängung, wenn das Schwert einer Jolle auf einem Anwindkurs etwas aufgeholt wird?

Antwort: ● ●

Die Versetzung (Abdrift) wird größer, die Krängung nimmt ab.

Zu Fragen 548 und 549:
Unter Versetzung (Abdrift) versteht man den Winkel zwischen dem gesteuerten und dem tatsächlichen Kurs. Bei einem Amwindkurs im Gegensatz zu einem Vorwindkurs wird die Versetzung größer, je mehr der Lateralwiderstand durch das Aufholen des Schwertes verringert wird.

Hinweise:
Stabilität siehe Fragen 506 bis 512.
Krängung siehe Fragen 550 und 552 und Erläuterungen zu Fragen 557 bis 562.

550

Wie soll eine Jolle bezüglich der Krängung gesegelt werden und weshalb?

Antwort: ● ●

Möglichst aufrecht, da sonst Versetzung (Abdrift) und Luvgierigkeit zunehmen.

Zu Frage 550:
Durch die Krängung nimmt die Luvgierigkeit zu, weil der Segeldruckpunkt nach Lee auswandert. Durch die Krängung wird außerdem der Lateralwiderstand verringert, sodass die Versetzung (Abdrift) zunimmt. Die aufrechte Lage der Jolle wird dadurch erreicht, dass das Segel bis zum optimalen Anstellwinkel gefiert wird.

Ein Segel erreicht nur dann maximalen Vortrieb, wenn die Strömung an ihm optimal ist. Voraussetzung hierfür ist die strömungsgünstige, das heißt verwirbelungsfreie Umlenkung des Windes durch das Segel.

Maximalen Vortrieb erzeugt man durch den optimalen Anstellwinkel des Segels zum scheinbaren Wind.

Der optimale Anstellwinkel ist wiederum von Windstärke, Kurs und Profiltiefe des Segels abhängig.

Hinweise:
Stabilität siehe Fragen 506 bis 512.
Versetzung (Abdrift) und Krängung auf verschiedenen Kursen siehe Fragen 548, 549.
Einfluss der Krängung auf den Trimm siehe Frage 562.
Optimaler Anstellwinkel siehe Frage 551.

6.5 Optimaler Anstellwinkel

551

Den Winkel zwischen der Richtung des scheinbaren Windes und der Stellung des Segels (Großbaum) wird „Anstellwinkel" genannt. Wie wird in der Praxis der optimale Anstellwinkel gefunden, wenn am Wind gesegelt wird?

Antwort: ●●

Auffieren, bis das Großsegel im vorderen Teil durch den Abwind der Fock leicht einfällt und dann wieder etwas dichter holen.

Zu Frage 551:

Optimaler Anstellwinkel eines Segels bedeutet, dass der Baum so zum scheinbaren Wind eingestellt wird, dass das Segel gerade voll steht – die strömungsgünstigste Umlenkung des Windes durch das Segel also.

- Meist werden die Segel zu dicht gefahren.
- Jede, auch geringfügige, Änderung des Kurses bedingt einen veränderten Anstellwinkel zum scheinbaren Wind.
- Auf Amwindkursen die Segel nicht einfach dichtholen, sondern durch Probieren (Fieren – Dichtholen) die Segelstellung suchen, in der die Gesamtkraft mehr in Fahrtrichtung wirkt.
- Bauchig geschnittene Segel sind flach geschnittenen Segeln auf Amwindkursen unterlegen, da sie nicht so dicht gefahren werden können und somit keine optimale Höhe erreicht werden kann.

Hilfreich, um den richtigen Anstellwinkel **(Aw)** herauszufinden, sind Trimmfäden am Achterliek oder hinter dem Vorliek des Segels (Abb. Seite 222). Die Fäden können auch nachträglich leicht selbst angebracht werden.

Ähnlich wie bei der Flugzeugtragfläche teilt sich die Luftströmung des Windes beim Auftreffen auf das Segel in eine luvseitige und in eine leeseitige Strömung.

Durch die Wölbung des Segelbauches wird die leeseitige Strömung zum schnelleren Fließen gezwungen, während die luvseitige Strömung langsamer fließt (Abb. nächste Seite).

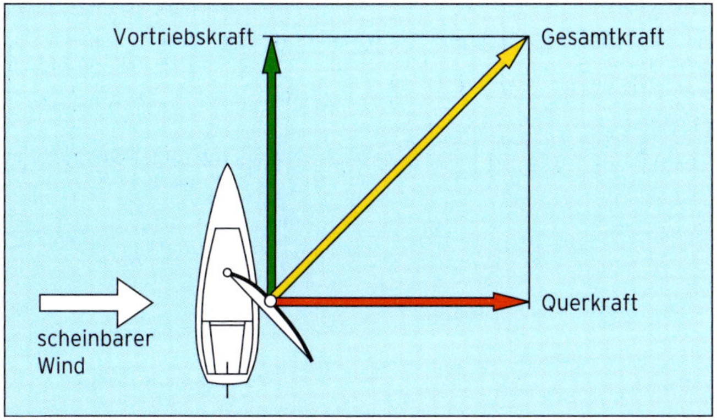

Segel optimal eingestellt

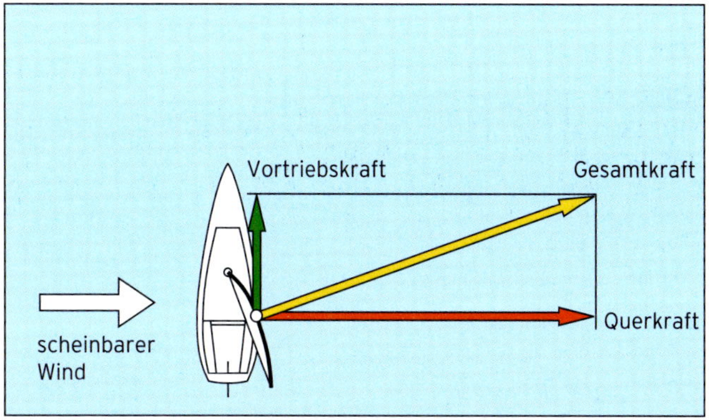

Segel zu dicht

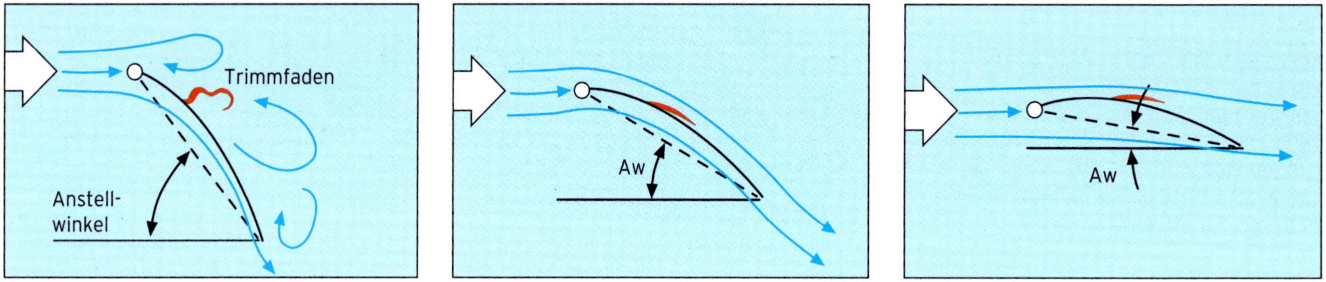

Segel zu dicht gefahren (Aw zu groß)

Segel optimal eingestellt (Aw richtig)

Segel zu weit gefiert (Aw zu klein)

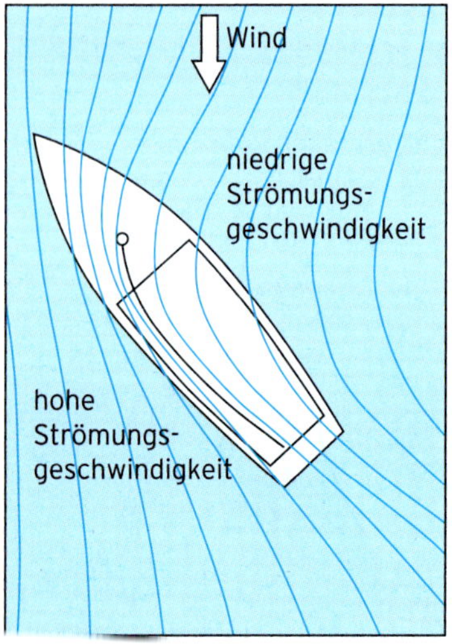

Die Luftströmung an einem Segel bei Amwindkursen

Der Abstand der Strömungslinien weist auf die verschiedene Strömungsgeschwindigkeit hin (Abb.).

Beachte:
Geringer Abstand der Strömungslinien
= hohe Strömungsgeschwindigkeit
= hohe Gesamtkraft

Weiter Abstand der Strömungslinien
= niedrige Strömungsgeschwindigkeit
= geringe Gesamtkraft

Hinweis:
Trimmen des Segels siehe Fragen 553 bis 556.

552

Wie wirkt sich z. B. auf einem Halbwindkurs ein zu dicht geholtes Großsegel auf die Geschwindigkeit des Bootes aus und warum?

Antwort: ●●

Das Boot wird langsamer. Die Krängung nimmt zu, dadurch wächst die Luvgierigkeit, die durch Ruderlegen ausgeglichen werden muss.

Zu Frage 552:
Eine Krängung der Jolle durch ein zu dicht geholtes Großsegel sollte vermieden werden, weil

- das Boot infolge der Luvgierigkeit, die durch Ruderlegen wieder ausgeglichen werden muss, langsamer wird und
- die Krängung und damit die Versetzung (Abdrift) zunimmt, da mit zunehmender Krängung der Lateralplan kleiner und dadurch der seitliche Widerstand geringer wird.

Vielmehr sollte ein optimaler Anstellwinkel des Großsegels gewählt werden (s. Frage 551).
Die Krängung kann nicht nur dadurch vermieden werden, dass die Großschot aufgefiert wird, auch durch das Reffen des Segels.

Der Einfluss der Versetzung (Abdrift) auf den Kurs eines Bootes wird oft unterschätzt. Die Faktoren Lateralplan, Segelschnitt, Kurs zum Wind und Krängung beeinflussen ihrerseits die Abdrift.
Bei einem Törn von nur 30 sm wird eine Yacht bei 8° Abdrift bereits um 5 sm nach Lee versetzt – eine Strecke, die also nicht mühsam und unnötig aufgekreuzt werden müsste, wenn die Abdrift berücksichtigt würde.

Beachte:

- Grundsatz: „Keine Höhe verschenken, abfallen kann man immer!"
- Auf modernen Fahrtenyachten bei Kursen ab Halbwind etwa 5° höher steuern.
- Bei starkem Wind und entsprechender Krängung etwa 8° vorhalten.
- Bei sehr großer Schräglage sind Abdriftwinkel weit über 10° keine Seltenheit. Deshalb unnötig große Krängung vermeiden. Denn:
- Die hohe Krängung führt zu großem Abdriftwinkel, gefährdet die Mannschaft und lässt das Schiff so stark luvgierig werden, dass die ständige Korrektur die Ruderanlage extrem belastet und zusätzlich durch die Ruderlage Bremswirkung erzeugt wird.
- Eine für die herrschende Windstärke zu große Segelfläche bringt keinen zusätzlichen Vortrieb. Da die Rumpfgeschwindigkeit annähernd erreicht ist, die Yacht also nicht schneller werden kann, wird das Rigg sehr stark belastet.

Die maximale Geschwindigkeit einer Yacht (Verdränger) ist die Rumpfgeschwindigkeit (R), die sich rechnerisch ermitteln lässt.

Als Regel gilt: R (sm/h) = 2,43 x $\sqrt{\text{LWL (m)}}$ (R = Rumpfgeschwindigkeit, LWL = Länge Wasserlinie)

Beispiel:
Eine Yacht mit einer Länge Wasserlinie (LWL) von 9 m hat eine Rumpfgeschwindigkeit (R) von R = 2,43 x $\sqrt{9}$ = 7,3 kn.

Die Rumpfgeschwindigkeit wird von Verdrängungsbooten nur in seltenen Fällen mit Windkraft erreicht, allenfalls bei starkem Wind auf raumen Kursen. Die häufig gesegelte Normalgeschwindigkeit liegt bei 2/3 der Rumpfgeschwindigkeit.

Hinweise:
Rumpfgeschwindigkeit und Schwimmwasserlinie siehe Fragen 500 und 502.
Krängung siehe Fragen 548 und 549.

6.6 Trimmen der Segel und des Bootes

553 **Wie wirkt sich ein Holepunkt, der zu weit vorne liegt, auf Stand und Beanspruchung des Vorsegels aus?**	Antwort **Das Unterliek killt, das Achterliek wird übermäßig gereckt.** ●●

554 **Wie wirkt sich ein Holepunkt, der zu weit achtern liegt, auf Stand und Beanspruchung des Vorsegels aus?**	Antwort: **Das Achterliek killt, das Unterliek wird übermäßig gereckt.** ●●

555 **Wie muss ein Segel bei leichtem Wind getrimmt werden?**	Antwort: **Es soll bauchig stehen.** ●

556 **Wie muss ein Segel bei starkem Wind getrimmt werden?**	Antwort: **Es soll flach getrimmt werden.** ●

Zu Fragen 553 bis 556:
Neben dem optimalen Anstellwinkel des Großsegels ist es wichtig, dass das Segel richtig getrimmt ist.

> Der Trimm eines Segels ist dessen je nach den Windverhältnissen bauchige oder flache Einstellung bei optimalem Stand des Segels.

Ein optimaler Stand der Segel ist nur dann gewährleistet, wenn die Holepunkte der Schoten, der Fockschot und der Großschot also, so festgelegt sind, dass weder das Unterliek noch das Achterliek killen. Der Holepunkt ist der am Schiffsrumpf befestigte Block, durch den die Schot von achtern geholt oder gefiert wird (Abb. 1 und 2 auf Seite 225).

Hinweis:
Optimaler Anstellwinkel siehe Frage 551.

557 **Wie beeinflusst ein Unterliekstrecker den Trimm des Großsegels?**	Antwort: **Es reguliert die Spannung des Unterlieks parallel zum Baum. Je nach Zugkraft wird der untere Teil des Großsegels bauchiger oder flacher.** ●●

558 **Um auf Amwindkursen eine Jolle auf Kurs zu halten, muss die Pinne stets stark von der Seite der Segel weggezogen werden. Welcher Trimmfehler liegt vor und wie kann er behoben werden?**	Antwort: **Das Boot ist luvgierig.** **Abhilfe: Großsegel reffen, flacher trimmen; Vorsegel dichter holen, Schwert etwas aufholen; Gewichtsverlagerung nach achtern.** ●●

Abb. 1:
1 *Unterliek killt*
2 *Holepunkt der Schot*

Abb. 2:
1 *Achterliek killt*
2 *Holepunkt der Fockschot*
3 *Holepunkt der Großschot*
4 *Unterliek-strecker*

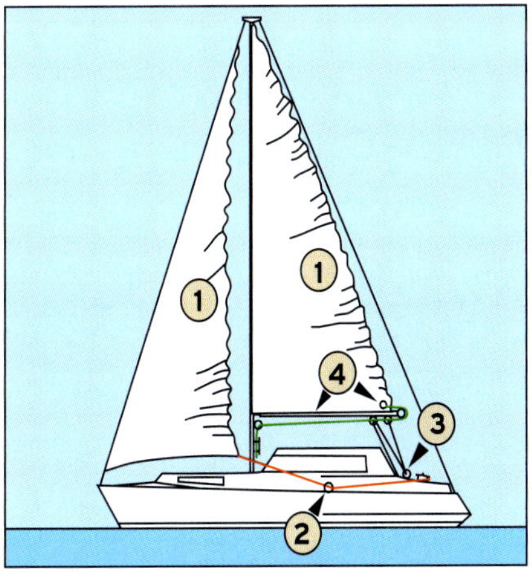

Abb. 3

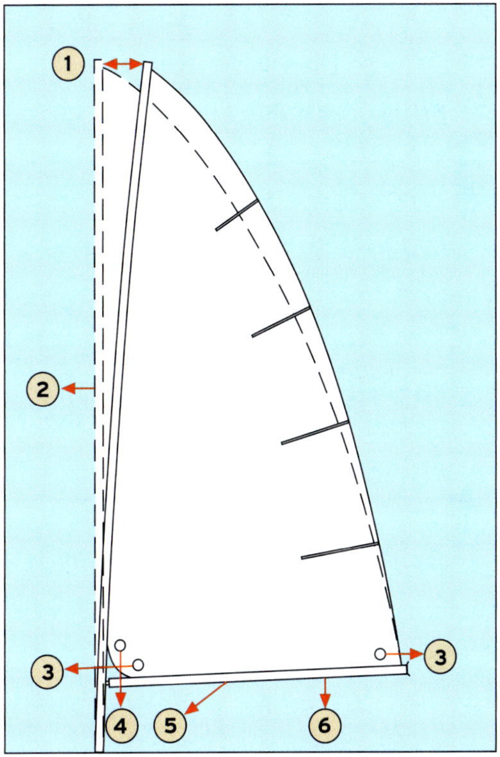

Grundsätzlich gilt, ein Segel bei viel Wind flach, bei wenig Wind bauchig zu trimmen.

Die Möglichkeiten des Trimmens eines Großsegels sind (Abb. 3):

1 Mastfall ändern durch die Stagen
2 Verändern der Mastbiegung durch die Wanten und Stagen (nur bei flexiblem Rigg möglich)
3 Verändern der Spannung des Unterlieks
4 Verändern der Vorliekspannung durch das Fall
5 Der Baumniederholer verhindert, dass der Baum auf raumen Kursen steigt, und hilft, die Mastbiegung zu beeinflussen; man kann damit auch eine Krümmung des Großbaumes erzielen.
6 Angriffspunkt der Großschot am Großbaum und Stellung des Travellers beeinflussen den Trimm.

Der Möglichkeit, das Großsegel einer Fahrtenyacht, das für Leicht- bis Mittelwinde bauchig geschnitten wurde, extrem flach zu trimmen, sind jedoch Grenzen gesetzt.

559

Um auf Amwindkursen eine Jolle auf Kurs zuhalten, muss die Pinne stets stark zur Seite der Segel hingedrückt werden. Welcher Trimmfehler liegt vor und wie kann er behoben werden?

Antwort: ● ●

Das Boot ist leegierig.
Abhilfe: Großsegel bauchiger trimmen oder dichter holen; Vorsegel fieren, Gewichtsverlagerung nach vorn.

560

Warum soll ein gut getrimmtes Segelboot leicht luvgierig sein?

Antwort: ● ●

Weil es sich leichter steuern lässt und im Notfall (Bruch der Pinne, Mensch über Bord) von selbst in den Wind schießt.

561

Wodurch kann erreicht werden, dass das Boot von selbst in den Wind dreht, wenn die Pinne losgelassen wird oder eine Person über Bord fällt?

Antwort: ●

Das Boot so trimmen, dass es leicht luvgierig wird.

562

Welchen Einfluss hat zunehmende Krängung auf den Trimm des Bootes?

Antwort: ●

Die Luvgierigkeit nimmt zu, weil der Segeldruckpunkt nach Lee auswandert.

Zu Fragen 557 bis 562:
Ein Boot ist **luvgierig,** wenn es nur durch starkes Gegensteuern davon abgehalten werden kann, von selbst in den Wind zu drehen. In diesem Fall muss entweder der Segeldruckpunkt durch eine Veränderung der Segelstellung (Großsegel etwas fieren, also bauchiger trimmen – siehe Seite 225, Abb. 3) oder der Lateraldruckpunkt durch Ballastverlagerung **nach achtern** verlegt werden.

Das Boot ist **leegierig,** wenn es auf Amwindkurs nur durch starkes Gegensteuern davon abgehalten werden kann, abzufallen. Das kann dadurch verhindert werden, dass der Segeldruckpunkt durch Veränderung der Segelstellung (Großsegel dichter fahren, also flacher trimmen) oder der Lateraldruckpunkt durch Ballastverlagerung **nach vorn** verlegt wird. Darüber hinaus ist beim Aufriggen eines Bootes darauf zu achten, dass der Mast richtig getrimmt ist.

Die Lage von Lateralpunkt (L) und Segeldruckpunkt (S) ist entscheidend für den Trimm einer Yacht.

Ist eine Yacht nicht kursstabil, so muss die Lage der Punkte, an denen aerodynamische Kräfte (W) und hydrodynamische Kräfte (H) angreifen, verändert werden. Zu den aerodynamischen Kräften, Vortriebskraft, Querkraft und Gesamtkraft siehe Erläuterungen zu Fragen 551 bis 556.

Zu Abb. 1 (nächste Seite): Läge der Lateraldruckpunkt genau unter dem Segeldruckpunkt, würde eine Yacht theoretisch weder luv- noch leegierig sein, sie wäre kursstabil. Tatsächlich ist die Kursstabilität gegeben, wenn der Segeldruckpunkt 5 bis 10 Prozent der Wasserlinienlänge (δ) vor dem Lateraldruckpunkt liegt, also S vor L.

Die Lage des Segeldruckpunktes hinter dem Lateraldruckpunkt hat Luvgierigkeit zur Folge (Abb. 2).

Die Lage des Segeldruckpunktes weit vor dem Lateraldruckpunkt hat eine Leegierigkeit zur Folge (Abb. 3).

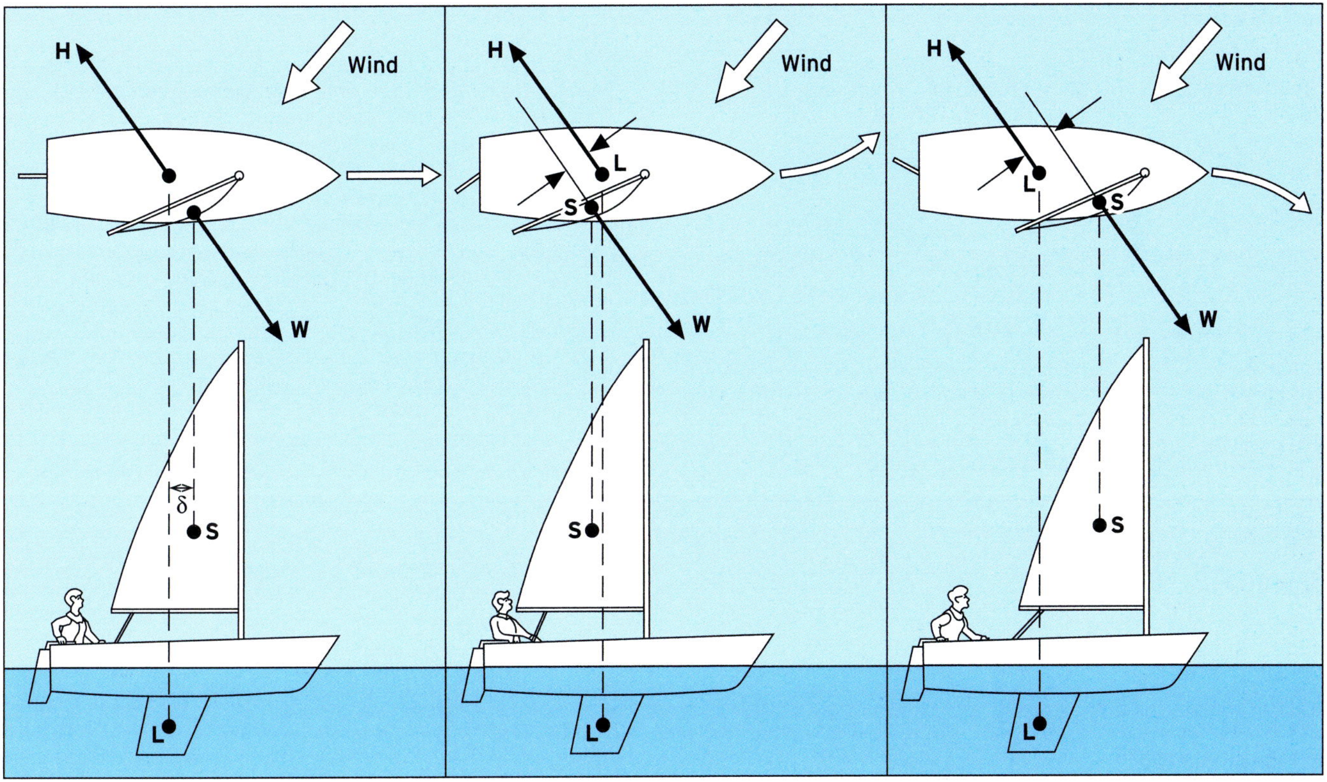

1 *kursstabil* **2** *luvgierig* **3** *leegierig*

Die Yacht ist nicht kursstabil	**Abhilfe**
Luvgierigkeit vermindern	• Mast nach vorn versetzen (bei Indienststellung) • Masttrimm nach vorn • Setzen eines größeren Vorsegels • Fieren der Großschot (nur als kurzfristige Maßnahme) • Bei Ketsch und Yawi Bergen oder Verkleinern des Besansegels • Ballast nach achtern
Leegierigkeit vermindern	• Mast nach achtern versetzen (bei Indienststellung) • Masttrimm nach achtern • Setzen eines kleineren Vorsegels • Dichtholen der Groß- bzw. Besanschot • Ballast nach vorn

- Einen großen Einfluss auf den Trimm eines Bootes hat vor allem auch die Krängung.
- Starke Krängung erzeugt Luvgierigkeit! Deshalb sollte bei zunehmendem Wind und entsprechend stärkerer Krängung rechtzeitig die Segelfläche verkleinert werden, um starkes Ruderlegen und damit hohe Materialbelastung und Fahrtverlust zu vermeiden. Viele Segler unterschätzen den Einfluss der Krängung auf die Kursstabilität ihrer Yacht!
- Die Möglichkeiten, bei Kielyachten den Lateraldruckpunkt zu verändern, sind begrenzt. Leichter ist die Kursstabilität durch Veränderung des Segeldruckpunktes zu erreichen.
- Sorgfalt bei der Aufstellung des Riggs zu Saisonbeginn walten lassen.
- Mehrere Trimmfahrten bei unterschiedlichen Windstärken durchführen. Ist das stehende Gut erst gesichert, sind Korrekturen nur mit viel Aufwand möglich.
- Markierungen helfen, die richtige Maststellung zu finden.

Hinweis:
Trimm und Krängung siehe auch Fragen 549 bis 556.

6.7 Segelmanöver

563

Welche Manöver hat das Boot auf dem eingezeichneten Kurs an den Punkten 1, 2 und 3 gefahren?

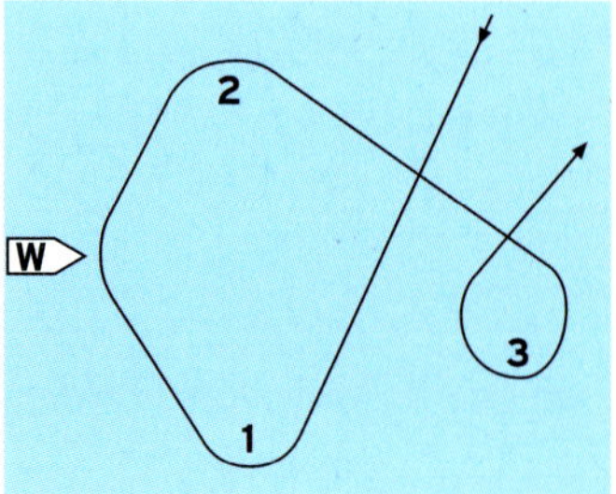

Antwort:
1. **Wende,**
2. **Halse,**
3. **Q-Wende.**

564

Welche Manöver sind bei den Punkten 1, 2 und 3 zu fahren und welche Kurse zum Wind liegen auf den Strecken a, b und c an?

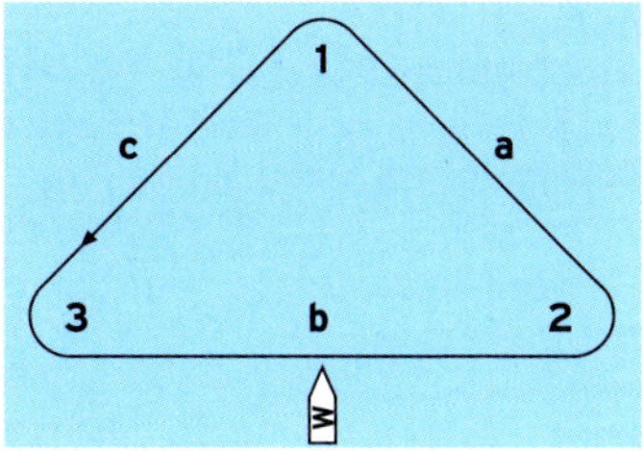

Antwort:

1. **An den Wind gehen,**
2. **Halse,**
3. **Wende,**

a. **Raumwind,**
b. **Halbwind,**
c. **Am Wind.**

565

Von welchen Faktoren ist die Zeit bzw. Wegstrecke für einen Aufschießer abhängig?

Antwort:

Geschwindigkeit, Form und Gewicht des Bootes; Wind, Seegang, Strömung und Drehgeschwindigkeit des Bootes.

Zu Fragen 563 bis 565:

- **Wende** ist ein Manöver, bei dem so weit angeluvt wird, bis das Boot mit dem Bug durch den Wind geht und auf dem anderen Bug weiterfährt, also über Stag geht. Wichtig ist, dass das Boot dabei genügend Fahrt behält.
- **Q-Wende** ist ein Manöver, bei dem auf raumem Kurs anstelle einer Halse eine 270°-Wende gefahren wird. Dieses Manöver ist bei Starkwind zweckmäßig, um zu verhindern, dass beim Überholen des Großbaumes das stehende Gut zu stark beansprucht wird.
- **Halse** ist ein Manöver, bei dem so weit abgefallen wird, dass das Boot mit dem Heck durch den Wind geht und auf dem anderen Bug weitersegelt.
- **Aufschießer** ist ein Manöver, bei dem das Schiff auf einem Kurs gegen den Wind zum Stillstand gebracht wird. Dieses Manöver wird z. B. beim Mensch-über-Bord-Manöver gefahren.

Hinweise:

Gefahren einer Patenthalse siehe Frage 590.
„Kommandotafeln" siehe Anhang 9.

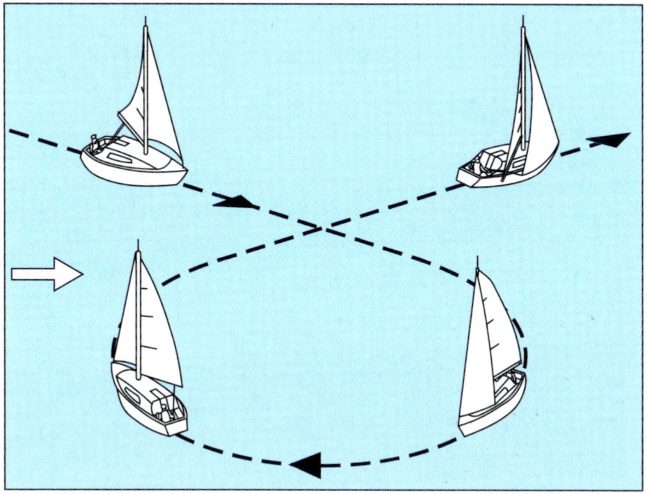

Wende und Halse

566

Warum soll der Rudergänger auch auf der Jolle bei allen Manövern, besonders aber bei Halsen, klare Kommandos geben und Rückmeldungen verlangen?

Antwort:
Aus Sicherheitsgründen, um Verletzungen und Kenterungen zu vermeiden und den sauberen Ablauf des Manövers sicherzustellen.

Zu Frage 566:
Besonders beim Wenden und Halsen, vor allem aber bei Mensch-über-Bord-Manövern, ist es aus Gründen der seemännischen Sorgfaltspflicht unverzichtbar, dass die für die einzelnen Manöver üblichen Kommandos rechtzeitig, klar und unmissverständlich gegeben werden und eine entsprechende Rückmeldung erfolgt. Dies gilt nicht nur für Kielyachten, sondern auch für Jollen.

Darüber hinaus sollte der Rudergänger auch auf sonstige Gefahren, z. B. übergehender Baum bei einer sogenannten Patenthalse, durch den Ruf „Wahrschau!" aufmerksam machen.
Der Vereinheitlichung und der Klarheit der Kommandos dient die „Kommandotafel" im Anhang 9.

Hinweis:
Gefahren einer Patenthalse siehe Frage 590.

7. Ausweichregeln für Segelboote untereinander

7.1 Allgemeine Erläuterungen zu den Ausweichregeln

Grundsätzlich gestatten die Verkehrvorschriften das Begegnen und Überholen nur dann, wenn das Fahrwasser unter Berücksichtigung aller örtlichen Umstände und des übrigen Verkehrs hinreichenden Raum für die Vorbeifahrt gewährt. Ist dies nicht der Fall, darf nicht begegnet bzw. überholt werden. Andernfalls sind zur Vermeidung von Kollisionen die Ausweichregeln zu beachten.

Die Ausweichregeln für Kleinfahrzeuge untereinander tragen der unterschiedlichen Manövrierfähigkeit und der sich daraus ergebenden Schlechterstellung mancher Kleinfahrzeugarten gegenüber anderen Fahrzeugen wie folgt Rechnung:

- Kleinfahrzeuge mit Maschinenantrieb weichen anderen Kleinfahrzeugen mit Maschinenantrieb aus (beiderseitige Ausweichpflicht).
  Beispiel: Motorboot weicht Motorboot aus.
- Kleinfahrzeuge mit Maschinenantrieb weichen anderen Kleinfahrzeugen aus.
  Beispiel: Motorboot weicht Segelboot oder Ruderboot aus.
- Kleinfahrzeuge ohne Maschinenantrieb weichen den unter Segel fahrenden Kleinfahrzeugen aus.
  Beispiel: Ruderboot weicht Segelboot aus.

Die ausweichpflichtigen Kleinfahrzeuge müssen ihren Kurs nach Steuerbord richten.

Ausnahme: Falls das Ausweichen nach Steuerbord aus nautischen Gründen nicht möglich ist, muss das ausweichpflichtige Kleinfahrzeug rechtzeitig, entschlossen und durch klar erkennbare Manöver zeigen, wie es ausweichen will.
Das Fahrzeug, das nicht ausweichpflichtig ist, bezeichnet man als **Kurshalter**, das heißt als Fahrzeug, das Kurs und Geschwindigkeit beizubehalten hat.
Bei unmittelbar drohender Gefahr eines Zusammenstoßes muss auch der **Kurshalter** notfalls Maßnahmen zur Abwendung der Kollision ergreifen, die einem Verstoß gegen einzelne Verkehrsvorschriften gleichkommen.

Zur Beachtung der Überhol- und Ausweichregeln ist es für den Schiffsführer wichtig zu wissen, aus welcher Richtung sich ein anderes Schiff nähert und aus welcher Richtung der Wind weht – und zwar immer auf das eigene Schiff bezogen.

Die Richtungen sich nähernder Kollisionsgegner und des einfallenden Windes – auf das eigene Schiff bezogen – veranschaulichen die Abbildungen auf Seite 231.

Richtungen und Seitenbezeichnungen – auf das eigene Schiff bezogen

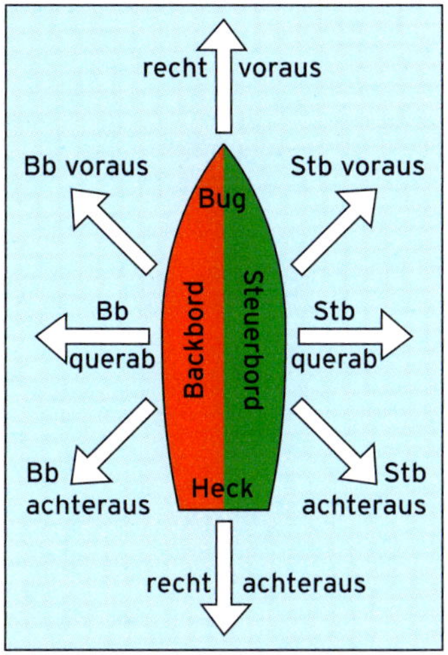

Merksatz für die Praxis, nicht für die Prüfung:
Backbordbug vor Steuerbordbug
Beispiel: Erläuterungen zu Frage 567.

Der Merksatz stellt nicht auf die Seite des Windeinfalls ab, sondern auf die gegenüberliegende Seite der Schräglage (Bug), weil diese Seite bei kreuzenden Seglern hart am Wind leichter feststellbar ist als die Seite des Windeinfalls.

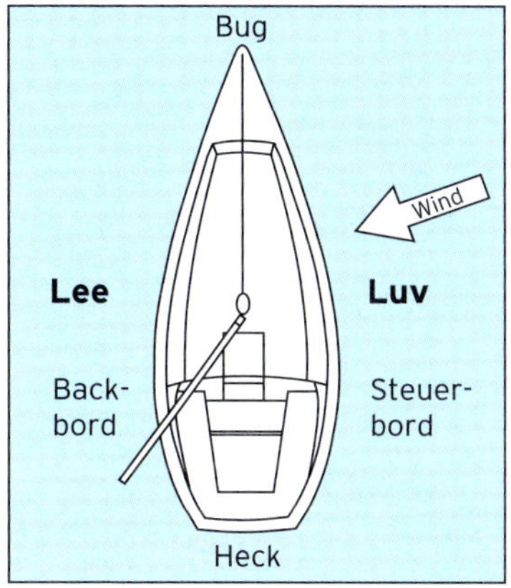

Die Leeseite eines Segelfahrzeuges ist die Seite, auf der das Großsegel gesetzt, auf der also der Großbaum ist; die andere Seite ist die Luvseite, von der der Wind einfällt.

Zur Klärung der Ausweichpflicht bei einem sich nähernden Segelfahrzeug ist Folgendes zu prüfen:

- Hat das sich nähernde Fahrzeug den **Wind von derselben Seite**, das heißt liegt es auch auf Backbordbug oder auf Steuerbordbug bzw. fällt der Wind auch von Steuerbord oder von Backbord ein?
- Liegt mein Fahrzeug im Luv oder im Lee von Ihm?
  Ergebnis: Kommt der Wind von derselben Seite, ist das luvwärtige Segelfahrzeug ausweichpflichtig.

Merksatz für die Praxis, nicht für die Prüfung: **Lee vor Luv**
Beispiel: Erläuterungen zu Fragen 568 bis 570.

- Hat das sich nähernde Fahrzeug den **Wind von der anderen Seite**, das heißt liegt es auf dem anderen Bug und hat es den Großbaum auf der anderen Seite?
- Kommt der Wind von Backbord oder von Steuerbord?
  Ergebnis: Kommt der Wind nicht von derselben Seite, muss das Fahrzeug, das den Wind von Backbord hat, dem anderen ausweichen.

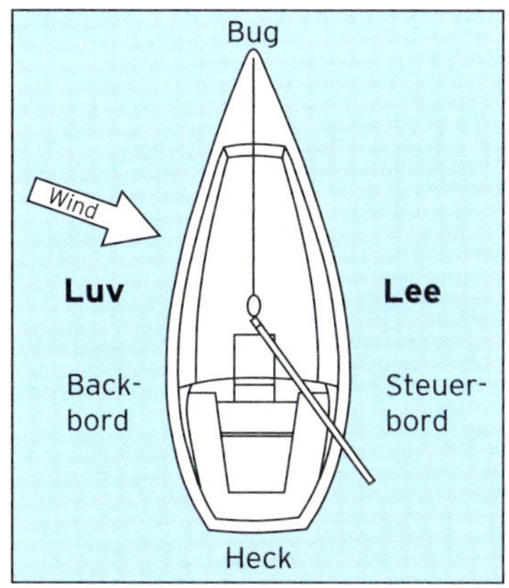

7.2 Ausweichregeln

567

Zwei Kleinfahrzeuge A und B unter Segel liegen auf Kollisionskurs (Skizze). Wer ist ausweichpflichtig und warum?

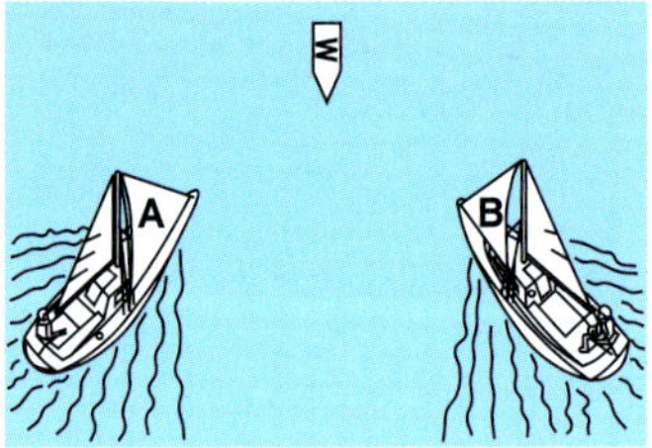

Antwort:

A ist ausweichpflichtig.
Segelfahrzeuge mit Wind von Backbord müssen Segelfahrzeugen mit Wind von Steuerbord ausweichen.

Zu Frage 567:

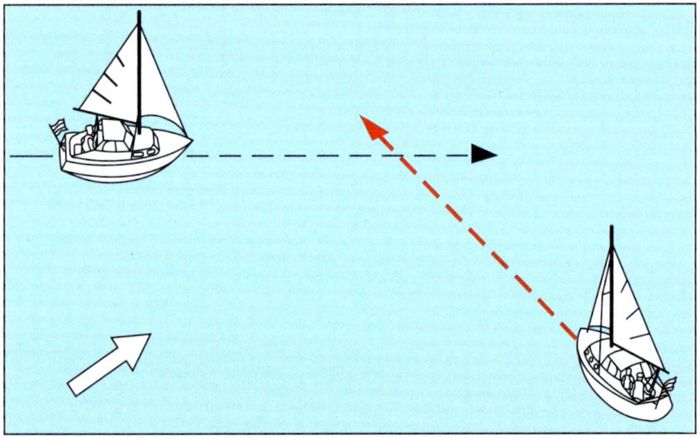

Mir nähert sich auf kreuzendem Kurs an Backbord voraus ein Segelfahrzeug, das den Wind nicht von derselben Seite hat …

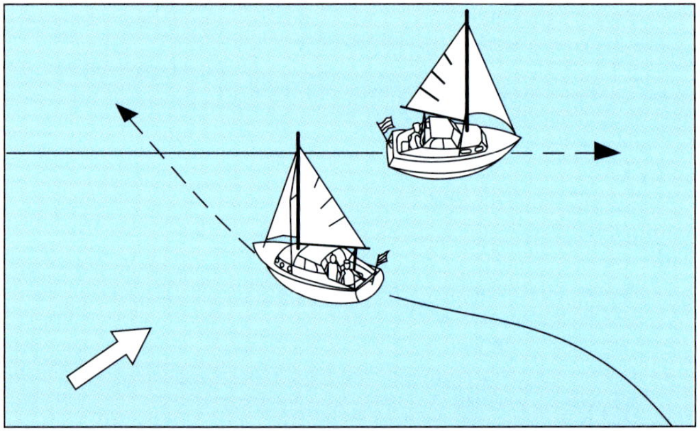

… ich habe den Wind von Backbord und muss daher ausweichen, also hinter seinem Heck passieren.

Merksatz für die Praxis, nicht für die Prüfung.
Backbordbug vor Steuerbordbug

Beachte hierzu die allgemeinen Erläuterungen zu den Ausweichregeln in Abschnitt 7.1 vor Frage 567.

Hinweis:
Siehe die Ausweichtabelle auf den Seiten 136 und 137.

Vorschrift:
§ 6.02a Nr. 5

568
Zwei Kleinfahrzeuge unter Segel liegen auf Kollisionskurs (Skizze). Wer ist ausweichpflichtig und warum?

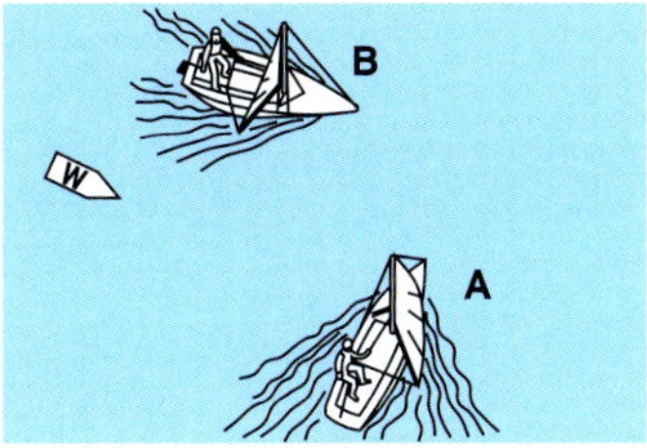

Antwort:
B ist ausweichpflichtig.
Das luvseitige (luvwärtige) Boot muss dem leeseitigen (leewärtigen) ausweichen.

569
Ein Kleinfahrzeug A segelt mit Wind von Backbord auf einer Binnenschifffahrtstraße. Steuerbord querab segelt eine Jolle B, ebenfalls mit Wind von Backbord. Es besteht Kollisionsgefahr. Wer ist ausweichpflichtig und warum?

Antwort:
Das Kleinfahrzeug A ist ausweichpflichtig; das luvseitige (luvwärtige) Boot muss dem leeseitigen (leewärtigen) ausweichen.

570
Boot A und B liegen auf Kollisionskurs (Skizze):
1. **Wer ist ausweichpflichtig und warum?**
2. **Wie muss der Ausweichpflichtige manövrieren, um seinen alten Kurs beibehalten zu können?**

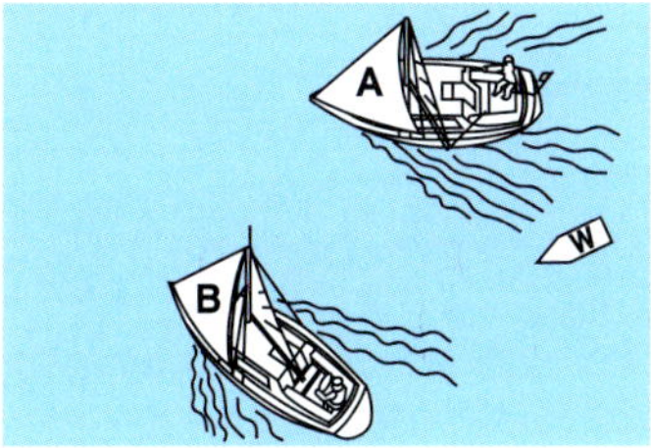

Antwort:
1. **Boot A ist ausweichpflichtig.**
   Das luvseitige (luvwärtige) Boot muss dem leeseitigen (leewärtigen) ausweichen.
2. **Eine Wende segeln oder in den Wind drehen und nach dem Passieren von B auf alten Kurs abfallen.**

Zu Fragen 568 bis 570:

Merksatz für die Praxis, nicht für die Prüfung: **Lee vor Luv**

Beachte hierzu die allgemeinen Erläuterungen zu den Ausweichregeln in Abschnitt 7.1 vor Frage 567.

Das luvwärtige Boot muss, um seiner Ausweichpflicht nachzukommen,

- entweder anluven und auf Parallelkurs gehen, sodann durch weiteres Anluven die Fahrt verlangsamen und nach dem Ablaufen des Kurshalters auf den alten Kurs zurückkehren, oder
- eine Q-Wende segeln und den Kurshalter hinter seinem Heck passieren.

Wichtig ist, dass Sie genau erkennen, ob der Großbaum bei beiden Kollisionsgegnern auf derselben Seite ist.

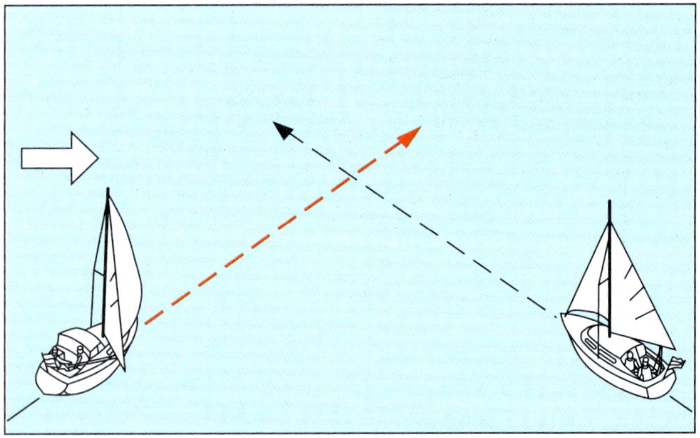

Mir nähert sich auf kreuzendem Kurs ein Segelboot an Steuerbord voraus, das den Wind von derselben Seite hat …

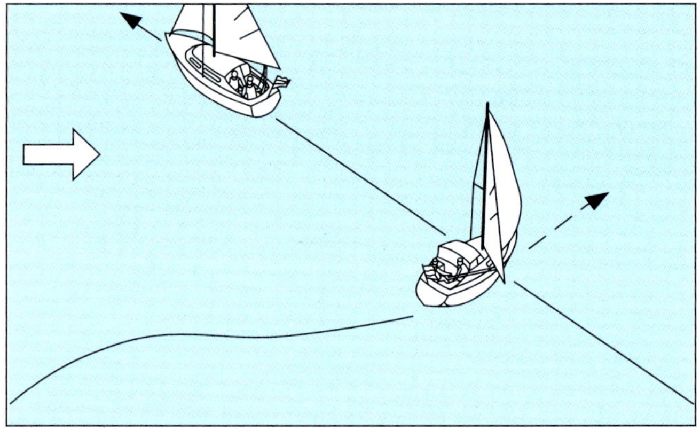

… ich bin das luvwärtige Fahrzeug und muss daher dem leewärtigen ausweichen, das heißt hinter seinem Heck passieren.

Die Leeseite eines Segelfahrzeuges ist die Seite, auf der das Großsegel gesetzt ist, das heißt, der Großbaum ist; die andere Seite ist die Luvseite, von der der Wind einfällt (siehe Abb.).

Hinweis:
Siehe Ausweichtabelle auf den Seiten 136 und 137.

Vorschrift:
§ 6.02a Nr. 5

571

Ein Kleinfahrzeug A segelt nachts auf Vorwindkurs stromab, Großsegel an Steuerbord. Backbord querab kommt ein grünes Seitenlicht eines Bootes B immer näher, das kein Topplicht führt. Wer ist ausweichpflichtig und warum?

Antwort:
Das Kleinfahrzeug A ist ausweichpflichtig. Ein Boot mit Wind von Backbord muss ausweichen, wenn es nicht klar ausmachen kann, ob das luvseitige (luvwärtige) Boot den Wind von Steuerbord hat.

572

Der seitliche Abstand zwischen den Booten A, B und C (Skizze) verringert sich ständig. Welches Boot kann seinen Kurs beibehalten und warum?

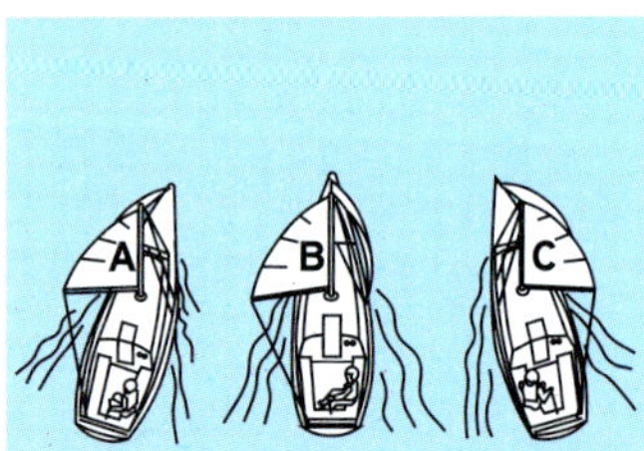

Antwort:
Boot A, weil leeseitig (leewärtig).

Zu Fragen 571 und 572:
B ist gegenüber **A ausweichpflichtig**, weil beide Fahrzeuge den Wind von der selben Seite haben (von Steuerbord) und **B** luvwärtiger ist.
A ist daher als leewärtiges Boot **Kurshalter**. Gegenüber **B** muss **C** ausweichen, weil sie den Wind von verschiedenen Seiten haben und **C** den Wind von Backbord hat.

Beachte:
Allgemeine Erläuterungen zu den Ausweichregeln vor Frage 567.

Hinweis:
Siehe auch die Ausweichtabelle auf den Seiten 136 und 137.

Vorschrift:
§ 6.02a Nr. 5

573

Wer ist wem gegenüber kurshaltepflichtig und warum?

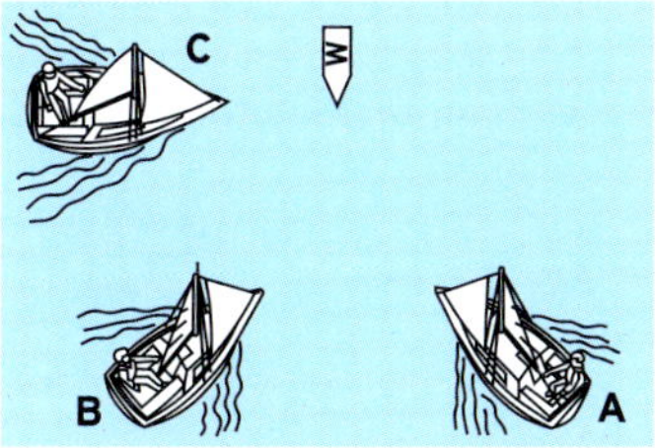

Antwort:
1. **A gegenüber B und C, weil Fahrzeuge mit Wind von Steuerbord vor den Fahrzeugen mit Wind von Backbord Kurshaltepflicht haben.**
2. **B gegenüber C, weil beide Fahrzeuge den Wind von der gleichen Seite haben und das leeseitige (leewärtige) Fahrzeug Kurshaltepflicht hat.**

Zu Frage 573:
Kurshaltepflicht hat
A gegenüber **B** und **C** bei Wind von verschiedenen Seiten als Fahrzeug mit Wind von Steuerbord,
B gegenüber **C** bei Wind von der gleichen Seite als leewärtiges Fahrzeug.

Beachte hierzu die allgemeinen Erläuterungen zu den Ausweichregeln in Abschnitt 7.1 vor Frage 567.

Hinweis:
Siehe auch die Ausweichtabelle auf den Seiten 136 und 137.

Vorschrift:
§ 6.02a Nr. 5

574

Auf welcher Seite überholt auf Binnenschifffahrtsstraßen ein segelndes Kleinfahrzeug ein anderes segelndes Kleinfahrzeug?

Antwort:
Auf dessen Luvseite.

575

Die Jolle A will auf einer Binnenschifffahrtsstraße das Segelboot B überholen (Skizze).

1. **Zeichnerische Darstellung des Kurses von A in der Skizze!**
2. **Beschreibung des Manövers!**
3. **Worauf muss dabei geachtet werden?**

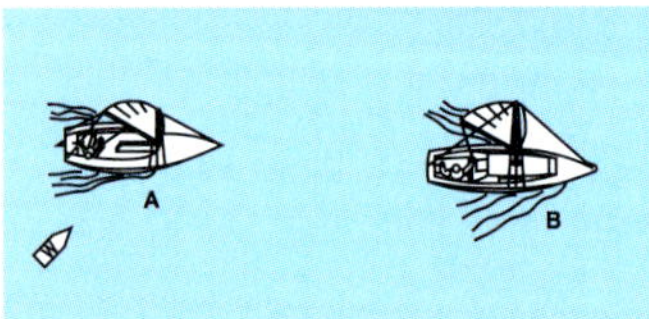

Antwort:

1. 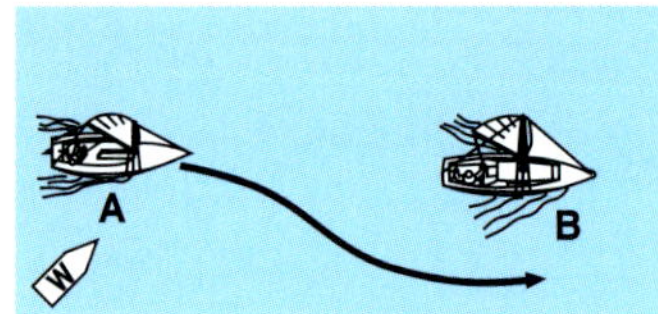

2. **Die Jolle A muss auf der Luvseite von B überholen.**
3. **Die Jolle A muss sich freihalten und darf den übrigen Verkehr nicht gefährden.**

Zu Fragen 574 und 575:
Überholen ausschließlich auf der Luvseite! Beim Überholen ist zu dem zu überholenden Fahrzeug ein ausreichender Passierabstand zu halten und darauf zu achten, dass der übrige Verkehr nicht gefährdet oder behindert wird.

Hinweis:
Siehe auch die Ausweichtabelle auf den Seiten 136 und 137.

Vorschrift:
§ 6.02a Nr. 5

8. Kentern

8.1 Maßnahmen vor und nach einer Kenterung

576

Wie kann man die Gefahr einer Kenterung minimieren?

Antwort:
Durch umsichtiges Führen eines Sportbootes, Vermeidung kritischer Situationen, insbesondere bei Vorwindkursen, Halsen und Wenden, Beachtung der Wettersituation, rechtzeitiges Reffen bei starken und böigen Winden.

577

Warum muss eine nach Kenterung wieder aufgerichtete Jolle als erstes gelenzt werden?

Antwort:
Weil sie sonst instabil ist und leicht wieder kentern kann.

578

Was ist zu beachten, wenn eine Jolle gekentert ist und sie nicht wiederaufgerichtet werden kann?
Was sollte auf keinen Fall getan werden?

Antwort:
Vollständigkeit der Mannschaft überprüfen, ggf. Hilfe leisten. Am Boot festhalten oder ggf. aufs Boot legen, Hilfe abwarten. Nie versuchen, schwimmend das Ufer zu erreichen!

579
Warum darf von einer Jolle nicht weggeschwommen werden, wenn sie gekentert ist und sich nicht wiederaufrichten lässt?

Antwort:
Weil Entfernungen auf dem Wasser meist unter-, eigene Kräfte überschätzt werden. Außerdem finden Retter ein Boot leichter als einen Schwimmer.

Zu Fragen 576 bis 579:
Nach Kentern der Jolle hat der Fahrzeugführer auf Grund der seemännischen Sorgfaltspflicht zunächst die Vollständigkeit seiner Crew zu prüfen, insbesondere ob jemand unters Segel geraten ist. Die Crew sollte auf jeden Fall zusammen am Boot bleiben und nicht versuchen, ans Land zu schwimmen. Wenn noch möglich, Rettungswesten anlegen!
Die weiteren Maßnahmen gelten dem **Wiederaufrichten der Jolle:**

- Zunächst verhindern, dass das Boot durchkentert, indem man sich auf das Schwert stellt oder daranhängt.
- Sodann die Schoten aus den Klemmen lösen und eine Leinenverbindung zum Boot halten, damit es nach dem Aufrichten nicht Fahrt aufnimmt.
- Nach dem Aufrichten ist die Jolle als Erstes zu lenzen; erst dann versuchen, in der Nähe schwimmendes Zubehör wie Paddel, Ruder zu bergen.
- Sollte das Manöver misslingen, sind Notsignale zu geben, z. B. langsames und wiederholtes Heben und Senken der seitlich ausgestreckten Arme bis in Höhe des Kopfes, um Hilfe herbeizuholen.

Wie man sich verhält, wenn das Wiederaufrichten der Jolle misslingt

- Am Boot oder an schwimmenden Teilen festhalten!
- Unbedingt die Kleidung (auch Schuhe) als Schutz gegen Unterkühlung anbehalten!
- Nicht schwimmen – es sei denn, ein Boot ist in unmittelbarer Nähe.
- Den Wärmeverlust des Körpers durch ruhige Lage im Wasser möglichst gering halten.
- Mit anderen im Wasser Treibenden eng zusammenbleiben, sich möglichst in Tuchfühlung im Wasser umarmen. Hierdurch wird der Wärmeverlust des Körpers wesentlich verringert!
- Untereinander mit einer Leine verbinden!
- Wenn allein im Wasser, Beine anziehen, Arme verschränken, Wirbelsäule krümmen, um die Gesamtoberfläche und damit den Wärmeverlust zu verringern.

Hinweise:
Notsignale siehe Fragen 287 bis 289.

8.2 Maßnahmen bei „Mensch-über-Bord"

580
An welcher Stelle des Bootes wird ein Überbordgefallener wieder an Bord genommen und warum?

Antwort:
Je nach Bootstyp an der Luvseite oder über das Heck. In Lee besteht Kentergefahr und Behinderung durch die Großschot.

Zu Frage 580:
Beim Ruf **„Mensch über Bord!"** müssen die vorgegebenen Manöver/Handlungen überlegt und gezielt eingeleitet werden. Eine etwas langsamere, aber erfolgreiche Anfahrt ist effektiver als ein zweimaliges schnelles Anfahren, wobei die erste Anfahrt erfolglos war.

Nach dem Ruf „Mensch über Bord!" sollte das Boot auf schnellstem Weg innerhalb kürzester Zeit bei dem Überbordgefallenen zum Stillstand gebracht werden. Hierfür gibt es verschiedene Manöver, von denen das schnellste das Beste ist. Entscheidend ist, dass eine **Jolle** neben dem Überbordgefallenen in Höhe des Cock-

pits oder des Hecks so zum Stehen kommt, dass dieser sich auf der Luvseite der Jolle befindet.
Dann kann die Person mithilfe einer Achterleine oder der Großschot über das Heck ins Cockpit gezogen werden. Bei Bergung in Lee besteht Kentergefahr. Außerdem behindern Großschot und Segel die Bergung.
Bei **Segelyachten unter Maschine** soll die Anbordnahme erst bei still stehender Schraube möglichst am Achterschiff auf der Badeplattform erfolgen. Da bei kleineren Booten bei seitlicher Anbordnahme Kentergefahr besteht, sollte das Achterschiff stets bevorzugt werden. Kann durch die Bewegung der Person bei der Übernahme die Gefahr der Berührung des Schalthebels nicht ausgeschlossen werden, sollte der Motor abgestellt werden, um Verletzungen durch die Schraube bei ungewolltem Einkuppeln mit Sicherheit zu vermeiden.
All diese Maßnahmen sollten nach Möglichkeit simultan ausgeführt werden. Dies ist jedoch, vor allem bei einer zahlenmäßig schwachen oder ungeübten Besatzung, in der Praxis nicht zu verwirklichen. Dadurch und durch die Tatsache, dass ein Menschenleben auf dem Spiel steht, entsteht eine schwere Stresssituation für den Schiffsführer und alle anderen Beteiligten. Schon allein um diesen Stress zu mildern, müssen die zu treffenden Maßnahmen immer wieder geübt werden.

Bewährte Manöverstrategien für Segelyachten

Für Segelyachten wurden spezielle Mensch-über-Bord-Manöver entwickelt. Ihre Durchführung ist ohne Motorunterstützung möglich. Dennoch kann in der Endphase der einzelnen Manöver – vor allem beim Aufstoppen des Fahrzeuges oder bei ungeübter Besatzung – die Benutzung der Maschine von großer Hilfe sein.
Bewährte Mensch-über-Bord-Manöver sind die Q-Wende mit Nahezuaufschießer, das Quickstopp-Manöver und das Beidrehmanöver. Motorgetriebene Sportfahrzeuge können aufgrund ihrer Wendigkeit und ihres geringen Drehkreises in kürzester Zeit und ohne große seitliche Abweichung auf Gegenkurs gehen.

Unterlassene Hilfeleistung kann strafrechtlich geahndet werden.

Wie sich der Überbordgefallene verhalten sollte

- Durch Signale mit der Signalpfeife oder mit Signalstiften oder durch Rufen bemerkbar machen.
- Kräfte schonen und unnötiges Schwimmen vermeiden. Auf Rettungsring zuschwimmen.
- Kleidung als Schutz gegen Unterkühlung unbedingt anbehalten.

1 *Leinenbuchten über die Bootswand hängen und Badeleiter herunterklappen bzw. ausbringen*

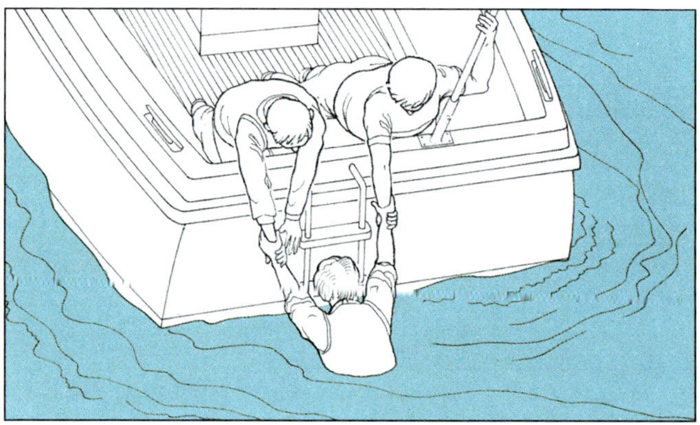

2 *Person mittels Badeleiter an Bord holen …*

Maßnahmen, um nach einem Mensch-über-Bord-Manöver eine erschöpft im Wasser treibende Person möglichst schnell und sicher an Bord zu bekommen

- Leinenverbindung zwischen Boot und Person im Wasser herstellen.
- Leinenbuchten über die Bordwand hängen; wenn vorhanden, Badeleiter herunterklappen bzw. ausbringen (Abb. 1 Seite 238).
- Mit dem Großbaum und dem Großschot oder über Badeleiter oder mithilfe von Rettungsmitteln Person an Bord holen (Abb. 2 und 3).

Da eine erschöpft im Wasser treibende Person nur unter äußersten Anstrengungen und meistens nur mit Fremdhilfe geborgen werden kann, sollte möglichst ein Bergegurt zur Verfügung stehen, in dem der im Wasser Treibende mithilfe des Großbaumes an Bord gewinscht werden kann. Eine wirksame Bergungsmethode ist auch, den Erschöpften in das ausgebrachte Beiboot zu ziehen, was weniger Kraft erfordert.

Hinweise:
Mensch-über-Bord-Manöver auf Motor- und Segelyachten im Seebereich siehe Graf/Steinicke, Sportbootführerschein – See, Fragen 326 und 327 mit Erl.
Darstellung des Mensch-über-Bord-Manövers mit einem Motorboot siehe Teil III, 2.5, Seite 261.
Notsituationen siehe Fragen 287 bis 300.
Rettungswesten siehe Seite 262.

Vorschriften:
§§ 1.04, 1.05, 1.08, 1.16
§ 323c StGB

3 *... oder mithilfe von Großbaum und Großschot*

9. Funktionsprüfung und Wartung

9.1 Funktionsprüfung

581 **Was ist vor Fahrtantritt allgemein zu veranlassen?**	Antwort: **Überprüfung des Allgemeinzustandes des Bootes, der Funktionsfähigkeit, der Sicherheitsausrüstung, der Navigationseinrichtungen, des stehenden und laufenden Guts und ggf. der Maschinenanlage.**

582 **Welche allgemeinen Wartungsarbeiten sind während der laufenden Saison zu erledigen? (Nennung von mindestens sechs Maßnahmen)**	Antwort: **Allgemeinzustand des Bootes kontrollieren, Bilge kontrollieren, Überprüfung des stehenden und laufenden Gutes sowie des Mastes, Überprüfung der Segel, ggf. Überprüfung der Funktionsfähigkeit von Maschine, Getriebe und Ruderanlage.**

Zu Fragen 581 und 582:

Wichtige allgemeine Grundsätze

Vor dem Auslaufen sollte der Fahrzeugführer **aufgrund der seemännischen Sorgfaltspflicht** folgende Vorsichtsmaßregeln ergreifen:

- Wetterberichte einholen: Wird Sturm, Starkwind oder verminderte Sicht vorhergesagt?
- Vollzähligkeit der Sicherheitsausrüstung überprüfen, insbesondere der Rettungsmittel. Die Ausrüstung ist seefest und stabilitätsgerecht sowie so zu stauen, dass man auch bei ungünstigen Wetterverhältnissen ohne Schwierigkeiten herankommt (insbesondere Seenotsignalmittel, Rettungswesten). Bei umfangreicher Ausrüstung Stauplan anlegen und den Crewmitgliedern aushändigen.
- Kraftstoff-, Öl- und Wasservorrat sowie Proviant vervollständigen. Zu der benötigten Kraftstoffmenge sollte zusätzlich eine Reserve in transportablen zugelassenen Kanistern mitgenommen werden, die mindestens 50 Prozent des errechneten Kraftstoffverbrauchs ausmachen sollte, um einen Nothafen anlaufen zu können.
- E-Anlage überprüfen. Navigationslichter probeweise einschalten und prüfen, ob Akkus in einwandfreiem Zustand und voll aufgeladen sind. Nur so ist sichergestellt, dass die Navigationslichter während der Zeit, in der die Lichterführung vorgeschrieben ist, mit elektrischem Strom gespeist werden können.
- Navigationseinrichtung überprüfen. Vor allem ist darauf zu achten, dass die für das betreffende Seegebiet benötigten Seekarten an Bord und auf den neusten Stand berichtigt sind.
- Bootskörper sowie stehendes und laufendes Gut überprüfen. Vor allem ist festzustellen, ob und wie viel Bilgewasser sich im Boot befindet; gegebenenfalls ist das Boot zu lenzen. Nach Verstauen der gesamten Ausrüstung muss sichergestellt werden, dass das Boot nicht überladen ist.
- Besatzungsmitglieder gemäß der Sicherheitsrolle in ihre Funktion einweisen, Mensch-über-Bord-Manöver und Anlegen der Rettungswesten proben!

Hinweis:
Allgemeine Sorgfaltspflicht siehe Frage 5.

Vorschrift:
§ 1.04

9.2 Ein- und Auswintern des Bootes

583
Was ist beim Einwintern eines Bootes zu veranlassen? (Nennung von mindestens sechs Maßnahmen)

Antwort: ●●●
Zum Einwintern des Bootes gehört die Reinigung des Bootes, sichere Lagerung auf einer festen Stellage, Demontage von Mast mit stehendem und laufendem Gut, Ausräumen des Fahrzeuges, ggf. Motorentwässerung und Überprüfung des Frostschutzes, Ausbau der Batterie, Sicherung der demontierbaren elektronischen Ausrüstung, Abdeckung gegen Umweltbeeinflussung, Konservierung korrosionsanfälliger Bauteile.

584
Ein Boot kommt aus dem Winterlager, was ist zu veranlassen? (Nennung von mindestens sechs Maßnahmen)

Antwort: ●●●
Unterwasserschiff überprüfen, Antifouling streichen, Ruder- und Schraubenanlage überprüfen, Seeventile und Wasseranschlüsse überprüfen, Maschinenanlage betriebsklar machen, Mast mit stehendem und laufendem Gut überprüfen, schadhafte Teile auswechseln, das Boot zum Slippen vorbereiten, Boot seeklar machen, mit Sicherheitsausrüstung und Elektronik bestücken.

Zu Fragen 583 und 584:
Beim fach- und sachgemäßen Einwintern einer Yacht ist unter anderem Folgendes zu beachten, wenn die Wartungs- und Reparaturarbeiten beim Auswintern im Hinblick auf Zeit, Aufwand und Kosten so gering wie möglich gehalten werden sollen:

- Wie und in welcher Reihenfolge das Unterwasserschiff behandelt werden soll, wenn das Boot ins Winterlager kommt: Nach dem Aufslippen Unterwasserschiff sofort reinigen und Bewuchs entfernen, weil das im noch nassen Zustand am leichtesten geht. Nach dem Abtrocknen Ausbesserungsarbeiten und Grundkonservierung vornehmen. Bewuchsverhindernde Farben dann erst vor dem Einsetzen im Frühjahr aufbringen.
- Vor dem Winterlager müssen die Trockenbatterien aus den Geräten entfernt werden, weil Trockenbatterien auslaufen und erhebliche Schäden an den Geräten verursachen können.
- Beim Abdecken des Bootes mit einer Winterplane muss auf ausreichende Belüftung des Bootskörpers und des Bootsinneren geachtet werden, damit durch die Luftzirkulation die Restfeuchtigkeit aufgenommen werden kann und Schäden durch Frost, Schimmel oder Verrottung vermieden werden.

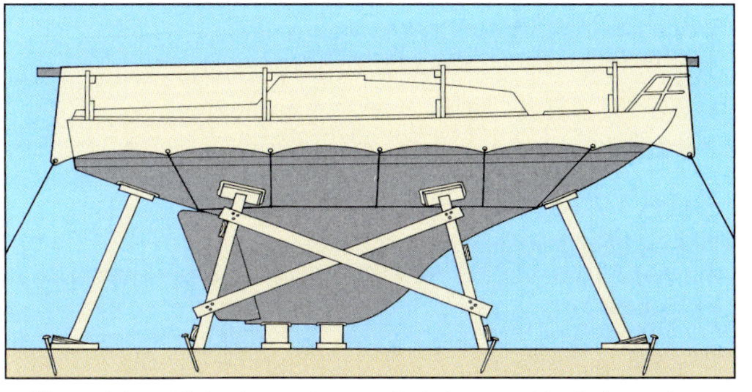

Während des Winterlagers *können bei einer Yacht, die im Freien aufgebockt ist, schwere Schäden durch Verformung infolge von Lagerungsfehlern und durch Frost, Schimmel oder Verrottung infolge mangelnder Luftzirkulation entstehen. Die Winterplane darf nicht an Stützhölzern befestigt werden, weil sie sonst bei Sturm weggerissen werden und das Boot dann kippt. Für ausreichende Belüftung, insbesondere des Bootsinneren, ist zu sorgen.*

Gegenüberstellung der Prüfungsantworten zum Ein- und Auswintern	
Einwintern • Ausräumen des Bootes • Reinigung des Bootes, insbesondere des Unterwasserschiffs, der Ruder- und Schraubenanlage, vor allem der Bilge, Vorpiek und Achterpiek • Demontage von Mast mit stehendem und laufendem Gut • Ausbau der Batterie und Sicherung der elektronischen demontierbaren Ausrüstung • Motorentwässerung und Überprüfung des Rostschutzes • Konservierung korrosionsanfälliger Bauteile • sichere Lagerung auf einer festen Stellage • Abdeckung gegen Umwelteinflüsse	**Auswintern** • Boot auswintern (Abdeckung entfernen) • Unterwasserschiff überprüfen und mit Antifouling streichen • Ruder- und Schraubenanlage überprüfen • Seeventile und Wasseranschlüsse überprüfen • Mast mit stehendem und laufendem Gut überprüfen und setzen • Boot mit Sicherheitsausrüstung und Elektronik bestücken und Batterien einbauen • Maschinenanlage betriebsklar machen • schadhafte Teile auswechseln • Boot seeklar machen • Boot zum Slippen vorbereiten

9.3 Konservierung und Neuanstrich des Unterwasserschiffes

585

Was ist bei der Konservierung des Unterwasserschiffes mit Antifouling besonders zu beachten?

Antwort: ●●●

Durch Antifouling kann die Umwelt erheblich belastet werden. Daher ist bei der Verwendung auf Umweltverträglichkeit und sparsamen Gebrauch zu achten. Verwendungshinweise und Richtlinien über die Verwendung sind zu beachten.

586

Was ist beim Neuanstrich des Unterwasserschiffs mit Antifouling und bei der Entfernung des alten Anstrichs zu beachten?

Antwort: ●●●

Das Abschleifen, Abbeizen oder sonstige Entfernen darf die Umwelt nicht belasten und Schleifreste sowie das Antifouling dürfen weder ins Wasser noch ins Erdreich gelangen. Der Arbeitsbereich ist großzügig abzudecken und der anfallende Abfall ist als Sondermüll zu behandeln und entsprechend zu entsorgen.

Zu Fragen 585 und 586:
In den Empfehlungen des BMVBS „Sicherheit auf dem Wasser – Leitfaden für Wassersportler“ heißt es zum „Naturschutz“: *Wählen Sie Antifoulingfarben sorgfältig aus; diese Produkte sind grundsätzlich gewässer- und gesundheitsschädlich – Sie sollten daher ihren Einsatz so weit wie möglich reduzieren und die Ratschläge für den Umgang mit diesen Stoffen streng befolgen.*

10. Verhalten in besonderen Situationen

587
Ein Sportboot befindet sich im Fahrwasser. Der Wind flaut völlig ab, der Motor lässt sich nicht starten. Was ist zu unternehmen?

Antwort: ●●●
Mit Paddeln oder Schlepphilfe das Fahrwasser freimachen, Anker klarmachen. Signale für Schifffahrt: Rote Flagge (nachts rotes Licht) im unteren Halbkreis schwenken, Schallsignal (4 x kurz) geben.

Zu Frage 587:
Oberstes Gebot bei Manövrierunfähigkeit ist es, das Fahrwasser so schnell wie möglich frei- und den Anker zum sofortigen Fallen klarzumachen. Zusätzlich ist die Manövrierunfähigkeit durch das Schwenken einer roten Flagge im unteren Halbkreis anzuzeigen.

Am schnellsten erreicht man den Fahrwasserrand, wenn man schräg gegen den Strom paddelt, da die Strömung das Boot seitlich zum Fahrwasserrand drückt.

Hinweis:
Verhalten in Notsituationen siehe Fragen 287 bis 292.

„Ich bin manövrierunfähig!"

588
Ein Segelboot gerät in das Feld einer Segelregatta, ohne selbst Teilnehmer zu sein. Welche Ausweichregeln sind zu beachten?

Antwort: ●
Die der Binnenschifffahrtsstraßen-Ordnung.

Zu Frage 588:
Da es keine besonderen Verkehrsvorschriften für das Verhalten gegenüber Fahrzeugen in einer Wettfahrt gibt, sind die allgemeinen Ausweichregeln nach der Binnenschifffahrtsstraßen-Ordnung zu beachten. Aber nicht nur die sportliche Fairness, sondern auch die sich aus den Grundregeln für das Verhalten im Verkehr herleitende seemännische Sorgfaltspflicht gebieten, einem Regattafeld, das heißt einer Ansammlung von Sportfahrzeugen, die im Rahmen einer Wettfahrt segeln und zum Teil abweichenden Ausweichregeln folgen, rechtzeitig und weiträumig so weit wie möglich auszuweichen, um dieser besonderen Verkehrssituation Rechnung zu tragen. Nur auf diese Weise kann vermieden werden, Regattateilnehmer zu behindern und sogar zum Ausweichen nach den Ausweichregeln zu zwingen, was zu einer unsportlichen Verfälschung der Wettfahrt-Ergebnisse führen würde.

Hinweise:
Grundregeln für das Verhalten im Verkehr siehe Fragen 5 und 6.

589

Was ist mit Schwert und Ruder einer Jolle zu tun, wenn das Boot an einer Boje liegen gelassen wird?

Antwort:
Schwert und Ruderblatt aufholen, damit das Boot frei schwojen kann.

Zu Frage 589:
Schwert und Ruderblatt sollen auch dann aufgeholt werden, wenn das Boot in einer Box liegt und vorn und achtern festgemacht ist. Denn durch das Schraubenwasser vorbeifahrender Fahrzeuge oder durch Winddruck kann das Boot so in Bewegung geraten, dass Schwert und Ruderblatt in ihren Aufhängungen „arbeiten" und dadurch die Aufhängungsbolzen belastet werden.

590

Welche Gefahren entstehen bei einer unfreiwilligen Halse („Patenthalse")?

Antwort:
Kentergefahr, Verletzungsgefahr, Überbordgehen, Riggschäden, Mastbruch.

Zu Frage 590:
Eine sogenannte Patenthalse ist die Folge, wenn so stark abgefallen wird, dass der Wind hinter dem Großbaum einfällt und der Baum auf die andere Seite des Bootes schlägt. Durch die plötzliche Gewichtsverlagerung und das unkontrollierte Übergehen des Baumes besteht die große Gefahr, dass die Crew über Bord „gefegt" wird oder das Boot kentert und dabei die Crew außenbords geht. Verletzungsgefahr und sogar Mastbruch können die Folge sein.
Um eine unfreiwillige Halse zu vermeiden, müssen Windrichtung und Großsegel ständig sorgfältig beobachtet werden. Besteht die Gefahr, dass der Baum übergeht, muss sofort angeluvt werden. Zusätzlich kann der Vorschoter den Baum abstützen.

Die Großschot ist auf Jollen aus der Hand zu fahren! Dadurch wird sichergestellt, dass sie beim Übergehen des Baumes schnell dichtgeholt werden kann, damit der Baum nicht so viel unkontrollierten Schwung bekommt.

591

Ein Segelboot segelt im Wind, plötzlich bricht das Luvwant.
1. **Was ist sofort zu unternehmen?**
2. **Womit kann das gebrochene Want provisorisch ersetzt werden?**

Antwort:
1. **Wenden, um die unverstagte Seite des Mastes zu entlasten.**
2. **Durch ein Fall oder ggf. die Dirk.**

592

Ein Segelboot segelt bei starkem Wind nur unter Großsegel auf Amwindkurs. Plötzlich bricht das Vorstag.
1. **Was ist sofort zu unternehmen?**
2. **Womit kann das gebrochene Vorstag provisorisch ersetzt werden?**

Antwort:
1. **Abfallen auf Vorwindkurs.**
2. **Durch die Fock oder ein Fall.**

Zu Fragen 591 und 592:
Da es vorkommt, dass Wantenspanner oder Stagen brechen, sollten sie von Zeit zu Zeit auf ihre Festigkeit überprüft werden. Nur so ist sichergestellt, dass im Falle von Bruch eines Stages oder Wants sofort eine entsprechende Entlastung dadurch erfolgt, dass auf den anderen Bug oder Gegenkurs gegangen wird. Um das gebrochene Want oder Stag provisorisch zu ersetzen, müssen vor allem die Segel geborgen werden, um das Rigg zu entlasten.

593

Der Wetterbericht sagt Windstärken um 5 („frische Brise", „frischen Wind") voraus.
Was bedeutet das für Jollen und Jollenkreuzer?

Antwort:
Segel ggf. reffen

Zu Frage 593:

Das Einholen des Wetterberichtes ist eine der wichtigsten Sicherheitsmaßnahmen vor dem Auslaufen und **durch die seemännische Sorgfaltspflicht geboten**. Aber auch während der Fahrt sollte mehrmals täglich der Wetterbericht abgehört werden, um rechtzeitig die erforderlichen Sicherheitsvorkehrungen treffen und die aus der Tabelle auf Seite 246 sich ergebenden Schlussfolgerungen ziehen zu können.

Aus der Beobachtung der Wolken können ebenfalls Schlussfolgerungen für die weitere Wetterentwicklung und die sich daraus ergebenden Windstärken gezogen werden.

Aufgrund der Wetter-, Wind- und Wellenbeobachtung hat der Schiffsführer jederzeit den Segeldruck zu überprüfen und rechtzeitig die Segel zu reffen. Bei Sturmwarnung (ab Bft 8) sollte ein Nothafen oder eine geschützte Bucht angelaufen werden.

Hinweise:
Wetterinformationen siehe Fragen 321 bis 325.
Wetterbeobachtung siehe Fragen 326 bis 328.
Reffen der Segel siehe Fragen 535 bis 537.

Vorschrift:
§ 1.04

Bezeichnungen in Wetterberichten					
Windstille oder schwacher Wind	Bft 0 bis 3	starker Wind	Bft 6	Sturm	Bft 9
mäßiger Wind	Bft 4	starker bis stürmischer Wind	Bft 7	schwerer Sturm	Bft 10
frischer Wind	Bft 5	stürmischer Wind	Bft 8	orkanartiger Sturm	Bft 11
				Orkan	Bft 12

Beaufortskala

Windstärke in Beaufort	Bezeichnung des Windes	Auswirkungen des Windes auf die See	Untere und obere Grenzen der Geschwindigkeit in		Seegang in Beaufort	Bezeichnung des Seegangs	Auswirkungen des Windes an Land
			m/s	kn			
0	Stille	Spiegelglatte See	0-0,2	‹ 1	0	Spiegelglatt	Windstille, Rauch steigt senkrecht auf
1	leiser Zug	Kleine, schuppenförmig aussehende Kräuselwellen ohne Schaumkämme.	0,3-1,5	1-3	1	gekräuselt	Windrichtung angezeigt nur durch Zug des Rauches, aber nicht durch Windfahne.
2	leichte Brise	Kleine Wellen, noch kurz, aber ausgeprägter. Kämme sehen glasig aus und brechen sich nicht.	1,6-3,3	4-6	2	schwach bewegt	Wind am Gesicht fühlbar, Blätter säuseln Windfahne bewegt sich.
3	schwache Brise	Kämme beginnen zu brechen. Schaum überwiegend glasig, ganz vereinzelt können kleine weiße Schaumköpfe auftreten.	3,4-5,4	7-10	2	schwach bewegt	Blätter und dünne Zweige bewegen sich, Wind streckt einen Wimpel.
4	mäßige Brise	Wellen noch klein, werden, werden aber länger, weiße Schaumköpfe treten schon ziemlich verbreitet auf.	5,5-7,9	11-15	3	leicht bewegt	Wind hebt Staub und loses Papier, bewegt Zweige und dünnere Äste.
5	frische Brise	Mäßige Wellen, die eine ausgeprägtere lange Form annehmen. Überall weiße Schaumkämme. Ganz vereinzelt kann schon Gischt vorkommen.	8,0-10,7	16-21	4	mäßig bewegt	Kleine Laubbäume beginnen zu schwanken, Schaumköpfe bilden sich auf See.
6	starker Wind	Bildung großer Wellen beginnt. Kämme brechen und hinterlassen größere weiße Schaumflächen. Etwas Gischt.	10,8-13,8	22-27	5	grob	Stärkere Äste in Bewegung, Pfeifen in Telegrafenleitungen, Regenschirme schwierig zu benutzen.
7	steifer Wind	See türmt sich. Der beim Brechen entstehende weiße Schaum beginnt sich in Streifen in die Windrichtung zu legen.	13,9-17,1	28-33	6	sehr grob	Ganze Bäume in Bewegung, fühlbare Hemmung beim Gehen gegen den Wind.
8	stürmischer Wind	Mäßig hohe Wellenberge mit Kämmen von beträchtlicher Länge Von den Kanten der Kämme beginnt Gischt abzuwehen. Schaum legt sich in gut ausgeprägten Streifen in die Windrichtung.	17,2-20,7	34-40	7	hoch	Wind bricht Zweige von den Bäumen, erschwert erheblich das Gehen im Freien.
9	Sturm	Hohe Wellenberge, dichte Schaumstreifen in Windrichtung. „Rollen“ der See beginnt. Gischt kann die Sicht schon beeinträchtigen.	20,8-24,4	41-47	7	hoch	Kleinere Schäden an Häusern (Rauchhauben und Dachziegel werden abgeworfen).
10	schwerer Sturm	Sehr hohe Wellenberge mit langen überbrechenden Kämmen. See weiß durch Schaum. Schweres stoßartiges „Rollen“ der See. Sicht durch Gischt beeinträchtigt.	24,5-28,4	48-55	8	sehr hoch	Bäume werden entwurzelt, bedeutende Schäden an Häusern.
11	orkanartiger Sturm	Außergewöhnlich hohe Wellenberge. Die Kanten der Wellenkämme werden überall zu Gischt zerblasen. Sicht herabgesetzt.	28,5-32,6	56-63	9	außergewöhnlich schwere See	Verbreitete Sturmschäden
12	Orkan	Luft mit Schaum und Gischt angefüllt. See vollständig weiß. Sicht sehr stark herabgesetzt. Jede Fernsicht hört auf.	32,7 und mehr	64 und mehr			Schwerste Verwüstungen

Teil III

Die praktische Prüfung

Allgemeines

Der Bewerber hat in der praktischen Prüfung nachzuweisen, dass er die zur sicheren Führung eines Sportbootes erforderlichen Kenntnisse besitzt und zu ihrer praktischen Anwendung fähig ist.
Die Prüfung erstreckt sich auf folgende Manöver und Fertigkeiten:

- Steuern nach Schifffahrtszeichen, anderen Objekten oder nach Kompass
- Manövrieren (Ablegen, Anlegen, Begegnen, Festmachen, Wenden auf engem Raum, Mensch-über-Bord-Manöver mithilfe eines treibenden Gegenstandes, Rückwärtsfahrt, Ankermanöver, Verhalten beim Anlaufen von Häfen, Verhalten bei der Fahrt im Strom)
- Wichtige Knoten
  Achtknoten, halber Schlag, zwei halbe Schläge, Kreuzknoten, einfacher Schotstek, doppelter Schotstek, Palstek, Stopperstek, Slipstek, Webeleinenstek, Kopfschlag, Belegen einer Klampe – siehe Fragen 272 bis 286

Der folgende „Kurzlehrgang" zur Vorbereitung auf die praktische Prüfung soll dem Bewerber deutlich machen, was von ihm als Mindestwissen in der praktischen Prüfung gefordert wird.
Er darf sich aber nicht zu der Annahme verleiten lassen, er sei damit ein voll ausgebildeter Führer eines Sportbootes.
Er muss mehr können, um sich und seine Mitfahrer zu schützen und sein Eigentum zu erhalten.
Der verantwortungsbewusste Wassersportler wird sich daher weiterbilden.
Dafür stehen ihm einmal zahlreiche Lehrbücher zur Verfügung, die ihm weiteres theoretisches Wissen vermitteln, zum anderen gibt es viele praktische Kurse bei den verschiedenen Institutionen des Wassersports und auch gewerbliche Bootsfahrschulen, die geeignet sind, die praktischen Kenntnisse und Fähigkeiten zu vervollständigen.

1. Steuern nach Schifffahrtszeichen, anderen Objekten oder nach Kompass

1.1 Steuern

Steuern bedeutet, einen bestimmten Kurs einzunehmen und zu halten.
Gesteuert werden kann

- nach Kompass,
- nach Schifffahrtszeichen oder nach anderen Objekten.

Beim Steuern nach Kompass muss die Gradzahl des zu steuernden Kurses auf der Kompassrose am Steuerstrich anliegen (Abb. Seite 249 oben).
Wind und Wellengang veranlassen das Schiff, nach der einen oder anderen Seite vom Kurs abzuweichen. Deshalb muss es durch möglichst kleine Ruderbewegungen entgegen der Drehbewegung des Schiffes (Gegenruder) stets wieder auf Kurs gebracht werden. Dabei ist darauf zu achten, dass – kurz bevor der Kurs wieder am Steuerstrich anliegt – die Drehbewegung durch Gegenruder gestoppt wird und das Ruder bei anliegendem Kurs wieder mittschiffs liegt (Abb. Seite 249 unten).
Das Steuern nach Kompass ermüdet rasch und ist außerdem auf Binnenwasserstraßen wenig üblich. Hier wird nach Schifffahrtszeichen oder anderen Objekten derart gesteuert, dass man sich bei anliegendem Kurs voraus einen markanten Punkt (Bäume, auffällige Bauwerke usw.) sucht und bis zur nächsten Kursänderung darauf zuhält. Das hat den Vorteil, dass Kursabweichungen sofort erkannt werden und entsprechende Gegenmaßnahmen schnell ergriffen werden können.

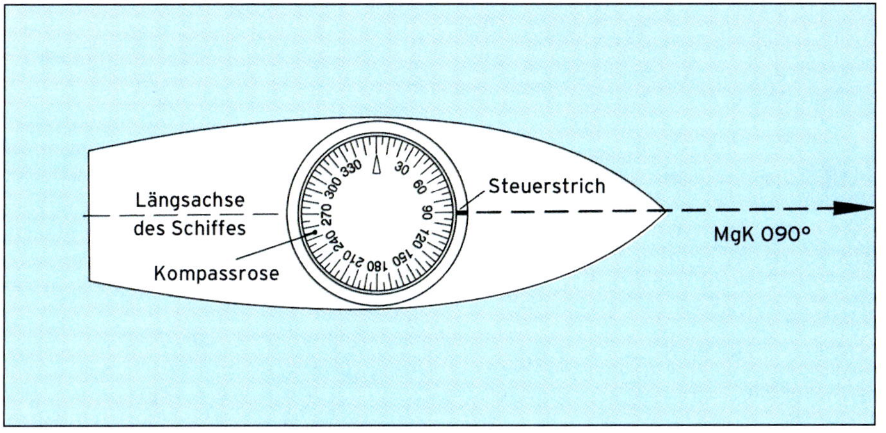

Steuern nach Kompass: Der Magnetkompasskurs (MgK) 090° liegt am Steuerstrich an.

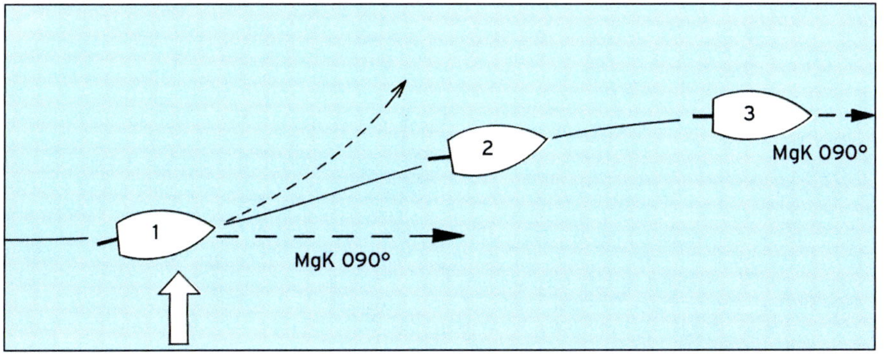

1 *Schiff weicht nach Bb aus; Ruder nach Stb legen (Gegenruder)*

2 *Kurz bevor der Kurs wiederanliegt, durch Bb-Ruderlage die Stb-Drehbewegung des Schiffes aufstoppen (stützen)*

3 *Kurs liegt an, Ruder mittschiffs*

Wird nach Tonnen gesteuert, sind sie immer gut frei an der Stb.- bzw. Bb.-Seite zu lassen.

Jedes Ruderlegen vermindert die Geschwindigkeit, und jede Abweichung vom Kurs bedeutet eine Wegverlängerung. Der gewählte Kurs ist daher mit möglichst kleinen Ruderausschlägen zu halten.

1.2 Steuerwirkung

Siehe hierzu die Abbildungen auf den Seiten 250 bis 253.
Die Steuerwirkung wird bei Booten mit Einbaumotor durch Änderung der Ruderstellung und bei solchen mit Z-Antrieb oder Außenbordmotor durch Änderung der Stellung des Propellers (Schraube) erzielt (Steuerwirkung der Schraube siehe Fragen 419 bis 428 und Abb. S. 187).

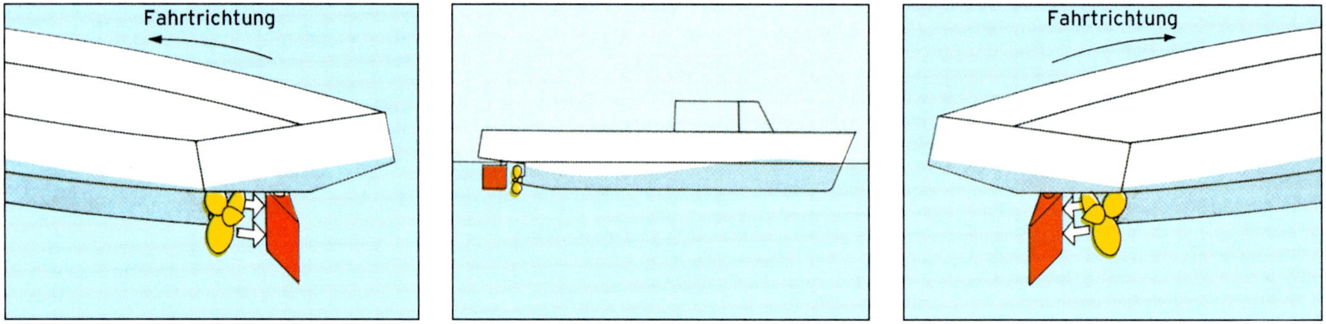

Steuerwirkung des Ruders bei Vorwärtsfahrt
Bei Vorwärtsfahrt wird die Steuerwirkung durch den seitlich auf das eingeschlagene Ruder wirkenden Schrauben- und Fahrtstrom erzielt. Beachte die Wirkungsweise der rechts- bzw. linksdrehenden Schraube (siehe Fragen 419 bis 428).

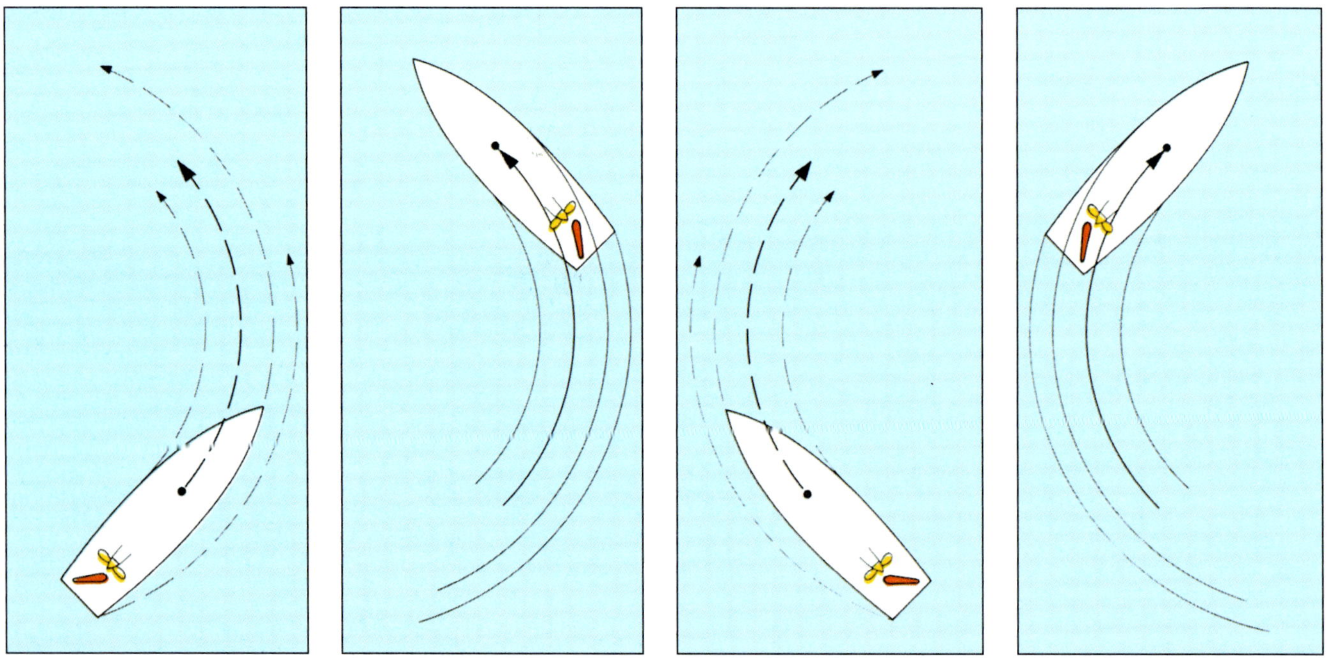

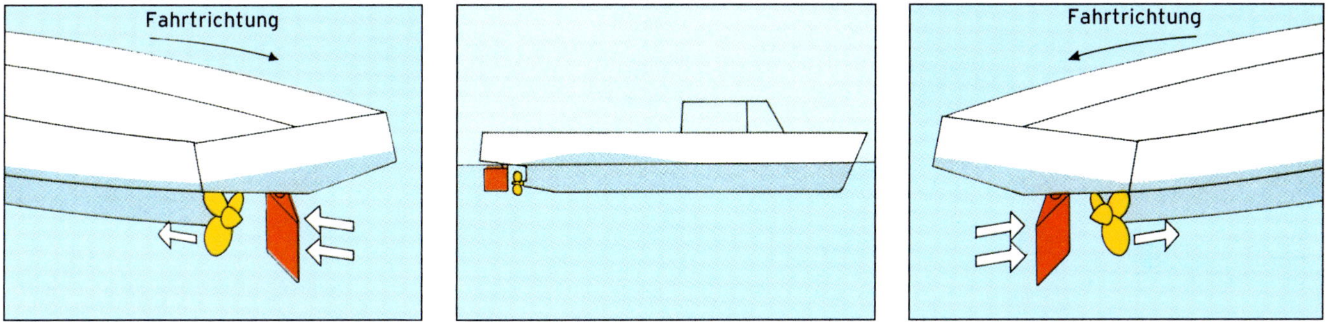

Steuerwirkung des Ruders bei Rückwärtsfahrt
Bei Rückwärtsfahrt wird die Steuerwirkung durch den von hinten auf das eingeschlagene Ruder wirkenden Fahrtstrom erzielt. Der Schraubenstrom hat in diesem Fall keinen Einfluss auf die Steuerwirkung. Beachte die Wirkungsweise der rechts- bzw. linksdrehenden Schraube (siehe Fragen 419 bis 428).

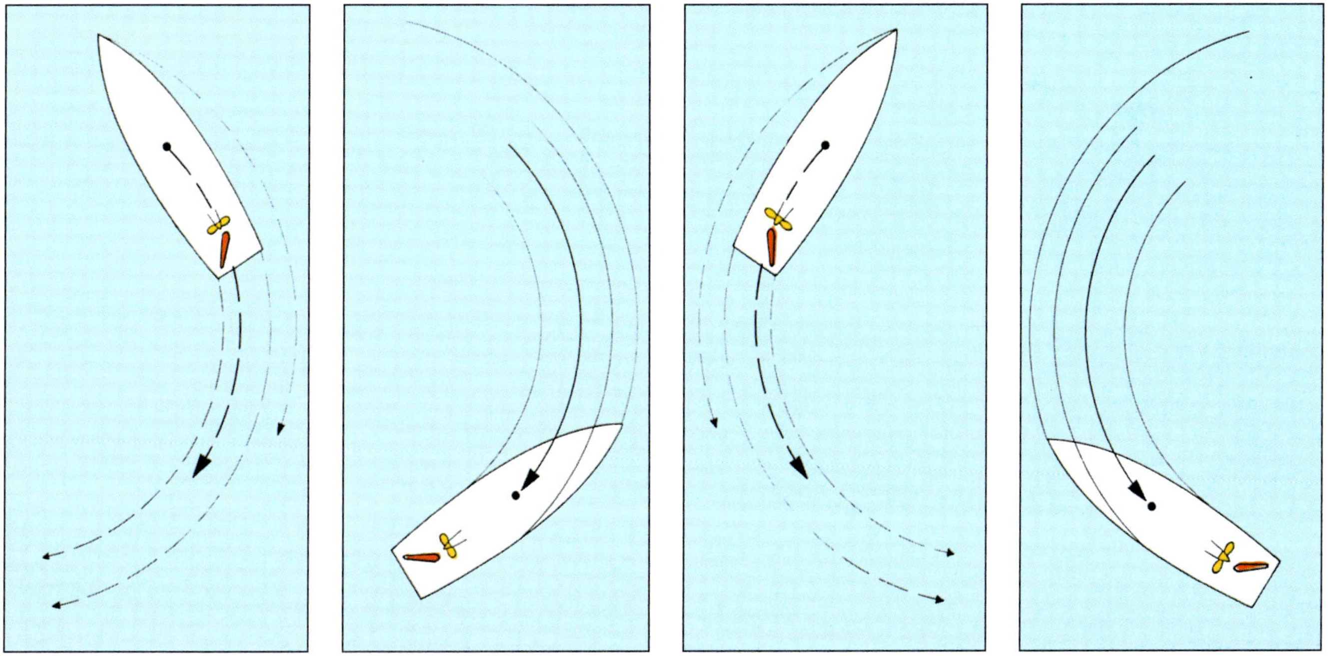

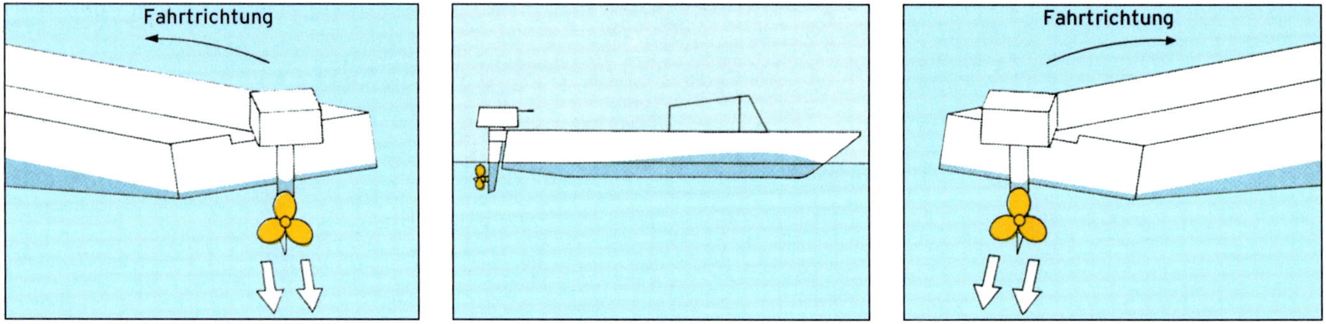

Steuerwirkung des Z-Antriebs und des Außenbordmotors bei Vorwärtsfahrt
Beim Z-Antrieb wird die Steuerwirkung durch den drehbaren Propellerantrieb wie bei der Stellung eines Ruderblattes erzielt. Durch gleichzeitigen Vorwärts- und Seitenschub wird das Fahrzeug auf den gewünschten Kurs gebracht. Darstellung des Z-Antriebs siehe Fragen 410 bis 413 und des Außenborders siehe Fragen 451 bis 453.

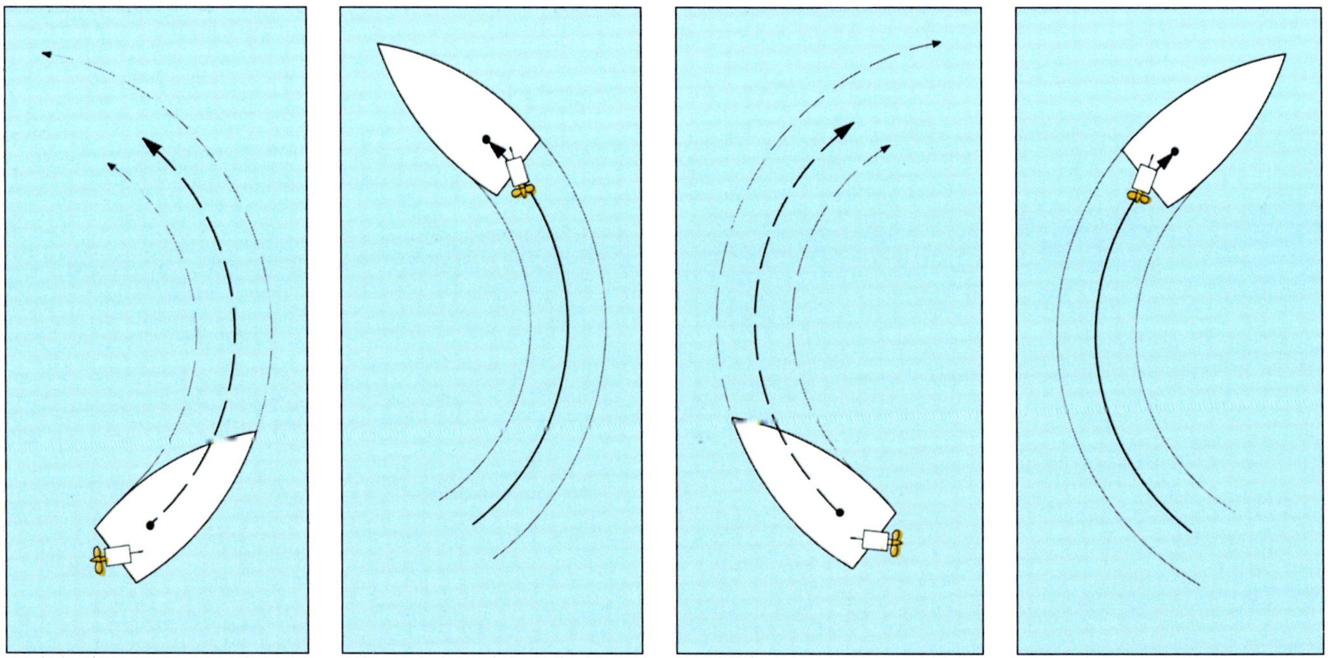

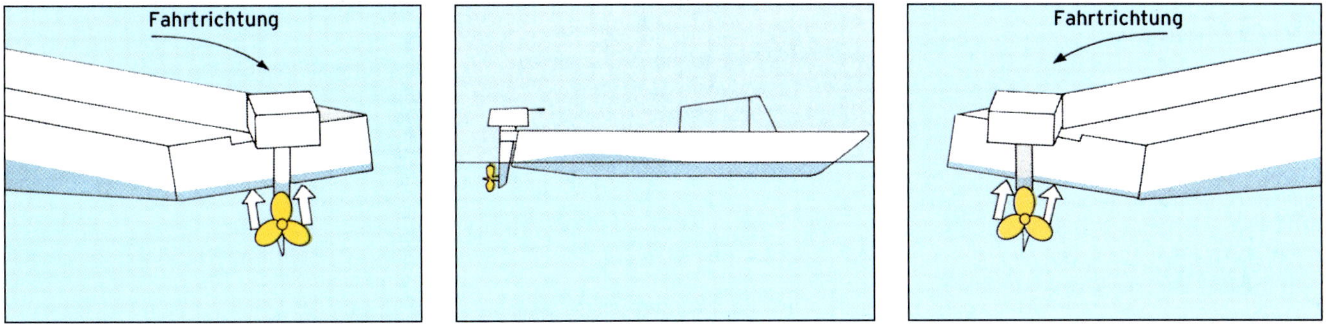

Steuerwirkung des Z-Antriebs und des Außenbordmotors bei Rückwärtsfahrt
Ruderwirkung des Außenborders bei Rückwärtsfahrt siehe Frage 436.

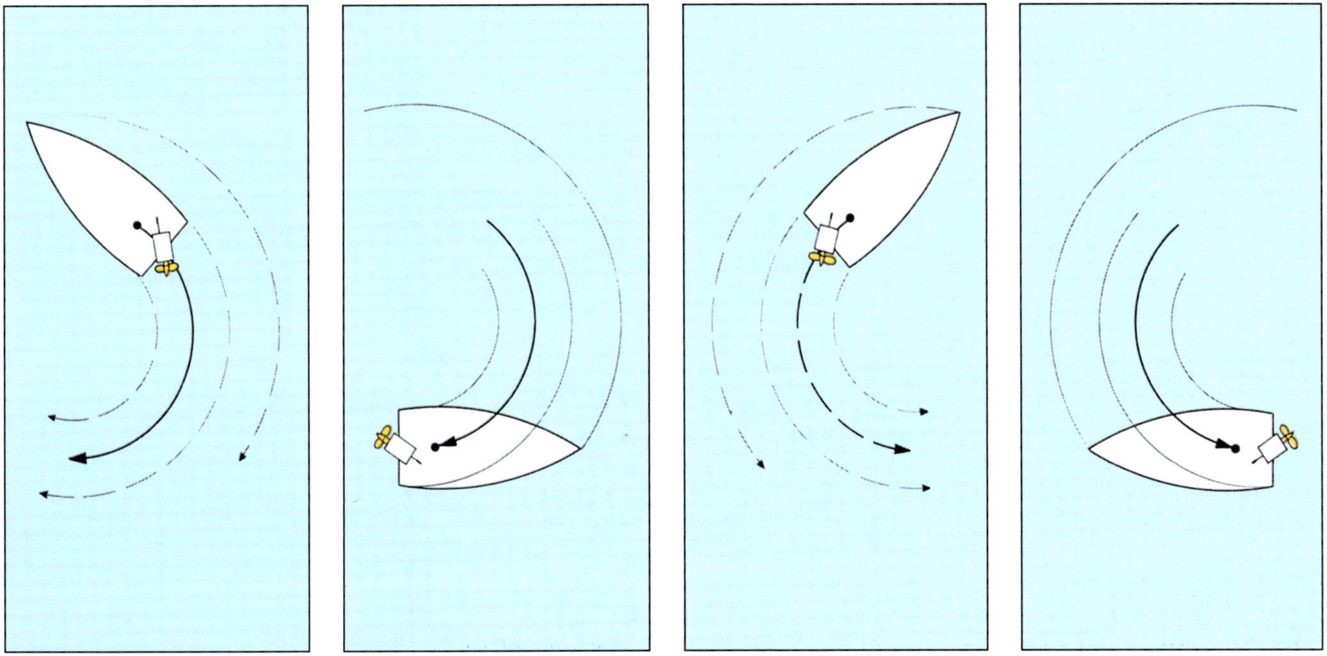

2. Manövrieren

2.1 Vertrautsein mit den Fahreigenschaften

Um gut manövrieren zu können, muss man mit den Fahreigenschaften des Bootes vertraut sein. Man muss insbesondere wissen,

- wie das Boot bei verschiedenen Ruderlagen reagiert,
- welche Geschwindigkeit bei welchen Schraubenumdrehungen erreicht wird,
- bis zu welcher geringsten Geschwindigkeit das Boot noch steuerfähig ist,
- wieviel Zeit und Weg erforderlich ist, um das Boot aus allen Voraus-Fahrstufen durch Rückwärtsfahrt zum Stoppen zu bringen (Stoppweg),
- welchen kleinsten Drehkreis das Boot besitzt und wie sich unterschiedliche Fahrgeschwindigkeiten auf diesen Drehkreis auswirken.

2.2 Ab- und Anlegen

Beim Ab- und Anlegen ist zu beachten, dass Wind und Strom die Fahrt und den Kurs des Bootes stark beeinflussen können. Weht der Wind und/oder setzt der Strom parallel zur Anlegestelle, so sollte das Ab- bzw. Anlegemanöver grundsätzlich gegen Wind und/oder Strom durchgeführt werden. Kommen Wind und Strom aus verschiedenen Richtungen, so ist in der Regel gegen den Wind anzulegen, wenn er eine stärkere Wirkung auf das Boot ausübt als der Strom. Entsprechendes gilt, wenn die Wirkung des Stroms stärker ist als die des Windes.

Ab- bzw. Anlegemanöver sollten rechtzeitig, gut durchdacht und mit langsamer Fahrt durchgeführt werden. Ausreichend Fender müssen an Bord sein. Beim Anlegen sind die Festmacheleinen frühzeitig an Deck zu legen und der Anker muss klar zum Fallen sein. Fällt die Maschine aus, lässt sich das Schiff zur Not mit einem Ankermanöver aufstoppen.

Das Ab- und Anlegen an einer langen und leeren Pier macht keine besonderen Schwierigkeiten. Liegen dagegen dicht vor oder hinter einem andere Boote oder ist beabsichtigt, in einer kleinen Lücke festzumachen, so erfordern die entsprechenden Ab- und Anlegemanöver viel Übung und Umsicht.

Die folgenden Beispiele zeigen, wie derartige Manöver gefahren werden können, wobei unterstellt wird, dass je nach Größe des Bootes die Manöver mehr oder weniger durch Muskelkraft unterstützt werden können (abdrücken von der Pier usw.). Bei den Beispielen wird von einer rechtsdrehenden Schraube ausgegangen (vgl. Fragen 419 bis 428).

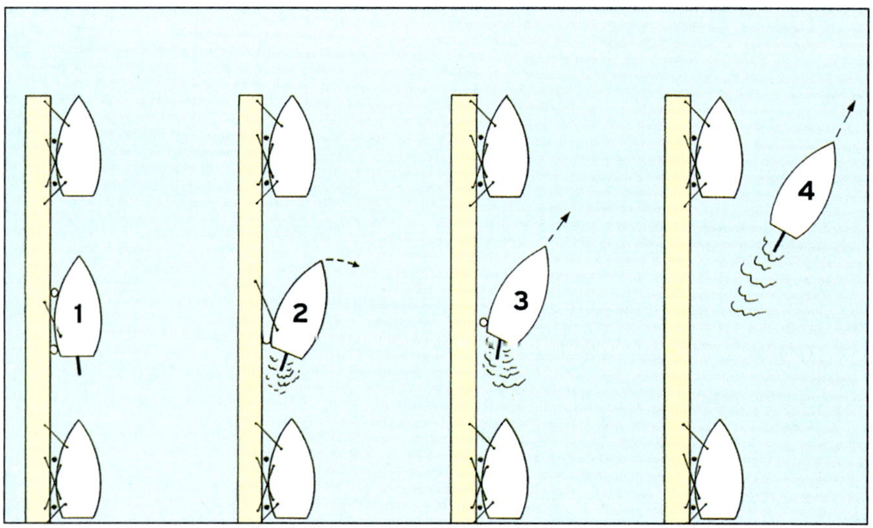

Ablegemanöver

Ohne Wind und Strömung

Alle Leinen los bis auf Achterspring (1). Dann langsam zurück in die Achterspring eindampfen, bis Bug frei (2). Achterspring los und langsam voraus mit Stb-Ruderlage (3). Schließlich Ruder mittschiffs und Fahrt erhöhen (4).

Gegen Wind und/oder Strömung

Bis auf Achterspring alle Leinen los (1). Dann langsam voraus bei Stb-Ruderlage und Achterspring los (2). Sobald Bug frei, Fahrt voraus aufnehmen (3). Zu weites Auswandern des Bugs durch Bb-Ruderlage auffangen (4).

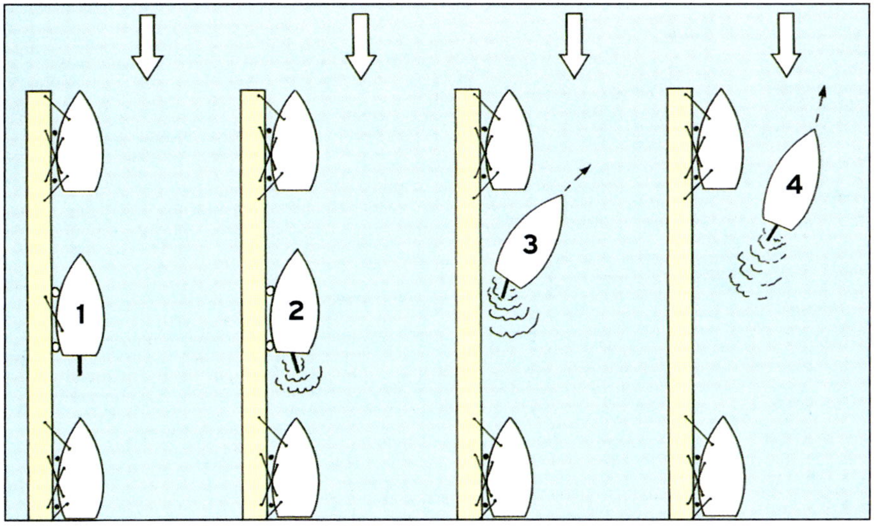

Mit Wind und/oder Strömung

Alle Leinen bis auf Vorspring los (1). Boot achtern mit Bootshaken abdrücken, bis es seitlich vom Wind und/oder Strom erfasst wird und weiterdreht (2). Wenn Heck frei, Vorspring los und bei Bb-Ruderlage zurück (3). Schließlich Ruder mittschiffs und Fahrt voraus aufnehmen (4).

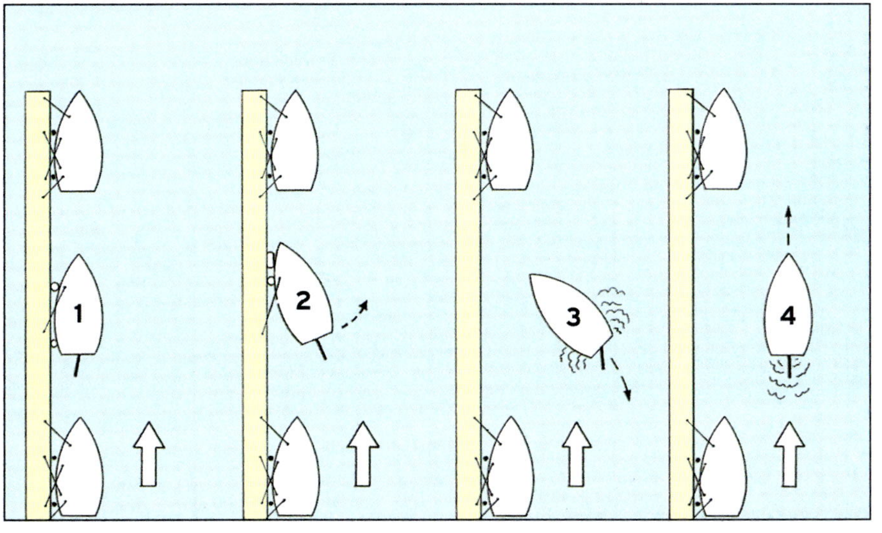

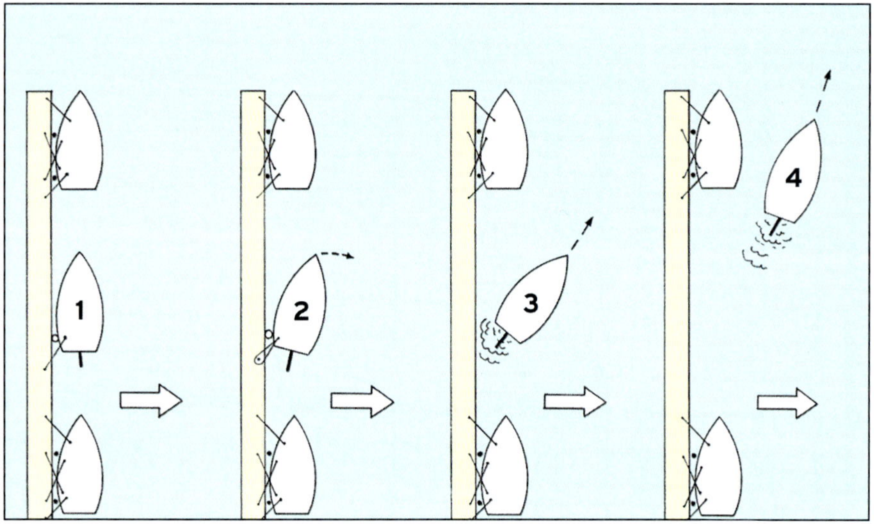

Bei ablandigem Wind

Alle Leinen los bis auf Achterleine, die etwas aufgefiert wird (1). Bug wird langsam durch Winddruck von der Pier abgedrückt (2). Wenn Bug gut frei, Heckleine los und Fahrt voraus (3). Schließlich mit Bb-Ruderlage Fahrt voraus aufnehmen (4).

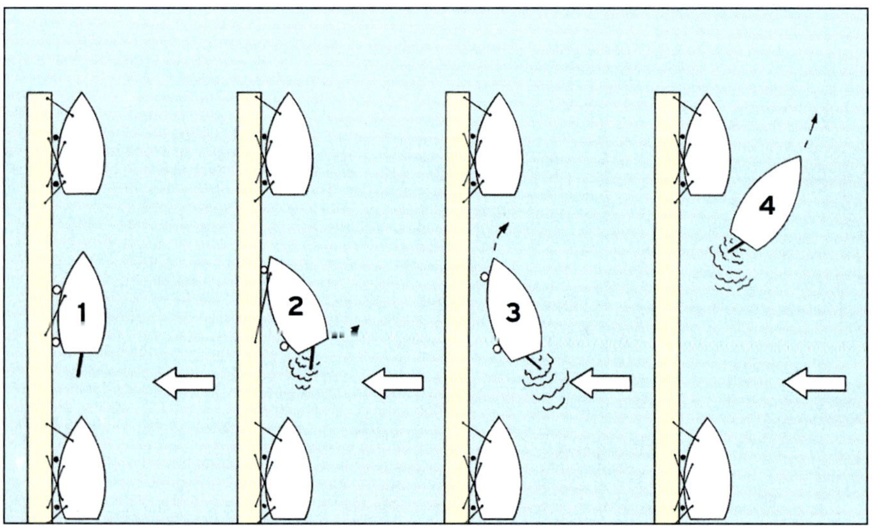

Bei auflandigem Wind

Alle Leinen los bis auf Vorspring, die etwas aufgefiert wird (1). Dann mit Bb-Ruderlage und Fahrt voraus in die Vorspring eindampfen, damit Heck frei kommt (2). Sobald Heck gut frei von der Pier, Vorspring los und mit Stb-Ruderlage Fahrt voraus. Zur Unterstützung Bug eventuell mit Bootshaken abdrücken. Acht geben, damit Heck nicht mit der Pier in Berührung kommt. Fender klar halten (3). Wenn Boot frei, Vorausfahrt erhöhen bei Bb-Ruderlage (4).

Anlegemanöver

Ohne Wind und Strömung

Mit langsamer Fahrt voraus die Pier unter spitzem Winkel anlaufen (1). Sobald Boot mit dem Bug dicht genug an der Pier, aufstoppen und Vorspring an Land (2). Dann mit Stb-Ruderlage und Fahrt voraus in die Vorspring eindampfen, damit das Boot an die Pier klappt (3). Liegt das Boot längsseits, alle Leinen an Land und festmachen (4).

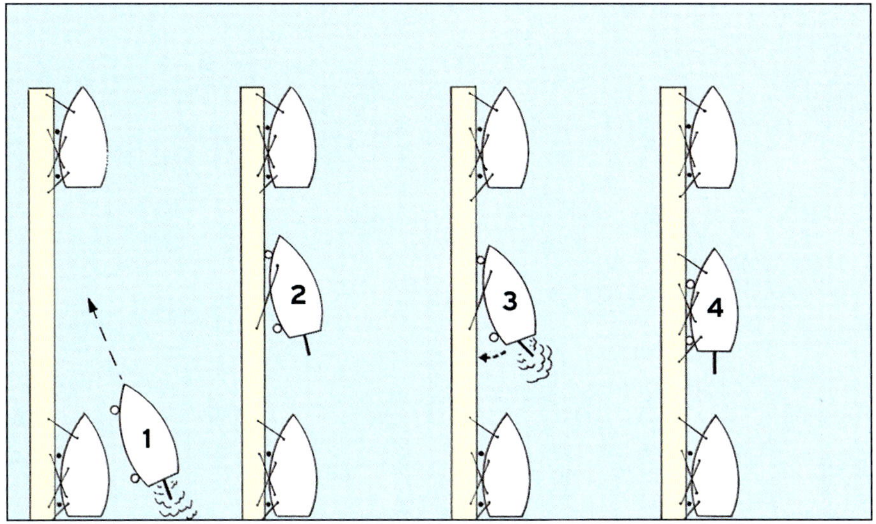

Gegen Wind und/oder Strömung

Mit langsamer Fahrt voraus und unter spitzem Winkel die Pier anlaufen (1). Dann mit langsamer Fahrt so manövrieren, bis das Boot in geringem Abstand parallel zur Anlegestelle zum Stehen kommt (2). Vorleine an Land (3). Anschließend die übrigen Leinen festmachen und Motor aus (4).

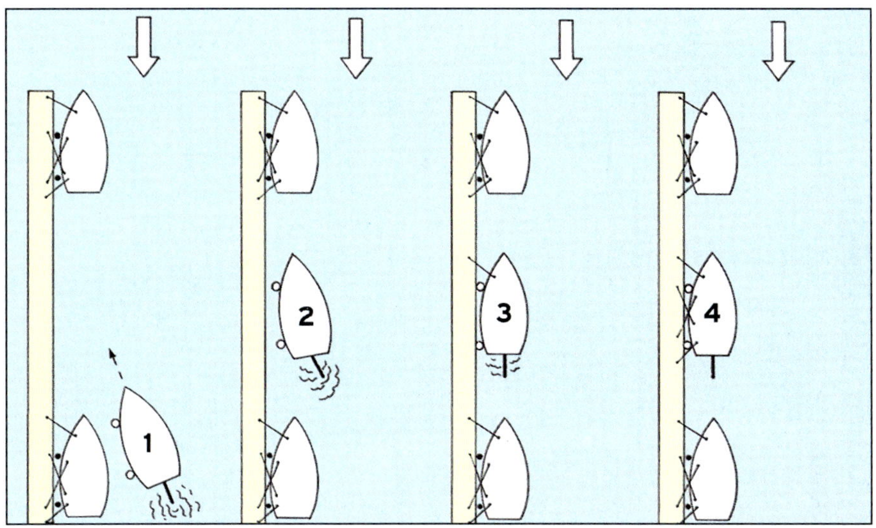

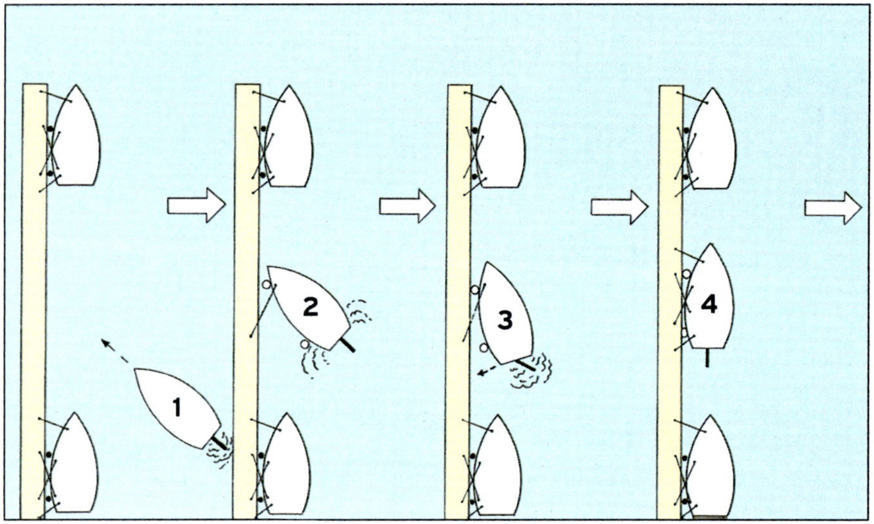

Bei ablandigem Wind

Anlegestelle langsam unter einem Winkel von ca. 45 Grad ansteuern (1). Kurz vor dem Anleger aufstoppen und Vorspring an Land (2). Dann mit Stb-Ruderlage und Fahrt voraus in die Spring eindampfen (3). Liegt das Boot längsseits, erst Achterleine und dann übrige Leinen an Land und festmachen, Maschine aus (4).

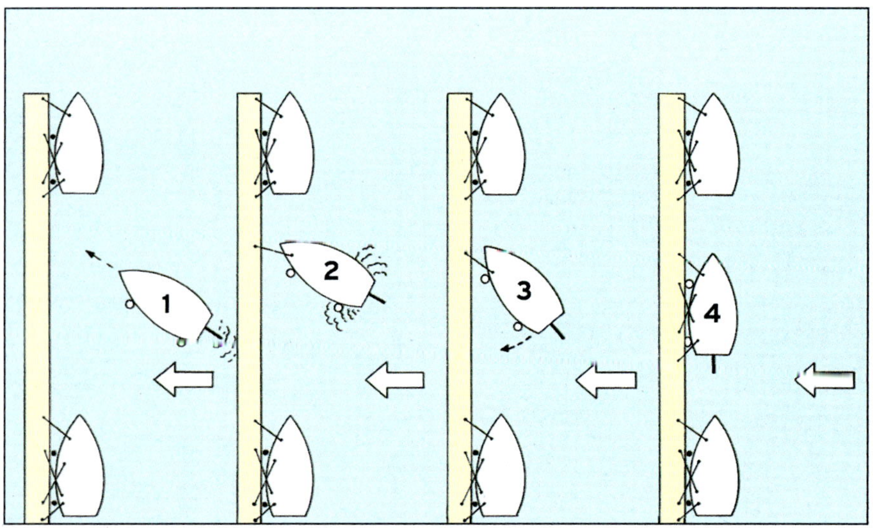

Bei auflandigem Wind

Damit das Boot nicht gegen andere Boote gedrückt wird, den Anleger unter einem Winkel von ca. 70 Grad mit langsamer Fahrt ansteuern (1). Kurz vor dem Anleger aufstoppen und Vorleine an Land (2). Dann das Boot langsam an den Anleger klappen lassen, gegebenenfalls mit langsam zurück laufender Maschine (3). Liegt das Boot längsseits, übrige Leinen fest (4).

2.3 Festmachen

Ein Boot ist so festzumachen, dass es jederzeit sicher liegt und sich nicht losreißen kann. Dabei sind Wasserstandsschwankungen, Sog und Wellenschlag durch vorbeifahrende Schiffe, Wind und Wellengang zu berücksichtigen.
Bei Wasserstandsschwankungen empfiehlt es sich, an schwimmenden Ablegern festzumachen. Ist dies nicht möglich, so sind die Leinen bei fallendem Wasser gelegentlich zu fieren, damit sich das Boot nicht in den Leinen „aufhängt". Bei steigendem Wasser müssen die Leinen von Zeit zu Zeit durchgeholt werden.
Grundsätzlich sollte das Boot gegen den Strom festgemacht werden. Die Leinen sind durch Lippen oder Ösen an Land zu geben und gegen Durchscheuern mit Schamfilschutz (aus Kunststoff) zu sichern. Zwischen Bordwand und Anleger müssen ausreichend Fender ausgebracht werden, um das Boot gegen Beschädigungen zu schützen.

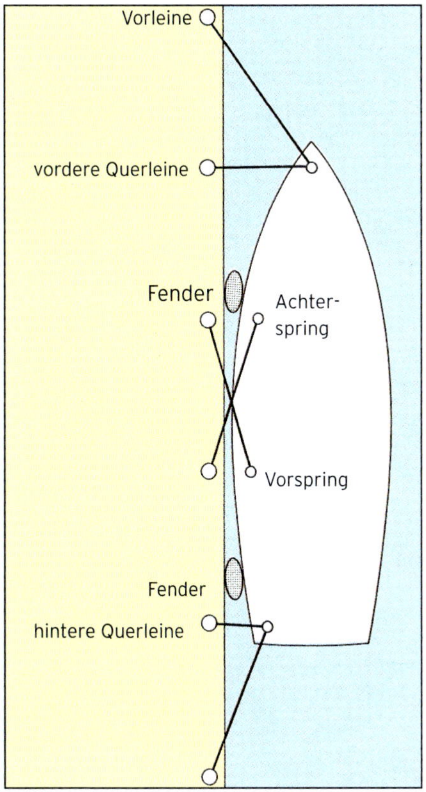

Längsseits festmachen

Wird an einer Anlegestelle nur für kurze Zeit angelegt, so genügt im Allgemeinen das Ausbringen von Vor- und Achterleine. Soll das Boot längere Zeit liegen bleiben, so sind zusätzlich Vor- und Achterspring und bei Bedarf auch Querleinen auszubringen.

Festmachen an Stegen und Pfählen

Sind vor dem Steg Pfähle vorhanden, wird rechtwinklig zum Steg zwischen den Pfählen mit 2 Vor- und 2 Achterleinen festgemacht. Die Vorleinen werden so lang ausgesteckt, dass das Heck bei steifen Vorleinen etwa einen halben Meter vom Steg entfernt zu liegen kommt. Achtern Fender ausbringen!
Diese Anlege- und Festmacheart hat den Vorteil, dass in Vorausfahrt abgelegt werden kann. Wo es üblich oder durch die Bauart des Bootes notwendig ist, kann auch vorwärts eingefahren und in derselben Weise festgemacht werden.

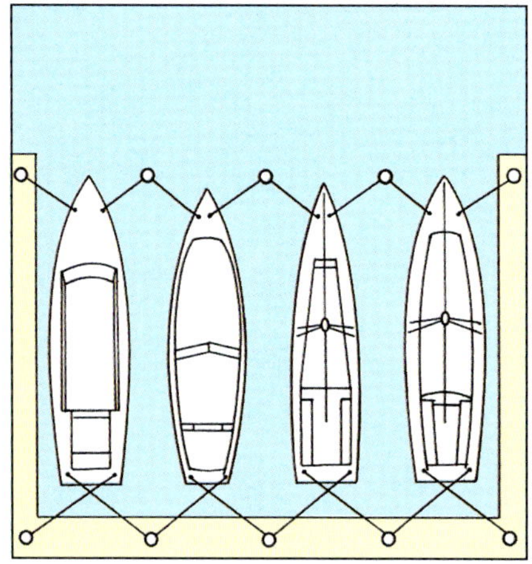

Längsseits festmachen an einem Fahrzeug

Bei wenig Platz am Anleger legt man sich ins Päckchen (Abb. nächste Seite oben links): Man macht mit Querleinen sowie Vor- und Achterspring längsseits am Nachbarboot fest. Bei starkem ablandigem Wind empfiehlt es sich, zusätzlich Vor- und Achterleine an Land auszubringen. Gut abfendern!

Festmachen auf einem Poller, am Ring und auf einer Klampe an Land

Ist an einem Poller bereits die Leine eines Bootes belegt, so wird das Auge der eigenen Leine von unten durch das Auge der fremden Leine genommen und dann über den Poller gelegt. Wer früher ausläuft, kann dann seine Leine vom Poller nehmen, ohne die Leine des anderen fieren und abnehmen zu müssen. Gelegentlich sind statt Poller Ringe zum Festmachen vorgesehen:

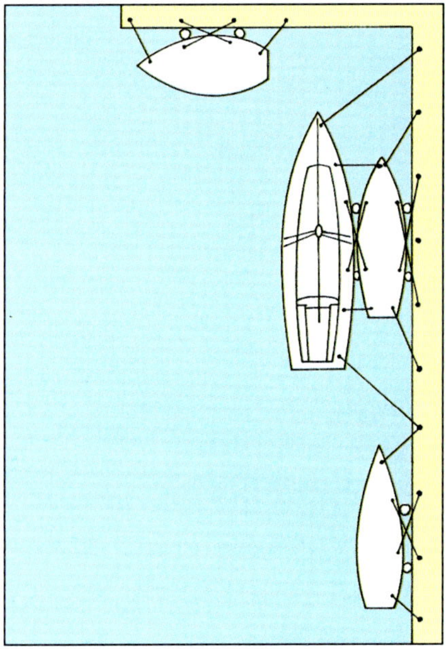

Festmachen am Poller

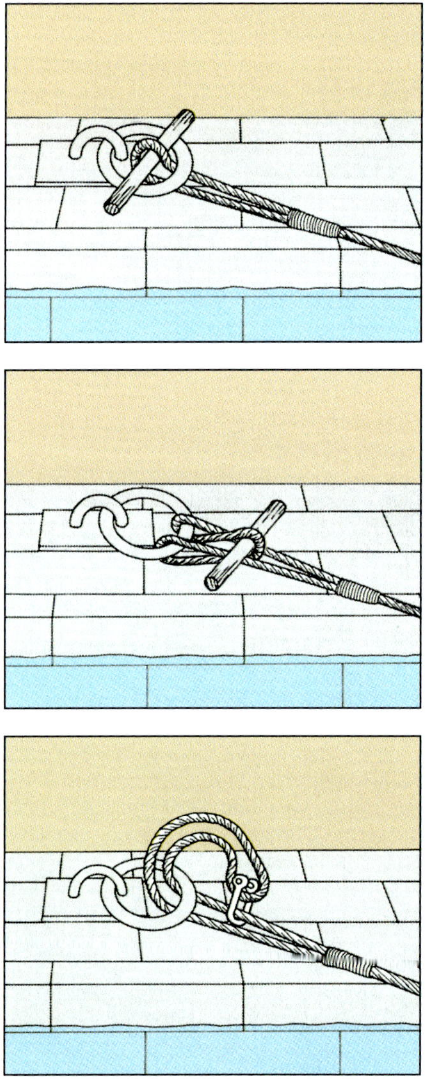

Festmachen von Leinen in Ringen an Land

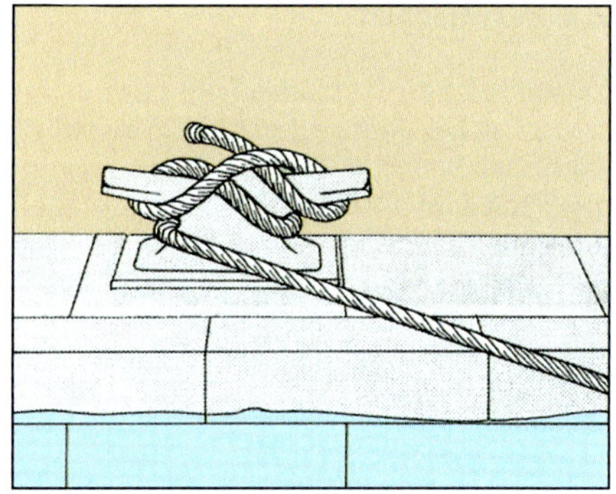

Belegen einer Klampe

Die Leine wird durch den Ring gezogen und mit einem Querholz oder Schäkel befestigt. Und so wird an einer Klampe festgemacht: Das Ende der Leine achtförmig um die Klampe legen, dabei zunächst mit einem Rundtörn beginnen, der sich nicht selbst bekneifen darf, damit das Ende der Leine gefiert werden kann. Den letzten Kreuzschlag zur Sicherung mit einem Kopfschlag versehen.

2.4 Wenden auf engem Raum

Ist der vorhandene Manövrierraum kleiner als der Drehkreis des Bootes, muss mit Ruder- und Maschinenmanövern gewendet werden (Abb. Seite 261 oben links).
In kleinen Sportboothäfen sind diese Manöver die Regel – man muss sie also beherrschen. Die individuellen Erfahrungen mit den Manövriereigenschaften des Sportbootes spielen hier eine besondere Rolle.

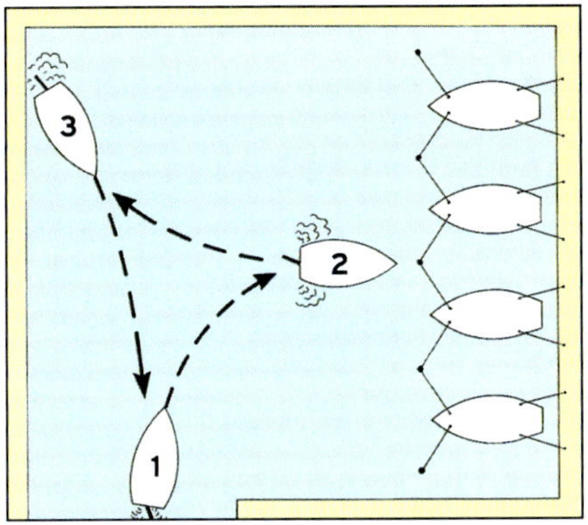

Das Wendemanöver wird mit langsamer Fahrt und Stb-Ruderlage eingeleitet (1). Dann Ruder ganz nach Backbord überlegen und zurück (2). Anschließend bei Stb-Ruderlage voraus (3). Auf sehr engem Raum muss dieses Manöver wiederholt werden.

Sofort nach dem Zuruf „Mensch über Bord!" Gas wegnehmen, auskuppeln und Heck wegdrehen

Der Prüfer achtet darauf, dass

- unmittelbar nach dem Zuruf „Mensch über Bord!" das Gas weggenommen und ausgekuppelt wird,
- das Heck von dem über Bord geworfenen Gegenstand abgedreht wird,
- das Rettungsmanöver zügig durchgeführt wird,

2.5 Mensch-über-Bord-Manöver mithilfe eines treibenden Gegenstandes

Das Mensch-über-Bord-Manöver wird dadurch simuliert, dass ein Rettungsring oder ein anderer Schwimmkörper über Bord geworfen wird. Hierbei wird dem Rudergänger zugerufen: **„Mensch über Bord an Backbord!"** oder **„Mensch über Bord an Steuerbord!"**

Der Bewerber muss dieses Kommando laut wiederholen, das Kommando „Rettungsring werfen!" geben und das Rettungsmanöver fahren.

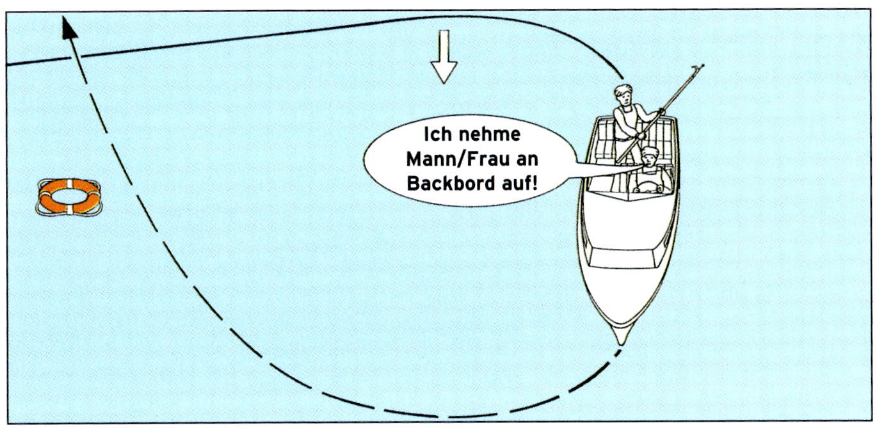

Drehkreis so anlegen, dass das Boot in Luv neben dem Rettungsring zum Halten kommt, sowie entsprechende Seite ansagen

Boot mit dem Heck neben dem Rettungsring zum Stehen bringen

- der Bewerber ansagt, an welcher Seite er den treibenden Gegenstand aufnehmen will,
- das Boot neben dem treibenden Gegenstand zum Stehen kommt und die Schraube keine Umdrehungen mehr macht.

Der Schiffsführer/Bewerber sollte das Manöver wie folgt durchführen:

- Nach dem Ruf „Mensch über Bord!" ist das Ruder sofort hart nach der Seite überzulegen, an der man das Besatzungsmitglied verloren hat, damit das Heck frei schwingt und Verletzungen durch die Schraube vermieden werden. Gleichzeitig Schraube auskuppeln!
- Dem Überbordgefallenen ist sofort ein Rettungsring, möglichst mit Leine, zuzuwerfen. Bei Nacht erleichtert ein Rettungsring mit Nachtlicht oder eine Rettungsboje mit Nachtlicht das Auffinden des Schwimmenden.
- Ein Besatzungsmitglied hat den Überbordgefallenen ständig im Auge zubehalten.
- Das Boot ist mit einer Drehung von ca. 270 Grad derart an den Überbordgefallenen heranzusteuern, dass es in Luv voraus von ihm im spitzen Winkel zum Wind zu liegen kommt. Die letzte Strecke ist mit ausgekuppelter Schraube mit vorher entsprechend dosierter Fahrt voraus zurückzulegen, um den im Wasser Treibenden nicht zu gefährden. Bei Strömung oder Wind ist gegen die Strömung bzw. gegen den Wind an den Überbordgefallenen heranzufahren.
- Dem Verunglückten ist eine Leine zuzuwerfen, mit der er an das Boot heranzuziehen ist, um ihn an geeigneter Stelle über eine Badeleiter an Bord nehmen zu können. Auf jeden Fall sollte eine Leine mit einem Auge klargehalten werden, in das der Verunglückte sich einhängen kann, wenn er sehr geschwächt ist. Notfalls ist ihm durch ein Besatzungsmitglied, das mit einer Rettungsweste und Leine ausgerüstet sein muss, im Wasser Unterstützung zu leisten.

Warnung:
Bei kleinen Booten besteht Kentergefahr, wenn der Verunglückte mittschiffs übergenommen wird.

3. Wichtige Knoten

Zum Bestehen der praktischen Prüfung müssen die wichtigsten Knoten beherrscht werden. Um welche Knoten es sich dabei handelt, zeigt die Übersicht der Knoten zu Fragen 272 bis 286.
Die Knoten zu beherrschen, ist nicht nur für die praktische Prüfung wichtig, sondern erst recht für die Praxis. Ohne Knoten kann das Boot weder festgemacht noch geführt werden, insbesondere Segelboote.

4. Anlegen einer Rettungsweste

Vor dem Kauf einer Rettungsweste muss man wissen, ob die Weste im Binnen-, See- oder Hochseebereich eingesetzt werden soll. Rettungswesten müssen eine **ohnmachtssichere Wasserlage** bewirken, das heißt selbsttätig die Atmungsöffnungen einer erschöpft im Wasser treibenden Person sicher über Wasser halten. Nur solche Rettungswesten sind ohnmachtssicher, die das **CE Zeichen** tragen.
Nach der Euro-Norm (EN) sind vier Bereiche und nach dem Mindestauftrieb in Newton (N) entsprechend differenziert vier Klassen zu unterscheiden:

- **50 N Schwimmhilfe** (nicht ohnmachtssicher) – **EN 393** – nur von guten

Aufblasbare ohnmachtssichere Rettungsweste

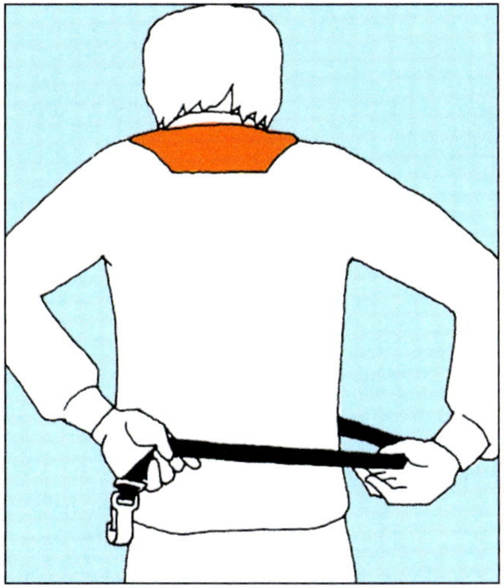

Rettungsweste überziehen, Leibgurt auf den Körperumfang so einstellen, dass maximal eine Hand aufrecht nicht dazwischen passt, und in Taillenhöhe um den Körper legen

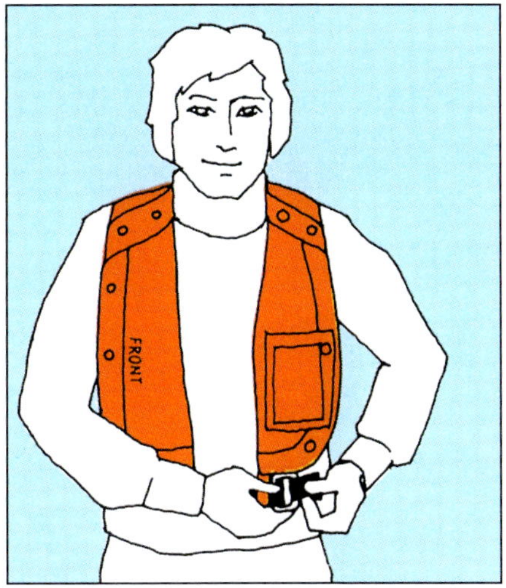

Leibgurt mit Karabinerhaken vorn im Gegenende des Gurtes befestigen

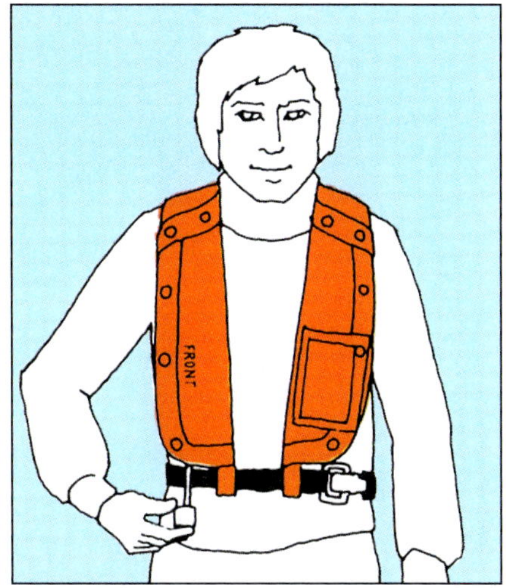

Versagt die Automatik oder Handauslösung: kräftig den Handauslöseknopf nach unten ziehen

Schwimmern, z.B. Regattateilnehmern, in geschützten Gewässern zu benutzen

- **100 N Rettungsweste** (eingeschränkt ohnmachtssicher) – **EN 395** – in Binnengewässern und geschützten Revieren zu nutzen
- **150 N Rettungsweste** (ohnmachtssicher) - **EN 396** – für alle Gewässer geeignet
- **275 N Rettungsweste** (ohnmachtssicher) - **EN 399** – für die Hochsee tauglich

Für den Bereich der Binnenschifffahrtstraßen ist eine **100-N-Rettungsweste** ausreichend, gleichwohl wird wegen der uneingeschränkten Ohnmachtssicherheit eine **150-N-Rettungsweste empfohlen**. Der Auftrieb erfolgt beim Überbordfallen automatisch durch folgende Techniken:

- **Automatische Auslösung:**
  Beim Eintauchen ins Wasser zerfällt eine Tablette. Danach wird der Schlagbolzen freigelegt, der den Pressgasflaschenkopf durchschlägt und dem Pressgas den Weg in die Rettungsweste freigibt.

- **Handauslösung:**
  Durch kräftiges Ziehen am Handauslöseknopf wird der Schlagbolzen freigelegt, der den Pressgasflaschenkopf durchschlägt und dem Pressgas den Weg in die Rettungsweste freigibt.

- **Mundaufblasung:**
  Die Rettungsweste kann durch ein Mundstück aufgeblasen werden. Es kann auch dazu verwendet werden, den Halsumfang durch Luftablassen auszutarieren, um nicht zu ersticken.

Anhang

1. Beauftragte Verbände

Deutscher Motoryachtverband e. V.
Vinckeufer 12–14, 47119 Duisburg
Telefon 02 03/80 95 80
Deutscher Segler-Verband e. V.
Gründgensstraße 18, 22309 Hamburg
Telefon 0 40/6 32 00 90

2. Prüfungsausschüsse des Deutschen Motoryachtverbandes für den Sportbootführerschein – Binnen

Aurich:
Dieter **Böse**,
Am Hafen 51, 26826 Weener,
Tel. 0 49 51/91 25 66
Berlin:
Karin **Peisker-Wichert**,
Schulzendorfer Straße 31, 13467 Berlin,
Tel. 0 30/4 04 10 74
Bielefeld/Osnabrück:
Jürgen **Göttsche**,
Hinter den Höfen 1,
32689 Kalletal-Heidelbeck,
Tel. 0 52 64/89 34
Bodensee:
Klaus-Jürgen **Glee**,
Höhenweg 4a, 88718 Daisendorf,
Tel. 0 75 32/94 60
Bremen:
Holger **Wetzel,**
Beim Bohnenhof 21, 28307 Bremen,
Tel. 04 21/4 09 43 90, Fax 04 21/4 09 43 87
Deggendorf:
Max **Perl,**
Waldschmidtweg 58, 94469 Deggendorf,
Tel. 09 91/85 75
Düsseldorf:
Klaus **Tisken**,
Deutzerstraße 38, 41468 Neuss,
Tel. 0 21 31/73 87 09
Hamburg:
Peter **Kaphammel**,
Gründgensstraße 18, 22309 Hamburg,
Tel. 0 40/63 97 60 82,
Fax 0 40/63 9760 88
Hannover:
Gerhard **Kallmeyer**,
Hildesheimer Straße 70, 30880 Laatzen,
Tel. 05 11/86 12 09
Kassel:
Alexander **Lorch**,
Im Grund 7, 34233 Fuldatal,
Tel. 05 61/9 70 74 66
Kiel:
Dieter **Diesel**,
Soling 34 (Olympiaztr.), 24159 Kiel,
Tel. 04 31/3 05 22 13
Koblenz:
Wolfgang **Bleser**,
Ravenéstraße 7, 56812 Cochem,
Tel. 0 26 71/9 76 60, Fax 0 26 71/97 66 99
Köln:
Heinz **Breidenbach**,
Elsdorfer Gasse 30, 51143 Köln,
Tel. 0 22 03/98 21 47
Lübeck:
Gunter **Brockmann**,
Moorredder 45, 23570 Lübeck-Travemünde,
Tel. 0 45 02/30 20 47
Main (BA, SW, WÜ)**:**
Christian **Küster**,
Badergraben 8a,
97464 Niederwehrn/Oberwern,
Tel. 0 97 26/92 36
Mannheim-Darmstadt:
Egon **Schuster**,
Eisenbahnstraße 27, 67112 Mutterstadt,
Tel. 0 62 34/92 90 20
München:
Werner **Richter**,
Thomas-Mann-Straße 3, 89257 Illertissen,
Tel. 0 73 03/90 45 04
Münster:
Norbert **Huda**,
Lange Kuhle 82, 48163 Münster,
Tel. 0 25 01/5 91 09
Nürnberg:
W. **Richter**,
Heilsbronner Straße 4, 90513 Zirndorf,
Tel. 0 91 27/15 87
Potsdam:
Hans-Jürgen **Esser**,
Nibelungenstraße 1, 14109 Berlin,
Tel. 0 30/8 03 12 51
Regensburg:
Udo **Hilbinger**,
Tremmelhauserhöhe 7, 93138 Lappersdorf,
Tel. 0 94 04/29 89
Saarlouis:
Kurt **Heck**,
Bosener Weg 6, 66625 Nohfelden,
Tel. 0 68 75/5 53
Stuttgart:
Heinrich **Staubitz**,
Bernau Straße 23, 74915 Walbstadt,
Tel. 0 72 63/28 02
Trier:
Hans-Jürgen **Kuhn**,
Von-Koeler-Straße 28, 66693 Mettlach,
Tel. 0 68 64/10 03
Wetzlar-Offenbach:
Olaf **Winter**,
Unter dem Ahorn 6a, 35578 Wetzlar,
Tel. 0 64 41/7 60 25
Wiesbaden:
Ute **Hutzelmann**,
Zehnthofstraße 35, 56322 Spay,
Tel. 0 26 28/98 93 33,
Fax 0 26 28/98 93 49

3. Prüfungsausschüsse des Deutschen Segler-Verbandes für den Sportbootführerschein – Binnen*

Prüfungsausschuss/Leiter	Geschäftszeiten		Geschäftsstelle	Telefon/Fax/E-Mail
Baden-Württemberg				
Bodensee Klaus-Jürgen Glee	Mo.-Do.	08.00–11.00	Dagmar Glee Höhenweg 4a 88718 Daisendorf	Tel.: 0 75 32/94 60 Fax: 0 75 32/41 48 96 Glee.PABodensee@t-online.de
Oberrhein Peter Allers	Mo. Do.	09.00–12.00 15.00–18.00	Sabine Allers Steigenhohlstraße 26 76275 Ettlingen	Tel.: 0 72 43/7 90 64 Fax: 0 72 43/7 90 64 pa.oberrhein@t-online.de
Stuttgart Karl Hermanutz	Mo. Fr.	18.00–20.00 09.00–16.00	Blumenstraße 45 71706 Markgröningen	Tel.: 0 71 45/9 32 79 81 Fax: 0 71 45/9 32 79 82 Mobil: 01 72/7 30 68 69 PA-Stuttgart@t-online.de
Bayern				
München/Ausland (Frankreich + Spanien) Eberhard Schuster	Mo., Mi. + Do.	08.00–12.00	Dichtlstraße 2 80689 München	Tel.: 0 89/58 13 15 Fax: 0 89/58 64 38
Nürnberg/Ausland (außer Frankreich + Spanien) Gerhard Heininmann	Mo.-Do.	09.00–12.00	Jegelstraße 1 90530 Wendelstein	Tel.: 0 91 29/38 62 Fax: 0 91 29/65 23 dsv-pa-nbg@t-online.de www.pa-nbg.de
Bayern-West Hermann Baumgartner	Di. + Do.	17.00–20.00	Am Kesselboschen 14 82205 Gilching	Tel.: 0 81 05/7 75 93 55 Fax: 0 81 05/7 75 93 56
Berlin				
Berlin Karin Peisker-Wichert	Di.-Do.	09.00–12.00	Schulzendorfer Straße 31 13467 Berlin-Hermsdorf	Tel.: 0 30/4 04 10 74 Fax: 0 30/40 53 38 44 www.spobo-berlin.de
Brandenburg/Sachsen/Sachsen-Anhalt + Thüringen				
Leipzig Uwe Böhme	Mo. Di. Do.	14.00–19.00 09.00–12.00 11.00–19.00	Sulzaer Straße 12 99518 Großheringen	Tel.: 03 64 61/2 14 23 Fax: 03 64 61/2 14 24 Mobil: 01 71/5 70 23 79

* aktuell im Internet unter www.dsv.org

Prüfungsausschuss/Leiter	Geschäftszeiten		Geschäftsstelle	Telefon/Fax/E-Mail
Bremen				
Bremen Holger Wetzel	Mo. Mi. + Do.	08.30–11.30 16.30–19.30	Beim Bohnenhof 21 28307 Bremen	Tel.: 04 21/4 09 43 90 Fax: 04 21/4 09 43 87 wetzel@PA-Bremen.de www.PA-Bremen.de
Hamburg				
Hamburg Peter Kaphammel	Mo.-Do.	09.00–12.00	Gründgensstraße 18 22309 Hamburg	Tel.: 0 40/63 20 09 - 99 Fax: 0 40/63 20 09 - 45
Hessen				
Hessen Norbert Wolff	Mo., Di. + Do.	13.00–17.00	Junkernstraße 2 35460 Staufenberg	Tel.: 0 64 06/16 75 Fax: 0 64 06/13 14 Mobil: 01 72/6 72 01 57 dsv@pa-hessen.de
Mecklenburg-Vorpommern				
Rostock Hans-Wolfgang Weinert	Di., Do. + Fr. Mi.	09.00–12.00 15.00–18.00	Dörte Weinert Hafenstraße 20 18439 Stralsund	Tel.: 0 38 31/28 05 31 Fax: 0 38 31/28 96 48
Schwerin Axel Kettler	Mo.-Mi. Do.	09.00–12.00 15.00–17.00	Schloßgartenallee 43 19061 Schwerin	Tel.: 03 85/59 18 99 56 Fax: 03 85/5 57 23 20 Mobil: 01 62/9 13 75 83
Niedersachsen				
Hannover Peter Wiganowski	Di. Do.	10.00–13.00 15.00–18.00	Ostdeutsche Straße 21 31319 Sehnde/Höver	Tel.: 0 51 32/8 30 30 60 Fax: 0 51 32/8 30 30 61 pa_hannover@htp-tel.de
Niedersachsen-Nord Jürgen Brandenburg	Mo. und Di., Do. + Fr.	11.00–13.00 15.00–17.00 11.00–13.00	An der Waldschule 45 26605 Aurich	Tel.: 0 49 41/18 01 49 Fax: 0 49 41/18 04 49 Mobil: 01 70/5 42 71 47
Nordrhein-Westfalen				
Attendorn Karl-Heinz Prinz	Di. + Do.-Sa.	08.00–12.00	Hohenhagen 3 57439 Attendorn	Tel.: 0 27 22/75 85 Fax: 0 27 22/7 04 26 www.dsv-pa-attendorn.de
Bochum Dietmar Fritzenkötter	Mo.-Do.	09.00–15.00	Blumenau 7 44801 Bochum	Tel.: 02 34/9 78 97 03 Fax: 02 34/9 78 97 04 Info@dsv-pa-bochum.de

Prüfungsausschuss/Leiter	Geschäftszeiten		Geschäftsstelle	Telefon/Fax/E-Mail
Köln-Aachen Klaus Müller	Di., Mi. + Do.	09.00–12.00	Zum Hedelsberg 36 50999 Köln	Tel.: 0 22 36/6 97 56 Fax: 0 22 36/37 98 04 dsv-pa.koeln-aachen@t-online.de
Möhnesee Hans-Werner Wienand	Mo.-Fr.	09.00–16.00	Rosemarie Midderhoff Vogelbruch 19 59759 Arnsberg	Tel.: 0 29 32/5 35 71 Fax: 0 29 32/5 35 72 r.midderhoff@arcor.de
Nordrhein-Westfalen				
Münster Hans-Joachim Kröll	Di. Mi. Do.	09.00–12.00 12.00–15.00 15.00–18.00	Heidestraße 11c 48167 Münster	Tel.: 02 51/7 47 46 35 Fax: 02 51/9 61 91 23 pamuenster@t-online.de
Rhein-Ruhr Eberhard Dreyer	Mo.-Do. Fr.	09.00–14.00 09.00–12.00	Frau Wolf Butlerstraße 21 47058 Duisburg	Tel.: 02 03/33 39 77 + 33 27 23 Fax: 02 03/34 35 65 dreyer@dsv-pa-rhein-ruhr.de www.dsv-pa-rhein-ruhr.de
Unterbacher See Gabriela Thiele	Mo.-Mi.	08.00–16.00 10.00–13.00 08.00–14.30	Postfach 3420 40699 Düsseldorf	Tel.: 0 21 04/2 86 97 34 Fax: 02 11/20 41 65
Rheinland-Pfalz				
Rheinland-Pfalz Dr. Ulrich Hutzelmann	Mo., Mi. + Fr.	10.00–12.00	Ute Hutzelmann Rheinufer 19 56322 Spay	Tel.: 0 26 28/98 93 33 Fax: 0 26 28/98 93 49 hutzelmann-pa-rlp@rz-online.de
Saarland				
Saarbrücken Dietmar Kuhn	Di.	17.00–20.00	Schwabenstraße 16 66557 Illingen	Tel.: 0 68 52/41 20 16 Fax: 0 68 52/41 02 13 info@dsv-pa-saarland.de www.dsv-pa-saarland.de
Schleswig-Holstein				
Kiel Dieter Diesel	Di., Do. Do.	10.00–12.00 15.00–18.00	Gina Keane Soling 34, Olympiahafen 24159 Kiel	Tel.: 04 31/37 18 46 Fax: 04 31/3 05 22 17 pa-kiel.dmyv-dsv@t-online.de
Lübeck Jörg Budahn	Di.-Fr.	09.00–13.00	Moorredder 45 23570 Lübeck	Tel.: 0 45 02/30 20 47 + 30 99 90 Fax: 0 45 02/30 20 48

4. Behörden der Wasser- und Schifffahrtsverwaltung (WSV)*

Wasser- und Schifffahrtsdirektion Nord,
Hindenburgufer 247, **24106 Kiel**,
Tel.: 04 31/33 94-0,
Telefax: 04 31/33 94-3 48,
E-Mail-Adresse: Poststelle@wsdnord.de

Wasser- und Schifffahrtsamt Stralsund,
Greifswalder Chaussee 65b,
18439 Stralsund,
Tel. 0 38 31/24 90,
Telefax: 03831/24 93 09,
E-Mail-Adresse:
Poststelle-hst@hst.wsdnord.de

Wasser- und Schifffahrtsamt Lübeck,
Moltkeplatz 17, **23566 Lübeck**,
Tel. 04 51/6 20 80,
Telefax: 04 51/6 20 81 90,
E-Mail-Adresse:
Poststelle-hl@hl.wsd-nord.de

Wasser- und Schifffahrtsamt Hamburg,
Moorweidenstraße 14, **20148 Hamburg**,
Tel. 0 40/4 41 10-0,
Telefax: 0 40/4 41 10-3 65,
E-Mail-Adresse:
Poststelle-hh@hh.wsdnord.de

Wasser- und Schifffahrtsamt Cuxhaven,
Am Alten Hafen 2, **27472 Cuxhaven**,
Tel. 0 47 21/5 67-0,
Telefax: 0 47 21/5 67-1 03,
E-Mail-Adresse:
Poststelle-cux@cux.wsdnord.de

Wasser- und Schifffahrtsdirektion Nordwest,
Schlossplatz 9, **26603 Aurich**,
Tel. 0 49 41/6 02-0,
Telefax: 0 49 41/60 23-78,
E-Mail-Adresse:
wsd-nordwest@aur.wsdnw.de

Wasser- und Schifffahrtsamt Bremen,
Franziuseck 5, **28199 Bremen**,
Tel. 04 21/53 78-0,
Telefax: 04 21/53 78-4 00,
E-Mail-Adresse: wsa-bremen@hb.wsdnw.de

Wasser- und Schifffahrtsamt Bremerhaven,
Am Alten Vorhafen 1, **27568 Bremerhaven**,
Tel. 04 71/48 35-0,
Telefax: 04 71/48 35-2 10,
E-Mail-Adresse:
wsa-bremerhaven@bhv.wsdnw.de

Wasser- und Schifffahrtsamt Wilhelmshaven,
Mozartstraße 32, **26382 Wilhelmshaven**,
Tel. 0 44 21/1 86-0,
Telefax: 04421/186-3 08,
E-Mail-Adresse:
wsa-wilhelmshaven@whv.wsdnw.de

Wasser- und Schifffahrtsamt Emden,
Am Eisenbahndock 3, **26725 Emden**,
Tel. 0 49 21/8 02-1,
Telefax: 0 49 21/8 02-3 79,
E-Mail-Adresse: wsa-emden@emd.wsdnw.de

Wasser- und Schifffahrtsdirektion Mitte,
Am Waterlooplatz 5, **30169 Hannover**,
Tel. 05 11/91 15-0,
Telefax: 05 11/91 15-4 00,
E-Mail-Adresse: postfach@wsd-m.wsv.de

Wasser- und Schifffahrtsamt Hann. Münden,
Kasseler Straße 5, **34346 Hann. Münden**,
Tel. 0 55 41/9 52-0,
Telefax: 05541/952-4 00,
E-Mail-Adresse:
Postfach@wsa-hmue.wsw.de

Wasser- und Schifffahrtsamt Verden,
Hohe Leuchte 30, **27283 Verden**,
Tel. 0 42 31/8 98-0,
Telefax: 0 42 31/8 98-13 33,
E-Mail-Adresse: Postfach@wsa-ver.wsv.de

Wasser- und Schifffahrtsamt Minden,
Am Hohen Ufer 1, **32425 Minden**,
Tel. 05 71/64 58-0,
Telefax: 05 71/64 58-1 05,
E-Mail-Adresse: reg@wsa-mi.wsv.de

Wasser- und Schifffahrtsamt Braunschweig,
Ludwig-Winter-Straße 5,
38120 Braunschweig,
Tel. 05 31/8 66 03-0,
Telefax: 05 31/8 66 03-4 00,
E-Mail-Adresse: wsa-bs@t-online.de

Wasser- und Schifffahrtsamt Uelzen,
Greyer Straße 12, **29525 Uelzen**,
Tel. 05 81/9 07 90,
Telefax: 05 81/90 79-12 77,
E-Mail-Adresse: info@wsa-ue.wsv.de

Wasser- und Schifffahrtsdirektion West,
Cheruskerring 11, **48147 Münster**,
Tel. 02 51/27 08-0,
Telefax: 02 51/27 08-1 15,
E-Mail-Adresse: poststelle@wsd-w.wsv.de

Wasser- und Schifffahrtsamt Köln,
An der Münze 8, **50668 Köln**,
Tel. 02 21/9 73 50-0,
Telefax: 02 21/9 73 50-2 22,
E-Mail-Adresse: Poststelle@wsa-k.wsv.de

Wasser- und Schifffahrtsamt Duisburg-Meiderich,
Emmericher Straße 201, **47138 Duisburg**,
Tel. 02 03/45 04-0,
Telefax: 02 03/45 04-3 33,
E-Mail-Adresse: Poststelle@wsa-dm.wsv.de

Wasser- und Schifffahrtsamt Duisburg-Rhein,
Königstraße 84, **47198 Duisburg**,
Tel. 0 21 36/20 06-0,
Telefax: 0 21 36/20 0644,
E-Mail-Adresse: Poststelle@wsa.dr.wsv.de

* soweit für die Binnenschifffahrtsstraßen zuständig

Wasser- und Schifffahrtsamt Rheine,
Münsterstraße 75–77, **48431 Rheine**,
Tel. 0 59 71/9 16-0,
Telefax: 0 59 71/9 16-2 22,
E-Mail-Adresse:
Poststelle: wsa-rheine@was-st.wsv.de
Wasser- und Schifffahrtsamt Meppen,
Herzog-Arenberg-Straße 66,
49716 Meppen,
Tel. 0 59 31/4 94-0,
Telefax: 0 59 31/4 94-2 22,
E-Mail-Adresse:
Posteingang@wsa-el.wsv.de

Wasser- und Schifffahrtsdirektion Südwest,
Brucknerstraße 2, **55127 Mainz**,
Tel. 0 61 31/9 79-0,
Telefax: 0 61 31/97 91 55,
E-Mail-Adresse: Poststelle@wsd-sw.wsv.de
Wasser- und Schifffahrtsamt Freiburg,
Stefan-Meier-Straße 4–6, **79104 Freiburg**,
Tel. 07 61/27 18-0,
Telefax: 07 61/27 181 55,
E-Mail-Adresse: Poststelle@wsa-fr.wsv.de
Wasser- und Schifffahrtsamt Mannheim,
C 8, 3, **68159 Mannheim**,
Tel. 06 21/15 05-0,
Telefax: 06 21/15 05-1 55,
E-Mail-Adresse:
wsa-mannheim@wsa-ma.wsv.de
Wasser- und Schifffahrtsamt Bingen,
Schlossstraße 36, **55411 Bingen**,
Tel. 0 67 21/3 06-0,
Telefax: 0 67 21/30 61-55,
E-Mail-Adresse: wsa-bingen@wsa-bi.wsv.de
Wasser- und Schifffahrtsamt Heidelberg,
Vangerowstraße 12, **69115 Heidelberg**,
Tel. 0 62 21/5 07-0,
Telefax: 0 62 61/5 07-1 55,
E-Mail-Adresse:
wsa-heidelberg@wsa-hd.wsv.de

Wasser- und Schifffahrtsamt Stuttgart,
Birkenwaldstraße 38, **70191 Stuttgart**,
Tel. 07 11/2 55 52-0,
Telefax: 07 11/2 55 52-1 55,
E-Mail-Adresse: wsa-stuttgart@wsa-s.wsv.de
Wasser- und Schifffahrtsamt Koblenz,
Schartwiesenweg 4, **56070 Koblenz**,
Tel. 02 61/98 19-0,
Telefax: 02 61/98 19-31 55,
E-Mail-Adresse:
wsa-koblenz@wsa-ko.wsv.de
Wasser- und Schifffahrtsamt Trier,
Pacelli-Ufer 16, **54290 Trier**,
Tel. 06 51/36 09-0,
Telefax: 36 09-1 55,
E-Mail-Adresse: wsa-trier@wsa-tr.wsv.de
Wasser- und Schifffahrtsamt Saarbrücken,
Bismarckstraße 133, **66121 Saarbrücken**,
Tel. 06 81/60 02-1,
Telefax: 06 81/60 02-1 55,
E-Mail-Adresse:
wsa-saarbruecken@wsa-sb.wsv.de

Wasser- und Schifffahrtsdirektion Süd,
Wörthstraße 19, **97082 Würzburg**,
Tel. 09 31/41 05-0,
Telefax: 09 31/41 05-3 80,
E-Mail-Adresse: poststelle@wsd-s.wsv.de
Wasser- und Schifffahrtsamt Aschaffenburg,
Obernauer Straße 19,
63739 Aschaffenburg,
Tel. 0 60 21/3 85-0,
Telefax: 06021/385-1 01,
E-Mail-Adresse: wsa-abg.cb1@t-online.de
Wasser- und Schifffahrtsamt Schweinfurt,
Mainberger Straße 8, **97422 Schweinfurt**,
Tel. 0 97 21/20 60,
Telefax: 0 97 21/20 61 01,
E-Mail-Adresse: wsa@wsa-sw.wsv.de

Wasser- und Schifffahrtsamt Nürnberg,
Marientorgraben 1, **90402 Nürnberg**,
Tel. 09 11/20 00-0,
Telefax: 09 11/20 00-1 01
Wasser- und Schifffahrtsamt Regensburg,
Erlanger Straße 1, **93059 Regensburg**,
Tel. 09 41/81 09-0,
Telefax: 09 41/81 09-1 60,
E-Mail-Adresse: wsa-rgb.l@t-online.de

Wasser- und Schifffahrtsdirektion Ost,
Stresemannstraße 92, **10963 Berlin**,
Tel. 0 30/2 69 90-20,
Telefax: 0 30/2 69 90-2 70,
E-Mail-Adresse:
h.poststelle@wsd-o.wsv.de
Wasser- und Schifffahrtsamt Dresden,
Moritzburger Straße 1, **01127 Dresden**,
el. 03 51/84 32-50,
Telefax: 03 51/8 48 90 20,
E-Mail-Adresse: Poststelle@wsa-dd.wsv.de
Wasser- und Schifffahrtsamt Magdeburg,
Fürstenwallstraße 19/20,
39104 Magdeburg,
Tel. 03 91/5 30-0,
Telefax: 03 91/5 3024 17/24 18,
E-Mail-Adresse:
Poststelle@wsa-md.wsv.de
Wasser- und Schifffahrtsamt Lauenburg,
Grünstraße 16, **21481 Lauenburg**,
Tel. 0 41 53/59 40,
Telefax: 0 41 53/5 94-3 30,
E-Mail-Adresse:
Poststelle@wsa-lauenburg.wsv.de
Wasser- und Schifffahrtsamt Brandenburg,
Brielower Landstraße 1,
14772 Brandenburg,
Tel. 0 33 81/26 60,
Telefax: 03881/26 63 21,
E-Mail-Adresse: Post@wsa-brb.wsv.de

Wasser- und Schifffahrtsamt Berlin,
Poststraße 21/22, **10178 Berlin**,
Tel. 0 30/2 38 05-0,
Telefax: 0 30/24 72-99 18,
E-Mail-Adresse: Poststelle@wsa-b.wsv.de

Bundesamt für Seeschifffahrt und Hydrographie,
Bernhard-Nocht-Straße 78,
20359 Hamburg,
Tel. 0 40/3 19 00-0,
Telefax: 040/31 9
posteingang@bsh.d400.de, und
Neptunallee 5, **18057 Rostock**,
Tel. 03 81/4 56 35,
Telefax: 03 81/4 56 39 48,
E-Mail-Adresse:
posteingang.rostock@bsh.d400.de

5. Wasserschutzpolizei

5.1 Baden-Württemberg

Wasserschutzpolizeidirektion Baden-Württemberg,
L 6, 10–12, 68161 Mannheim,
Postfach 10 00 12, 68149 Mannheim,
Tel.: 06 21/1 74-1,
Fax: 06 21/1 74-37 70,
E-Mail: poststelle@wspd.bwl.de
WSP-Inspektion Rhein,
Werfthallenstraße 41, 68159 Mannheim,
Postfach 10 00 12, 68149 Mannheim,
Tel.: 06 21/16 87-0,
Fax: 06 21/16 87-2 09
WSP-Station Kehl,
Hafenstraße 21, 77694 Kehl,
Postfach 12 41, 77672 Kehl,
Tel.: 0 78 51/94 49-0,
Fax: 0 78 51/94 49-33
WSP-Station Breisach,
Hafenstraße 1, 79206 Breisach,
Tel.: 0 76 67/9 11 79-0,
Fax: 0 76 67/9 11 79-1 20
WSP-Station Karlsruhe,
Nordbeckenstraße 19, 76167 Karlsruhe,
Postfach 21 14 48, 76164 Karlsruhe,
Tel.: 07 21/5 97 15-0,
Fax: 07 21/5 97 15-29,
Fachdienst Gefahrgut,
Tel. 07 21/5 73 11,
Fax: 07 21/56 23 79
WSP-Posten Mannheim-Rheinauhafen,
Graßmannstraße 3–5, 68219 Mannheim,
Postfach 10 00 12, 68219 Mannheim,
Tel.: 06 21/89 24 33,
Fax: 06 21/8 62 37 14
WSP-Inspektion Neckar,
Böckinger Straße 11,
74078 Heilbronn-Neckargartach,
Tel.: 0 71 31/92 18-0,
Fax: 0 71 31/92 18-3 00
WSP-Station Heidelberg,
Vangerowstraße 10, 69115 Heidelberg,
Tel.: 0 62 21/1 37 48-3,
Fax: 0 62 21/1 37 48-4 99
WSP-Posten Eberbach,
Rockenauer Straße 13, 69412 Eberbach,
Tel.: 0 62 71/53 54,
Fax: 0 62 71/8 07 98 68
WSP-Station Stuttgart,
Am Mittelkai 62, 70329 Stuttgart,
Tel.: 07 11/91 89 59-0,
Fax: 07 11/91 89 59-3 00
WSP-Inspektion Bodernsee,
Seestraße 7, 88045 Friedrichshafen,
Postfach 24 45, 88015 Friedrichshafen,
Tel.: 0 75 41/28 93-0,
Fax: 0 75 41/28 93-1 10
WSP-Posten Langenargen,
Obere Seestraße 2/1, 88085 Langenargen,
Tel.: 0 75 43/93 15-0, Fax: 0 75 43/93 15-31
WSP-Station Überlingen,
Seepromenade 23, 88662 Überlingen,
Tel.: 0 75 51/9 49 59-0,
Fax: 0 75 51/9 49 59-2 09
WSP-Station Konstanz
Stromeyersdorfstraße 7, 78467 Konstanz,
Tel.: 0 75 31/59 02-1 00,
Fax: 0 75 31/59 02-1 09
WSP-Posten Reichenau
An der Schiffslände 3, 79479 Reichenau,
Tel.: 0 75 34/97 19-0, Fax: 0 75 34/97 19-1

5.2 Bayern

Wasserschutzpolizeidirektion Bayern,
Rotterdamer Straße 2, 90451 Nürnberg,
Tel.: 09 11/2 11-24 82,
Fax: 09 11/2 11-24 90,
E-Mail: pp.mfr.
nuernberg.wspd@polizei.bayern.de
WSP-Station Aschaffenburg,
Werftstraße 1, 63741 Aschaffenburg,
Tel.: 0 60 21/8 57-2 81,
Fax: 0 60 21/8 57-2 89,
E-Mail:
wsp.aschaffenburg@polizei.bayern.de
WSP-Station Lohr,
Hauptstraße 52, 97816 Lohr am Main,
Tel.: 0 93 52/87 41-56,
Fax: 0 93 52/87 41-69,
E-Mail: pp-ufr.lohr.wsp@polizei.bayern.de
WSP-Station Würzburg,
Veithöchheimer Straße 3R,
97080 Würzburg,
Tel.: 09 31/4 57-15 91, Fax: 09 31/4 57-15 99,
E-Mail: wsp.wuerzburg@polizei.bayern.de
WSP-Station Schweinfurt,
Hafenstraße 20, 97424 Schweinfurt,
Tel.: 0 97 21/20-22 81,
Fax: 0 97 21/20-22 89,
E-Mail: wsp.schweinfurt@polizei.bayern.de

WSP-Station Bamberg,
Lagerhausstraße 3b, 96052 Bamberg,
Tel.: 09 51/91 29-5 90,
Fax: 09 51/91 29-5 91,
E-Mail:
pp-ofr.bamberg.wsp@polizei.bayern.de

WSP-Station Nürnberg,
Rotterdamer Straße 2, 90451 Nürnberg,
Tel.: 09 11/2 11-24 96,
Fax: 09 11/11-24 93,
E-Mail: pp-mfr.
nuernberg.wsp-s@polizei.bayern.de

WSP-Station Beilngries,
Eichstätter Straße 3, 92339 Beilngries,
Tel.: 0 84 61/64 03-1 55,
Fax: 0 84 61/64 03-1 59,
E-Mail: pp-obb.
beilngries.wsps@polizei.bayern.de

WSP-Station Regensburg,
Osthafenstraße 5, 93055 Regensburg,
Tel.: 09 41/5 06-24 72,
Fax: 09 41/5 06-24 79,
E-Mail:
wsp-s.regensburg@baypol.bayern.de

WSP-Station Deggendorf,
Josef-Wallner-Straße 2, 94469 Deggendorf,
Tel.: 09 91/38 96-1 45,
Fax: 09 91/3 29 73,
E-Mail: pp.nopf.
wsp.deggendorf@baypol.bayern.de

WSP-Station Passau,
Regensburger Straße 16, 94036 Passau,
Tel.: 08 51/95 11-5 72,
Fax: 08 51/95 11-5 91,
E-Mail: pp-nopf.wsp.passau@polizei.bayern.de

WSP-Station Lindau/Bodensee, Segelhafen 2, 88131 Lindau,
Tel.: 0 83 82/9 10-1 60,
Fax: 0 83 82/9 10-1 62,
E-Mail:
pp-schw.lindau.wsps@polizei.bayern.de

5.3 Berlin

Der Polizeipräsident in Berlin, Referat Wasserschutzpolizei,
Baumschulenstraße 1,
12437 Berlin (Treptow),
Tel.: 0 30/46 64-2 94 03,
Fax: 0 30/46 64-2 94 88,
E-Mail: wasserschutz@polizei.berlin.de

Der Polizeipräsident in Berlin, Wache 1 (Spandau)
Mertensstraße 140, 13587 Berlin,
Tel.: 0 30/46 64-5 36 63,
Fax: 0 30/46 64-5 36 78

Der Polizeipräsident in Berlin, Wache 2 (Innerstädtische Gewässer),
Neues Ufer 1, 10553 Berlin (Tiergarten),
Tel.: 0 30/46 64-6 15 04,
Fax: 0 30/46 64-6 15 28

Der Polizeipräsident in Berlin, Wache 3 (Unterhavel),
Inselstraße 8, 14129 Berlin (Zehlendorf),
Tel.: 0 30/46 64-5 85 04,
Fax: 0 30/46 64-5 85 18

Der Polizeipräsident in Berlin, Wache 4 (Gewässr im Südosten),
Baumschulenstraße 1,
12437 Berlin (Treptow),
Tel.: 0 30/46 64-2 94 43,
Fax: 0 30/46 64-2 94 88

5.4 Land Brandenburg

Direktor der Wasserschutzpolizei, Ministerium des Innern,
Henning-von-Tresckow-Straße 9–13,
14467 Potsdam,
Tel.: 03 31/8 66-24 62,
Fax: 03 31/8 66-27 79,
E-Mail: Sachbearbeiter Wasserschutzpolizei:
hans-juergen.karge@mi.brandenburg.de

WSP-Wache Potsdam (*SB Potsdam) mit Außenbereich Ketzin,
An der Pirschheide 11, 14471 Potsdam,
Tel.: 03 31/96 88-4 24,
Fax: 03 31/96 88-4 62

WSP-Wache Brandenburg (SB Brandenburg) mit Außenbereich Rathenow,
Plauer Hof, 14774 Brandenburg,
Tel.: 0 33 81/40 49-0,
Fax: 0 33 81/40 49-29

WSP-Wache Wittenberge (SB Prignitz),
Elbstraße, 19322 Wittenberge,
Tel.: 0 38 77/92 89-0,
Fax: 0 38 77/92 89-2 00

WSP-Wache Lehnitz (SB Oberhavel),
Bernauer Straße 146, 16515 Oranienburg,
Tel.: 0 33 01/81 90-0,
Fax: 0 33 01/32 02

WSP-Wache Erkner (SB Oder Spree) mit Außenbereich Fürstenwalde und Bad Saarow
Hessenwinkler Straße 9b, 15537 Erkner,
Tel.: 0 33 62/7 90-2 64,
Fax: 0 33 62/7 90-2 69

WSP-Wache Zeuthen (SB Dahme Spreewald) mit Außenbezirk Neubrück,
Fontane Straße 7, 15738 Zeuthen,
Tel.: 03 37 62/7 11 92,
Fax: 03 37 62/71 19 92

WSP-Wache Hohensaaten (SB Barmim) mit Außenbereich Templin und Werbelinsee,
Eichrähne 3a, 16248 Hohensaaten,
Tel.: 03 33 68/5 39-0,
Fax: 03 33 68/5 39-2 69

WSP-Wache Eisenhüttenstadt (SB Oder Spree) mit Außenbereich-Frankfurt (Oder) und Goyatz,
Neue Brückenstraße 1,
15890 Eisenhüttenstadt,
Tel.: 0 33 64/4 21-0, Fax: 0 33 64/4 21-2 69

WSP-Wache Spreewald (SB Oberpreewald-Lausitz) mit Außenbereich Lübben,
Kirstraße 5, 03222 Lübbenau,
Tel.: 0 35 42/87 00, Fax: 03542/43677

5.5 Bremen

Wasserschutzpolizeidirektion Bremen-Überseehafen,
Hafenkopf II, Nr. 2, 28217 Bremen,
Telefon 04 21/3 62-98 88 (Verm.),
Fax: 04 21/3 62-98 09,
E-Mail: office@wasserschutzpol.bremen.de
WSP-Inspektion Bremen,
Hafenkopf II, Nr. 2, 28217 Bremen,
Tel.: 04 21/3 62-98 88 (Verm.),
Fax: 04 21/3 62-98 29,
E-Mail: wsp-inspektion.hb@wasserschutzpol.bremen.de
WSP-Station Brake,
Hinrich-Schnittger-Straße 13,
26919 Brake/Unterweser,
Tel.: 0 44 01/97 82-0,
Fax: 0 44 01/97 82-19,
E-Mail: wsp.Brake.hb@wasserschutzpol.bremen.de
WSP-Inspektion Bremerhaven,
Senator-Borttscheller Straße 1b,
Gatehouse 3, 27568 Bremerhaven,
Tel.: 04 71/94 66-7 (Verm.),
Fax: 04 71/94 66-5 09,
E-Mail: office@wasserschutzbhv.bremen.de

5.6 Hamburg

Wasserschutzpolizei Hamburg,
Wilstorfer Straße 100, 21073 Hamburg,
Tel.: 0 40/42 86-0, Fax: 0 40/42 86-6 50 19,
Tel.: 0 40/42 86-6 50 00,
E-Mail: P-WSP-HH@bfi-pol.hamburg.de
WSP 01,
Wilstorfer Straße 100,
21073 Hamburg,
Tel.: 0 40/42 86-6 50 10,
Fax: 0 40/42 86-6 50 19
WSP 020,
Wilstorfer Straße 100, 21073 Hamburg,
Tel.: 0 40/42 86-6 50 20,
Fax: 0 40/42 86-6 50 19
WSP 021,
Wilstorfer Straße 100, 21073 Hamburg,
Tel.: 0 40/42 86-6 50 30,
Fax: 0 40/42 86-6 50 19
WSP 022,
Wilstorfer Straße 100, 21073 Hamburg,
Tel.: 0 40/42 86-6 50 40,
Fax: 0 40/42 86-6 50 19
WSPK 1 – Waltershof -,
Waltershofer Damm 1, 21129 Hamburg,
Leiter: 0 40/42 86-6 51 00,
Fax: 0 40/42 86-6 51 19,
Handy: 01 79/6 06 71 83,
E-Mail: wspk1@polizei.hamburg.de
WSPK 2 – Steinwerder -,
Roßdamm 10, 20457 Hamburg,
Leiter: 0 40/42 86-6 52 00,
Fax: 0 40/42 86-6 52 19,
E-Mail: wspk2@polizei.hamburg.de
Außenstelle Speicherstadt,
Brooktor 2–4, 20457 Hamburg,
Tel.: 0 40/42 86-6 52 65 u. 2 66,
Fax: 0 40/42 86-6 52 68
Außenstelle Landungsbrücken,
Bei den St. Pauli Landungsbrücken 3a,
20359 Hamburg,
Tel.: 0 40/42 86-6 52 60,
Fax: 0 40/42 86-6 52 61
Außenstelle Alster,
Harvestehuder Weg 1a,
20148 Hamburg,
Tel.: 0 40/42 86-6 52 42,
Fax: 0 40/42 86-6 52 42
WSPK 3 – Harburg -,
Harburger Hauptdeich 8,
21079 Hamburg,
Leiter: 0 40/42 86-6 53 00,
Fax: 0 40/42 86-6 53 19,
E-Mail: wspk3@polizei.hamburg.de
Außenstelle Lauenburg,
Elbstraße 2, 21481 Lauenburg,
Wache: 0 41 53/22 91,
Fax: 0 41 53-5 13 76,
E-Mail: wspk3ast.lbg@polizei.hamburg.de
WSP-Revier 4 – Cuxhaven –,
Lentzkai, 27472 Cuxhaven,
Tel. 0 47 21/7 45 93-18, Fax: 0 47 21/6 33 00,
E-Mail: wspr4@polizei.hamburg.de
WSPF 21,
Brooktor 2–4, 20457 Hamburg,
Tel.: 0 :40/4 28 76-6 54 56,
Fax: 0 40/42 86-65 09,
E-Mail: p-umweltpolizei@bfi-pol.hamburg.de
WSPF 22,
Kehrwiederspitze 1, 20457 Hamburg,
Tel.: 0 40/42 86-6 54 66,
Fax: 0 40/3 74 37 04,
E-Mail: wspf22@polizei.hamburg.de
WSPF 23,
Van-der-Smissen-Straße 4, 22765 Hamburg,
Tel.: 0 40/42 86-6 54 92,
Fax: 0 40/42 86-6 54 99,
E-Mail: p-ws23grenzpol@bfi-pol.hamburg.de
WSPF 24 Einsatzzug,
Großmoorring 14, 21079 Hamburg,
Tel.: 0 40/42 86-6 50 51,
Fax: 0 40/42 86-6 50 59

5.7 Hessen

Hessisches Bereitschaftspolizeipräsidium Wasserschutzpolizeiabteilung,
Biebricher Straße 1, 55252 Mainz-Kastel,
Tel.: 0 61 34/6 02-0, Fax: 0 61 34/49 37,
E-Mail: wsp-hessen@t-online.de

Zentrale Ermittlungsgruppe,
Biebricher Straße 1, 55252 Mainz-Kastel,
Tel.: 0 61 34/6 02-8 10,
Fax: 0 61 34/49 37

WSP-Station Frankfurt,
Hessisches Bereitschaftspolizeipräsidium,
Wasserschutzpolizeiabteilung,
WSPSt Frankfurt/M.,
Lindleystraße 14, 60314 Frankfurt/M.,
Tel.: 0 69/94 34 59-0,
Fax: 0 69/94 34 59-50

WSP-Station Gernsheim,
Rheinstraße 30, 64579 Gernsheim,
Tel.: 0 62 58/93 40-0,
Fax: 0 62 58/93 40-16

WSP-Station Wiesbaden,
Maaraue, 55252 Mainz-Kastel,
Tel.: 0 61 34/55 66-0,
Fax: 0 61 34/55 66-40

WSP-Station Rüdesheim,
Am Hafen, 65385 Rüdesheim am Rhein,
Tel.: 0 67 22/40 36-0, Fax: 0 67 22/40 36-15

WSP-Posten Kassel,
Knorrstraße 32a, 34134 Kassel,
Tel.: 05 61/2 07 69-44,
Fax: 05 61/2 07 69-45

WSP-Posten Weilburg,
An der Backstania 3, 35781 Wetzlar,
Tel.: 0 64 71/93 86 50-51,
Fax: 0 64 71/93 86 52

WSP-Posten Waldeck,
Am Strandbad, 34513 Waldeck,
Tel.: 0 56 23/54 37, Fax: 0 56 23/54 45

5.8 Mecklenburg-Vorpommern

Wasserschutzpolizeidirektion Mecklenburg-Vorpommern,
Klenow Tor, Schiffbauerring 59,
18109 Rostock,
Tel.: 03 81/12 36-0, Fax: 03 81/12 36-3 34,
E-Mail: wspd-mv@t-online.de

Wasserschutzpolizei-Inspektion Wismar,
Kopenhagener Straße 1, Bürocenter,
23966 Wismar,
Tel.: 0 38 41/25 53-0, Fax: 0 38 41/25 53-20

WSP-Station Rerik,
Wustrower Straße, 18230 Rerik,
Tel.: 03 82 96/7 83 80

WSP-Station Boltenhagen,
Kastanienallee 2a, 23946 Boltenhagen,
Tel.: 03 88 25/2 93 04

WSP-Station Poel,
Wismarsche Straße 1,
23999 Kirchdorf/Poel,
Tel. 03 84 25/2 18 10, Fax: 03 84 25/2 18 10

Wasserschutzpolizei-Inspektion Rostock,
Warnow Enn 1, 18109 Rostock,
Tel.: 03 81/12 70 40, Fax: 03 81/12 70-4 22

WSP-Station Rostock-Überseehafen,
Ost-West-Straße 30,
18147 Rostock-Seehafen,
Tel.: 03 81/35 05-8 60,
Fax: 03 81/35 05-8 61

WSP-Station Schwaan,
August-Bebel-Straße 2, 18259 Schwaan,
Tel.: 0 38 44/81 46 78

Wasserschutzpolizei-Inspektion Stralsund,
Am Querkanal 6, 18439 Stralsund,
Tel.: 0 38 31/2 61 40, Fax: 0 38 31/2 61-4 11

WSP-Station Ribnitz-Damgarten,
Damgartner Chaussee 43,
18311 Ribnitz-Damgarten,
Tel.: 0 38 21/87 52 36

WSP-Station Barth,
Baustraße 18, 18356 Barth,
Tel.: 03 82 31/33 67, Fax: 03 82 31/6 72 25

Wasserschutzpolizei-Inspektion Sassnitz mit Zweigstelle Mukran
Bahnhofstraße 3, 18546 Sassnitz,
Tel. 03 83 92/3 08 34,
Fax: 03 83 92/3 08 29

WSP-Station Ralswiek,
Störtebekerweg, 18528 Ralswiek,
Tel.: 0 38 38/31 33 00

WSP-Station Lauterbach,
Lauterbacher Chaussee,
18581 Lauterbach,
Tel.: 03 83 01/6 09 60

WSP-Station Schaprode,
Streuer Weg, 18569 Schaprode,
Tel.: 03 83 09/14 17

Wasserschutzpolizei-Inspektion Wolgast,
Breite Straße 21, 17438 Wolgast,
Tel.: 0 38 36/23 72-0, Fax: 0 38 36/23 72-19

WSP-Station Anklam,
Mauerstraße 13a, 17389 Anklam,
Tel.: 0 39 71/21 00 48

WSP-Station Ueckermünde,
Altes Bollwerk 9–11, 17373 Ueckermünde,
Tel.: 03 97 71/2 42 18

WSP-Station Greifswald,
An der Mühle 4, 17493 Greifswald,
Tel.: 0 38 34/84 00 99,
FeSoNe: 7/650/295

WSP-Station Malchin,
Parkstraße 3, 17139 Malchin,
Tel.: 0 39 94/23 12 05,
Fax: 0 39 94/23 12 05

WSP-Station Demmin,
Klara-Zetkin-Straße 14a, 17109 Demmin,
Tel.: 0 39 98/25 42 51,
Fax: 0 39 98/25 42 25

Wasserschutzpolizei-Inspektion Waren,
Gerhard-Hauptmann-Allee 6, 17192 Waren,
Tel.: 0 39 91/74 73-0, Fax: 0 39 91/74 73-25

WSP-Station Neubrandenburg,
Schillerstraße 20, 17033 Neubrandenburg,
Tel.: 03 95/5 66 67 85

WSP-Station Krakow am See,
Güstrower Chaussee 4,
18292 Krakow am See,
Tel.: 03 84 57/2 23 46

WSP-Station Mirow,
Am Mühlendamm 15, 17252 Mirow,
Tel.: 03 98 33/2 23 14,
Fax: 03 98 33/2 23 15
Wasserschutzpolizei-Inspektion Schwerin,
Am Werder 22, 19055 Schwerin,
Tel.: 03 85/5 81 31 94,
Fax: 03 85/5 81 31 94
WSP-Station Dömitz,
Bahnhofstraße 1, 19303 Dömitz,
Tel.: 03 87 58/2 21 64
WSP-Station Zarrentin,
Pampriner Straße 6, 19246 Zarrentin,
Tel.: 03 88 51/2 61 59
WSP-Station Boizenburg,
Am Markt 2, 19258 Boizenburg,
Tel.: 03 88 47/5 24 29
WSP-Station Plau,
Am Kalkofen, PF 18, 19395 Plau,
Tel.: 03 87 35/4 4389

5.9 Niedersachsen

Direktor der Wasserschutzpolizei Niedersachsen bei der Bezirksregierung Weser-Ems,
Theodor-Tantzen-Platz 8,
26106 Oldenburg,
BR Weser-Ems: 04 41/7 99-0,
Polizei: 04 41/7 90-30 73,
Fax: 04 41/7 90-30 70,
E-Mail:
dir.wspn@br-we.niedersachsen.de
Wasserschutzpolizeikommissariat Emden,
Am Seemannsheim 4, 26723 Emden,
Wache: 0 49 21/9 03 33-1 15/-1 16,
Fax: 0 49 21/9 03 33-1 50,
E-Mail: wspk-emden@t-online.de
WS-Polizeistation Borkum,
Neuer Hafen 16, 26757 Borkum,
Tel.: 0 49 22/16 22, Fax: 0 49 22/92 42 41
WS-Polizeistation Norddeich,
Osthafen, 26506 Norden,
Tel.: 0 49 31/8 11 77, Fax: 0 49 31/8 19 47
WS-Polizeistation Leer,
Groninger Straße 43, 26789 Leer,
Tel.: 04 91/9 25 48-1 15,
Fax: 04 91/9 25 48-1 50
WS-Polizeitstation Papenburg,
Deverhafen, 26781 Papenburg,
Tel.: 0 49 61/41 44,
Fax: 0 49 61/9 82 38 53
Wasserschutzpolizeikommissariat Wilhelmshaven,
Ebertstraße 80, 26382 Wilhelmshaven,
Wache: 0 44 21/9 42-3 58,
Fax: 0 44 21/9 42-3 70,
E-Mail: wsp.wilhelmshaven@freenet.de
WS-Polizeistation Stade,
Stadersand 1b, 21683 Stade,
Tel.: 0 41 41/1 02-82-0,
Wache: 0 41 41/1 02-40/-41,
Fax: 0 41 41/1 02-82-45,
E-Mail: poststelle@wspst-stade.polizei.niedersachsen.de
Wasserschutzpolizeikommissariat Oldenburg,
Stau 169, 26122 Oldenburg,
Wache: 04 41/7 90-28 15,
Fax: 04 41/7 90-28 50,
E-Mail: poststelle@wspk-oldenburg.polizei.niedersachsen.de
WS-Polizeistation Elsfleth,
Weserstraße 14, 26931 Elsfleth,
Tel.: 0 44 04/23 77,
Fax: 0 44 04/51 01
WS-Polizeistation Bad Zwischenahn,
Am Delf 41, 26160 Bad Zwischenahn,
Tel.: 0 44 03/9 27-0/-1 55,
Fax: 0 44 03/9 27-1 55
Wasserschutzpolizeikommissariat Meppen,
Kolpingstraße 1, 49716 Meppen,
Wache: 0 59 31/9 49-1 58,
Fax: 0 59 31/9 49-2 51,
E-Mail: info@wspk-meppen.polizei.niedersachsen.de
WS-Polizeistation Dörpen,
An der Schleuse, 26892 Dörpen,
Tel.: 0 49 63/89 30,
Fax: 0 49 63/21 47
WS-Polizeistation Lingen,
Meppener Straße 161, 49808 Lingen,
Tel.: 05 91/6 32 80,
Fax: 05 91/6 32 80
Wasserschutzpolizeikommissariat Hannover,
Vahrenwalder Straße 212,
30165 Hannover,
Wache: 05 11/96 95-26 15/-26 28,
Fax: 05 11/96 95-26 50,
E-Mail: poststelle@wspk-hannover.polizei.niedersachsen.de
WS-Polizeistation Hildesheim,
Hafenstraße 20, 31137 Hildesheim,
Tel.: 0 51 21/5 30 48,
Fax: 0 51 21/5 30 48
WS-Polizeistation Steinhude,
Leinenweberstraße 18,
31515 Wunstorf OT Steinhude,
Tel.: 0 50 33/86 26,
Fax: 0 50 33/93 93 24,
E-Mail: poststelle@wspst-steinhude.niedersachsen.de
WS-Polizeistation Braunschweig,
Hafenstraße 16,
38112 Braunschweig-Veltenhof,
Tel.: 05 31/31 16 40,
Fax: 05 31/3 10 21 85
WS-Polizeistation Salzgitter,
Hafenstraße 16, 38239 Salzgitter,
Tel.: 0 53 41/2 51 51, Fax: 0 53 41/22 92 05

WS-Polizeistation Wolfsburg,
Borsigstraße 3a, 38446 Wolfsburg,
Tel.: 0 53 61/46 46-0/-2 31,
Fax: 0 53 61/46 46-2 30,
E-Mail: poststelle@wspst-wolfsburg.polizei.niedersachsen.de
Wasserschutzpolizeikommissariat Nienburg,
Brückenstraße 8, 31682 Nienburg,
Wache: 0 50 21/97 78-7 15,
Fax: 0 50 21/97 78-7 50,
E-Mail: poststelle@wspk-nienburg.niedersachsen.de
WS-Polizeistation Langwedel,
Schleuse, 27299 Langwedel,
Tel.: 0 42 35/3 10, Fax: 0 42 35/3 10
WS-Polizeistation Dümmer,
Seestraße 36, 49459 Lembruch,
Tel.: 0 54 47/2 32, Fax: 0 54 47/2 32,
E-Mail: martin.spreen@polizei.niedersachsen.de
WS-Polizeistation Hameln,
Inselstraße 3, 31787 Hameln,
Tel.: 0 51 51/4 07-2 92, Fax: 0 51 51/4 07-2 93
WS-Polizeistation Hann. Münden,
Tanzwerder 3, 34346 Hann. Münden,
Tel.: 0 55 41/9 51-0/-1 55,
Fax: 0 55 41/52 57
Wasserschutzpolizeikommissariat Uelzen,
Ronnewiesen 31, 29525 Uelzen,
Wache: 05 81/9 30-4 15,
Fax: 05 81/9 30-4 50,
E-Mail: poststelle@wspk-uelzen.polizei.niedersachsen.de
WS-Polizeistation Scharnebeck,
Hülsenberg 12, 21379 Scharnebeck,
Wache: 0 41 36/9 12 39-58,
Fax: 0 41 36/9 12 39-50,
E-Mail: poststelle@wspst-scharnebeck.polizei.niedersachsen.de

5.10 Nordrhein-Westfalen

Präsidium der Wasserschutzpolizei Nordrhein-Westfalen,
Moerser Str. 217–219, 47198 Duisburg,
Postfach 17 03 64, 47183 Duisburg,
Tel.: 0 20 66/2 28-8,
Fax: 0 20 66/2 28-2 79,
E-Mail: wsp.nrw.vl@t-online.de
WSP-Inspektion Rhein,
Vinckeufer 16, 47119 Duisburg,
Tel.: 02 03/8 00 77-13,
Fax: 02 03/8 00 77-48
Zentrale Kriminalitätsbekämpfung,
Dammstraße 28,
41719 Duisburg,
Tel.: 02 03/8 08 69-30,
Fax: 02 03/8 08 69-31
WSP-Hauptwache Duisburg,
Vinckeufer 16, 47119 Duisburg,
Tel.: 02 03/8 00 77-0,
Fax: 02 03/8 00 77-29
WSP-Wache Bonn,
Reinaustraße 132, 53225 Bonn,
Tel.: 02 28/15-14 10/-14 11,
Fax: 02 28/15-14 49
WSP-Wache Köln,
Alfred-Schütte-Allee 2–6,
50679 Köln,
Tel. 02 21/88 79 16-22
WSP-Wache Düsseldorf,
Stromstraße 22, 40221 Düsseldorf,
Tel.: 02 11/86 20 35-00/-11,
Fax: 02 11/86 20 35-14
WSP-Wache Wesel,
Werftstraße 9, 46483 Wesel,
Tel.: 02 81/3 39 01-0,
Fax: 02 81/3 39 01-33
WSP-Wache Emmerich,
Wassertor 4, 46446 Emmerich,
Tel.: 0 28 22/91 40 78-0,
Fax: 0 28 22/1 87 20
WSP-Inspektion Kanäle,
Wilhelmshavenufer 20,
48155 Münster/Westf.,
Tel.: 02 51/37 85-13 32,
Fax: 02 51/37 85-13 96
WSP-Hauptwache Münster,
Wilhelmshavenufer 20,
48155 Münster/Westf.,
Tel.: 02 51/37 85-0, Fax: 02 51/37 85-13 96
WSP-Wache Bergeshövede
(mit Wachdienstgruppe Bramsche),
Kanalstr. 135, 48477 Hörstel,
Tel.: 0 54 59/60 51/-80 47,
Fax: 0 54 59/46 85
Wachdienstgruppe Bramsche,
Am Sperrtor, 49565 Bramsche,
Tel.: 0 54 61/9 12 35/-12 36,
Fax: 0 54 61/9 12 37
WSP-Wache Minden,
Marienstraße 82, 32425 Minden/Westf.,
Tel.: 05 71/8 51 07/-8 51 09,
Fax: 05 71/88 66-15 99
WSP-Wache Essen,
Ostuferstraße 19, 45356 Essen,
Tel.: 02 01/8 29-40 61/-40 62,
Fax: 02 01/8 29-40 55
WSP-Wache Datteln
(mit Wachdienstgruppe Dorsten und ausgelagertem Wachdienst in Dortmund und Hamm),
Kanalweg 17, 45711 Datteln,
Postfach 14 21, 45705 Datteln,
Tel.: 0 23 63/80 46/-5 19 99,
Fax: 0 23 63/84 34
Wachdienstgruppe Dorsten,
Hammer Weg 2, 46282 Dorsten,
Tel.: 0 23 62/21 56/-21 57,
Fax: 0 23 62/4 47 25
Wachdienst Dortmund,
Sunderweg 130, 44147 Dortmund,
Tel.: 02 31/9 82 22-37/-38,
Fax: 02 31/9 82 22-89

Wachdienst Hamm,
Hafenstraße 26, 59067 Hamm,
Tel.: 0 23 81/9 44 35-0/-1,
Fax: 0 23 81/9 44 35-2

5.11 Rheinland-Pfalz

Wasserschutzpolizeiamt Rheinland-Pfalz,
Am Winterhafen 21, 55131 Mainz,
Tel.: 0 61 31/65 80 23,
Fax: 0 61 31/65 80 09,
E-Mail:
wasserschutzpolizeiamt@polizei.rlp.de
WSP-Station Germersheim,
Alte Schiffsbrückenstraße 1,
76726 Germersheim,
Tel.: 0 72 74/94 67-0,
Fax: 0 72 74/94 67-20,
E-Mail:
wspstation.germersheim@polizei.rlp.de
WSP-Station Ludwigshafen,
Unteres Rheinufer 4, 67061 Ludwigshafen,
Tel.: 06 21/5 20 59-0,
Fax: 06 21/5 20 59-20,
E-Mail:
wspstation.ludwigshafen@polizei.rlp.de
WSP-Station Mainz,
Am Getreidespeicher 29, 55120 Mainz,
Tel.: 0 61 31/9 65 20-10,
Fax: 0 61 31/9 65 20-49,
E-Mail: wspstation.mainz@polizei.rlp.de
WSP-Station Bingen,
Hafenstraße 1, 55411 Bingen,
Tel.: 0 67 21/91 97-10,
Fax: 0 67 21/91 97-49,
E-Mail: wspstation.bingen@polizei.rlp.de
WSP-Station St. Goar,
Am Hafen 8, 56329 St. Goar,
Tel.: 0 67 41/92 04-0,
Fax: 0 67 41/92 04-49,
E-Mail:
wspstation.sanktgoar@polizei.rlp.de
WSP-Station Koblenz,
Emser Straße 21, 56076 Koblenz,
Tel.: 02 61/9 72 86-0,
Fax: 02 61/9 72 86-49,
E-Mail: wspstation.koblenz@polizei.rlp.de
WSP-Station Neuwied,
Rheinstraße 54, 56564 Neuwied,
Tel.: 0 26 31/83 85-0, Fax: 0 26 31/3 22 87,
E-Mail: wspstation.neuwied@polizei.rlp.de
WSP-Station Trier,
Pacelliufer 15, 54290 Trier,
Tel.: 06 51/9 38 19-0,
Fax: 06 51/30 93 71,
E-Mail: wspstation.trier@polizei.rlp.de
WSP-Station Bernkastel,
Schulstraße 13, 54470 Bernkastel,
Tel.: 0 65 31/96 18-0,
Fax: 0 65 31/98 93 90,
E-Mail: wspstation.bernkastel@polizei.rlp.de
WSP-Station Cochem,
Moselstraße 31, 56812 Cochem,
Tel.: 0 26 71/9 84-2 00,
Fax: 0 26 71/9 84-2 49,
E-Mail: wspstation.cochem@polizei.rlp.de

5.12 Saarland

Wasserschutzpolizei des Saarlandes,
Reiherbergstraße 3, 66701 Beckingen,
Tel.: 0 68 35/9 33 83, Fax: 0 68 35/9 33 85,
E-Mail: WSP@slpol.de

5.13 Sachsen

Landespolizeidirektion Zentrale Dienste, Sachsen,
Fachdienst Wasserschutzpolizei,
Neuländer Straße 60, 01129 Dresden,
Tel.: 03 51/85 01-99 o. 85 01-4 40 bis 43,
Fax: 03 51/85 01-1 06 o. 4 49
Wasserschutzpolizeiposten Pirna,
An der Elbe 12, 01796 Pirna,
Tel.: 0 35 01/56 84-0,
Fax: 0 35 01/56 84-29 oder 1 29
Wasserschutzpolizeiposten Dresden,
Magdeburger Straße 58,01067 Dresden,
Tel.: 03 51/8 66 35-0,
Fax: 03 51/8 66 35-29
Wasserschutzpolizeiposten Riesa,
Paul-Greifzu-Straße 8a, 01591 Riesa,
Tel. 0 35 25/72 28-0,
Fax: 0 35 25/72 28-29
Wasserschutzpolizeiposten Torgau,
Am Wasserturm 3, 04860 Torgau,
Tel.: 0 34 21/72 74-0,
Fax: 0 34 21/72 74-29 oder 1 29

5.14 Sachsen-Anhalt

Polizeidirektion Magdeburg Wasserschutzpolizei des Landes Sachsen-Anhalt,
Markgrafenstraße 12, 39114 Magdeburg,
Tel.: 03 91/5 46-0, 03 91/5 46-25 94,
Fax: 03 91/5 46-25 82,
E-Mail: WSP-LSA@MD.POL.LSA-NET.DE
Wasserschutzpolizeirevier Magdeburg,
Markgrafenstraße 12, 39114 Magdeburg,
Tel.: 03 91/5 46-0, 03 91/5 46-26 91,
Fax: 03 91/5 46-26 26
Wasserschutzpolizeistation Haldensleben,
Hafenstraße 42, 39240 Haldensleben,
Tel.: 0 39 04/4 50 25, Fax: 0 39 04/4 50 25
Wasserschutzpolizeistation Burg,
Tieferwisch 20a, 39288 Burg,
Tel.: 0 39 21/53 16, Fax: 0 39 21/53 16
Wasserschutzpolizeistation Genthin,
Friedrich-Ebert-Straße, 39307 Genthin,
Tel.: 0 39 33/80 32 96,
Fax: 0 39 33/80 32 96

Wasserschutzpolizeistation Schönebeck,
Burgwall 2, 39218 Schönebeck,
Tel.: 0 39 28/40 10 87,
Fax: 0 39 28/40 10 87
Wasserschutzpolizeirevier Dessau,
Am Leopoldhafen, 06846 Dessau,
Tel.: 03 40/65 07-0,
Fax: 03 40/65 07-2 90
Wasserschutzpolizeistation Wittenberg,
Dessauer Straße 6a, 06886 Wittenberg,
Tel.: 0 34 91/61 17 65,
Fax: 0 34 91/61 17 65
Wasserschutzpolizeistation Halle,
Am Saalehafen 1, 06118 Halle,
Tel.: 03 45/5 22 98 88
Wasserschutzpolizeistation Bernburg,
Mühlenstraße 14, 06406 Bernburg,
Tel.: 0 34 71/37 00 95,
Fax: 0 34 71/37 00 95
Wasserschutzpolizeirevier Havelberg,
Bahnhofstraße 40, 39539 Havelberg,
Tel.: 03 93 87/72-2 00,
Fax: 03 93 87/72-2 39
Wasserschutzpolizeistation Tangermünde,
Zollensteig 13a, 39590 Tangermünde,
Tel.: 03 93 22/25 12, Fax: 03 93 22/25 12

5.15 Schleswig-Holstein

Wasserschutzpolizeidirektion Schleswig-Holstein,
Mühlenweg 166, Haus 10, 24116 Kiel,
Leitung: 04 31/1 60-61 00,
Fax: 04 31/1 60-61 29,
E-Mail: wspd.sh@t-online.de
WSP-Revier Flensburg,
Schiffbrücke 66, 24939 Flensburg,
Tel.: 04 61/4 84-63 00,
Fax: 04 61/4 84-63 90
WSP-Station Maasholm,
Uleweg 31, 24404 Maasholm,
Leitung: 0 46 42/10 84,
Fax: 0 46 42/73 42
WSP-Revier Kiel,
Düsternbrooker Weg 82, 24105 Kiel,
Leitung: 04 31/1 60-63 00,
Fax: 04 31/1 60-63 09
WSP-Revier Heiligenhafen,
Am Yachthafen, 23774 Heiligenhafen,
Leitung: 0 43 62/73 42,
Fax: 0 43 62/58 88
WSP-Station Puttgarden,
Fährbahnhof, 23769 Puttgarden,
Leitung: 0 43 71/38 90,
Fax: 0 43 71/14 18
WSP-Revier Lübeck-Travemünde,
Am Leuchtenfeld,
23570 Lübeck-Travemünde,
Leitung: 0 45 02/8 62 83-34,
Fax: 0 45 02/8 62 83-48
WSP-Station Lübeck,
Hafenstraße 2, 23568 Lübeck,
Leitung: 04 51/3 89 71-0,
Fax: 04 51/3 89 71-19
WSP-Station Ratzeburg,
Seestraße 12–14, 23909 Ratzeburg,
Leitung: 0 45 41/8 09-1 90,
Fax: 0 45 41/8 09-2 19
WSP-Revier Brunsbüttel,
Schleuse, 25534 Brunsbüttel,
Leitung: 0 48 52/9 00-20,
Fax: 0 48 52/9 00-2 19
WSPSt Rendsburg,
Am Kreishafen 3, 24768 Rendsburg,
Leitung: 0 43 31/5 56 03,
Fax: 0 43 31/14 92 30
WSP-Station Glückstadt,
Am Neuendeich 48, 25348 Glückstadt,
Leitung: 0 41 24/7 01 40,
Fax: 0 41 24/30 11 19
WSP-Revier Husum,
Am Außenhafen, 25813 Husum,
Leitung: 0 48 41/83 06 60,
Fax: 0 48 41/83 06 68,
E-Mail: husum.wsprv@polizei.landsh.de
WSPSt Büsum,
Alte Hafeninsel, 25761 Büsum,
Leitung: 0 48 34/95 98-0,
Fax: 0 48 34/95 98-25
WSP-Station Helgoland,
Hafenstraße, 27498 Helgoland,
Leitung: 0 47 25/6 07,
Fax: 0 47 25/15 88
WSP-Station List/Sylt,
Am Hafen, 25992 List,
Leitung: 0 46 51/87 04 60,
Fax: 0 46 51/95 70 23
WSP-Station Wyk/Föhr,
Hafendeich, 25938 Wyk auf Föhr,
Leitung: 0 46 81/12 80,
Fax: 0 46 81/58 04 72

6. Sportbootführerschein-verordnung – Binnen

Verordnung über das Führen von Sportbooten auf den Binnenwasserstraßen (Sportbootführerschein-verordnung – Binnen – Sportboot-FüV–Bin)
Vom 22. März 1989
(Bundesgesetzbl. I S. 536, 1102),
zuletzt geändert durch Art. 11
der Verordnung vom
20. Januar 2006 (BGBl. I S. 220)

Auf Grund des § 3 Abs. 1 Nr. 6 und des § 3a des Binnenschifffahrtsaufgabengesetzes in der Fassung der Bekanntmachung vom 4. August 1986 (BGBl. I S. 1270) wird vom-Bundesministerium für Verkehr, Bau- und Wohnungswesen (BMVBW) und auf Grund des § 4 Abs. 2 des Binnenschifffahrtsaufgabengesetzes vom BMVBW im Einvernehmen mit dem Bundesministerium der Finanzen verordnet:

§ 1 Begriffsbestimmungen

Im Sinne dieser Verordnung sind

1. Binnenschifffahrtsstraßen die Wasserstraßen (§ I Abs. 1 Nr. 2 des Binnenschifffahrtsaufgabengesetzes) mit Ausnahme der Seeschifffahrtsstraßen und der Elbe im Hamburger Hafen,

2. Sportboote von ihren Bootsführern nicht gewerbsmäßig, gewöhnlich für Sport- oder Erholungszwecke verwendete Fahrzeuge von weniger als 15 m Länge (ohne Ruder und Bugspriet), ausgenommen Fahrzeuge, die durch Muskelkraft oder nur hilfsweise mit einem Treibsegel von höchstens 3 m^2 Fläche fortbewegt werden.

§ 2 Fahrerlaubnis

(1) Wer ein Sportboot mit Antriebsmaschineoder unter Segel auf den Binnenschifffahrtsstraßen führen will, bedarf einer Fahrerlaubnis für die jeweilige Antriebsart. Dies gilt abweichend von § 2 der Verordnung zur Anwendung und Ergänzung der Sportbootführerscheinverordnung – Binnen sowie der Binnenschifferpatentverordnung vom 5. Juni 1990 der Senatsverwaltung für Arbeit, Verkehr und Betriebe des Landes Berlin (GVBl. S. 1276) auf Binnenschifffahrtsstraßen im Land Berlin auch für Führer von Sportbooten mit Wohnsitz im Geltungsbereich dieser Verordnung außerhalb des Landes Berlin.

(2) Die Fahrerlaubnis wird, unbeschadet des § 4, durch den Sportbootführerschein – Binnen nach dieser Verordnung nachgewiesen (Anlage 1).

(3) Die in Absatz 2, § 3 Abs. 1 Nr. 1 Satz 2, Abs. 2 und § 4 bezeichneten Befähigungsnachweise sind beim Führen von Sportbooten mitzuführen und den zur Kontrolle befugten Personen auf Verlangen zur Prüfung auszuhändigen.

(4) Der Eigentümer oder Führer eines Sportbootes darf nicht anordnen oder zulassen, dass jemand das Boot führt, der nicht Inhaber der erforderlichen Fahrerlaubnis (Absatz 1) ist oder gegen den das Ruhen der Erlaubnis (§ 10a Abs. 1) vollziehbar angeordnet wurde. Ein Sportboot im Sinne dieser Vorschrift führt nicht, wer es unter Aufsicht des Inhabers einer Fahrerlaubnis für die jeweilige Antriebsart fortbewegt. In diesem Fall ist Führer allein der Beaufsichtigende.

(5) Die Erlaubnis zum Führen eines Sportbootes kann auf Segelboote oder Segelsurfbretter beschränkt werden.

§ 3 Ausnahmen

(1) Keiner Fahrerlaubnis nach dieser Verordnung bedürfen

1. Personen mit Wohnsitz außerhalb des Geltungsbereiches dieser Verordnung, die sich nicht länger als 1 Jahr im Geltungsbereich dieser Verordnung aufhalten. Ist in dem Staat ihres Wohnsitzes für das Führen von Sportbooten auf Binnengewässern ein Befähigungsnachweis amtlich vorgeschrieben oder wendet dieser Staat die Resolution Nr. 40 ECE (TRANS/SC. 3/147, VkBl. 2000 S. 197) an, gilt Satz 1 nur, wenn diese Personen Inhaber des Befähigungsnachweises oder des Internationalen Zertifikats nach der Resolution Nr. 40 ECE für die jeweilige Antriebsart sind, und nur, soweit Gegenseitigkeit gewährleistet ist; das Bundesministerium für Verkehr, Bau und Stadtentwicklung macht im Verkehrsblatt bekannt, welche Staaten die Resolution Nr. 40 ECE anwenden;

2. gestrichen.

(2) Keiner Fahrerlaubnis nach dieser Verordnung bedürfen beim Führen eines Sportbootes mit Antriebsmaschine die Inhaber

1. eines Schifferpatents für den Bodensee der Kategorien B und C oder den Hochrhein;

2. eines im Geltungsbereich dieser Verordnung erteilten amtlichen Berechtigungsscheines zum Führen eines mit Antriebsmaschine ausgerüsteten Dienstfahrzeugs auf den Binnenschifffahrtsstraßen oder anderen Binnengewässern außerhalb der Seeschifffahrtsstraßen;

3. eines amtlichen Berechtigungsscheines zum Führen eines mit Antriebsmaschine ausgerüsteten Dienstfahrzeugs auf den Seeschifffahrtsstraßen, der im Geltungsbereich dieser Verordnung vor dem 1. April 1978 erteilt worden ist;

4. eines Befähigungszeugnisses der Gruppen A und B der Schiffsbesetzungs- und Ausbildungsordnung vom 19. August 1970 (BGBl. I S.1253), das vor dem 1. April 1978 erteilt worden ist;

5. von Fahrerlaubnissen oder Befähigungszeugnissen, die nach den Bestimmungen der Binnenschifferpatentverordnung vom 15. Dezember 1997 (BGBl. I S. 3066), zuletzt geändert durch Artikel 1 der Verordnung vom 20. Januar 2006 (BGBl. I S. 220), in der jeweils geltenden Fassung zum Führen von Fahrzeugen berechtigen.

(3) Der für die Fahrerlaubnis nach dieser Verordnung erforderliche Befähigungsnachweis gilt als erbracht

1. für die Inhaber
   a) eines im Geltungsbereich dieser Verordnung nach anderen Vorschriften erteilten amtlichen Befähigungsnachweises zum Führen eines Fahrzeugs mit Antriebsmaschine oder unter Segel auf Binnengewässern außerhalb der Seeschifffahrtsstraßen für die jeweilige Antriebsart, soweit das Bundesministerium für Verkehr, Bau und Stadtentwicklung diesen als Befähigungsnachweis anerkannt hat;
   b) eines Schifferpatents für den Bodensee der Kategorien A und D für die jeweilige Antriebsart;

2. beim Führen eines Sportbootes mit Antriebsmaschine für die Inhaber eines von einer als gemeinnützig anerkannten Körperschaft erteilten Berechtigungsscheines zum Führen von Wasserrettungsfahrzeugen, soweit das Bundesministerium für Verkehr, Bau und Stadtentwicklung diesen als Befähigungsnachweis anerkannt hat.

Eine Übersicht über die durch die Nummern 1 und 2 erfassten Befähigungsnachweise und Berechtigungsscheine wird im Verkehrsblatt – Amtsblatt des Bundesministeriums für Verkehr, Bau und Stadtentwicklung der Bundesrepublik Deutschland – veröffentlicht.

(4) Eine Fahrerlaubnis nach dieser Verordnung ist erforderlich für das Führen von Sportbooten
1. unter Segel nur auf den Binnenschifffahrtsstraßen nach Anlage 2,
2. mit Antriebsmaschine, deren größte Nutzleistung mehr als 3,68 kW beträgt.

§ 4 Fortgeltung anderer Befähigungsnachweise

(1) Ein amtlich vorgeschriebener Befähigungsnachweis nach der Sportbootführerscheinverordnung – Binnen vom 21. März 1978 (BGBl. I S. 420), zuletzt geändert durch Artikel 48 Abs. 4 des Gesetzes vom 18. Februar 1986 (BGBl. I S. 265) oder ein Sportbootführerschein nach der Sportbootführerscheinverordnung – See vom 20. Dezember 1973 (BGBl. I S. 1988), zuletzt geändert durch Artikel 5 der Vierten Schiffssicherheitsanpassungsverordnung vom 25. September 2002 (BGBl. I S. 3762) in der Fassung der Bekanntmachung vom 19. März 2003 (BGBl. I S. 367), der vor dem 1. April 1978, im Land Berlin bis zum Inkrafttreten dieser Verordnung, erteilt worden ist, oder ein Motorbootführerschein nach der Motorbootführerscheinverordnung vom 17. Januar 1967 (BGBl. I S. 1107), ersetzen die nach dieser Verordnung vorgeschriebene Fahrerlaubnis.

§ 5 Allgemeine Anforderungen für die Erteilung der Fahrerlaubnis

(1) Der Antragsteller muss für die Erteilung einer Fahrerlaubnis
1. a) für das Führen eines Sportbootes mit Antriebsmaschine das 16. Lebensjahr,
   b) für das Führen eines Sportbootes unter Segel das 14. Lebensjahr

   vollendet haben;
2. körperlich und geistig zum Führen eines Sportbootes tauglich sein;
3. zuverlässig sein;
4. die erforderliche Befähigung in einer Prüfung nachgewiesen haben (§ 7).

(2) Untauglich zum Führen eines Sportbootes ist insbesondere, wer nicht über ein ausreichendes Seh- oder Hörvermögen verfügt. Bestehen Zweifel an der Tauglichkeit, kann die Vorlage amts- oder fachärztlicher Zeugnisse verlangt werden.

(3) Bewerbern, die bedingt tauglich sind, kann die Fahrerlaubnis unter Auflagen erteilt werden. Tritt eine Einschränkung der Tauglichkeit nach der Erteilung der Fahrerlaubnis ein, können nachträglich Auflagen erteilt werden. Die Auflagen werden im Sportbootführerschein – Binnen eingetragen. Auflagen, die in einem der in § 3 Abs. 2 genannten Befähigungsnachweise eingetragen sind, sind auch beim Führen eines Sportbootes zu beachten.

(4) Unzuverlässig ist insbesondere, wer gegen verkehrsstrafrechtliche Vorschriften erheblich verstoßen hat und deswegen rechtskräftig verurteilt worden ist.

§ 6 Prüfungsvoraussetzungen

(1) Der Bewerber hat den Antrag auf Zulassung zur Prüfung und Erteilung der Fahrerlaubnis mit folgenden Angaben an den Prüfungsausschuss (§ 11 Abs. 2) zu richten:

1. Vor- und Zuname, Geburtstag, Geburtsort und Anschrift,
2. Antriebsart, für die die Fahrerlaubnis erworben werden soll.

(2) Dem Antrag sind beizufügen:

1. ein Lichtbild aus neuerer Zeit in der Größe 38 x 45 mm, das den Bewerber ohne Kopfbedeckung im Halbprofil zeigt,
2. ein ärztliches Zeugnis über ein ausreichendes Seh- und Hörvermögen; in den Richtlinien nach § 11 Abs. 1 Satz 3 kann auch bestimmt werden, in welchen Fällen der Nachweis über ein ausreichendes Sehvermögen auch mit einer Sehtestbescheinigung einer amtlich anerkannten Sehteststelle geführt werden kann.

(3) Bewerber hat auf Verlangen des Prüfungsausschusses die Erteilung eines Führungszeugnisses nach den Vorschriften des Bundeszentralregistergesetzes zu beantragen und dem Prüfungsausschuss vorzulegen, wenn er keinen gültigen amtlichen Kraftfahrzeugführerschein nachweist.

(4) Der Bewerber wird zur Prüfung zugelassen, wenn die Voraussetzungen nach § 5 Abs. 1 Nr. 1 bis 3 sowie nach Absatz 2 und 3 erfüllt und die Gebühren nach § 12 Abs. 1 Nr. 1 oder 2 und 3 bezahlt sind.

§ 7 Prüfung

(1) Der Bewerber hat in einer Prüfung nachzuweisen, dass er

1. über ausreichende Kenntnisse der für das Führen eines Sportbootes maßgebenden Vorschriften und die zu seiner sicheren Führung auf den Binnenschifffahrtsstraßen erforderlichen nautischen und technischen Kenntnisse verfügt (theoretischer Teil) und
2. zu ihrer praktischen Anwendung fähig ist (praktischer Teil).

Wird die Prüfung aus wichtigem Grund nicht an einem Tag abgeschlossen, muss der fehlende Prüfungsteil spätestens innerhalb eines Jahres nachgeholt werden.

(2) Der Vorsitzende des Prüfungsausschusses oder sein Stellvertreter bestimmt den Prüfungstermin und beruft die Prüfungskommission, die aus drei Prüfern besteht. Die Prüfung wird von der Prüfungskommission abgenommen, die mit Stimmenmehrheit beschließt. Der Vorsitzende der Prüfungskommission leitet die Prüfung. Über den Prüfungsverlauf ist eine Niederschrift aufzunehmen.

(3) Für die Abnahme des praktischen Teils der Prüfung hat der Bewerber ein geeignetes Sportboot der Antriebsart zu stellen, für die er die Fahrerlaubnis beantragt hat. Das Sportboot muss neben dem Bewerber und dem Schiffsführer mindestens einem Mitglied der Prüfungskommission Platz bieten. Die Prüfungskommission kann Ausnahmen bei der Abnahme von Prüfungen auf Sportbooten ohne Antriebsmaschine zulassen.

(4) Hat der Bewerber in der Prüfung die Befähigung zum Führen eines Sportbootes nachgewiesen, wird ihm die Fahrerlaubnis erteilt und ein Sportbootführerschein – Binnen unter Verwendung eines Vordrucks nach dem Muster der Anlage ausgestellt. Besteht der Bewerber den theoretischen oder praktischen Teil der Prüfung nicht, kann er diesen Teil der Prüfung frühestens nach vier Wochen und spätestens nach einem Jahr wiederholen.

(5) Inhaber eines Befähigungsnachweises nach § 3 Abs. 2 Nr. 3 und 4 oder eines

Sportbootführerscheines nach § 4, der nach dem 31. März 1978 erteilt worden ist, sind beim Erwerb einer Fahrerlaubnis für Sportboote mit Antriebsmaschine von dem praktischen Teil der Prüfung befreit. Dies gilt für Inhaber eines Befähigungszeugnisses nach der Schiffsoffiziers-Ausbildungsverordnung vom 11. Februar 1985 (BGBl. I S. 323) in der jeweils geltenden Fassung entsprechend.

Inhaber eines nach der Resolution Nr. 40 ECE ordnungsgemäß ausgestellten internationalen Zertifikats sind beim Erwerb einer Fahrerlaubnis vom praktischen Teil der Prüfung für die jeweilige Antriebsart befreit.

§ 8 Erteilung einer Fahrerlaubnis ohne Prüfung

Gegen Vorlage eines der in § 3 Abs. 3 genannten Befähigungsnachweise wird dem Inhaber auf Antrag ohne Ablegung einer Prüfung eine Fahrerlaubnis erteilt und ein Sportbootführerschein – Binnen ausgestellt, sofern die Voraussetzungen des § 5 Abs. 1 Nr. 1 bis 3 vorliegen. Gegen Vorlage eines der in § 3 Abs. 2 und § 4 genannten Befähigungsnachweise wird dem Inhaber auf Antrag ein Sportbootführerschein – Binnen für die jeweilige Antriebsart ausgestellt.

§ 9 Ersatzausfertigung

Ist ein Sportbootführerschein – Binnen unbrauchbar geworden, verloren gegangen oder sonst abhanden gekommen, stellen die beauftragten Verbände auf Antrag eine Ersatzausfertigung aus, die als solche zu kennzeichnen ist. Ein unbrauchbar gewordener oder wieder aufgefundener Sportbootführerschein – Binnen ist bei der nach § 11 Abs. 3 zuständigen Wasser- und Schifffahrtsdirektion abzuliefern.

§ 10 Entziehung der Fahrerlaubnis

(1) Erweist sich der Inhaber der Fahrerlaubnis zum Führen von Sportbooten als untauglich oder unzuverlässig, ist sie ihm zu entziehen. Bestehen Zweifel an der Tauglichkeit, kann die Vorlage eines amts- oder fachärztlichen Zeugnisses verlangt werden. Der Inhaber eines Sportbootführerscheines – Binnen gilt als widerleglich unzuverlässig, wenn er seiner Verpflichtung nach § 10a Abs. 6 nicht innerhalb einer Woche, nachdem die Anordnung über das Ruhen der Erlaubnis vollziehbar geworden ist, nachgekommen ist.

(2) Die Fahrerlaubnis kann entzogen werden, wenn der Inhaber wiederholt einer Auflage nach § 5 Abs. 3 nicht nachkommt.

(3) Die Fahrerlaubnis erlischt mit der Entziehung. Der Sportbootführerschein – Binnen ist unverzüglich bei der nach § 11 Abs. 3 zuständigen Wasser- und Schifffahrtsdirektion abzuliefern. Satz 2 gilt auch dann, wenn die Entziehung der Fahrerlaubnis angefochten und der sofortige Vollzug der Entziehung angeordnet worden ist.

(4) Die nach § 11 Abs. 3 zuständige Wasser- und Schifffahrtsdirektion kann die Neuerteilung einer Fahrerlaubnis an Auflagen und Bedingungen binden.

(5) Die zuständige Behörde teilt die Entziehung der Fahrerlaubnis den beauftragten Verbänden und, sofern der Inhaber des Sportbootführerscheins – Binnen seine Verpflichtung nach Absatz 3 nicht erfüllt hat, auch den Wasserschutzpolizeien der Länder unverzüglich mit. Die übrigen Wasser- und Schifffahrtsdirektionen und die Wasserschutzpolizeien der Länder teilen der zuständigen Behörde die ihnen bekannten Tatsachen mit, die eine Entziehung rechtfertigen können.

§ 10a Ruhen der Fahrerlaubnis

(1) Der Inhaber einer Fahrerlaubnis nach § 2 Abs. 1 oder eines Befähigungszeugnisses nach § 4 darf ein Sportboot nicht führen, wenn die nach § 11 Abs. 3 zuständige Behörde das Ruhen der Erlaubnis vollziehbar angeordnet hat.

(2) Sie kann das Ruhen der Erlaubnis befristet anordnen, wenn bei dem Inhaber einer Fahrerlaubnis oder eines Befähigungszeugnisses nach § 4 die Voraussetzungen für eine Entziehung noch nicht vorliegen, aber Zweifel an seiner Zuverlässigkeit oder Tauglichkeit bestehen. Werden diese Zweifel vor Ablauf der Frist ausgeräumt, ist die Anordnung aufzuheben.

(3) Mit der Anordnung kann befristet verboten werden, ein Sportboot auf allen oder bestimmten Wasserstraßen zu führen.

(4) Zweifel an der Zuverlässigkeit können insbesondere bestehen, wenn gegen den Inhaber einer Fahrerlaubnis oder eines Befähigungszeugnisses nach § 4 wegen einer Ordnungswidrigkeit nach § 7 Abs. 1 oder 2

des Binnenschifffahrtsaufgabengesetzes, die er unter grober oder beharrlicher Verletzung der Pflichten eines Schiffsführers oder einer Person, die selbstständig Kurs und Geschwindigkeit bestimmt, begangen hat, eine Geldbuße festgesetzt worden ist. Davon ist in der Regel auszugehen, wenn die Geldbuße wegen einer Ordnungswidrigkeit festgesetzt worden ist, weil der Betroffene mehrfach

1. mit einer Blutalkoholkonzentration von 0,8 Promille oder mehr ein Sportboot geführt hat,

2. eine vorgeschriebene Höchstgeschwindigkeit überschritten hat.

(5) In den Fällen des § 3 Abs. 1 Nr. 1 und Abs. 2 Nr. 1 bis 4 kann die nach § 11 Abs. 3 zuständige Behörde das unbefristete Ruhen der Erlaubnis anordnen, wenn die Voraussetzungen des § 10 Abs. 1 vorliegen. Sie kann das befristete Ruhen der Erlaubnis nach Maßgabe der Absätze 2 bis 4 anordnen. Sie darf die Anordnung über das unbefristete Ruhen der Erlaubnis nur aufheben, wenn die Voraussetzungen des § 5 Abs. 1 Nr. 2 und 3 erfüllt sind. Absatz 1 gilt entsprechend.

(6) Das Befähigungszeugnis ist der nach § 11 Abs. 3 zuständigen Behörde spätestens mit der Vollziehbarkeit der Anordnung

1. im Falle des Absatzes 1 zur amtlichen Verwahrung,

2. im Falle des Absatzes 5 zur Eintragung der Anordnung über das Ruhen der Erlaubnis vorzulegen. Die Dauer, während der das Verbot nach Absatz 2 gilt, wird von dem Tag an berechnet, an dem das Befähigungszeugnis vorgelegt wird.

(6a) Die zuständige Behörde teilt die Anordnung über das Ruhen der Erlaubnis den übrigen Wasser- und Schifffahrtsdirektionen und den Wasserschutzpolizeien der Länder, im Falle des Absatzes 5 auch der ausstellenden Behörde, mit, wenn der Inhaber des Befähigungszeugnisses seiner Verpflichtung nach Absatz 6 nicht innerhalb einer Woche, nachdem die Anordnung vollziehbar geworden ist, nachgekommen ist. § 10 Abs. 5 Satz 2 gilt entsprechend.

(7) Ein nach anderen Vorschriften angeordnetes Verbot, Fahrzeuge auf dem Wasser zu führen, ist auch beim Führen von Sportbooten zu beachten.

§ 10b Sicherstellung von Befähigungszeugnissen

(1) Sind dringende Gründe für die Annahme vorhanden, dass eine Erlaubnis entzogen (§ 10) oder das Ruhen der Erlaubnis angeordnet (§ 10a Abs. 2 oder 5) wird, so kann der Sportbootführerschein – Binnen oder ein anderes Befähigungszeugnis durch die Wasserschutzpolizeien der Länder oder durch die nach § 11 Abs. 3 zuständige Behörde vorläufig sicher gestellt werden.

(2) Ein vorläufig sicher gestellter Sportbootführerschein – Binnen oder ein vorläufig sicher gestelltes Befähigungszeugnis ist der für die Entscheidung nach § 10 Abs. 1 und 2 oder nach § 10a Abs. 2 und 5 zuständigen Behörde unter Angabe der Gründe zur amtlichen Verwahrung zu übergeben.

(3) Die vorläufige Sicherstellung des Sportbootführerscheins – Binnen oder des Befähigungszeugnisses ist aufzuheben und der Sportbootführerschein – Binnen oder das Befähigungszeugnis dem Inhaber zurückzugeben, wenn ihr Grund weggefallen ist oder wenn die zuständige Behörde die Erlaubnis nicht entzieht oder nicht deren Ruhen anordnet.

§ 11 Zuständige Stellen

(1) Der Deutsche Motoryachtverband e.V. und der Deutsche Segler-Verband e.V. werden beauftragt,

1. über Anträge auf Zulassung zur Prüfung und Erteilung der Fahrerlaubnis zu entscheiden (§ 6 Abs. 1),

2. Prüfungen abzunehmen, Fahrerlaubnisse zu erteilen und Sportbootführerscheine auszustellen (§§ 7 und 8),

3. Ersatzausfertigungen auszustellen (§ 9),

4. erforderliche Auflagen zu erteilen (§ 5 Abs. 3) und

5. nach Maßgabe des § 12 Kosten zu erheben.

Die beauftragten Verbände unterstehen bei der Erfüllung der übertragenen Aufgaben der Rechts- und Fachaufsicht des Bundesministeriums für Verkehr, Bau und Stadtentwicklung. Sie haben diese Aufgaben nach Maßgabe dieser Verordnung und der vom Bundesministerium für Verkehr, Bau und Stadtentwicklung erlassenen Richtlinien wahrzunehmen und können sie ganz oder teilweise gemeinsam durchführen.

(2) Der Prüfungsausschuss besteht aus einem Vorsitzenden und Stellvertretern nach Bedarf. Das Bundesministerium für Verkehr, Bau und Stadtentwicklung bestellt und entlässt die Prüfer auf Vorschlag der Verbände.

(3) Über die Entziehung der Fahrerlaubnis nach § 10 oder die Anordnung über das Ruhen der Fahrerlaubnis nach § 10a Abs. 1 oder 5 entscheiden die Wasser- und Schifffahrtsdirektionen. Die Entscheidung ist, soweit der Inhaber eines Befähigungsnachweises betroffen ist, unter Angabe der Gründe der Stelle mitzuteilen, die den Befähigungsnachweis erteilt hat. Für die Bezirke der Wasser- und Schifffahrtsdirektionen Nord, Nordwest, West, Südwest, Süd und Ost nimmt die Wasser- und Schifffahrtsdirektion Mitte in Hannover die Aufgaben nach Satz 1 und § 9 Satz 2 wahr.

§ 12 Kosten

(1) An Kosten (Gebühren und Auslagen) werden erhoben

1. für die Abnahme der Prüfung eines Bewerbers (§ 7 Abs. I) € 38, 35
2. für die Abnahme nur des
3. a) theoretischen € 19,17
   b) praktischen Prüfungsteils (§ 7 Abs. 4 Satz 2, § 7 Abs. 5) € 19,17
4. für die Erteilung der Fahrerlaubnis und die Ausstellung des Sportbootführerscheins (§ 7 Abs. 4 Satz 1) oder einer Ersatzausfertigung (§ 9 Satz 1) € 15, 34
5. für die Erteilung einer Fahrerlaubnis ohne Prüfung € 10,23
6. für nachträglich erteilte Auflagen (§ 5 Abs. 3 Satz 2) € 5,88
7. für die Ablehnung eines Antrages € 9,71
8. für die Entziehung der Fahrerlaubnis (§ 10 Abs. 1 oder 2) oder die Anordnung über das Ruhen der Fahrerlaubnis (§ 10a Abs. 2 Satz 1, Abs. 5 Satz 1 und 2) € 43,46 bis 127,82
9. Reisekosten der Prüfer
10. Kosten für die Bereitstellung von Prüfungsräumen.

(2) Die Kosten nach Absatz 1 Nr. 7 werden von der nach § 11 Abs. 3 zuständigen Wasser- und Schifffahrtsdirektion, im Übrigen von den beauftragten Verbänden festgesetzt und eingezogen.

§ 13 Ordnungswidrigkeiten

Ordnungswidrig im Sinne des § 7 Abs. 1 des Binnenschifffahrtsaufgabengesetzes handelt, wer vorsätzlich oder fahrlässig

1. ein Sportboot ohne Fahrerlaubnis nach § 2 Abs. 1 führt,
2. entgegen § 2 Abs. 3 einen Befähigungsnachweis nicht mitführt,
3. entgegen § 2 Abs. 4 Satz 1 das Führen eines Sportbootes anordnet oder zulässt,
4. einer vollziehbaren Auflage nach § 5 Abs. 3 Satz 1, 2 oder 4 zuwider handelt,
5. entgegen § 10 Abs. 3 Satz 2 oder 3 den Sportbootführerschein – Binnen nicht oder nicht rechtzeitig abliefert oder
6. entgegen § 10a Abs. 1, auch in Verbindung mit Abs. 5 Satz 4, ein Sportboot führt.

§ 14 Übergangsregelung

Bis zum 31. März 2007 dürfen für den Sportbootführerschein – Binnen noch Vordrucke nach dem am 31. März 2006 geltenden Muster weiterverwendet werden.

§ 15 Inkrafttreten

Diese Verordnung tritt am 1. April 1989 in Kraft; gleichzeitig tritt die Sportbootführerscheinverordnung – Binnen vom 21. März 1978 (BGBl. I S. 420), zuletzt geändert durch Artikel 48 Abs. 4 des Gesetzes vom 18. Februar 1986 (BGBl. I S. 265), außer Kraft.

Anlage 1
(zu § 2 Abs. 2)

BUNDESREPUBLIK DEUTSCHLAND
FEDERAL REPUBLIC OF GERMANY

INTERNATIONALES ZERTIFIKAT
FÜR FÜHRER VON SPORT- UND FREIZEITFAHRZEUGEN

In Übereinstimmung mit der Resolution Nr. 40 der Hauptarbeitsgruppe „Binnenschifffahrt" Wirtschaftskommission der Vereinten Nationen für Europa

INTERNATIONAL CERTIFICATE
FOR OPERATORS OF PLEASURE CRAFT
IN INLAND WATERS

In conformity with resolution No. 40 of the Working Party on Inland Water Transport United Nations Economic Commission for Europe

Fahrerlaubnis/Licence/Permis de navigation/Vaarbewijs

Dem Inhaber (Angaben umstehend) wird hiermit im Auftrage des Bundesministeriums für Verkehr, Bau- und Wohnungswesen der Bundesrepublik Deutschland die Fahrerlaubnis (§ 2 Abs. 1 und 5 der Sportbootführerscheinverordnung-Binnen) zum Führen von Sportbooten mit einer Länge von weniger als 15 Metern mit Antriebsmaschine*/unter Segel*/als Segelsurfbrett* auf den Binnenschifffahrtsstraßen erteilt.

On behalf of the Federal Ministry of Transport, Building and Housing of the Federal Republic of Germany, the holder (personal data overleaf) is herewith granted the licence (§ 2 paras. 1 and 5 of the Ordinance on Pleasure Craft Skipper's Licence) to operate motorized*/sailing pleasure craft/sailboard with a length of less than 15 metres on inland waterways.

Le titulaire du présent permis (donnees personnelles au verso) est autorisé, au nom du Ministere fedéral des Transports, de la Con struction et du Logement de la République fédérale d'Allemagne et conformément au § 2, alinéas 1 et 5, du règlement relatif au permis de navigation pour la conduite des bateaux de plaisance sur les voies navigables intérieures, à conduire des bateaux de plaisance motorisés /à voile /des planches a voile d'une longueur inférieure à 15 mètres sur les voies de navigation intérieure.

Hierbij wordt de houder (personalia ommestaand) in opdracht van het ministerie van Verkeer, Bouw en Huisvesting van de Bondsrepubliek Duitsland het vaarbewijs (§ 2, lid 1 en 5 van het Besluit vaarbewijzen binnenvaart) tot het besturen van pleziervaartuigen met een lengte van minder dan 15 m met een aandrijlmotor*/onder zeil*/als zeilplank* op vaarwegen op de binnenwateren verleend.

* Siehe Innenseite/See inside/Voir page intérieure/Zie binnenzijde

BUNDESREPUBLIK DEUTSCHLAND

SPORTBOOT-
FÜHRERSCHEIN BINNEN

Eigenhändige Unterschrift des Inhabers/Holder's Signature

Vor- und Zuname/Name and Surname

Geburtsland und -ort/Place and Country of Birth

Geburtsdatum/Date of Birth

Staatsangehörigkeit/Nationality

Anschrift/Address

Anschrift/Address

* Nichtzutreffendes bitte streichen
* Cancel if not applicable

ZERTIFIKAT/CERTIFICATE
Nr. 000000 -A
GÜLTIG FÜR/VALID FOR
BINNENSCHIFFFAHRTSSTRASSEN/INLAND WATERS
SPORTBOOTE MIT ANTRIEBSMASCHINE*/UNTER SEGEL*/ALS SEGELSURFBRETT*
MOTORIZED*/SAILING* PLEASURE CRAFT/SAILBOARD*
LÄNGE/LENGTH < 15 M

Lichtbild des Inhabers

Ort und Datum der Ausstellung/Place and Date of Issue

Ausgestellt durch/Issued by
DEUTSCHER MOTORYACHTVERBAND E.V.
DEUTSCHER SEGLER-VERBAND E.V.

Unterschrift/Signature

Ermächtigt durch/Authorized by
BUNDESMINISTERIUM FÜR VERKEHR, BAU- UND WOHNUNGSWESEN

Auflagen nach § 5 Abs. 3 Sportbootführerscheinverordnung-Binnen
Conditions:

Raum für weitere amtliche Eintragungen.

Anlage 2
(zu § 3 Abs. 4 Nr. 1)

Havel-Oder-Wasserstraße von der Spreemündung bei Spandau bis km 10,20

einschließlich:	Nieder Neuendorfer See
	Spandauer Havel
mit:	Tegeler See

Untere Havel-Wasserstraße von der Spree mündung bei Spandau bis km 16,40

einschließlich:	Pichelsdorfer Havel
mit:	Großem Wannsee

Spree-Oder-Wasserstraße von der Abzweigung aus der Havel bei Spandau bis Oder-Spree-Kanal (km 45,10)

einschließlich:	Untere Spree
	Berliner Spree
	Treptower Spree
mit:	Ruhlebener Altarm
	Rummelsburger See
	Müggelspree von der Einmündung in die Spree-Oder-Wasserstraße (Köpenick) bis km 11,40 einschließlich Großem und Kleinem Müggelsee sowie „Die Bänke"
	Langer See
	Großer Krampe
	Seddinsee
	Griebnitzsee
	Kleinmachnower See
	Stölpchen See
	Pohlesee
	Kleiner Wannsee

7. Befähigungsnachweise und Berechtigungsscheine, deren Inhaber eine Fahrerlaubnis ohne Prüfung erhalten*

7.1 Für den Bereich der Binnenschifffahrtsstraßen (§ 3 Abs. 2 Nr. 2)

Bezeichnung	Ausstellende Behörde
Ausbildungsnachweis mit Prüfungszeugnis und dem Vermerk: „Der Inhaber hat die Bootsführerscheinprüfung bestanden und ist berechtigt, motorisierte Wasserfahrzeuge des Bundesgrenzschutzes und der Bereitschaftspolizeien der Länder zu führen" (erteilt bis 31. März 1978)	Bundesministerium des Innern Innenminister/Senatoren für Inneres der Länder (Bereitschaftspolizei)
Bootsfahrlehrerschein des Bundesgrenzschutzes und der Bereitschaftspolizeien der Länder (erteilt ab 1. April 1978)	Bundesministerium des Innern Innenminister/Senatoren für Inneres der Länder (Bereitschaftspolizei)
Bootsführerschein – Binnen des Bundesgrenzschutzes und der Bereitschaftspolizeien der Länder (erteilt ab 1. April 1978)	Bundesministerium des Innern Innenminister/Senatoren für Inneres der Länder (Bereitschaftspolizei)
Bootsführerschein – See/Binnen des Bundesgrenzschutzes und der Bereitschaftspolizeien der Länder	Bundesministerium des Innern Innenminister/Senatoren für Inneres der Länder (Bereitschaftspolizei)
Betriebsberechtigungsschein für Pioniermaschinen der Gruppe I	Bundesministerium der Verteidigung
Lehrberechtigungsschein für Pioniermaschinen der Gruppe I	Bundesministerium der Verteidigung
Prüfberechtigungsschein für Pioniermaschinen der Gruppe I	Bundesministerium der Verteidigung
Berechtigungsschein für das Führen von Motor-Wasserfahrzeugen des Katastrophenschutzes auf Binnenschifffahrtsstraßen	Bundesamt für Zivilschutz
Bescheinigung über die erfolgreiche Teilnahme an einem Einweisungslehrgang für Beamte des Wasserzolldienstes und über die Berechtigung zum Führen von Zollbooten auf Binnenschifffahrtsstraßen oder anderen Binnengewässern außerhalb der Seeschifffahrtsstraßen	Oberfinanzdirektion
Bootssteuerzeugnis der Wasserschutzpolizei Baden-Württemberg	Wasserschutzpolizeidirektion Baden-Württemberg
Bootsführerzeugnis der Wasserschutzpolizei Baden-Württemberg	Wasserschutzpolizeidirektion Baden-Württemberg

* VkBl. 1989 S. 658; 1990 S. 254; 2002 S. 81; 2003 S. 787 und S. 834; 2005 S. 451 und S. 630; 2006 S. 349

Bezeichnung	Ausstellende Behörde
Befähigungszeugnis zum Führen eines Fahrgastschiffes	Bayerisches Staatsministerium der Finanzen
Befähigungszeugnis zum Führen von Dienstbooten der Wasserschutzpolizei in Bayern	Wasserschutzpolizeiinspektion Bayern
Feuerwehr-Motorboot-Führerschein für Binnenfahrt	Bayerisches Landesamt für Brand- und Katastrophenschutz
Bescheinigung über die erfolgreiche Teilnahme an einem wasserschutzpolizeilichen Einweisungslehrgang	Wasserschutzpolizeischule Hamburg
Befähigungsnachweis zum Führen von Polizeibooten (erteilt bis 1. Juni 1977)	Hessisches Wasserschutzpolizeiamt
Bootsführer- und Maschinenleiterzeugnis (erteilt ab 1. Juni 1977)	Hessisches Wasserschutzpolizeiamt
Befähigungsnachweis für Streckenbootsführer	Der Kommandeur der Wasserschutzpolizei bei der Bezirksregierung Weser–Ems
Befähigungsnachweis für Hafenbootsführer	Der Kommandeur der Wasserschutzpolizei bei der Bezirksregierung Weser–Ems
Polizei-Bootssteuerschein	Präsidium der Wasserschutzpolizei Nordrhein-Westfalen
Feuerwehr-Bootssteuerschein	Präsidium der Wasserschutzpolizei Nordrhein-Westfalen
Bootsführerzeugnis der Wasserschutzpolizei Rheinland-Pfalz	Wasserschutzpolizeiamt Rheinland-Pfalz
Matrosen-/Bootsmannsbrief der Binnenschifffahrt	Industrie- und Handelskammern
Nachweiskarte über die Eignung und Befähigung zum Führen von Dienstfahrzeugen und Dienstbooten	Landespolizeischule Hamburg
Feuerwehr-Motorbootführerschein – Binnen	Landesfeuerwehrschule Baden-Württemberg in Bruchsal
Feuerwehr-Motorbootführerschein für Binnenfahrt	Hessische Landesfeuerwehrschule in Kassel
Berechtigungsschein für das Führen von Motorbooten der Feuerwehr auf Binnenschifffahrtsstraßen	Landesfeuerwehrschule Rheinland-Pfalz in Koblenz

Bezeichnung	Ausstellende Behörde
Berechtigungsschein für das Führen von Motorbooten der Feuerwehr auf Binnenschifffahrtsstraßen	Feuerwehr- und Katastrophenschutzschule Rheinland-Pfalz
Berechtigungschein zum Führen von Dienstbooten der Wasserschutzpolizei des Landes Berlin	Der Polizeipräsident in Berlin, Referat Wasserschutzpolizei
Bescheinigung zum Führen von motorgetriebenen Wasserfahrzeugen der technischen Einsatzabteilung der Polizei	Der Polizeipräsident in Berlin
Qualifikationsnachweis als Matrose, Steuermann usw. der Binnenschifffahrt	Wasser- und Schifffahrtsamt
Dienstberechtigungsschein der Berufsfeuerwehr der Stadtverwaltung Dresden	Landeshauptstadt Dresden Direktor der Feuerwehr
Feuerwehrbootsführerschein	Leiter der Feuerwehr der Stadt Duisburg
Amtlicher Berechtigungsschein zum Führen von Dienstfahrzeugen der Feuerwehr	Stadt Bochum – Der Oberbürgermeister –
Feuerwehr-Bootsführerschein	Stadt Meerbusch
Bootsführerschein Feuerwehr für Binnenfahrt	Stadt Hattingen, Feuerschutzamt
Berechtigungsschein (gem. § 4 – 3b – Binnenschifferpatentverordnung)	Feuerwehr Bremerhaven
Dienstführerschein (mit der Eintragung „Berechtigt zum Führen von Wasserschutzbooten der Thüringer Polizei")	Thüringer Polizeiverwaltungsamt
Dienstberechtigungsschein	Der Oberbürgermeister, Stadt Köln, Berufsfeuerwehr, Amt für Feuerschutz, Rettungsdienst und Bevölkerungsschutz
Dienstberechtigungsschein	Der Oberbürgermeister der Stadt Völklingen, Freiwillige Feuerwehr, Rechts- und Ordnungsamt

7.2 Für den Bereich der Seeschifffahrtsstraßen (§ 3 Abs. 2 Nr. 3)

Ausbildungsnachweis mit Prüfungszeugnis und dem Vermerk: „Der Inhaber hat die Bootsführerprüfung bestanden und ist berechtigt, motorisierte Wasserfahrzeuge des Bundesgrenzschutzes und der Bereitschaftpolizeien der Länder zu führen" (erteilt bis 31. März 1978)	Bundesministerium des Innern Innenminister/Senatoren für Inneres der Länder (Bereitschaftspolizei)
Führerschein der Marine für Segelboote und Kraftboote mit der erteilten Erlaubnis für Kraftboot (Kraftbootführerschein der Marine)	Bundesministerium der Verteidigung
Betriebsberechtigungsschein für Pioniermaschinen der Gruppe I mit Zusatzprüfung für Seeschifffahrtsstraßen, Küstengewässer und NOK	Bundesministerium der Verteidigung
Lehrberechtigungsschein für Pioniermaschinen der Gruppe I mit Zusatzprüfung für Seeschifffahrtsstraßen, Küstengewässer und NOK	Bundesministerium der Verteidigung
Prüfberechtigungsschein für Pioniermaschinen der Gruppe I mit Zusatzprüfung für Seeschifffahrtsstraßen, Küstengewässer und NOK	Bundesministerium der Verteidigung
Berechtigungsschein für das Führen von Motor-Wasserfahrzeugen des Katastrophenschutzes auf Seeschifffahrtsstraßen	Bundesamt für Zivilschutz
Ausweis zur selbstständigen Führung eines Dienstfahrzeuges der Wasserschutzpolizei	Wasserschutzpolizeidirektion Bremen
Befähigungsnachweis für Küstenbootsführer	Der Kommandeur der Wasserschutzpolizei bei der Bezirksregierung Weser-Ems
Befähigungsnachweis für Küstenbootssteuerer	Der Kommandeur der Wasserschutzpolizei bei der Bezirksregierung Weser-Ems

8. Führerscheinpflicht auf ausländischen Binnengewässern

Belgien	keine Führerscheinpflicht
Dänemark	keine Führerscheinpflicht
Finnland	keine Führerscheinpflicht für Ausländer
Frankreich	Wegen der § 3 Abs. 1 Nr. 1 entsprechenden Rechtslage müssen ausländische Bootsführer das Befähigungszeugnis besitzen, das in ihrem Heimatland für das Befahren vergleichbarer Gewässer vorgeschrieben ist. Für in Frankreich beheimatete Fahrzeuge gelten die französischen Vorschriften. Beim Grenzübertritt genügt nur für Fahrzeuge bis 15 m Länge, bis 20 km/h erreichbare Höchstgeschwindigkeit und bis zu 15 Personen Transportkapazität ein nach der Resolution Nr. 13 (rev) der ECE ausgestelltes Dokument.
Griechenland	Ausländische Skipper benötigen bei Befahren griechischer Gewässer den Sportbootführerschein, der im jeweiligen Heimatland bei Befahren vergleichbarer Gewässer vorgeschrieben ist.
Großbritannien	keine Führerscheinpflicht
Italien	Führerscheinpflicht besteht. Ausländische Bootsfahrer müssen das nautische Befähigungszeugnis besitzen, das in ihrem Heimatland für das Befahren vergleichbarer Gewässer vorgeschrieben ist.
Kroatien	Führerscheinpflicht besteht. Ausländische Bootsführer müssen ein Befähigungszeugnis besitzen, das in ihrem Heimatland für das Befahren vergleichbarer Gewässer vorgeschrieben ist. Unabhängig davon ist eine Fahrerlaubnis (permit of navigation) erforderlich.
Niederlande	Seit April 1992 ist auf den holländischen Gewässern der holländische Sportbootführerschein („klein vaarbewijs") Pflicht. Dieser Schein ist vorgeschrieben für Boote mit einer Länge von 15 m und mehr sowie für Motorboote von weniger als 15 m Länge, die schneller fahren können als 20 km/h. Auf den Binnenschifffahrtsstraßen ist anerkannt der *Sportbootführerschein – Binnen* (reicht nicht für Westerschelde, Oosterschelde, IJsselmeer, Waddenzee, Ems und Dollard) oder der *Sportbootführerschein – See* beziehungsweise das *Sportschifferpatent für den Rhein*, die für *alle* Gewässer gelten.
Österreich	Führerscheinpflicht besteht für Fahrzeuge mit einer Antriebsleistung von 4,4 kW (6 PS) und mehr, nicht für Segelfahrzeuge (§§ 122, 123 Abs. 1 Nr. 5, 9 des Schifffahrtsgesetzes 1990 (öster. BGBl. 1989, S. 1039). Dieses Gesetz, das außerhalb des Bodensees gilt, führt mit Wirkung vom 1. 1. 1990 eine den deutschen Vorschriften nahezu entsprechende „Touristenklausel" ein (§ 123 Abs. 1 Nr. 1, Abs. 3 Nr. 2). Der deutsche Sportbootführerschein – Binnen ist damit anerkannt. Zu beachten ist allerdings, dass § 2 Nr. 2 und 3 das Sportfahrzeug anders definiert: Maßgeblich ist allein die Höchstlänge von 15 m (entsprechend DonauSchPV). Damit gelten Fahrzeuge unter 15 m3 Wasserverdrängung, aber über 15 m Länge nicht mehr als Sport- und Kleinfahrzeuge, sodass ein höherwertiges Patent erforderlich wird. Das Bodenseeschifferpatent wird auf anderen österreichischen Gewässern nur bei österreichischen Schiffsführern akzeptiert (§ 123 Abs. 1 Nr. 3).

Schweden	keine Führerscheinpflicht
Schweiz	Führerscheinpflicht besteht für das Führen von Fahrzeugen mit einer Motorleistung von mehr als 6 kW (8,16 PS) oder mit einer Segelfläche von mehr als 15 m2. Die Verordnung über die Schifffahrt auf schweizerischen Gewässern vom 8. November 1978 anerkennt ausländische Befähigungsnachweise, die für das Befahren vergleichbarer Gewässer vorgeschrieben sind. Auf dem Bodensee gelten ebenso wie auf den deutschen und österreichischen Teilen die Patentvorschriften der Bodensee-Schifffahrts-Ordnung.
Spanien	Führerscheinpflicht besteht für alle Fahrzeuge mit Ausnahme von Ruder- und Schlauchbooten, die mit einem Außenbordmotor mit einer Leistung von weniger als 4 PS ausgerüstet sind. Das Gesetz vom 6. März 1969 legt dabei „Steuer-PS" zugrunde, die mit unterschiedlichen Faktoren für 2- und 4-Takt-Motoren errechnet werden müssen. Dies bedeutet, dass die Führerscheinpflicht erst bei einer Antriebsleistung von etwa 9 PS beginnt. In jedem Fall ist jedoch eine Fahrerlaubnis erforderlich.
Türkei	keine befahrbaren Binnengewässer
Ungarn	Führerscheinpflicht besteht. Deutsche Sportbootführerscheine werden anerkannt.

9. Kommandotafel

Manöver	Kommando	Rückmeldung
Segelsetzen	Fock/Großsegel/Alle Segel klar zum Setzen! Heiß Fock/Großsegel!	Fock/Großsegel/Alle Segel ist/sind klar zum Setzen!
Segelbergen	Fock/Großsegel/Alle klar zum Bergen! Klar bei Fock-/Großfall! Hol nieder Fock/Großsegel!	Fock/Großsegel/Alle Segel ist/sind klar zum Bergen! Fock-/Großfall ist klar!
Dirken	Klar bei Dirk!	Dirk ist klar!
Segelbedienung		
Anluven	Hol an die Schoten/Großschot/Fockschot Neuer Kurs: Halber Wind!/Vor dem Wind! Fest die Schot/Schoten! Fier auf die Schoten/Großschot/Fockschot!	
Abfallen	Neuer Kurs: Halber Wind/Vor dem Wind! Fest die Schot/Schoten! Fock an Backbord/Steuerbord!	
Aufschießen	Klar zum Aufschießen! Schoten los!	Schoten sind klar!
Wenden	(Hol an die Schoten!) Klar zum Wenden! Ree! Über die Fock! Neuer Kurs: …	Fock ist klar!
Halsen	Klar zum Halsen! (Fier auf die Schoten!) Hol dicht Großschot! Rund achtern! Über vorn! Fier auf die Großschot! Neuer Kurs: …	Fockschot ist klar! Großschot ist klar!

Manöver	**Kommando**	**Rückmeldung**
Schiften	Klar zum Schiften des …! Hol dicht …segel! Fier auf …schot!	…schot ist klar!
Reffen	Klar zum Reffen! Klar bei Großfall! Lose auf Großfall! … Törns reffen! Dicht Großfall!	Großfall ist klar! Ist klar zum Reffen! Ist gerefft! Ist dicht!
Ruderführung	Backbord-/Steuerbordruder! Hart Backbord/Steuerbord! Komm auf! Mittschiffs! Recht so! Stütz! Kurs zwei drei null! Neuer Kurs zwei drei null! Nach Backbord/Steuerbord auf zwei drei null gehen!	Backbord-/Steuerbordruder! Hart Backbord/Steuerbord! Aufkommen! Mittschiffs! Recht so! … Grad! Stütz! Kurs zwei drei null! Zwei drei null liegen an! Nach Backbord/Steuerbord auf zwei drei null gehen! Zwei drei null liegen an!
Ablegen		
Vom Steg	Klar zum Ablegen über Backbord-/Steuerbordbug! Klar bei Vor-/Achterleine! Klar bei Vor-/Achterspring! Los die …leine/…spring! Alle Leinen los und ein! Fock/Großsegel back an …! Über die Fock/das Groß!	Vor-/Achterleine ist klar! Vor-/Achterspring ist klar! …leine/…spring ist los! Alles ist los und ein!
Von der Boje	Klar zum Loswerfen! Klar bei Vorleine! Hol dicht Vorleine! Fock/Großsegel dicht an …! Los die Vorleine! Über die Fock/das Groß!	Vorleine ist klar! Vorleine ist dicht! Vorleine ist los! Vorleine ist ein!

Manöver	Kommando	Rückmeldung
Anlegen		
Am Steg (gegen den Wind)	Klar zum Anlegen an Backbord/Steuerbord!	
	Klar zum Bergen der Fock!	
	Klar bei Fockfall!	Fockfall ist klar!
	Hol nieder Fock!	
	Klar zum Aufschießen!	
	Klar bei Großschot!	Großschot ist klar!
	Großschot los!	Großschot ist los!
	Klar bei Vor-/Achterleine, Vor-/Achterspring!	… ist klar!
	… leine/… spring an Land!	
	… leine/… spring langsam festhalten!	
	Boot so festmachen!	Boot so festmachen!
	Großsegel bergen!	
	Alles aufklaren!	
An der Boje (gegen den Wind)	Klar zum An-die-Boje-Gehen!	
	Weitere Kommandos etwa wie zuvor …	
Am Steg (vor dem Wind)	Großsegel klar zum Bergen!	Großsegel klar zum Bergen!
	Klar bei Dirk!	Dirk ist klar!
	Andirken! Klar bei Großfall!	Großfall ist klar!
	Klar zum Aufschießen!	
	Nach …bord in den Wind gehen!	
	Hol nieder Großsegel!	Hol nieder Großsegel!
	Weiter drehen bis vor den Wind!	Weiter drehen bis vor den Wind!
	Großsegel auftuchen und bezeisen!	
	Fock an …bord!	Fock an …bord!
	Fock klar zum Bergen!	Fock klar zum Bergen!
	Klar bei Fockfall!	Fockfall ist klar!
	Klar zum Anlegen an Backbord/Steuerbord!	Klar zum Anlegen an … !
	Hol nieder Fock!	Hol nieder Fock!
	Klar bei Achterleine!	Klar bei Achterleine!
	Klar bei Vorspring!	Klar bei Vorspring!
	…leine/…spring an Land!	…leine/…spring an Land!
	Boot langsam aufstoppen!	
	Vorleine/Achterspring an Land!	Vorleine/Achterspring an Land!
	Boot so festmachen!	Boot so festmachen!
	Alles aufklaren!	

Manöver	Kommando
Ankermanöver	Die Kommandos richten sich nach den zu fahrenden Manövern, das heißt, dass es zu einer Folge von Kommandos kommt, wie sie etwa bei den Manövern Wenden Anluven Abfallen Aufschießen Segelbergen Segelsetzen Halsen angewendet werden.
Boje über Bord, im Ernstfall: Mensch über Bord	Das/die Manöver werden eingeleitet durch den Ruf: „Boje über Bord!" im Ernstfall „Mensch über Bord!" Danach ergibt sich eine Folge von Kommandos, die sich nach den zu fahrenden Manövern richtet (siehe oben).

Beachte:
Die Reihenfolge der Kommandos richtet sich nach der Situation, dem Vorhaben und den zu fahrenden Manövern.
Eine Kommandoabsprache sollte schon während der Grundausbildung – wo es angebracht erscheint – geübt werden.
Sie ist auch beim Manövrieren unter Motor sinngemäß anzuwenden.

Die Kommandosprache ist ganz besonders auf Hochseetörns, Regatten und Nachtfahrten aus Sicherheitsgründen eine zwingende Notwendigkeit.
Alle Anweisungen sind laut, kurz und klar verständlich zu geben (Kommando). Sie sind vom „Empfänger" zu wiederholen.
Ihre vollzogene Ausführung ist wiederum laut, kurz und klar verständlich mit einer Rückmeldung anzuzeigen.

Sachregister